Niels Gade et la presse parisienne (1817-1890)

Le musicien romantique de l'Âge d'or danois

Univers Musical
Collection dirigée par Anne-Marie Green

La collection *Univers Musical* est créée pour donner la parole à tous ceux qui produisent des études tant d'analyse que de synthèse concernant le domaine musical. Son ambition est de proposer un panorama de la recherche actuelle et de promouvoir une ouverture musicologique nécessaire pour maintenir en éveil la réflexion sur l'ensemble des faits musicaux contemporains ou historiquement marqués.

Déjà parus

Jean-Blaise COLLOMBIN, *Ennio Morricone, Perspective d'une œuvre*, 2016.
Henri-Claude FANTAPIÉ, *60 ans de vie musicale. De 1945 à nos jours*, 2016.
Amin CHAACHOO, *La musique hispano-arabe Al-Ala*, 2016.
Gérard DE SMAELE, *Banjo attitudes, Le banjo à cinq cordes, son histoire générale, sa documentation*, 2015.
Alain VON RODEN, *Essai d'initiation aux musiques médiévales polyphoniques (ou contrapuntiques), Création d'une Chapelle et d'une École musicale parisienne, Capella & Schola Parisis*, 2015
Clara TESSIER, *Marcel Dortort, un itinéraire musical. Du minimalisme à la synthèse sonore*, 2015.
Isabelle PETITJEAN, *La culture pop au panthéon des Beaux-Arts. Dangerous, de Mark Ryden à Michael Jackson*, 2015.
Alain LAMBERT, *Principes de la mélodie, Musiques populaires, philosophie, et contre-cultures*, 2015.
Claude ROLE, *François-Joseph Gossec, Un musicien à Paris, de l'Ancien Régime au roi Charles X*, 2015.
Michel BOSC, *Jill Feldman, soprano incandescente. Bien au-delà du baroque*, 2015.
Dominique SALINI, *Les pouvoirs de la musique, Du diabolus in musica au showbiz traditionnel : la Corse, un laboratoire exemplaire*, 2014.
Philippe MALHAIRE, *Émile Goué (1904-1946). Chaînon manquant de la musique française*, 2014.
Franck JEDRZEJEWSKI, *Dictionnaire des musiques microtonales - 1892-2013 (Nouvelle édition revue et augmentée)*, 2014.
Roland GUILLON, *Jazz et créativité. Au fil des sessions*, 2014.
Johanna COPANS, *Le paysage des chansons de Renaud*, 2014.
Paul-Marie GRINEVALD, *Guillaume-André Villoteau (1759-1839). Ethnomusicographe de l'Egypte*, 2014.
Liliana-Isabela APOSTU, *La violonistique populaire roumaine dans les œuvres de Béla Bartok et de Georges Enescu*, 2014.
Antoine JANOT, *Le cinéma est-il devenu muet ?*, 2014.
Philippe GODEFROID, W*agner et le juif errant : une hontologie. Qu'est-ce qui est allemand ? — donner la mort*, 2014.

Jean-Luc Caron

Niels Gade et la presse parisienne (1817-1890)

Le musicien romantique de l'Âge d'or danois

Préface de Gérard Denizeau

Du même auteur

Mort et bonheur, La Pensée Universelle, 1981.
Carl Nielsen, L'Age d'Homme, 1990.
Jean Sibelius, L'Age d'Homme, 1997.
Edvard Grieg, L'Age d'Homme, 2003.
Jean Sibelius, Actes Sud/Classica, 2005.
Allan Pettersson, L'Age d'Homme, 2007.
Camille Saint-Saëns (avec Gérard Denizeau), bleu nuit éditeur, 2014.
Carl Nielsen, bleu nuit éditeur, 2015.

En préparation

La musique nationale- romantique en Suède

© L'Harmattan, 2016
5-7, rue de l'Ecole-Polytechnique, 75005 Paris

http://www.harmattan.fr
diffusion.harmattan@wanadoo.fr
harmattan1@wanadoo.fr

ISBN : 978-2-343-08720-7
EAN : 9782343087207

A mes amis : Cathy et Christian, Annie et Daniel, Mireille et René, Gérard, Cécile et Gérard, Marie-José et Alain, Claude et Dominique, Michele et Marc, Josy et Pierre, Marie-Cécile et Michel, Ginette et Alain, Dany et Jean-Pierre, Catherine.

A l'équipe de ResMusica.

A Annie-France, Kathleen et Mickaël que je remercie affectueusement pour leurs encouragements et leur aide précieuse.

PREFACE

Pour le mélomane ordinaire, le nom de Niels Gade (1817-1890) est synonyme de musique danoise, de rivalité victorieuse avec Schumann pour le poste de chef au Gewandhaus de Leipzig… et c'est à peu près tout ! Or, voici qu'à se pencher sur la destinée de cet artiste hors normes, Jean-Luc Caron, spécialiste des musiques de Scandinavie (Nielsen, Sibelius, Grieg, Pettersson, etc. lui doivent déjà de remarquables monographies), fait surgir un univers d'une inimaginable richesse. Car ici, dans l'œuvre du musicien danois, ce sont tous les échos de l'Europe musicale du XIXe siècle qui résonnent soudain, une Europe presque idéale, au sein de laquelle les grands compositeurs se connaissent, s'observent, s'admirent, se méfient… Se dessine ainsi, sous la plume de l'exégète enthousiaste, une fresque sonore vaste, unique. Une fresque où Niels Gade, qui connut la gloire avant de sombrer dans un oubli aussi malavisé de la part des musicologues que préjudiciable à la légende du siècle le plus fécond de l'histoire, a désormais toute sa place.

Bien plus qu'à la lecture d'une simple biographie, c'est à un beau voyage à travers ce siècle prodigieux que convie Jean-Luc Caron, longue errance où se dessinent toutes les figures d'une création révolutionnaire. Berlioz, bien sûr, qui fut l'un des premiers à discerner et à proclamer l'originalité manifeste de ce cadet lointain ; Schumann qui, ayant vu d'abord dans cet artiste errant un nouveau Mozart, eut l'élégance de saluer ses mérites après avoir été écarté, à son profit, de la direction de l'orchestre de Leipzig. Le Norvégien Grieg, aussi, qui fit le voyage à Copenhague pour se mettre à l'école d'un maître si doué. D'autres grandes ombres passent, reflets inattendus d'un Chopin, dont Jean-Luc Caron relève – discrètes mais fécondes – les influences, d'un Wagner, dont l'orchestre de Niels Gade fait sonner certains échos ; pour ne rien dire d'un Beethoven, protagoniste si puissant de sa postérité musicale que le musicien danois limitera à huit le nombre de ses propres symphonies, arguant qu'il n'est « qu'une seule Neuvième » !

Et c'est ainsi que, faisant litière de toutes les sottes accusations d'académisme rétrograde et de conservatisme sclérosant dont notre XXe siècle s'est montré si prodigue à l'endroit de tout ce qui outrait la modernité canonique, Jean-Luc Caron dégage progressivement, de la brume du passé, la figure d'un grand artiste, malaisé à inscrire dans l'histoire, attentif à toutes les voix de son temps, mais soumis aux seules lois de son instinct créateur. Un instinct le tenant en marge d'un Félix Mendelssohn – à qui il doit tant ! – et d'un Robert Schumann, qu'il admire sans les imiter, qui le conduit aussi à annoncer certaines audaces d'un Edvard Grieg, voire, à plus long terme, d'un Jean Sibelius. Initiateur du « sentiment musical, encore obscur, des races de l'extrême Nord », Niels Gade fut donc célèbre en son temps. De ce point de vue, aucun miroir n'est plus fidèle que celui de la presse du temps, source inestimable à laquelle puise Jean-Luc Caron, d'autant plus précieuse que l'effet-miroir se retourne contre elle, à son profit ! Ainsi le temps de Gade apparaît-il ici sous un jour inédit, fondé sur le socle d'une documentation impeccable et soumis à la grille d'une analyse rigoureuse.

Pour maîtriser ce balancement constant du monde à l'artiste et de l'artiste au monde, il fallait la plume d'un humaniste ; musicologue et médecin, auteur d'un pénétrant essai romanesque sur la condition humaine (*Mort et bonheur*, Paris, 1981), Jean-Luc Caron, montre que c'est précisément pour être devenue « l'archétype du romantisme germano-scandinave » que la musique de Gade, a subi un si long purgatoire. Ayant mené de front une brillante carrière de compositeur, de chef d'orchestre et de pédagogue, mais ayant aussi inscrit son aventure personnelle dans le cadre général des exigences liées à l'éveil des nationalités, Gade est assez vite passé du statut de dynamiteur de la vie culturelle de son pays à celui de gardien d'une tradition rétrograde ! D'autant plus que son disciple le plus doué, Carl Nielsen, n'hésiterait pas, lui, à « bousculer une tradition un peu desséchée et sans promesse de renouvellement ». Peut-être faut-il aussi prendre en compte la curieuse défiance de Gade à l'endroit de l'opéra, genre majeur de son temps. Étranger au génie du *bel canto* (« les chanteurs hurlaient et tremblaient » note-t-il à l'occasion d'une production parisienne du *Guillaume Tell* de Rossini !), indifférent à la création d'un théâtre national, notre musicien dut se passer de la consécration lyrique, en cette seconde moitié du XIXe siècle où un tel défi serait rarement relevé (Bruckner, Brahms... qui d'autre ?). Demeure l'essentiel, ce rôle historique de « fondateur de l'école moderne de composition scandinave » par un compositeur auquel la musicologie française rend enfin, avec cette contribution capitale de Jean-Luc Caron, un hommage aussi savant qu'inspiré.

Gérard Denizeau

Introduction

La gloire s'avère parfois à double tranchant. Après avoir bénéficié d'une renommée fulgurante, et après avoir intensément participé à la vie musicale de l'Allemagne du Nord et de son Danemark natal, le compositeur Niels Gade connut au fil des décennies un déficit appréciatif d'intensité croissante. Rapidement – trop sans doute - on lui reprocha sa proximité avec Felix Mendelssohn, la portée inimaginable de sa popularité puis son installation durable et engourdie dans une écriture musicale et une expression esthétique incapables de se renouveler.

Pour autant, ce créateur a façonné des pièces dans presque tous les genres, magnifiquement écrites, assurément faites et destinées à plaire... et qui remplirent, au-delà de toute espérance, ce rôle espéré.

La gloire de Niels Gade, que d'aucuns imaginaient immortelle, s'est retournée contre lui. Et de fait, à force d'être jouée, sa musique est devenue l'archétype du romantisme germano-scandinave porté à des sommets par les personnalités que nous allons rencontrer au fil de cet ouvrage.

Gloire et éclipse ; puis, renouveau avec l'attention dont presque toutes les musiques ont bénéficié, grâce à une curiosité inconnue jusqu'alors.

La critique a façonné Gade, mais elle ne l'a pas épargné. La beauté, la vénusté, l'euphonie ne suffisent point – injustement probablement - à assurer la splendeur éternelle.

Un réajustement s'imposait, c'est notre objectif.

Tant de partitions délaissées offrent de multiples opportunités, de magnifiques et somptueuses redécouvertes.

De Copenhague à Leipzig

Du modeste atelier de son père jusqu'à sa formation auprès de professeurs relativement réputés, à Copenhague, Niels Gade connut un parcours irrégulier et peu conventionnel en raison des réticences de son père vis-à-vis du métier de musicien et de la situation pécuniaire fort modeste de la famille. Le jeune homme ne dut son salut qu'à sa farouche détermination et à une puissante ambition affichée et assumée. Son éducation auprès de deux musiciens renommés apporta la confirmation que son choix était compatible avec le métier envisagé. Son premier prix, lors d'un concours avec l'ouverture *Souvenirs d'Ossian,* le sortit de l'anonymat et amplifia sensiblement ses ambitions. Peut-être fusse une chance que sa *Symphonie en* do *mineur* soit refusée par le monde musical copenhaguois, ce qui eut pour conséquence un formidable coup de dés lorsqu'il s'adressa à Felix Mendelssohn-Bartholdy dont il connaissait déjà certaines partitions.

La tutelle de Felix Mendelssohn-Bartholdy

Mendelssohn s'enthousiasma en étudiant cette *Symphonie n° 1* et prit immédiatement la défense du jeune audacieux en dirigeant la symphonie à Leipzig et en faisant venir celui qui dorénavant apparaissait bien comme son protégé. Là, la progression fut fulgurante et il semble que la confiance dont il fut investi n'ait pas été vaine. Les œuvres du Danois prometteur furent jouées à Leipzig, lui-même dirigea dès lors l'excellent orchestre du Gewandhaus de Leipzig avant d'endosser le rôle de professeur au Conservatoire réputé de cette ville. La mort prématurée de Mendelssohn, la guerre prusso-danoise et les perspectives qui s'ouvraient maintenant dans sa patrie n'empêchèrent finalement pas la poursuite de visites itératives en Allemagne où sa production aboutit à l'exécution de plusieurs de ses partitions majeures, à sa présence sur les podiums face aux excellents orchestres allemands, à l'établissement de contacts fructueux avec des personnalités de tout premier plan.

Le compositeur danois le plus célèbre de son temps

Ayant rapidement bravé les vicissitudes qui avaient contrarié ses premiers pas dans le monde musical danois officiel, et dans des délais étonnamment brefs et bien circonscrits, Niels Gade réussit à se propulser au sommet de l'art musical du petit royaume de Danemark pendant presque toute la durée de sa longue et brillante carrière de compositeur, de chef d'orchestre et de pédagogue. Considéré au début de sa trajectoire comme un moderniste par rapport à ses prédécesseurs immédiats, il installa son art dans un environnement national et romantique largement tributaire de l'apport de son contemporain et ami allemand, Felix Mendelssohn-Bartholdy. Très rapidement après son retour de Leipzig, il prit les commandes des principaux leviers de cette vie musicale relativement assoupie, n'ayant pas encore dit adieu aux riches et stimulants apports musicaux certes, mais également littéraires, picturaux, architecturaux, redevables de ce passionnant élan que réalisa le mouvement qualifié de manière un peu trop générale d'âge d'or de la culture danoise. Cette période de réveil glorieux, comprise à peu près entre 1800 et 1850, redonna confiance à la vie intellectuelle danoise. Gade entama son parcours en plein âge d'or, aventure connectée plus ou moins directement à la revendication assez générale en Europe des exigences reliées à l'éveil des nationalités. Des écrivains retrouvaient et illustraient les anciennes légendes scandinaves, redonnaient la parole en quelque sorte au peuple, notamment celui des campagnes ; des musiciens retrouvaient, notaient et exploitaient les airs folkloriques dont la vie bourgeoise de Copenhague n'avait pas connaissance et sans doute méprisait ostensiblement. Gade s'inséra dans ce mouvement dynamique, le stimula et orienta, pour partie, certaines de ses caractéristiques.

Nombre de musiciens avaient atteint la maturité et cet âge d'or accompagna plutôt la fin de leur période créatrice. En 1850, Gade n'avait que 33 ans, une longue carrière l'attendait et alors que l'on était en droit d'imaginer que ses réalisations musicales à venir allaient s'enrichir d'évolutions et de métamorphoses successives, il s'installa dans le confort d'une manière parfaitement maîtrisée et de très haute qualité. Mais les années passant, le jeune moderne fut considéré comme un classique puis bientôt comme le représentant d'un académisme relativement figé et peu attentif aux évolutions inévitables (bien qu'au départ modérées) d'un art musical qui partiellement refusait de ne regarder qu'en direction du passé. Quelques années plus tard le nom (et la musique) de Gade était devenu synonyme de gardien d'une tradition repliée sur elle-même. Cycle bien souvent rencontré dans ce domaine opposant anciens et modernes, modes passées et nouveautés bousculant les scléroses et avides à leur tour de fonder les bases d'un ordre artistique nouveau.

Ainsi, lorsque le débutant Carl Nielsen, qui avait bénéficié de l'aide précieuse de Gade pour intégrer un conservatoire bien au-dessus de ses très modestes moyens, s'éleva à un niveau artistique très honorable, il manifesta l'envie et l'ambition de dépasser le style d'un maître par ailleurs très respecté. Avec quelques autres, d'abord condisciples puis collègues, il se rebella afin que la création musicale ne sombre pas dans la répétition inutile et puisse s'engager dans des voies nouvelles compatibles avec les changements de mentalités et les exigences qu'enregistraient inexorablement la société et les hommes. Niels Gade était devenu à lui seul une véritable institution et les nouveaux modernes s'imposaient de bousculer une tradition un peu desséchée et sans promesse de renouvellement.

Néanmoins, du milieu des années 1840 jusqu'en 1890, date de sa disparition, Niels Gade fut sans aucun doute le compositeur danois le plus important de son pays[1], presque à égalité avec son beau-père Johann Peter Emilius Hartmann qui, cependant, fut nettement moins médiatique que lui. Gade affichait une personnalité extravertie, attentive aux réalités de l'existence et ouverte (dans un premier temps) à la vie musicale contemporaine.

L'esthétique de Niels Gade

Au début du parcours créateur de Niels Gade, on localise des influences provenant de danses populaires (écossaises et danoises), de Schumann, Mendelssohn et Wagner. L'ouverture d'*Ossian* fut très probablement inspirée par l'ouverture de Mendelssohn la *Grotte de Fingal*.

La musique de Gade s'inscrit dans un courant national et romantique, non rarement teinté d'éléments du folklore danois. Par ailleurs, ses partitions portent souvent l'empreinte manifeste de Felix Mendelssohn. Il convient de préciser que les toutes premières grandes partitions de Niels Gade, sans doute les meilleures, furent écrites sans connaissance très précise du style du grand maître allemand. On repérera également des traits redevables de la manière de Robert Schumann.

Gade est justement reconnu comme le fondateur de l'école moderne de composition scandinave.

Après 1850, on note chez lui l'apparition de l'influence occasionnelle de Richard Wagner, comme dans son œuvre chorale *Baldurs drøm,* tandis que dans les *Symphonies n° 6* et surtout *n° 8* transparaissent des marques rappelant J.P.E. Hartmann.

Avec les années, sa position vis-à-vis du romantisme national se modifiant, son adhésion fut nettement moins marquée, bien qu'il en fût l'un des principaux initiateurs. A cet égard, à partir des années 1860, les contributions des Norvégiens Edvard Grieg et Johan Svendsen avaient depuis longtemps envoyé aux oubliettes ses propres apports.

Quelques citations viennent concrétiser cela.

---

[1] Dans sa biographie *Niels W. Gade : Et dansk verdensnavn*, la musicologue danoise Inger Sørensen retrouve la trace d'environ 2000 exécutions d'œuvres de Gade entre 1840 et 1890 ! (cité par Finn Egeland Hansen, dans cpo 777 164-2).

« Grieg à ses débuts explora les fraîches sonorités nordiques produites par Niels Gade… Sa *Sonate pour piano*, op. 7 est dédicacée à Gade, et Grieg lui-même reconnut l'influence de Gade sur sa *Sonate pour violon*, op. 8[2]. »

Un autre observateur ajoute opportunément : « Gade est très justement qualifié de créateur de la musique romantique danoise[3]. »

Le même auteur complète : « Je regarde comme injuste que l'on considère Gade comme un simple suiveur du romantisme germanique[4]. »

Les nombreuses pièces pour piano se rangent parmi les musiques populaires, ce sont des miniatures très agréables et mélodieuses, à mettre au crédit de l'amour des romantiques pour cette forme brève et accessible, tandis que les opus réservés au chœur avec instruments montrent la passion du créateur pour les sujets scandinaves mais aussi germaniques.

« A part l'opéra, Gade s'est distingué dans tous les genres », précise plus largement Lavignac[5].

Quoi qu'il en soit, Gade est reconnu comme le fondateur de l'école moderne de composition nordique. Fervent admirateur de Mendelssohn et de Schumann, il se rapproche du style romantique de ses héros. Son esthétique résulte de l'association du langage musical de Leipzig, du romantisme allemand et d'une coloration scandinave. La conséquence de ces éléments explique que son influence fut forte sur les jeunes musiciens qu'il contribua à former.

A n'en point douter, aussi bien Mendelssohn que Schumann, ou encore Ferdinand David et Joseph Joachim, virent en Gade une sorte de génie nordique porte-étendard d'un mouvement musical national inédit. Toutefois ils ne semblent pas vouloir le pousser que dans une seule direction stylistique. Ainsi, Schumann livre-t-il dans *Neue Zeitschrift für Musik* (Nouveau Journal de musique) : « C'est seulement pour que cet artiste ne succombe pas sous le poids du nationalisme, qu'il faut souhaiter à sa fantaisie nordique de révéler ses diverses facettes et sa profondeur. Ainsi pourra-t-il traiter des sujets ayant trait à la nature et à la vie. C'est ce qu'il

---

[2] Barbara Blanchard Hong, *Gade Models for Grieg's Symphony and Piano Sonata,* Danish Yearbook of Musicology (Dansk Årbog), XV, 1984, p. 27-34.
[3] Cornelius Rubner, *Niels Gade : In Remembrance of the Centenary of His Birth,* in The Musical Quartely, vol.3, n°1, janvier 1917, p. 117.
[4] *Op. Cit.*, p. 117.
[5] I. Philippe, *Notes sur la musique scandinave* in Lavignac, T.5, 1922, p. 2595.

faut d'ailleurs exiger de tout artiste : d'abord de découvrir l'originalité, ensuite de s'en débarrasser quand elle se dessèche, et de faire peau neuve comme un serpent. » Gade dans trop peu de temps aura fortement tendance à suivre ces conseils et à produire des œuvres plus parfaites dans leur forme mais parfois moins spontanées et inspirées.

La multitude de ses tâches et de ses fonctions, au fil des ans ne le freinent guère dans son énergique volonté de composer. Régulièrement, il trouve le succès auprès de son public. Pourquoi donc de nombreux observateurs pensent-ils que son influence, profonde et durable, s'avère hors de proportion avec son originalité (défaillante) et son évolution (figée) ?

Au fil du temps, Gade imposa davantage sa marque à la vie musicale danoise, accroissant ses activités et son audience, tandis qu'il s'établissait rapidement dans un conservatisme caractérisé par sa fidélité à l'esthétique de Leipzig. Les vingt-cinq dernières années de sa vie ne sont-elles que stérilité, répétition et routine ? Une réponse simplement affirmative ou négative confinerait au simplisme. Or, en la matière, les choses sont plus compliquées et nuancées qu'il y paraît. Son attachement stylistique ne l'a jamais empêché d'écrire avec soin, plaisir, et il faut bien le reconnaître une certaine fraîcheur de ton. Si le renouvellement ne se produit plus, c'est également parce qu'il n'est plus, depuis longtemps, l'ardent défenseur de l'identité musicale danoise de sa jeunesse, c'est aussi qu'il se complait dans l'utilisation habile de certains modèles que l'âge aidant ne l'incite plus à modifier. Peut-être a-t-il, malgré tout, involontairement, par sa longévité et l'homogénéité de sa production, contribué à scléroser quelque peu la vie musicale du pays. Certaines de ses partitions constituent un dénominateur commun de l'expression romantique européenne. Avec le temps, nombreux sont ceux qui le surnomment « le vieux lion ».

Est-il exagéré d'avancer que Niels Gade est le musicien qui cristallisa sur sa production la modernisation de la musique danoise dans la seconde moitié du XIXe siècle ? Toutefois, il faut bien admettre sa proximité intime avec l'école de Leipzig et plus tard son renoncement à défendre farouchement les couleurs danoises dans la musique, rôle majeur qui devait revenir à son élève norvégien Edvard Grieg.

Un point reste indiscutable cependant, ce pionnier scandinave de l'école romantique, sera le plus célèbre compositeur danois de son temps.

Les influences scandinaves de Gade sont caractérisées par ses couleurs musicales et sa touche poétique personnelle même si on ne trouve pas chez lui les harmonies et mélodies propres à la musique nordique. Bien sûr, nombreux furent ceux qui condamnèrent cette proximité. Ainsi Lucien

Rebatet qui statue : « La musique danoise ne s'est jamais dégagée de l'obédience germanique[6]. »

Le même auteur signe et surenchérit : « Niels Gade, le compositeur danois le plus souvent cité, était issu de l'académisme, teinté d'un romantisme policé, du conservatoire de Leipzig. » Manifestement rebuté il ajouta, plus ou moins perfide : « Il délaya Mendelssohn… »

Peut-on toutefois contester en bloc cette assertion de Robertson quand il affirme brutalement : « Il est à peine national[7]. »

Nous proposons quelques brèves variations pour compléter équitablement les points de vue :

« Gade a eu une influence profonde sur la vie musicale au Danemark qu'il marqua de son goût conservateur et germanique. Ses premières compositions sont imprégnées d'une couleur nationale ou nordique… [8] ».

« Ses premières œuvres, l'ouverture d'*Ossian* (1841) et la *Première Symphonie en* ut *mineur* (1841), attirèrent l'attention de Mendelssohn. Mais une grande partie de son message a pâli avec le temps[9]. »

« Niels Gade a composé des œuvres où le folklore s'adapte à un romantisme inspiré par Mendelssohn – ce qui l'a fait taxer par Grieg – mais aussi par Schumann – d' « efféminé[10]. »

« Gade est peut-être la personnalité dominante de son époque, mais son style musical porte la marque de l'école de Leipzig[10]. »

« Il est considéré comme le fondateur de l'école moderne de composition scandinave… Il a adopté le style romantique qui prédominait alors[11]. »

---

[6] Lucien Rebatet, *Une histoire de la musique, des origines à nos jours*, Robert Laffont, Bouquins, 1969, p. 679.
[7] Alec Robertson, *The Pelican History of Music, 3. Classical and Romantic*, Penguin Books, 1968, p. 195.
[8] Marc Honegger, *Dictionnaire de la Musique. Les hommes et leurs œuvres*, Bordas, Paris, 1970, vol. I, p. 377.
[9] Harry Halbreich, *La Musique,* Vol.2, Larousse, 1969, p. 283.
[10] Robert Layton, *Dictionnaire encyclopédique de la Musique*, Robert Laffont, Bouquins, 1988, vol. 1, p. 864.
[11] T.H. Baker & N. Slominsky, *Dictionnaire biographique des musiciens*, Robert Laffont, Bouquins, 1995, T1, p. 1379.

« Son art est fin, limpide, aimable ; il a plus de force cependant que Hartmann, et peut-être aussi plus de fond[12]. »

« Gade fut le chef incontesté de l'école romantique[13]. »

Paine précise : « Gade comme compositeur occupe une place médiane entre l'école classique et la nouvelle école romantique[14]. »

Il élargit en affirmant à raison : « Le Danemark fut le premier des trois états scandinaves à produire un génie de haut rang : Niels Gade[15]. »

« Ce qui fit la grandeur de Gade, c'est qu'il sut imprégner une sensibilité nationale à la musique savante qui, venue d'Allemagne et, plus généralement de tout l'espace culturel européen, afflua au fil des siècles au Danemark. Ainsi est-il parvenu à être un citoyen non seulement de sa patrie mais du monde entier. Il est le premier compositeur danois dont on peut dire qu'il a, comme Thorvaldsen avant lui, trouvé sa place parmi les éminents esprits de ce siècle[16]. »

Il faut reconnaître qu'une partie des critiques français à propos de Gade fut influencée par les nombreuses exécutions d'œuvres Mendelssohn dans la capitale française quelques années plus tôt.

« C'est un naturaliste aussi que M. Gade, le chef contemporain de l'école danoise : naturaliste en ce sens qu'il apporte au plus haut degré dans ses compositions le caractère et la couleur du sol où il est né, et que vous entendez, à travers chacune de ses œuvres, passer comme une bouffée de ce souffle mélodique qui est en musique l'indispensable élément de la vie d'un Peuple… [17]. »

« Créateur cosmopolite, de grande qualité dont la longévité ne contribua pas au renouvellement de son esthétique. »

---

[12] Albert Lavignac, *Encyclopédie de la musique et Dictionnaire du Conservatoire*, Paris, Librairie Delagrave, 1922, p. 2595.
[13] P. Viardot, *Rapport officiel sur La Musique en Scandinavie*, Librairie Fischbacher, Paris, 1908, p. 35.
[14] J.K. Paine, *Famous composers and their works*, 1891, op. cit., p. 838.
[15] J.K. Paine, *op. cit.*, p. 560.
[16] Philipp Spitta, musicologue et musicographe allemand (1841-1894). Il laisse une biographie de *J.-S. Bach* (1873), *Ein Lebensbild Robert Schumann* (Leipzig, 1862) et *Zur Musik* (Berlin, 1892) où l'on trouve ses propos sur Gade.
[17] Blaze de Bury, *Musiciens contemporains*, Les Introuvables, Edition d'Aujourd'hui, 1982 (édition originale de 1856), p. 96.

« Le style de M. Gade respire en général cette grandeur sauvage un peu abrupte qui est comme le caractére particulier des races du Nord. La tristesse et la mélancolie n'ont rien ici de ce faux air de sentimentalisme que l'éloignement des sources primitives inspire trop souvent aux créations de l'art[18]. »

« A mes yeux, le principal mérite de M. Gade, c'est d'avoir, dans la plupart de ses symphonies, dans sa *Comala* surtout, su garder l'empreinte de ce caractère que j'appellerai, si l'on veut, scandinave[19]. »

Pendant toutes ces décennies le monde avait changé inexorablement mais Gade conservait cet amour inaltérable à ses yeux du beau et de l'ordre. A l'époque de la *Sonate pour violon n° 3* (1885) le monde découvrait l'univers inédit de la *Symphonie n° 1* de Mahler et Gade n'en revenait pas. Le jeune moderniste du début des années 1840 était peu à peu devenu un gardien infatigable d'une mentalité révolue, d'un académisme de haute qualité quand même.

« La couleur locale des œuvres de Gade, leur mélancolie rêveuse et leur pathétique héroïque séduisaient les Romantiques[20]. »

Visite(s) à Paris

On sait que Niels Gade se rendit à Paris en 1862. Il est dit ici ou là que ce fut aussi en tant que chef d'orchestre invité. On ne trouve pas de document venant argumenter et acter avec précision cette assertion. Dans la référence citée ci-dessous l'auteur livre quelques informations parcellaires que nous rapportons maintenant. Dans une lettre adressée à sa femme de Paris en 1862, il écrit : « Après le dîner nous sommes allés au Grand Opéra où nous avons vu deux actes de « Guillaume Tell ». Tout, en ce qui concerne les grands chœurs, les personnages muets et le ballet, fut parfait, mais les chanteurs hurlaient et tremblaient. » A l'occasion d'un autre concert à Paris, il écrivit : « Tu peux me croire, l'orchestre joua magnifiquement ; vingt des meilleurs violons de Paris – cela sonnait donc superbement[21]. »

Un ami de Gade, Cornelius Rubner, dans un texte écrit à l'occasion du centenaire de la naissance du musicien, donne une autre date, 1871, à

---

[18] Blaze de Bury, *op. cit.*, p. 98.
[19] Blaze de Bury, *op. cit*, p. 98.
[20] Marcel Brion, *Schumann et l'âme romantique*, Albin Michel, 1954, p. 282.
[21] T.L. Krebs, *Gade, as He appears in His Letters*, in The Sewanee Review, vol. 3, n° 1, novembre 1894, p. 48-61. Rien à propos d'une direction de sa musique.

laquelle il serait venu diriger à Paris. Cette information n'est pas confirmée dans les textes consacrés à Gade que nous avons consultés[22].

Gade, tout au long de sa carrière, regarda constamment vers la culture germanique et bien plus rarement vers la France dont il ne minimisait nullement l'incomparable position quasi dominante dans l'histoire de la culture européenne.

Situation de Niels Gade en France

L'intérêt artistique de Niels Gade s'orienta vers le Danemark et l'Allemagne. Cette préférence ne sous-entend pas un rejet systématique des autres sources musicales européennes, parmi lesquelles l'immense culture française ne pouvait être ignorée. A l'époque de ses premiers grands succès au Danemark et en Allemagne du Nord, le nom de Niels Gade n'apparaît presque jamais dans la presse française. Avec le temps, et progressivement, parviennent à Paris des échos de ses succès Outre-Rhin et de sa position de plus en plus prépondérante dans son pays natal.

Classiquement, on pense que l'homme et son œuvre furent oubliés ou totalement négligés dans le foisonnant monde musical français où des centaines de concerts programmaient une multitude de partitions en provenance du monde entier.

Quel ne fut pas notre étonnement en dépouillant la presse parisienne de cette époque de découvrir que le nom de Niels Gade devenait peu à peu moins étranger, moins inconnu, moins rejeté, moins négligé. Plus, certaines de ses œuvres furent présentées à plusieurs reprises dans des salles de concerts, parfois défendues par des musiciens de très grand talent. Les chroniques trouvées dans la presse écrite ne sont pas si rares et oscillent entre le respect souvent, l'approbation plus rarement et la critique négative parfois.

Evidemment, en pourcentage des innombrables manifestations musicales organisées à Paris, la place de Gade demeure fort modeste surtout si on la met en perspective avec les grands maîtres français et allemands largement représentés et aux myriades d'autres compositeurs de moindre renom mais joués de temps à autre – et parfois une unique fois – dans les

---

[22] Cornelius Rubner, *Niels Gade : In Remembrance of the Centenary of His Birth* in The Musical Quartely, vol. 3, n°1, janvier 1917, p. 117.

programmes qui enrichissaient presque chaque soir la vie musicale parisienne.

Nous proposons de présenter une biographie sous forme chronologique (Chapitre I), puis un catalogue commenté des œuvres de Gade (Chapitre II) avant d'aborder un aperçu de la presse française, parisienne majoritairement, abondante, curieuse et dynamique, qui contient la mémoire de cette époque (Chapitre III).

Chapitre I

Une existence partagée entre Copenhague et Leipzig

[Chronologie de la vie de Gade]

1781. Organisation des premiers concerts au Gewandhaus de Leipzig.

1807-1814. Guerre entre le Danemark et l'Angleterre (Le Danemark participe aux guerres napoléoniennes aux côtés de la France).

1814. Paix de Kiel : le Danemark cède la Norvège à la Suède. Les « Danois de l'Eider », la zone frontalière avec l'Allemagne, réclament une constitution et la séparation du Slesvig [23] et du Hostein.

1817. Le 22 février, naissance de Niels Wilhelm Gade à Copenhague. Fils unique d'un menuisier devenu facteur d'instruments (violons et guitares). « Mon père avait acquis une certaine renommée comme fabricant de guitares de type espagnol… Ses affaires furent tout d'abord très rentables. La guitare fut plus tard remplacée par le pianoforte, instrument où l'adresse de mon père n'était pas aussi aiguë. »

En danois, Gade signifie « rue » et se prononce « guèdeu ».

« J'étais enfant unique, et je fus accueilli avec une joie d'autant plus grande que je m'étais fait attendre pendant cinq ans ; je fus l'objet de soins attentifs prodigués par des parents on ne peut plus aimants… » Ainsi Gade résume-t-il le climat familial serein qui berça son enfance.

1828. Gade a 11 ans lorsqu'il reçoit un enseignement assez rudimentaire où il est initié au calcul, à la lecture, à l'écriture mais aussi au dessin et aux bases de la langue allemande. C'est à cette période qu'il commence l'étude du violon.

En dépit des préférences marquées de son père, le jeune Niels ne prend pas sa relève, abandonne toute orientation vers la menuiserie et confirme bientôt son attirance pour la musique. Choix conforté par ses

---

[23] Slesvig, nom danois du Schleswig.

réelles prédispositions musicales qui auront raison des réticences paternelles. Il suit des cours auprès d'un professeur de qualité dont les tarifs étaient pratiquement au-dessus des moyens de la famille.

1829. Mendelssohn dirige la *Passion selon Saint-Matthieu* de J.S. Bach.

1832. Malgré le niveau financier très modeste de ses parents, Niels, âgé de 15 ans, entame une solide formation auprès de deux excellents professeurs de Copenhague.

Il étudie le violon avec F.T. Wexschall (1798-1845), ancien élève du célèbre compositeur allemand Louis Spohr, et violon solo de la Chapelle royale ; il travaille la théorie et la composition (vers 1833) avec Andreas Per Berggreen (1801-1880), proche du style classique viennois et néanmoins ouvert à la musique populaire danoise (cf. chapitre V : Contemporains de Gade).

1833. En mai, Gade fait ses débuts de violoniste dont la presse locale rend compte favorablement. Il se promet de réussir avant l'âge de « 25 ans » ainsi que le rappelait un panneau accroché au-dessus de son lit !

1834. Fondation en Allemagne par Schumann et quelques amis de la fameuse revue *Neue Zeitschrift für Musik*.

Gade entre à l'Orchestre royal de Copenhague également comme violoniste. Il n'a que 17 ans.

C'est encore cette année-là qu'il se produit à l'Opéra royal dans un *Concerto pour 2 violons* d'un compositeur bohémien alors fort apprécié, Jan Vaclav Kalliwoda (dont la redécouverte depuis quelques années justifie ce retour en grâce)[24]. Gade aspire à devenir soliste de haut rang. Un demi-siècle plus tard, le jeune Carl Nielsen vivra la même ambition.

Gade forme avec des proches un quatuor à cordes. Composé de Fritz Schran, neveu et élève de Wexschall, les frères Carl et Edvard Helsted, respectivement altiste et violoncelliste, lui-même tenant la partie de violon bien sûr. Le groupe explore passionnément les œuvres de grands maîtres dont Beethoven, Mendelssohn et Schumann. Le premier était mort depuis sept ans environ, les deux autres vivaient encore.

---

[24] Kalliwoda (1801-1866), violoniste, chef d'orchestre et compositeur originaire de Bohême. Schumann loua certaines de ses œuvres.

1833-1840. Période durant laquelle Gade compose beaucoup et intensément et dont il ne reste que peu de vestiges, sans doute est-ce profitable chez un musicien encore peu expérimenté et pas particulièrement précoce. Il n'est pas exagéré de penser que ce travail acharné amplifie ses capacités créatrices. Les spécialistes s'accordent à confirmer que ces essais méritent de dormir en paix. C'est durant cette période qu'il entre en contact avec la culture germanique, musicale et littéraire, notamment contemporaine. Dès lors surgit et s'approfondit une admiration sincère pour l'art de Felix Mendelssohn et de Robert Schumann. Par contre, il ne cache pas son rejet du compositeur français Daniel François Esprit Auber (1782-1871). Plus globalement, il n'est pas illicite d'avancer que les pays du Nord de l'Europe connaissent depuis des décennies un authentique engouement pour la langue et la culture allemandes. Gade parle allemand, il l'écrit également ; d'ailleurs, nombre de compositeurs danois sont d'origine germanique récente et pratiquent encore la langue de leurs ancêtres.

1835. Felix Mendelssohn est nommé à la tête de l'Orchestre du Gewandhaus. Il dirige devant l'orchestre, rôle jusque-là dévolu par tradition au premier violon.

1836. Fondation de la Société de Musique de Copenhague (Musikforeningen).

1838. Tournée de concerts (un périple associant en fait voyage d'études et concerts) en Suède et en Norvège en compagnie d'un corniste. L'opération est un fiasco, il n'a plus d'argent, son père lui vient en aide et il réintègre l'école de violon qu'il avait quittée bien trop tôt. Le destin allait rapidement précipiter les choses.

En Allemagne, Mendelssohn introduit les « Concerts historiques » et présente des œuvres de J.-S. Bach.

1840. Naissance de Johan Svendsen (futur violoniste, compositeur et chef d'orchestre de talent) en Norvège.

1841. Création de son ouverture de concert *Efterklange af Ossian* (Souvenirs/Echos d'Ossian) par l'Orchestre royal danois où il est violoniste. Il reçoit un prix de la Société musicale de Copenhague. Le point d'origine de cette œuvre se trouve dans sa rencontre avec le violoniste et compositeur danois Johannes Frederik Fröhlich (1806-1860).

Création des deux premières symphonies de Robert Schumann ; exécution à Leipzig de la *Passion selon Saint-Matthieu* de Bach sous la direction de Mendelssohn.

1842. La *Symphonie n° 1* de Gade n'eut pas l'heur de recevoir les suffrages du monde musical copenhaguois. Cette indifférence marquée poussa le jeune compositeur à voir s'éloigner ses espoirs de réussites rapides. Non sans audace, Gade envoie sa partition au fameux Mendelssohn, célèbre dans l'Europe entière. Ce dernier se plonge dans la partition, ne cache pas son intérêt, énonce même son enthousiasme et s'engage à en assurer la création. Sans tarder, juste après la première répétition, il adresse la lettre suivante à son jeune collègue scandinave : « Bien que nous ne nous connaissions pas, je ne puis résister à l'envie de vous écrire pour vous dire la joie que vous m'avez donnée. »

Le grand musicien allemand ajoute : « Peut-être aurons-nous l'occasion de faire connaissance, ou peut-être pas. Mais je vous prie de voir en moi un collègue qui suivra toujours votre carrière avec bienveillance. »

1843. Le 2 mars, Felix Mendelssohn-Bartholdy crée la *Symphonie n° 1* de Gade au Gewandhaus de Leipzig. Réaction enthousiaste du public. Mendelssohn lui écrit : « Hier soir, vous avez gagné dans le public de Leipzig – qui aime vraiment la musique – des amis pour la vie. » On imagine la joie du jeune homme. Mendelssohn complète, ouvrant de belles perspectives : « A partir de maintenant, personne ne mentionne votre nom ou parle de votre œuvre autrement qu'avec la plus grande déférence. Un travail subséquent de vous sera reçu les bras ouverts, appris immédiatement avec le plus grand soin et salué ici avec joie par tous les amis de la musique. »

La réponse ne se fait pas attendre : « J'ai lu votre précieuse lettre avec une joie débordante, une intense et fervente gratitude, une profonde admiration. Je me réjouis d'avoir pu contenter un maître et je suis reconnaissant de la bonté dont ce maître témoigna en écrivant à un jeune inconnu, et j'admire l'homme qui est aussi grand comme être humain que comme artiste. »

De son côté, Robert Schumann, conquis, défend aussi ardemment la musique de Gade dans la revue *Neue Zeitschrift für Musik*, contribuant pour une part essentielle à la réputation internationale du jeune danois âgé de 26 ans. Dans la livraison de septembre 1843, il renseigne :

« Un jeune compositeur danois fait actuellement fureur en Allemagne. Il s'appelle Gade et fait souvent à pied, son violon dans le dos, le trajet de Copenhague à Leipzig et retour, il ressemble en outre à Mozart en personne. Les première et dernière phrases sont tout à fait exactes ; il n'y a que la phrase centrale où s'est immiscée une note romantique. Le jeune danois arriva à Leipzig, il y a quelques mois (quoiqu'en voiture ainsi que son violon) et sa tête de Mozart avec sa puissante chevelure comme taillée dans la pierre s'harmonisait parfaitement avec les sympathies que son ouverture dédiée à *Ossian* et sa *Première Symphonie* avaient déjà suscitées auparavant chez les musiciens d'ici. »

Cette analyse avancée très précocement dans le parcours gadien indique l'étonnant impact du jeune maître sur ses aînés de Leipzig, indéniablement une des grandes capitales européennes de la musique. Si plus tard les jugements concernant Gade et sa musique devaient prendre un autre tour, il paraît honnête de ne pas oublier totalement la portée des propos de Robert Schumann.

En acceptant l'invitation de Mendelssohn à venir le rejoindre à Leipzig, Gade ne se doute pas encore des formidables conséquences de ce choix qui allait marquer pour toujours sa longue carrière.

Nommé chef-assistant de Mendelssohn au Gewandhaus, il commence parallèlement à enseigner au Conservatoire de Leipzig, ouvert le 2 avril 1843, sous la direction et l'autorité de Mendelssohn.

Sa réussite en terre germanique ne manque pas d'atteindre Copenhague qui, sans doute consciente d'avoir manqué une belle occasion, lui accorde, après l'intervention du roi Christian VIII, une bourse fort bienvenue (fonds Ad Usus Publicos) qui lui permet de se rendre à Leipzig en septembre 1843. Au préalable, il visite brièvement l'Italie.

En 1843 toujours, lors d'un important concert tenu le 26 octobre, Niels Gade dirige à son tour sa *Symphonie n° 1* au Gewandhaus de Leipzig. Evénement d'importance puisque pour la première fois devant cet orchestre et ce public, il saisit la baguette. Sans doute satisfait de sa prestation il confie un peu plus tard à ses parents : « On dit que je suis un excellent chef ! » En octobre Gade s'est donc installé pour six mois à Leipzig. Il emporte avec lui une nouvelle symphonie presque achevée qui provoquera également les commentaires élogieux de Mendelssohn.

De Berlin cette fois, en décembre, il écrit à ses parents : « Ici la plupart des compositeurs sont aussi habiles pour le travail et l'assiduité, mais je n'en ai pas rencontré un seul au caractère indépendant. Toujours imitation, soit Mendelssohn, soit Beethoven, où, ce qui est pire, « d'originalité artificielle ».

La sympathie qui unit Mendelssohn et Gade, devient une amitié sincère qui propulse Gade au cœur de la vie musicale de Leipzig. Il devient le second du musicien allemand, est nommé professeur de composition au Conservatoire nouvellement ouvert et chef d'orchestre intérimaire lorsque son protecteur se trouve à Berlin. Quel parcours ! Il est déjà solidement ancré dans un poste enviable et envié par l'ensemble du monde musical européen. Il a les moyens de parfaire une formation certainement encore insuffisante.

Naissance de Grieg à Bergen (Norvège) le 15 juin 1843.

1843-1863. Frédéric VII de Norvège forme un cabinet comprenant des « Danois de l'Eider ». Révolte populaire au Slesvig-Holstein puis première Guerre des Duchés.

1844. Les Ecoles supérieures populaires créées par le théologien danois N.F.S. Grundtvig (1783-1872) s'appuient sur la mythologie scandinave et sur la Bible.

Le 4 février, Berlioz dirige sa *Symphonie fantastique* à Leipzig avec un succès satisfaisant. Sans doute rencontre-t-il alors Gade.

1844-45. Le compositeur français Louis Théodore Gouvy (1819-1848) se rend en Allemagne et de là, gagne l'Italie. A Rome, il côtoie ses amis Eckert et le compositeur Niels Gade. Ce dernier voulait découvrir le reste du monde (mars-août 1844) et s'était installé un certain temps à Vienne. Dans la capitale éternelle, il apprend qu'on lui proposait le poste de directeur des concerts du Gewandhaus. A l'automne 1844 il était de retour à Leipzig déjà auréolé d'un prestige exceptionnel. Il fréquente dès lors les plus grandes personnalités musicales germaniques, nouant parfois de longues amitiés.

1845. Après l'hiver 1844, Gade retourne au Danemark où il est reçu très chaleureusement. Toutefois on ne lui propose aucun poste d'avenir susceptible de contenter ses ambitions. Il repart donc en direction de l'Allemagne comme assistant de Mendelssohn pour cette saison 1844-45.

1845-46. Mendelssohn et Gade se partagent la saison musicale au Gewandhaus. Au cours de cette saison Gade dirige la création du *Concerto pour violon en* mi *mineur* de Mendelssohn avec en soliste Ferdinand David (en l'absence du compositeur surmené). Mendelssohn dirige également le *Concerto pour piano en* la *mineur* de Robert Schumann à Leipzig le 1er janvier. Deux œuvres impérissables. De profondes relations d'amitiés naissent entre les trois hommes.

A Copenhague, il devient l'ami du compositeur Cornelius Gurlitt, pour la vie[25].

1846-47. Mendelssohn se décharge d'une partie de ses fonctions sur Gade et fait nommer Moscheles professeur de piano au Conservatoire. Cela lui permet de porter toute son énergie sur la création de l'admirable *Symphonie n° 2 en* do *majeur* de Schumann le 5 novembre 1846.

1846. Le 5 avril, Wagner dirige à Dresde la *Symphonie n° 9 avec chœurs* de Beethoven. Gade assiste à la répétition générale. Il confia à Wagner lui-même qu'il aurait volontiers payé le double pour pouvoir réentendre le récitatif des contrebasses au début du dernier mouvement.

En juillet 1846 le roi du Danemark, Christian VIII, publie un texte dans lequel il souhaite que les Duchés (Schlesvig et Holstein) soient incorporés au Danemark.

1847. Mort de Felix Mendelssohn-Bartholdy à Leipzig le 4 novembre à l'âge de 38 ans. Lors de la cérémonie d'adieu en l'église St Thomas, Gade dirige un grand chœur.

Gade est nommé chef d'orchestre principal (Kapellmeister) au Gewandhaus de Leipzig.

Ses succès en Allemagne du Nord incitent un autre musicien danois de grand niveau, Johan Peter Emilius Hartmann, à y revenir en compagnie de son beau-frère Ludvig Zinn et de sa partition orchestrale *Hakon Jarl*. De Dresde, Hartmann adresse à sa femme une lettre datée du 14 octobre 1844 :

« A Leipzig, nous reçûmes immédiatement la visite de Gade et Delbanco [propriétaire d'une maison d'édition musicale]. Maître Josephson [musicien suédois né en 1818] est ici également et est notre adorateur en personne... Mais d'abord et surtout Gade ; il est l'amabilité même, est autour de nous du matin au soir, s'occupe de nos moindres besoins, rend des visites avec moi et est prévenant et gentil au plus haut degré. Nous avons entendu ce soir un concert sous sa direction. Il a dirigé entre autres *Léonore n° 3* [de Beethoveen] et la *Symphonie en* do *majeur* de Schubert – contre mon attente - avec sûreté parfaite et énergie, car ce n'est pas une petite chose d'être devant un tel orchestre, qui en nuances et aplomb écrase entièrement

---

[25] Cornelius Gurlitt (1820-1901), organiste et compositeur allemand. Elève de Reinecke (piano) à Altona et de C.F.E. Weyse à Copenhague (où il se rend en 1840). Voyage en Europe où il rencontre Schumann et Lortzing. Organiste a Altona (1864-1898). Enseigne au Conservatoire de Hambourg (1879-1887). Il laisse de nombreuses miniatures pour piano...

le nôtre. J'ai joué hier mon ouverture *Hakon Jarl* avec Gade, il en a été fort ému et il ne pense plus qu'à la faire jouer pendant mon séjour ici, il s'occupe de la chose comme s'il s'agissait d'une de ses propres œuvres et a écrit aujourd'hui à la direction du Gewandhaus pour la faire jouer lors du prochain concert, le jeudi 24… Si l'exécution a lieu jeudi, je devrais, sur l'insistance de Gade, et conformément aux coutumes à Leipzig, la diriger moi-même. »

Dans un autre courrier, un peu postérieur, Hartmann livre quelques indications sur son jeune confrère et futur gendre : « Avec Gade, j'ai déjeuné, me suis promené, été ensemble tous les soirs, et il reste à tout point de vue si aimable et amical à mon égard que je ne pourrais souhaiter mieux. »

A ce moment-là la notoriété d'Hartmann au Danemark était très nettement supérieure à celle de Gade.

Pendant son temps en Allemagne, Gade rencontre donc deux personnages mythiques de l'histoire de la musique : Clara et Robert Schumann. Il connaissait déjà Clara qui avait écrit à son mari de Copenhague en 1842 : « Il manifeste une passion pour toi et connaît tout ce que tu as écrit et le joue mieux de ses capacités… Il est vraiment sympathique et je l'ai invité à revenir demain pour m'entendre jouer quelques-unes de tes œuvres – aujourd'hui il a entendu « Die Nachtstücke ».

A la suite du décès de Mendelssohn, Robert Schumann pose sa candidature au poste de chef d'orchestre du Gewandhaus. « Gade avait du talent. A plusieurs reprises, Schumann, dans sa revue, a exprimé son admiration et son amitié pour lui… La couleur locale des œuvres de Gade, leur mélancolie rêveuse et leur pathétique héroïque séduisaient les Romantiques. Le choix des administrateurs du Gewandhaus était donc justifié puisqu'ils donnaient pour successeur à Mendelssohn un musicien que lui-même avait découvert et distingué… Schumann éprouva une amère déception[26]. »

1848-1850. Première Guerre de Schleswig. La nomination d'un ministre ouvertement favorable au « Grand Danemark » provoque la révolte des populations de langue allemande, majoritaires. Le 24 mars, un gouvernement provisoire est formé à Kiel. La rébellion fait bientôt place à la guerre. Les troupes prussiennes envahissent le Schleswig et le Holstein, elles sont en guerre avec l'armée danoise. Les Danois après avoir gagné près de

---

[26] Marcel Brion, *Schumann*, édition Albin Michel, 1954, p. 281-282.

Flensbourg doivent vraiment affronter les armées prussiennes et plus largement allemandes. Malgré leurs victoires initiales elles sont contraintes de se retirer en mai sous la pression de la Russie favorable au Danemark. En Suède, le 26 août 1848, la Prusse et le Danemark signent un traité (Traité de Malmö) mettant fin à la Guerre des Duchés. Puis, le 2 juillet 1850 on procède à la signature de la paix entre le Danemark et la Prusse. En août, à Londres, les grandes puissances et la Suède garantissent au Danemark son intégrité territoriale.

1848. Frederik VII succède à Christian VIII (20 janvier). Révolution démocratique au Danemark mettant fin à presque deux siècles d'absolutisme.

Au printemps, Gade a pris la décision radicale de retourner au Danemark lors de la guerre opposant son pays à la Prusse à propos du Schleswig-Holstein. Fut-ce la seule raison de ce retour ? Ne finit-il pas par percevoir Leipzig et sa société d'un regard nouveau moins positif ? A-t-il craint d'avoir à effectuer un service militaire en cas d'installation prolongée ? Son ambition secrète de percer de façon fracassante à Copenhague devait-elle s'engager dès à présent puisqu'il jouissait maintenant d'une renommée inégalée ? Par ailleurs, il refusa une proposition flatteuse de remplacer Berwald (sans doute un cousin du fameux Franz mort en 1868) comme chef d'orchestre à Stockholm.

Toujours est-il que cette décision majeure lui vaut l'adhésion du pays et son prestige en sort rehaussé. Avant de quitter l'Allemagne, il a le temps de compléter ses *Symphonies n° 2* et *3* (1847) ainsi que son *Octuor pour cordes* (1848) directement modelé sur l'œuvre de Mendelssohn.

Très certainement ambitionnait-il de hisser Copenhague, assez rétrograde musicalement, au rang de grande capitale de l'art européen et pourquoi pas, d'en faire la Leipzig du Nord. Celui que les allemands appellent « le brillant ménestrel du Nord » vient de tourner une page majeure de sa vie.

Dès son installation dans la capitale danoise, Gade fait montre d'une grande énergie et d'un rare talent d'organisateur ; il n'hésite aucunement à bousculer la somnolence et la routine de la vie artistique.

1849. Première constitution démocratique au Danemark (5 juin). Gade devient membre de l'administration de la Société de Musique.

1850. Traité de Berlin : les Duchés demeurent danois.

Gade prend la direction de la Société de Musique, en danois Musikforeningen, de Copenhague (chef d'orchestre), poste qu'il conservera jusqu'à sa mort. Il remplace Franz Joseph Gläzer.

Il met sur pied un nouvel orchestre et un chœur, outils indéniables de sa progression vers le statut de plus notable musicien danois de l'époque. Il conduit la Société réorganisée vers un sommet qui demeurera inégalé. Il en devient logiquement le premier chef en 1850. Sous son autorité il donnera la première exécution danoise de la *Passion selon Saint-Matthieu* de Jean Sébastien Bach et la *Symphonie n° 9* de Beethoven, de même pour ses propres *Symphonies n° 4 à 8* et des œuvres pour solistes, chœur et orchestre.

Cette même année, il est nommé au poste d'organiste à l'église de la Garnison de Copenhague (il y restera en fonction jusqu'à la fin de son existence).

1851. Le roi du Danemark Frédéric VII, sans héritier, choisit son successeur (avec l'aval du tsar Nicolas 1er) dans la famille des Sonderburg-Glücksburg, non favorable à la Prusse.

Gade est élevé au rang de chevalier de l'Ordre du Dannebrog pour service rendu à la musique.

1852. Protocole de Londres. Union personnelle des Duchés (qui sont autonomes) avec le Danemark.

Le 27 avril, Niels Gade se marie avec Emma Sophie Amalie Hartmann (1831-1855), fille de J.P.E. Hartmann, en l'église de la Garnison. Ils ont respectivement 21 et 35 ans. Pour leurs fiançailles Niels lui avait apporté en cadeau une magnifique œuvre musicale, la *Fantaisie de Printemps,* « qui sera peut-être le morceau le plus populaire de Gade de son vivant[27]. »

Pour son mariage et en gage d'amour pour sa jeune épouse Gade compose et lui offre sa *5ᵉ Symphonie en ré mineur*. Hartmann, à son tour, offre aux jeunes gens une *Cantate pour 4 voix et orgue*. Les nouveaux mariés partent pour Leipzig où Niels doit diriger une partie de la saison 1852-53. Pendant ce temps, la direction de l'orchestre du Musikforeningen revient à J.P.E. Hartmann.

Enthousiaste et ravie, Sophie décrit dans une lettre le premier concert donné au Gewandhaus : « Le concert était à 6 h ½, mon Dieu que je me suis amusée. J'avais été à la répétition et étais enchantée… Le concert a

---

[27] D.W., *op. cit.*, p. 63.

commencé avec des applaudissements intenses dès que Gade a mis les pieds sur le pupitre. Ensuite nous avons eu le *Psaume* de Mendelssohn. Le chœur – je pense que nous chantons au moins aussi bien chez nous – mais l'orchestre !... On ne peut presque pas imaginer que des musiciens puissent jouer ainsi ensemble, on entend que chacun est musicien ; ils étaient tous ravis de Gade ; il dirigeait aussi (avec le bâton que je lui ai donné) avec un feu et une vivacité qui électrisaient tout le monde, et la joie de tous agissait de nouveau sur lui ; il avait l'air heureux et l'était aussi...[28] ».

Gade et Hartmann sont désormais les autorités musicales incontestées à Copenhague, formant en quelque sorte un couple que l'on a volontiers comparé à celui formé par Mendelssohn et Schumann à Leipzig. Hartmann père a même repris goût à composer après le décès de son épouse. Mais l'embellie dans son existence ne sera que de courte durée.

1855. Le 20 mai, Sophie donne naissance à des jumeaux prénommés Felix (en marque d'affection pour... Mendelssohn) et Emma (nom de la mère de Sophie).

« Une nouvelle fois la joie tourne au drame », résumé d'un trait D.W.[29].

Emma décède peu après et moins d'un mois plus tard Sophie disparaît prématurément en couches (juin 1855). Gade sombre dans une profonde dépression menaçant de détruire à jamais sa veine créatrice. Finalement, il sort de ce noir et douloureux tunnel avec l'élaboration de la *Symphonie n° 6*.

1856. Il reçoit le titre de professeur.

1857. Gade se remarie à l'automne, après la mort de sa première épouse et ce, sans contrevenir aux mœurs du temps, avec Mathilde Staeger (1833-1915). La vie reprend ses droits et Gade recompose et assure ses multiples charges musicales et sociales, acceptant même des invitations à diriger à l'étranger.

1858. Organiste à l'église Holmens de la capitale. Il joue aussi de l'orgue dans diverses églises de la ville.

1861. Le 2 décembre, Edvard Grieg programme à l'Association musicale d'Oslo le concert suivant : *Symphonie n° 2* de Beethoven et

---

[28] D.W., *op. cit.*, p. 63.
[29] *Op. Cit.*, p. 69.

Elverskud de Niels Gade. Le 21 décembre Grieg dirige la *Symphonie n° 4* de Gade.

1862. A Cologne, le 28 janvier, Gade dirige *Frühlings-Botschaft*, l'ouverture *Michel-Ange*, la *Symphonie n° 4*. Et à Paris ? Il pourrait avoir dirigé certaines de ses œuvres. Nous ne possédons que très peu d'informations à ce sujet.

Engagé comme chef d'orchestre au Théâtre royal de Copenhague, il conserve cette fonction quelques mois seulement, considérant que son poste était plutôt subalterne.

En cette même année, Edvard Grieg, accompagné de son père et de son frère aîné John (violoncelliste), se rend pour la première fois en France.

1863. Réforme de la Constitution incluant le Schlesvig dans le royaume danois.

Rencontre de Niels Gade et d'Edvard Grieg à Copenhague (cf. *Grieg,* chapitre V : Contemporains de Gade).

Le 30 mars 1863, le roi Frédéric VII sépare le Schlesvig du Holstein et l'incorpore à ses Etats ; le 13 novembre le Parlement danois adopte des décrets anti-allemands. Mort de Frédéric VII et accession au trône de Christian IX que l'on surnommera « le beau-père de l'Europe » (1863-1906).

1864. Seconde Guerre du Schlesvig (Guerre des Duchés). Les Prussiens envahissent les Duchés et en expulsent les Danois. Le Danemark perd le Schlesvig, le Holstein et le Lauenbourg au profit de la Prusse de Bismarck. Politiquement, la France soutient les pays scandinaves et y gagne en influence culturelle dans tous les domaines, excepté celui de la musique.

Le scandinavisme qui vise l'unification culturelle grâce à la communauté des langues et des civilisations est un échec car le Danemark reste seul lors de la Guerre des Duchés. Population du Danemark : 900 000 habitants en 1800 et 2, 5 millions en 1900.

Constitution de novembre. Conflit germano-danois à propos de la succession au trône.

Peut-on considérer que Gade refuse alors d'évoluer ? Peut-on estimer qu'à partir de 1865 environ son style se cristallise et ne développe plus d'aspects nouveaux significatifs ? Ne retrouve-t-on pas dans ses œuvres chorales (qui connaissent un réel et constant succès) la recherche d'un idéal de beauté inspiré par le classicisme ?

1864, c'est l'époque à laquelle on joue la *Symphonie n° 1* du Norvégien Johan Svendsen, œuvre dont l'influence sera considérable pour les pays nordiques. On donne également le *Concerto pour violon et orchestre en* sol *mineur* de Max Bruch, Wagner, lui, achève ses *Maîtres Chanteurs*. 1864, c'est l'époque à laquelle Johannes Brahms quitte la Singakademie de Vienne pour se consacrer à la composition. Sa grande admiration pour Gade n'est pas un mystère. De son côté Grieg lui dédie sa *Sonate pour piano en* mi *mineur*, op. 7. Il la lui avait montrée peu avant. Toutes ses informations nous confirment, s'il en était besoin, l'importance de Gade dans son pays mais aussi bien au-delà.

Qu'il fit l'objet, ici d'admiration, là de critiques, n'a rien que de bien normal dans une société où chacun pouvait exprimer ses sentiments, ses préférences et ses intérêts.

A l'évidence, la position dominante de Gade ne va pas sans provoquer certains reproches. Entre autres, on discute plus ou moins âprement de la sélection d'œuvres faite par la Société de Musique. On va lire une réponse que produisit alors Niels Gade :

« A mon avis, la Société de Musique est une académie de musique, une école pour le public musical ainsi que pour les jeunes musiciens. Sa tâche principale en tant qu'institut de concerts, est d'exécuter les œuvres des grands maîtres, par exemple de Bach, Haendel, Haydn, Mozart, Beethoven et de les jouer de la meilleure façon possible... Il est très naturel et compréhensible qu'un ou deux auditeurs frivoles et curieux souhaitent entendre constamment quelque chose de nouveau ou quelque chose qu'ils n'ont encore jamais entendu, mais c'est la raison pour laquelle il est justement du devoir d'un lieu culturel véritable d'offrir en permanence à ses auditeurs ce qu'il y a de meilleur pour l'oreille, de façon à conserver un bon goût et un bon jugement en matière d'art. En plus des œuvres des grands maîtres, un choix varié est offert de pièces d'excellents compositeurs plus récents, par exemple de Fr. Schubert, Cherubini, Weber, Spohr, Mendelssohn, Schumann... »

1865. Naissance de Carl Nielsen (9 juin) en Fionie.

1866-67. Gade participe à la fondation du Conservatoire de Copenhague (sur le modèle de Leipzig) dont il devient l'un des directeurs (avec H.S. Paulli et J.P.E. Hartmann). Il y enseigne la composition, l'instrumentation et l'histoire de la musique. Il encouragera et enseignera de jeunes musiciens prometteurs comme Edvard Grieg et Carl Nielsen, mais aussi Otto Malling, August Winding et Asger Hamerik.

1866. Amendements conservateurs à la Constitution de 1849.

1869. Il assiste, en compagnie du gratin musical résidant à Copenhague, à la création d'une des œuvres les plus célèbres et aimées de toute la littérature musicale occidentale, le *Concerto pour piano en* la *mineur* d'Edvard Grieg. Devant la reine Louise, J.P.E. Hartmann, Anton Rubinstein et d'autres encore, le soliste Edmund Neupert[30], l'orchestre du Théâtre royal et le chef Paulli, ont fait découvrir une musique magnifique qui déclenche d'ardents applaudissements.

1871. Gade écrit sa *Symphonie n° 8*, la dernière de la série. On dit qu'il refusa d'en écrire une *Neuvième* par déférence pour la mémoire de Beethoven. Ce fut en vérité le cas d'un certain nombre de symphonistes impressionnés par ce barrage psychologique ! Gade lança : « Il n'existe qu'une Neuvième ! »

Heureusement, d'autres ont franchi le pas avec succès (Schubert, Bruckner, Mahler, Chostakovitch, Pettersson…).

D'après Rubner, Niels Gade aurait dirigé à Paris (?). Il est invité à venir conduire à Bonn.

1873. La Hollande invite Gade à venir diriger sa musique.

Il prendra aussi la baguette à Vienne et Berlin.

1875-1894. Premier ministre conservateur (et autoritaire), Jacob Brønnum Scavenius Estrup, au pouvoir. Il ne tient pas compte du Parlement dominé par les libéraux.

Gade dirige la première exécution au Danemark (à Copenhague) de la *Passion selon Saint-Matthieu* de Bach[31].

1876. Le gouvernement danois lui accorde une pension. Visite en Angleterre. On donne sous sa direction ses cantates *Zion* et *Les Croisés* au festival de Birmingham.

---

[30] Edmund Neupert (1842-1888), pianiste et compositeur norvégien. Enseigne au Conservatoire Stern de Berlin (1866-1868) puis s'installe à Copenhague. Voyage et travaille à Moscou, Christiania, New York. Premier soliste du *Concerto pour piano en* la *mineur* de Grieg le 3 avril 1869 au Casino Concert Hall de Copenhague avec l'Orchestre royal danois placé sous la direction de Holger Simon Paulli.

[31] Hors de l'Allemagne, les premières exécutions (incomplètes) de *la Passion selon saint-Matthieu* de Bach sont assez tardives : en 1837 à Birmingham, en 1854 à Londres, en 1862 à Vienne, en 1865 à Bâle, en 1870 à Rotterdam, en 1871 à Bruxelles, en 1874 à Amsterdam, en 1890 à Stockholm, en 1911 à Milan. D'après Frans Lemaire, *La Passion dans l'histoire et la musique*, Fayard, 2011, p. 342.

1879. Il reçoit le titre de docteur honoraire. Des invitations toujours plus nombreuses lui parviennent lui proposant de participer à des festivals comme chef d'orchestre et comme compositeur proposant ses œuvres. Mais le sexagénaire rechigne de plus en plus à quitter son pays. Lorsque des échos lui parvinrent que certaines de ses musiques étaient données aux USA, il confia que s'il avait été plus jeune il y aurait volontiers dirigé lui-même sa musique. Non sans pessimisme, il ajouta : « A présent, je dois attendre pour un bien plus long voyage. »

Bismarck refuse le principe de l'autodétermination du Slesvig du Nord en dépit des accords existants.

1880. Gade dirige ses partitions à Cologne et Hambourg.

1881. Il défend sa musique à Düsseldorf au Festival de musique de Basse-Rhénanie.

1882. Visite en Angleterre (à Birmingham) où il présente sa cantate *Psyché*.

1883. A l'occasion d'un concert hommage donné après la mort de Richard Wagner survenue le 13 février à Venise, Gade propose l'ouverture de *Faust* du défunt. Face au peu de réactivité du public, il décide de la rejouer immédiatement après avoir proclamé : « Cette ouverture n'est pas facile à saisir lors de la première audition ; je suggère que nous la rejouions dans son entier. »… Les auditeurs manifestèrent alors plus d'adhésion.

Carl Nielsen (17 ans) devient l'un des derniers élèves de Niels Gade (67 ans) en composition lorsqu'il entre au Conservatoire en mai 1883. Il a reçu les encouragements de Gade après que ce dernier eut pris connaissance d'un Andante du *Quatuor à cordes en* sol *mineur*, son futur opus 13.

1884. « Physiquement à cette époque il était solidement bâti et vigoureux : petit de taille, épais, de teint rouge, avec une tignace de cheveux gris qui semblait jaillir dans toutes les directions – tel était le Gade de 1884[32]. »

Il dirige encore plusieurs fois ses œuvres chorales au Festival de musique de Nieder-Rheinische[33].

---

[32] In J. K. Paine, *Famous composers and their works*, Boston, 1891, p. 838.
[33] Important festival de musique classique (Festival de Basse-Rhénanie) ayant lieu chaque année à la Pentecôte entre 1818 et 1958. En 1884, J. Brahms et Julius Tausch en assurent le déroulement ; en 1881 Gade et Tausch avaient assuré cette fonction. Julius Tausch (1827-

1886. Gade est fait commandeur de l'Ordre du Dannebrog.

1888. Premier Festival de musique nordique à Copenhague du 3 au 10 juin 1888 sous la présidence d'honneur de Niels Gade. Le président en exercice n'est autre que J.P.E. Hartmann. Pour la circonstance, on programme neuf concerts de trois heures chacun dans la nouvelle salle de 2100 places. Un orchestre de 106 membres et un chœur de 600 personnes participent à l'événement. Les principaux compositeurs et musiciens nordiques s'y trouvent ou sont représentés. Cette manifestation exceptionnelle proposée à l'origine par le compositeur danois Leopold Rosenfeld[34] enregistre un franc succès. Johan Svendsen, le célèbre compositeur et chef d'orchestre norvégien en poste à Copenhague assure une large part des directions orchestrales. Les principaux compositeurs retenus s'appellent Hartmann, Gade, Svendsen et Grieg. Grieg dirige le concert d'ouverture avec son propre *Concerto pour piano en* la *mineur* avec en soliste Erika Lie Nissen[35], tandis que le lendemain Svendsen défend sa *Symphonie n° 2*, ses *Deux Mélodies islandaises* et son *Octuor à cordes*.

Plus d'informations dans J.-L. Caron, *Festival de Copenhague 1888 : 1ère édition*, article mis en ligne sur ResMusica.com le 23 mars 2016.

1890. Le 21 décembre au soir, mort de Niels Gade à Copenhague (75 ans). Le jour même, dimanche matin, Gade joue de l'orgue lors de la messe en l'église Holmen. Ensuite il se rend au Wiener Cafeen de l'Hôtel Kongen af Danmark. Il y retrouve Nina et Edvard Grieg de passage à Copenhague. Tous conviennent de se retrouver chez Gade pour Noël. Nina promet d'y chanter quelques chansons de son mari. Gade aimait particulièrement *Godmorgen* (Bonjour). Le destin en décida hélas autrement !

La disparition de Gade ne causa pas un grand émoi international même si pratiquement aucun media européen n'oublia de mentionner l'événement. Depuis bien des années Gade coulait des jours paisibles et réguliers ; la teneur de son œuvre contribua à conférer cette impression de calme, de maîtrise et de sérénité plus ou moins routinière. Mais il était alors encore le compositeur danois le plus connu en Europe.

1895), pianiste, compositeur et chef d'orchestre allemand fut aussi directeur musical à Dusseldorf.
[34] Leopold Rosenfeld (1849-1909), compositeur, professeur de chant et critique (influent) danois. Il donne ses papiers au *Dannebrog*. Nommé professeur en 1889. Son catalogue propose des chansons, des œuvres pour chœur et quelques autres opus.
[35] Erika Nissen, née Lie (1845-1903), connue sous le nom de : Erika Røning Møinichen Lie Nissen, pianiste norvégienne. Belle-sœur de l'écrivain norvégien Jonas Lie. Début en concert à Berlin (1866) et tournées en Europe. Pédagogue.

Prenons connaissance à présent de la lettre qu'Edvard Grieg écrivit à son ami le compositeur anglais Frederick Delius le 22 décembre 1890. « Je suis très remué – il y a quelques heures à peine on m'a dit dans la rue que Gade était mort (il était venu me voir la veille), je me précipitai chez lui – là se tenait le beau vieil homme, raide et froid, mais il paraissait doux et heureux. Emporté soudainement par une thrombose. »

Au Danemark même, l'événement choqua le monde musical. Le fidèle public de Gade était devenu conservateur et la Société de Musique par respect pour le maître disparu, entretint la ligne directrice depuis si longtemps fixée. La vie musicale danoise s'était peu à peu éloignée des nouveaux courants européens. Et, il faudra attendre la révélation d'un Carl Nielsen pour bousculer et dépoussiérer (sans violences véritables d'ailleurs) ces habitudes profondément ancrées que d'autres compositeurs essaieront encore de perpétuer.

1890. Après la mort de J.P.E. Hartmann le 20 mars, Grieg rapporta avec une certaine nostalgie : « Maintenant Gade et Hartmann appartiennent à la légende, mais ce fut une belle légende, et si intimement liée à ma propre vie. »

1891. Grieg remplace Gade comme correspondant de l'Académie des Beaux-Arts.

1891. Une lettre de Carl Nielsen à son ancien professeur de composition à Copenhague, Orla Rosenhoff, écrite à Leipzig le 15 janvier 1891 durant son voyage d'études en Europe, précise :

« Joachim[36] m'a invité à venir à Berlin samedi pour assister à un festival Gade à la Hochschule. On va exécuter *Ossian*, [la Symphonie n° 4] en si *bémol majeur* et quelques chansons. J'irai, bien que je connaisse ces choses. La mort de Gade a fait une profonde impression sur Joachim ; il n'était pas loin des larmes lorsque je l'ai entendu parler… Une vieille femme m'a dit : 'Avec des recommandations de Gade dans votre poche, toutes les portes de l'Allemagne s'ouvrent devant vous'. Et elle avait raison. Car même si la réputation de Gade en tant que compositeur a décliné considérablement dans les dix ou vingt dernières années, son nom a encore une certaine sonorité douce… parce que, par association d'idées, il ramène à la conscience le bon et vieux temps du romantisme et les gens vraiment le souhaitent. Cependant, Gade a été un artiste heureux ; on est tenté de dire

---

[36] Il s'agit bien sûr de Joseph Joachim, le célèbre violoniste virtuose germano-hongrois que Nielsen fréquenta en Allemagne à cette époque.

« malheureusement », parce qu'il aurait pu réaliser de plus grandes choses et différentes que ce qu'il a fait, si le destin lui avait donné une petite poussée et extrait de lui du défi. Le provocateur chez lui se retrouvera vraiment dans l'ouverture *Ossian*. J'ai lu sur Gade dans *Musikzeitung* de Lesman l'autre jour. On disait : « Au contraire, je pense qu'après *Ossian* et la do *mineur* [Symphonie n° 1, 1842], Gade rétrograde et se fige[37]. »

1917. Afin de commémorer le 100ᵉ anniversaire de la naissance de Niels Gade un concert fut organisé par la Société de Musique au Koncertpalæet de Copenhague le 22 février. A cette occasion, on programma en création un « Hymne commémoratif pour le centenaire de Niels Gade » pour chœur et orchestre composé pour la circonstance par Carl Nielsen depuis longtemps devenu le créateur danois le plus saillant du pays. On interpréta également en première partie l'opus 1 de Gade, *l'Ouverture d'Ossian* puis « Le Prologue pour la commémoration de Niels Gade à la Société de Musique » de J.P.E. Hartmann et Christian Richardt, partition composée antérieurement, pour les concerts à la mémoire du défunt organisés les 5 et 7 février 1891, également au Koncertpalæet. Le concert se déroula à guichets fermés sous la direction de Carl Nielsen et en présence de la famille royale. Précisons qu'avant les deux œuvres de Hartmann et Nielsen, le chef Angul Hammerich dirigea la *Fantaisie du Printemps* et *La Fille du roi des aulnes*. La soirée souleva l'enthousiasme du public.

---

[37] Lettre citée et traduite en anglais par Alan Swanson dans *The Nielsen Companion*, édité by Mina Miller, Faber & Faber, 1994, p. 605.

Chapitre II

Catalogue commenté des œuvres de Gade

[Histoire de l'œuvre]

Œuvres principales avec et sans numéro d'opus, et par genre.

A. SYMPHONIES

Gade semble s'être longtemps imposé à écrire une symphonie tous les cinq opus. Son corpus symphonique représente un pan majeur de sa production orchestrale.

1841-1842. *Symphonie n° 1 en* **ut** *mineur*, op. 5, *Paa Sjolunds fagre sletter*. Création à Leipzig le 2 mars 1843 sous la direction de Mendelssohn, le dédicataire. Ce premier opus symphonique présente de fortes analogies avec l'ouverture *Souvenirs d'Ossian* et appartient encore aux plus spécifiques traits du compositeur. Les influences de Mendelssohn ne sont pas encore considérables et des éléments de la musique folklorique danoise lui donnent en partie sa coloration.

A l'époque de son élaboration (d'octobre 1841 à l'automne 1842), Felix Mendelssohn âgé de 33 ans, a déjà presque produit ses cinq symphonies (en effet, la *Symphonie n° 5* « Ecossaise » date de 1842). Sa célèbre ouverture le *Songe d'une nuit d'été* remonte à 1826 et la musique pour la *Grotte de Fingal* à 1830.

Son premier mouvement est fondé sur un air de Gade (une mélodie populaire de 1835) élaboré sur un poème éponyme de B.S. Ingemann (1838) *Paa Sjølunds fagre sletter* (Sur les belles plaines de Seeland). Elle comprend quatre mouvements d'une durée totale de 31 minutes : 1. Moderato con moto – Allegro energico, 2. Scherzo : Allegro risoluto quasi Presto, 3. Andantino grazioso, 4. Finale : Molto allegro ma con fuoco.

Le poème évoque le roi Valdemar (IV) Atterdag qui, au profit des plaisirs de la chasse, négligea de se rendre à la messe. Il fut condamné, lui et ses compagnons, à une folle chevauchée à l'heure de minuit.

L'œuvre sera jouée plusieurs fois à Leipzig. On pense généralement, et ce à juste titre, que Gade y manifeste une grande indépendance. L'accueil fut triomphal.

« Le succcès fut immense ; on l'entendit de Copenhague, et de ce jour les Danois proclamèrent leur compatriote un grand maître. Bientôt l'Allemagne vint le disputer à sa patrie[38]. »

« Hier nous avons parcouru une nouvelle symphonie d'un Danois nommé Gade. Nous la donnerons dans le courant du mois prochain. Elle m'a procuré plus de plaisir que toutes les œuvres que j'ai vues depuis longtemps », confia Felix Mendelssohn dans une lettre adressée à sa sœur depuis Leipzig et datée du 13 janvier 1843.

Après les répétitions, on le sait, Mendelssohn écrivit le même jour une missive au jeune compositeur pour lui signifier combien il trouvait « [son] œuvre extraordinaire ». Et de préciser : « La première répétition de votre *Symphonie en* do *mineur* a eu lieu hier et, bien que je ne vous connaisse pas personnellement, je ne peux résister au désir de vous écrire pour vous dire quelle joie vous m'avez prodiguée grâce à votre œuvre extraordinaire. Il y a longtemps que j'aie trouvé une pièce de musique qui m'ait fait une impression aussi vivante et agréable. »

La chanson populaire sur laquelle repose une partie de l'œuvre (premier et quatrième mouvements) n'est pas oubliée, aujourd'hui encore, du répertoire pratiqué des chansons folkloriques. C'est un chant narrant les mésaventures de Valdemar, roi médiéval, dont le fantôme hante le château de Gurre. Ce chant sert de base au premier mouvement, il utilise le début de la mélodie, tandis que l'air entier deviendra la devise de la symphonie. Des variations sur les premières mesures aboutiront à le faire entrer dans la composition des thèmes 1 et 2 de ce premier mouvement. Gade utilisera aussi d'autres thèmes venant d'autres chansons populaires, dont celui du deuxième mouvement, lui-même variation sur un recueil de quatre chants que le compositeur avait voulu incorporer à son œuvre.

Au lendemain de sa création, les journaux affichèrent une adhésion unanime à un degré tel, qu'elle est sûrement presque unique dans l'histoire de la musique.

La *Symphonie en* do *mineur* devint un modèle du « romantisme classique allemand », savant mélange d'esprit nordique et mendelssohnien.

---

[38] Blaze de Bury, *op. cit.*, p. 97.

Premier mouvement. Il commence par une sombre introduction en *do* mineur pianissimo aux cordes, puis il laisse se mettre en place un combat assez typiquement romantique qui aboutit à un tutti fortissimo victorieux lors de la coda finale en *do* majeur. Ce mouvement repose sur une vigueur rythmique remarquable et une inpiration soutenue d'où résulte un grand impact dû à une masse orchestrale charnue, aux sonorités et flux conduisant à un état proche de l'ensorcellement. Section fruitée et pleine d'allant naturel, son charme mélodique, ses timbres savoureux et sa fraîcheur de ton en font une musique attachante et entraînante.

Deuxième mouvement. Léger et aérien, ce scherzo évoque à la fois Mendelssohn et le Beethoven de la *Symphonie n° 6*.

Troisième mouvement. C'est un épisode très mélodique, charmant et transparent, d'une simplicité structurelle efficace, à la respiration légère, toute de retenue, noble mais sans déchirement.

Quatrième mouvement. Gade y donne libre cours à un enthousiasme orchestral manifeste à travers une grande énergie, parfois martiale. Musique haletante, décidée, aux rythmes éruptifs, joyeuse et virile à la fois.

Voilà une *Première Symphonie* assurément plus moderne que celles (au nombre de deux) de Weber (1807), concurrente sérieuse de celles de Ludvig Spohr, éloignée spirituellement de celles de Beethoven et de Schubert (quoique l'on retrouve certains traits de ce dernier), parente de celles de Mendelssohn. Non pas le Mendelssohn des 12 symphonies de jeunesse (1821-1823), mais bien plutôt des cinq grandes partitions : n° 1, 1824 ; n° 2, *Lobgesan*, op. 12, 1840 ; n° 3, *Ecossaise*, op. 56, 1842, exacte contemporaine ; n° 4, *Italienne*, op. 90, 1832-1833 ; n° 5, *Réformation*, op. 107, 1832. Elle n'a que peu ou pas de points communs avec la production symphonique de Robert Schumann dont la *Symphonie n° 1, le Printemps*, op. 38, date de 1841.

Chronologiquement, la *Première Symphonie* de Gade est antérieure à celles de Franck, Saint-Saëns, řřák, Tchaïkovski, Borodine et Bruckner. Rappelons qu'elle se trouve contemporaine, mais sans lien esthétique bien évident avec les quatre symphonies de Franz Berwald (1842-1845). A n'en point douter, certaines formules inspireront le jeune norvégien Johan Svendsen un quart de siècle plus tard.

En cette année 1842, Luigi Chérubini décède à Paris, Glinka présente à Saint-Pétersbourg son opéra *Rousslan et Ludmila*, d'après Pouchkine. Fondation de la Philharmonie à New York.

La *Symphonie n° 9 avec chœurs* de Beethoven datait de l'an 1824 et la *Symphonie fantastique* de Berlioz de 1830.

1843. *Symphonie n° 2 en mi majeur*, op. 10, durée : 25 minutes environ. Gade l'emporte dans ses bagages, presque achevée, lorsqu'il se rend à Leipzig en septembre 1843. Elle est dédiée à l'Orchestre du Gewandhaus de Leipzig et se compose de quatre mouvements : 1. Andantino quasi allegretto, 2. Andante con moto, 3. Scherzo. Molto allegro, 4. Finale. Allegro energico.

Elle repose dans ses grandes lignes sur la précédente symphonie mais semble un peu moins bien réussie.

Il la montre à Mendelssohn : « Il en était si satisfait qu'il me conseilla de ne rien faire d'autre que de composer », rapporte-t-il dans une lettre à ses parents. En réalité, le jeune danois n'avait pas les moyens financiers de suivre ce conseil idéaliste.

La création se passa à Leipzig (Gewandhaus), le 18 janvier 1844, sous sa propre direction. Le public apprécia franchement la nouvelle partition. Schumann se trouvait dans la salle. « Elle fut jouée avec excellence et eut beaucoup de succès auprès du public. Vous pouvez bien croire que je me sens bien après une telle victoire et que je suis heureux et tranquille ici dans mon deuxième chez moi », confia l'heureux compositeur aux siens demeurés au pays.

Globalement plus « pastorale » que la *Première*, plus proche aussi du concept allemand, Schumann la jugea plus douce et calme que la précédente avec ses « évocations des charmantes forêts de hêtres du Danemark. »

A Copenhague, la Société de Musique la donna à son tour en novembre 1844 sous la direction de Franz Glæser. Gade lui-même ne la dirigea jamais à Copenhague ! Etonnant, surtout si l'on songe qu'il tint les rênes de la Société de Musique pendant 40 ans !

Avec cette *Deuxième Symphonie*, il s'installa définitivement dans son rôle de père du romantisme classique national de Scandinavie.

Pour nous aujourd'hui, les qualités décrites pour la première symphonie valent globalement pour ce second essai transformé magistralement mais aucunement renouvelé ou métamorphosé. Gade aura nettement tendance à (sur)exploiter ce filon. Il faut néanmoins se garder d'un jugement trop réducteur (l'absence de perspective historique menace) car cette esthétique ravit un vaste public de concerts qui sut, malgré tout, y voir ce qu'elle apportait de sang neuf.

Le premier mouvement nous convie à de forts moments de tension voire d'orage, mais déjà moins rebondissants que dans le mouvement similaire de la *Symphonie en* do *mineur*.

Le second mouvement apparaît comme un beau mouvement lent, maîtrisé et sans sécheresse, plus débridé que dans l'Andante grazioso de la *Première*. Il véhicule une élégance un peu morne teintée de mélancolie naissante.

Le troisième mouvement rayonne de bonheur, foisonnant de pulsions animées grâce à un choix judicieux des rythmes et des couleurs.

La symphonie s'achève par une sonorité pleine et ronde mais sur une rythmique malheureusement quelque peu rigide. Gade affiche une moins grande fantaisie de son imagination pour ce Finale dont l'impact de la marche n'est pas négligeable malgré tout, surtout sur les esprits danois du temps.

En cette année 1843, Mendelssohn fonde et dirige le Conservatoire de Leipzig ; il nomme Robert Schumann parmi ses premiers professeurs. Création à Londres de la « Haendel Society ». A Dresde est donné le *Vaisseau fantôme*, opéra de Richard Wagner. L'année suivante Hector Berlioz fait paraître son *Grand Traité d'Instrumentation et d'Orchestre moderne*.

1846. *Symphonie n° 3 en* la *mineur*, op. 15. Quatre mouvements : 1. Presto, 2. Andante sostenuto, 3. Allegretto assai moderato, 4. Finale : Allegro molto e con fuoco. Durée: 28 minutes. Dédiée à N. P. Nielsen, un acteur et excellent ami du compositeur.

La création se déroule à Leipzig le 9 décembre 1847 sous la direction de l'auteur lors d'un concert d'abonnement de l'Orchestre du Gewandhaus. Succès assuré. La *Troisième Symphonie* fut dès lors mise au programme de l'orchestre (avec les deux premières). La création danoise intervint le 28 mars 1849 à la Société de Musique, sous la baguette de Franz Glæzer. Les Danois ne l'entendirent dirigée par Gade qu'en 1855. En tout cas, au tournant du siècle, elle avait été jouée 14 fois à Leipzig et environ 7 fois à la Société de Musique.

Cette symphonie, composée entièrement à Leipzig, est celle où l'influence de Mendelssohn s'exprime avec le plus de netteté (elle rappelle plus ou moins la *Troisième Symphonie* « Ecossaise ») et peut-être pour cette même raison celle que l'on a tendance en général à considérer comme la plus faible du cycle. Cette assertion devrait être soumise à une critique plus objective et probablement discrètement révisée tant est grande l'habileté du compositeur qui, même s'il atténue les « sonorités danoises », n'en développe pas moins un sentiment romantique authentique.

Pour cette *Troisième Symphonie*, contemporaine de la *Symphonie n° 2 en ut majeur* de Schumann (op. 61, 1845-46) et de la *Symphonie n° 8 en sol majeur* de Spohr (op. 137, 1847), le processus créateur paraît avoir été assez long et laborieux. Le compositeur reconnaîtra : « J'ai gagné une nouvelle bataille, une nouvelle victoire. Très chers parents, remercions ensemble Dieu pour toute la bonté qu'il m'a témoignée ; je suis heureux comme seulement peu le sont, et je peux envisager l'avenir avec confiance et assurance… »

Le chroniqueur de *l'Allgemeine musikalische Zeitung* commente avec un enthousiasme non refreiné : « La symphonie est significative d'un bout à l'autre, tout à fait originale et ne rappelle aucun autre compositeur ni les deux symphonies antérieures de Gade. »

Philippe Spitta (1841-1894), un historien de la musique, ajouta : « L'influence de Leipzig se fait le plus fortement sentir dans la *Troisième Symphonie*, à l'avantage et au désavantage de celle-ci… Il est évident que le développement de Gade traversait alors une crise. »

Certains lui reprochèrent, dès ce stade de son développement, de s'être laissé étouffer par Mendelssohn, traduisant une véritable difficulté de composition, accentuée par le fait qu'il renonçait au style nordique sur l'injonction amicale de Schumann, qui pourtant lui avait assuré son succès initial. Il paraît difficile en vérité de se montrer aussi catégorique lorsque l'on sait combien, à cette époque encore, l'évolution des genres et des esthétiques était très lente et mesurée.

La musique de ce troisième essai symphonique s'affiche sans doute globalement moins fertile et moins haute en couleur que précédemment, avec un orchestre moins fruité, moins épais, au phrasé plus posé mais non sans distinction (Allegretto). Musique moins épicée et donc moins trépidante sauf dans l'Allegro final, varié, moins solennel, à la rythmique nettement plus foisonnante et frémissante que dans le reste de la partiton.

L'année précédente (1845), Adolph Sax dépose un brevet pour son nouvel instrument au grand avenir : le saxophone. Gabriel Fauré naît la même année et Franz Liszt est nommé maître de chapelle à la cour de Weimar. A Paris, le 6 décembre 1846, création de la *Damnation de Faust*, légende dramatique de Berlioz, qui effectuera une tournée en Russie l'année suivante. Gaveau fonde à Paris en 1847 une maison de facture de pianos et Chopin en 1848 voyage à Londres et en Ecosse.

1849. ***Symphonie n° 4 en si bémol majeur***, op. 20, 20 minutes. Elle repose sur quatre mouvements : 1. Andantino. Allegro vivace e grazioso, 2. Andante con moto, 3. Scherzo : Allegro, ma non troppo e tranquillamente, 4. Finale : Allegro molto vivace. Le célèbre compositeur allemand Louis Spohr en reçoit la dédicace.

La *Quatrième Symphonie* a été la première à être créée au Danemark (Copenhague) le 16 novembre 1850 par l'Orchestre symphonique de la Société de Musique sous la direction de Niels Gade. Elle fut donnée en 1850 aussi par l'Orchestre du Gewandhaus de Leipzig. Gade la dirigea encore dans la ville saxone au printemps 1853. Il en dirigea les premières dans différentes villes : Hambourg, Düsseldorf, Cologne, Amsterdam…

Lors de la première danoise, le journal *Flyve Posten* écrivit : « Le point culminant fut une nouvelle symphonie de N.W. Gade, une composition géniale qui, d'une forme accomplie, dépasse peut-être même ses travaux antérieurs de ce côté. »

Retenons deux autres commentaires sur cette œuvre : « Assez courte et claire… est une de ses œuvres les plus heureusement inspirées[39] » et « La lyrique *4ᵉ*, à propos de laquelle on a dit que « l'aigle s'y était transformé en cygne » est caractérisée par un style plus personnel (que la 3ᵉ)[40]. »

La *Quatrième Symphonie* est fréquemment considérée comme le chef-d'œuvre symphonique de Gade. On la donna 18 fois jusqu'en 1885 au seul Gewandhaus. Aucune autre symphonie de notre compositeur ne fut plus souvent programmée.

Le critique danois Charles Kjerulf pensa que la *Quatrième* représentait une évolution marquante du style de Gade depuis son retour d'Allemagne : « tel un phénix ressuscitant des cendres de son passé mendelssohnien »

Gade réussit à trouver un bon équilibre entre les influences germaniques (école de Leipzig certes, mais également influences diverses plus difficiles à repérer et identifier aujourd'hui, correspondant à ce que l'on nomme par raccourci l'air du temps) et sa propre personnalité porteuse d'ambitions nationales modérément intenses. Certains musicologues ont pu

---

[39] S. Lund, *La vie musicale au Danemark*, 1962, p. 47.
[40] Ingmar Bengtsson, *La symphonie dans les pays nordiques*, op. cit., p. 250.

détecter des traces de Mendelssohn dans le premier mouvement et dans le Scherzo, des traits rappelant Schubert dans le second, mais sans pouvoir les taxer d'épigoniques toutefois. On note essentiellement une grande maîtrise compositionnelle et le retour d'une incontestable spontanéité digne de la *1re Symphonie*.

Gade se fait séducteur dans le premier mouvement en utilisant des répétitions utiles et pertinentes de thèmes construits sur une pulsation enjouée.

Anti-spectaculaire mais noblement décliné, l'Andante s'écoule paisiblement, fragile mais non anémié, poétique mais sans mystère ni effusion sentimentale.

Le bref Scherzo, fluide et pimpant, à la précision rythmique et aux nuances expressives, met en place une atmosphère quasi dansante.

La construction plus majestueuse du dernier mouvement, avec ses rythmes assurés un peu secs et candides alternant avec des passages plus coulés et moelleux confiés aux cordes, élabore un discours extériorisé généreux. C'est huilé et discipliné, dépassionné mais irréprochable dans son optique classico-romantique, globalement fidèle aux préceptes de Leipzig.

Comme symphonies contemporaines, nous trouvons la *Troisième* « Rhénane » de Schumann, en *si* bémol majeur, écrite en 1850 et la *Neuvième* op. 143 de Spohr (datant de 1850) également et à qui elle est dédiée (et partageant avec elle certains traits stylistiques).

Philipp Spitta, pour conclure, constate justement : « L'influence de Leipzig se fait le plus fortement dans la *Troisième Symphonie*, à l'avantage et au désavantage de celle-ci. Il est évident que le développement de Gade traversait alors une crise. La *Quatrième Symphonie* nous montre comment il vainquit la crise : le compositeur y est redevenu lui-même, mais en outre avec l'avantage d'avoir appris à utiliser une forme musicale plus fermée ! »

Au plan politique, Constitution de juin (suffrage universel et liberté d'entreprise) et victoire des libéraux nationaux qui reprennent la politique des Danois de l'Eider.

Toujours en 1849, Chopin décède à Paris et Meyerbeer donne son opéra *Le Prophète* sur un livret de Scribe. Franz Liszt compose ses deux concertos pour piano, et Wagner s'exile après la révolte de mai à Dresde. La « Bach Society » est fondée à Londres par W.S. Bennett.

En 1850, *Lohengin* de Wagner est créé à Weimar tandis que Robert Schumann fonde la « Bach-Gesellschaft » qui projette de publier toute l'œuvre de J.S. Bach. Schumann est nommé directeur de la musique à Düsseldorf.

Rigoletto, l'opéra de Verdi d'après Victor Hugo est proposé à Venise en 1851.

1852. *Symphonie n° 5 en* **ré** *mineur*, op. 25, dont les quatre mouvements d'une durée totale de 26 minutes se répartissent ainsi : 1. Allegro con fuoco, 2. Andante sostenuto, 3. Scherzo. Allegro molto vivace, 4. Finale. Andante con moto. Allegro vivace. A l'orchestre naturellement attendu, Gade a ajouté un piano.

Ce « cadeau de mariage » fut créé à la Société de Musique sous la direction du compositeur le 11 décembre 1852 (il tenta de garder le secret pendant la phase de composition) et est dédié à Julius Rietz.

Cette symphonie composée à Copenhague est sans doute la première de l'histoire à utiliser un piano dans tous les mouvements. Précisons qu'il ne s'agit pas non plus d'un concerto pour piano et orchestre (bien que la partie de piano exige beaucoup de l'instrumentiste). « Etrange fusion de symphonie, fantaisie et concerto », écrira cependant I. Bengtsson[41].

Schumann vient de réorchestrer (1851) sa *Symphonie n° 4* op. 120 en *ré* mineur et son *Concerto pour piano* de 1841- 45, en *la* mineur, laisse chez le Danois des stigmates, Chopin aussi (*Concerto n° 2 en* la *mineur*, op. 21 de 1829-30 ; *Concerto n° 1 en* mi *mineur* op. 25 de 1831), moins sûrement Mendelssssohn (*n° 1 en* sol *mineur,* op. 25 de 1831 ; *n° 2 en* ré *mineur* op. 40 de 1837), Liszt plus probablement (avec son *Concerto n° 2 en* la *majeur* de 1839-49 et son *Concerto n° 1 en* mi *bémol majeur* de 1849 créé en 1835 par Liszt au piano et Berlioz à la direction orchestrale).

Le 4 mars, Sophie Gade relata à son père J.P.E. Hartmann de Leipzig (à propos du concert du 3 mars au soir) : « La deuxième partie se composait d'une certaine *symphonie en* ré *mineur n° 5* d'un certain M. Gade. Tu peux croire à l'étonnement du public, l'affiche ne mentionnait pas de piano. Au premier mouvement, les gens étaient complètement interloqués ; le second mouvement par contre fit beaucoup d'effet, ils comprirent que ça pouvait aller et furent très satisfaits. »

---

[41] *Op. Cit.*, p. 205.

Au piano se trouvait soit Julius Rietz (le successeur de Gade au Gewandhaus), soit Hans von Bülow (alors à Leipzig ; il fréquenta le groupe de Gade).

Gade tente de faire passer naturel et vigueur et d'inclure des thèmes mélodieux. Le résultat n'est pas moins une œuvre quand même hybride. Le piano s'avère très présent, jouant le rôle d'un accompagnement attentif, rarement celui de soliste.

Premier mouvement : Bien charpenté avec ses tempos vifs et alertes, avec une pâte orchestrale habilement pétrie ; cet allegro ne manque pas de distinction dramatique.

Deuxième mouvement : Son intériorité discrète, son discours assez avancé pour le compositeur, propose une altière fluidité sans pathétisme mais dont il se dégage une sérénité évidente. S'agit-il d'une chanson romantique sans paroles ?

Troisième mouvement : Scherzo enthousiaste à l'inventivité agréable mais pas vraiment renouvelée, en dehors d'un piano dominant le discours. Piano volubile, concentré, non virtuose mais très bavard et par conséquent original dans cette conception.

Quatrième mouvement : Le début, wagnéro-lisztien, évolue rapidement vers une atmosphère schumanienne. Une certaine frénésie s'exerce jusqu'au passage plus calme confié à la clarinette. Ensuite la musique adopte une respiration ample, flamboyante, renforcée par le piano tantôt percussif tantôt mélodique, parfois noyé dans la masse, d'autres fois presque soliste. Légèreté et bonheur caractérisent ce mouvement sans repos, rayonnant et convaincant.

1854. Robert Schumann se jette dans le Rhin dans un accès de folie. Berlioz présente sa trilogie sacrée, *L'Enfance du Christ,* à Paris le 10 décembre. *Les Préludes*, poème symphonique de Liszt, sont exécutés à Weimar le 23 février 1854 ; il travaille sur sa *Faust-Symphonie*.

1855. A Paris, Offenbach fonde le « Théâtre des Bouffes-Parisiens » ; Brahms commence sa *Symphonie n° 1* (terminée seulement en 1876).

1856. Mort de Robert Schumann ; entrée de Berlioz à l'Institut de France.

1857. *Symphonie n° 6 en sol mineur*, op. 32. Ecrite entre octobre 1856 et mars 1857, elle repose comme les précédentes sur les quatre mouvements habituels d'une durée d'environ 24 minutes. Elle se subdivise en : 1. Andantino. Allegro molto vivace, 2. Andantino sostenuto, 3. Allegro moderato ed energico, 4. Finale. Andantino quasi allegretto. Allegro vivace e animato. Les auditeurs de Copenhague purent la découvrir à la Société de Musique le 17 mars 1857 et ceux de Leipzig au cours de la même année. Elle est dédiée à Joseph Joachim.

La numérotation d'opus échappe cette fois à la règle que s'était fixée Gade d'écrire une symphonie tous les cinq opus. Elle commence et s'achève en mineur et s'avère tragique dans l'intention lit-on ici ou là (moins nettement lors de l'écoute toutefois). Elle « est empreinte de tragique et compte parmi les œuvres les plus réussies de Gade », confie un auteur[42].

On retrouve les ingrédients habituels au travail symphonique du compositeur. A savoir la rythmique précise et déjà éprouvée ; la ligne mélodique courte mais nette ; une aisance générale que paraît fuir toute idée de renouvellement ou toute nécessité esthétiquement impérative de composer.

L'Andante se dispense de véritable ardeur lyrique (malgré les circonstances… mais éducation victorienne probable oblige), d'émoi intime, toutefois on remarque la présence d'une délicatesse, d'une élégance quelque peu distante, où le charme surmonte l'insuffisance de spontanéité.

Le Finale se trouve particulièrement bien représentatif du style de Gade : virtuose, saccadé, engagé, allègre et coloré.

L'absence de péril renforce l'impact de la lumière et du cours naturel des choses admises. En ce sens, la *Sixième Symphonie* ne démérite pas.

En 1857, Glinka meurt à Berlin. Brahms compose *Ein deutsche Requiem* (1857-58). Formation du « Groupe des Cinq » autour de 1858.

1859. *Faust*, opéra de Gounod. César Franck devient titulaire de l'orgue Cavaillé-Coll de l'église Sainte-Clotilde à Paris. Verdi : *Un bal masqué*. Wagner achève son opéra *Tristan und Yseult*.

1860. Jules Pasdeloup fonde, à Paris, au Cirque d'Hiver, les « Concerts populaires ».

Echec de *Tannhäuser* de Wagner à l'Opéra de Paris en 1861. Brahms : *Variations et fugue sur un thème de Haendel*.

---

[42] I. Bengtsson, *op. cit.*, p. 250.

1862. Anton Rubinstein fonde le Conservatoire de Saint-Pétersbourg. Naissance de Claude Debussy et installation de Brahms à Vienne.

Les Troyens à Carthage de Berlioz à Paris en 1863.

1864. *Symphonie n° 7 en* fa *majeur*, op. 45. L'œuvre dure environ 30 minutes et propose quatre mouvements : 1. Allegro risoluto, 2. Andante, 3. Scherzo. Allegro vivace, 4. Finale. Allegro vivace. La symphonie est écrite entre août et septembre 1864 ; le scherzo est complété en février 1865.

L'avant-dernière symphonie de Gade fut créée au Gewandhaus de Leipzig le 2 mars 1865 sous la direction de Carl Reinecke. La récente et cuisante défaite du Danemark en 1864 explique probablement l'absence du compositeur lors de cette manifestation. L'œuvre parut pour la première fois à Copenhague le 9 mars 1865 à la Société de Musique sous la direction de Niels Gade.

Sur la partition éditée par Breitkop & Härtel en 1865 se trouvait une dédicace à la Société pour l'Avancement de la Composition Musicale (Société hollandaise qui l'avait élu membre).

De cette *Septième Symphonie* Gade écrivit dans une lettre adressée à sa belle-sœur : « Une symphonie fraîche et gaie. Il ne s'agit vraiment pas d'histoires de guerre et de paix, encore moins de politique. »

Comment se situe-t-elle historiquement ? Bruckner écrit sa *Symphonie « n° 0 »* ('Nullte') en 1863-1864 et commence sa *Première Symphonie en* ut *mineur* l'année suivante. Dvořák va commencer sa *Symphonie n° 1* « Les Cloches de Zlonice » *en ut mineur* (1865) tandis que Borodine travaille sur sa *Symphonie en* mi *bémol majeur* (1862-1867). On est loin des symphonies de Berlioz (alors âgé de 61 ans, il mourra cinq ans plus tard) et de Liszt (âgé de 53 ans) qui a déjà donné sa *Faust-Symphonie* (1854-1857) et sa *Dante-Symphonie* (1855-1856).

L'Andante ne manque pas de grandeur, sans dérapage larmoyant toutefois, le reste est rustique, robuste, dynamique et puise dans le registre déjà décrit des critères symphoniques de Gade. Si le métier ne faiblit pas, on échouera à trouver quelque nouveauté déterminante au sein de cette grande lisibilité bien ficelée. On ne saurait crier au génie, mais la symphonie ne manque pas de qualité ni de dextérité et répond adroitement aux critères requis pour élaborer une partition aimée et appréciée des audiences du temps, peu enclines à accepter des bouleversements en flagrante contradiction avec les canons figés de l'époque. Il faut bien reconnaître que la véritable aventure créatrice, Gade l'a depuis trop longtemps quittée (d'où son flirt dangereux avec l'académisme creux qu'il évite souvent de justesse).

En 1864. Naissance à Munich de Richard Strauss. *Mireille* de Gounod (Paris).

En 1865, *L'Africaine* de Meyerbeer à Paris ; à Munich création de *Tristan et Isolde* de Wagner. Naissance de Paul Dukas.

En 1866, *La Vie parisienne*, opéra-bouffe de Jacques Offenbach à Paris.

En 1867, *Roméo et Juliette* de Gounod (Paris), *Don Carlos* de Verdi (Paris), *La Fiancée vendue* de Smetana (Prague).

En 1868, mort de Rossini à Passy. Bruckner s'installe à Vienne comme organiste de la Cour puis professeur au Conservatoire.

1868-1872. *Boris Godounov* de Moussorgsky.

En 1869, Berlioz meurt à Paris tandis que Widor y devient organiste de Saint-Sulpice. César Franck : *Les Béatitudes*, oratorio.

1869-71. *Symphonie n° 8 en* si *mineur*, op. 47. Quatre mouvements : 1. Allegro molto e con fuoco, 2. Allegro moderato, 3. Andantino, 4. Finale : Allegro non troppo e marcato. Durée : approximativement 26 minutes.

La création se déroule à Copenhague le 7 décembre 1871 à la Société de Musique sous la direction du compositeur. L'œuvre est présentée à Leipzig la même année.

Cette ultime symphonie résulte du remerciement de Gade pour son admission à l'Académie de musique de Suède.

Elle débute en *mi* mineur et évolue vers un final en majeur.

« Il se trouve dans la symphonie une force juvénile renouvelée, une énergie et un enthousiasme qui s'épanchent dans une teinte nordique mais qui apparaissent presque immédiatement comme dans sa symphonie de jeunesse en *do* mineur et qui, dans une forme aussi marquée, avaient autrement à peu près disparu de la musique de Gade », ainsi que l'explique William Behrend, le biographe danois de Gade.

A l'écoute de cette dernière symphonie, on constate rapidement son égalité d'humeur et de style avec ses devancières. Rien d'inouï donc. On y retrouve presque familièrement cette pureté orchestrale plus ou moins décantée et cette charge émotionnelle limitée. On y perçoit encore une vigueur mélodico-rythmique appréciable (qui lui confère d'ailleurs son intérêt). Un sens dramatique plus appuyé la parcourt. L'Andantino, légèrement plus épique que les précédents, s'oppose à l'Allegro final légèrement slavisant, monumental et démonstratif.

Avec cet opus 47, Niels Gade revendique une position retranchée mais affirmée et défendue jusqu'au bout de ce cycle commencé trente ans plus tôt. Dire qu'il s'évertue à refaire du Mendelssohn serait exagéré (il refait assurément du Gade) mais néanmoins aussi, dire qu'il refuse d'adapter son style aux compositions contemporaines ne saurait être nié.

Quelques repères :

En 1871, Edouard Colonne fonde le « Concert national »[43]. Création toujours à Paris, de la « Société nationale » qui s'oppose aux musiques étrangères. *Aida* de Verdi au Caire.

En 1876, inauguration du théâtre de Bayreuth. Le *Lac des cygnes*, ballet de Tchaïkovski, date de cette même année (Moscou).

L'opéra biblique de Saint-Saëns *Samson et Dalila* vient en 1877 (Weimar), année de la composition de la *Symphonie n° 2* de Brahms.

En 1881, Charles Lamoureux fonde à Paris les « Nouveaux Concerts ». *Les Contes d'Hoffmann* d'Offenbach à Paris. Naissance de Bartók. Un an plus tard, en 1882, naissance d'Igor Stravinsky ; *Parsifal* de Wagner à Bayreuth. Fondation du Concertgebouw à Amsterdam.

En 1883, Chabrier : *España* ; Delibes : *Lakmé*. Fondation du Metropolitan Opera à New York.

Symphonie n° 4 de Brahms (1885), *Variations symphoniques* de Franck (1885).

Le cycle symphonique de Gade s'échelonna de 1841 et 1870. Il n'y reviendra pas pendant les vingt dernières années de sa vie.

---

[43] Il le dirigea jusqu'à sa mort en 1910. Il deviendra ensuite l'« Association artistique », puis « Concerts du Châtelet » et après la mort de Colonne « Concerts Colonne ».

Durant ce laps de temps la symphonie en Scandinavie s'enrichit de plusieurs partitons intéressantes.

En Norvège. Grieg (1843-1907) composa son unique symphonie de jeunesse en *do* mineur en 1864 et n'abordera plus jamais le genre. Son grand ami Johan Svendsen (1840-1911) réussit admirablement ses 2 symphonies : *n° 1 en* ré *majeur*, op. 4 en 1867 et *n° 2 en* si *bémol majeur*, op. 15 en 1876. Christian Sinding (1856-1941) en élabora 4 (ré *mineur*, op. 21, 1880-90 ; ré *majeur*, op. 83, 1903-04 ; fa *majeur*, op. 121, 1931 ; op. 129, 1923-36, non publiée).

En Suède. Joseph Dente (1835-1905) laisse une *Symphonie en* ré *mineur*. Jakob Adolf Hägg (1850-1928), un élève de Franz Berwald et de Gade, composa une *Symphonie nordique*. Oskar Byström en écrivit une aussi vers 1870. Rappelons que Berwald dessina ses 4 symphonies dans la première moitié des années 1840. Lindblad est redevable de Beethoven dans sa *Symphonie en* ut *majeur* de 1831-32. Ludvig Normann (1831-1885) dans sa *Première symphonie* de 1832 demeure proche de la tradition viennoise classique. Il faudrait citer les réalisations d'Hugo Alfvén (1872-1960) et de plusieurs autres créateurs de cette jeune génération.

Au Danemark. J.P.E. Hartmann laisse deux symphonies en 1835 et 1848 dont seule la première mérite de ne pas disparaître.

En Finlande. Kajanus fonde la Société orchestrale d'Helsinki en 1882 mais ne compose pas de symphonie (citons simplement son poème symphonique *Aino* de 1885) tandis que la première symphonie écrite en Finlande revient à Ernst Mielck (1877-1899) avec sa *Symphonie en* fa *majeur*, op. 4, de 1897, de très peu antérieure à la *Symphonie n° 1 en* mi *mineur* op. 39 de Jean Sibelius, créée deux ans plus tard. Mais alors Gade était mort depuis presque une dizaine d'années.

B. MUSIQUE POUR ORCHESTRE

1836. *Ouverture en mi majeur*, pour orchestre.

1840. *Souvenirs d'Ossian* (Nachtklänge von Ossian/Efterklange af Ossian/Echoes of Ossian), en *la* mineur, ouverture de concert, op. 1 officiel de Gade. Publiée par l'éditeur danois Wilhelm Hansen, cette œuvre reçut le premier prix de la Société Musikforeningen (Société royale de musique, fondée depuis peu, 1836) et la bourse qui allait avec, lui permettant d'aller étudier à Leipzig. Même si *Souvenirs d'Ossian* reçoit un excellent accueil, son auteur demeure encore un quasi inconnu. Le succès enregistré doit au fait que ce type de musique était encore inédit au royaume danois et que la partition s'avère extrêmement bien architecturée. Parmi les membres du jury qui distingua cette œuvre, on trouve le prestigieux maître allemand Louis Spohr et Friedrich Schneider ; Felix Mendelssohn, prévu, n'apparut point lors des épreuves (il décommanda à la dernière minute). Mais ainsi avait-il entendu parler de ce jeune et prometteur compositeur danois. Cette pièce très bien conçue et individuelle révèle déjà un créateur au style peu hésitant.

Son tempo est noté Allegro moderato et sa durée s'établit à environ 14 minutes.

Cette musique est inspirée par les poèmes d'Ossian publiés par James MacPherson (que l'on croyait authentiques à l'époque). En réalité, il s'agit d'une littérature alors très populaire depuis sa première parution en 1760. Gade écrivit un programme sur la base de la traduction danoise de St Blicher (1807-1809) réalisée en 1807-1808. Ce poème ne fut jamais utilisé ni édité.

Donnée en création mondiale en Allemagne, à Leipzig, en 1840. La première danoise eut lieu à la Société de Musique, le 19 novembre 1841, elle enregistra un grand succès qui s'étendra rapidement au reste de l'Europe.

Par l'esprit, *Ossian* s'inscrit bien dans la mentalité des années 1830 mais possède en plus une indéniable concision, personnelle et maîtrisée. Gade utilise également une chanson danoise « Ramund », un air populaire de la fin du Moyen-Age.

Il composa cette page pour le concours organisé par la Société de Musique de Copenhague et reçut le premier prix parmi les dix œuvres remises. Cette Société se proposait de promouvoir l'œuvre de jeunes compositeurs en organisant concours et représentations.

Gade plaça en exergue un vers tiré d'un poème de Ludvig Uhland « Frei Kunst » (Art libre) : « Nous ne sommes pas liés par les formules, notre art s'appelle poésie. »

Quel en est donc le thème : Ossian, barde imaginaire, invente des chants et des légendes inspirées d'un passé lointain.

Ce n'est que bien des années plus tard que l'on découvrit que ces poèmes n'étaient pas d'authentiques fragments provenant du légendaire barde Ossian. Leur influence resta néanmoins considérable.

Le prologue, dans une lente introduction, fait usage de cette chanson. La section centrale de forme sonate aboutit dans l'épilogue à la répétition du matériau initial ; elle développe un impressionnant crescendo construit autour d'un thème retenu mais réhaussé par les appels des cuivres, dans une belle couleur orchestrale limpide. Un deuxième thème, adagio, délicat et apaisant, se dessine aux cordes et aux bois autour d'un agencement interne des thèmes unifiés et parfaitement polis. Œuvre achevée, à la palette sonore remarquablement travaillée, dont l'atmosphère d'ensemble, plutôt méditative et rêveuse, est inspirée directement par le caractère du texte. La fin, plus martiale et décidée, conduit aux dernières mesures s'éteignant pianissimo.

L'intention se rapproche davantage de la musique poétique de Schumann que de la musique à programme de Berlioz.

Gade s'exprime de manière convaincante à travers cette ouverture en aplanissant aisément les difficultés de l'écriture orchestrale, et plus, en réalisant une œuvre délicieuse, gratifiée d'une certaine sensualité, immédiatement séduisante et cohérente. Le modèle se trouve peut-être davantage chez Mendelssohn, plus précisément dans *l'Ouverture des Hébrides* op. 26, sous-titrée la *Grotte de Fingal*, de 1830-1832.

Cette partition a survécu aux outrages du temps et demeure une de ses musiques les plus populaires, représentant presque idéalement le style national romantique modéré du temps.

1841. *Sanct Hansaftenspiel* (Pièce pour une nuit d'été), ouverture.

1844. *I Højlandet* (In the Highlands /Dans les hautes terres), en *ré* majeur, op. 7, ouverture écossaise créée à Leipzig en novembre 1844 sous la baguette du compositeur, lors de son retour d'Italie. Les 10 minutes de l'ouverture adoptent les tempos suivants : Andante (section animée avec les altos divisés, clarinettes et roulements de timbales), Allegro moderato (au tempérament guerrier), Allegro di molto (au premier thème héroïque).

Cette page s'avère au total plus conventionnelle que la précédente *Souvenirs d'Ossian*

1846. *Ouverture (n° 3) en* **ut** *majeur*, op. 14. Durée : 10 minutes. Composée à la fin de 1846 à Leipzig et créée dans la même ville le jour de l'An 1847 par l'Orchestre du Gewandhaus mené par Gade lui-même. Tempo : Allegro moderato e maestoso – Allegro con fuoco. La partition s'achève par un fortissimo.

Titre simple et abstrait traduisant la prise de distance du compositeur avec la charge expressive des deux premières ouvertures : *Souvenirs d'Ossian* et *Dans les Highlands*. Il en existe une version pour piano à quatre mains portant l'inscription : *Achilleus-Ouverture,* d'après le héros grec Achille. Musique héroïque.

1848-49. *Mariotta,* courte ouverture de fête (4 minutes) pour un singspiel de C. Borgaard portant l'indication de tempo Allegro vivace.

Gade ébaucha cette œuvre à Leipzig et la ramena avec lui à Copenhague où il l'acheva. La réception au Théâtre royal fut mauvaise et conduisit à un échec patent. Aujourd'hui, il ne nous reste que cette ouverture constituée d'une insistance mélodique efficace au sein d'une texture symphonique assez transparente.

1850. *Nordisk sæterrejse*, Lystspil, (Un voyage en montagne dans le nord), ouverture, en fa majeur. Copenhague, 1850.

1850. *Festmarsch ved Kong Christian IX's. Regjerungs-Jubilaem* (Marche de fête pour le jubilé du roi Christian IX).

1861. *Hamlet*, ouverture de concert pour orchestre en ut mineur, op. 37, d'une durée de 10 minutes. Tempos : Andante – Allegro con fuoco – Marcia funèbre : Andante. Cette partition est dédiée à son ami de jeunesse Frederik Höedt (considéré comme le premier metteur en scène moderne du Danemark ; connu pour ses remarquables interprétations d'*Hamlet*). Partition créée à Copenhague (Musikforeningen) en 1861 et publiée peu après à Leipzig.

Le titre renvoie bien sûr à Shakespeare ; il correspond aussi à l'environnement culturel du compositeur et répond aux idéaux fondés, on le sait, sur l'esthétique de Leipzig. On remarquera que cet opus 37 fut accueilli avec réserve en Allemagne. Pour quelle raison ? Il semblerait que certains lui aient reproché son ancienne appartenance au cercle de Mendelssohn.

Hamlet repose sur un développement de forme sonate, encadré par un prologue et un épilogue reliés l'un à l'autre par une certaine communion thématique. La section centrale propose un thème principal continu et bondissant sur un motif de marche (avec un ostinato assuré par les cordes) ; cette partie s'oppose à un thème secondaire doux et oscillant (figurant Hamlet et Ophélia). La fin de cette partie principale permet le retour du thème de marche initial (un tempo plus lent noté marche funèbre).

Effectivement, on ne saurait reconnaître là un véritable ton nordique et le tout sonne un peu conventionnel. Affirmation valable en apparence certes, mais, en écoutant plus attentivement, on apprécie de belles et riches nuances aux plans harmonique, dynamique et instrumental. Cette manière d'appréhender *Hamlet* peut conduire l'observateur à la juger comme l'une des œuvres des plus audacieuses et dramatiques du catalogue gadien.

Le travail orchestral inspire plus souvent Gade que les autres genres et il n'y démérite pas, surtout si on compare cette réalisation à celles de ses contemporains (démarche que l'on néglige trop souvent s'agissant de l'esthétique de Gade). La richesse du discours orchestral vient heureusement aider une belle idée musicale : ainsi aboutit-on -fait trop rare chez un Gade admiré de ses concitoyens presque systématiquement à une ouverture tonique, subtile, aux thèmes nobles et puissants, aux épisodes de mystère bien rendus. *Hamlet*, le poème symphonique n° 10 de Franz Liszt, écrit en 1858, prélude à la pièce de Shakespeare, présente la même structure formelle et une certaine parenté musicale et spirituelle.

Après l'interprétation en création de l'œuvre à Leipzig (1861), le critique Franz Brendel écrivit : « D'un point de vue musical l'Ouverture est un calque de choses qui valent mille fois mieux – au total donc, un zéro dans l'évolution de l'art. » Jugement terriblement sévère qui explique peut être en partie que l'on ne donna plus qu'une seule fois *Hamlet* à Leipzig au cours des années suivantes.

1861. *Michel Angelo.* Ouverture de concert en *fa* majeur, op. 39, créée à Leipzig l'année de sa composition. Durée : 8 minutes. Noté : Andante marcato – Allegro con fuoco.

Dernière ouverture du compositeur, elle fut souvent jouée à la Société de Musique.

On appréciera à la fois l'éloquence du propos, le soin apporté à l'écriture et la finesse du coloris orchestral. L'idée musicale et son développement confirment la sûreté de l'écriture de Gade, même s'il vaut mieux ne pas y rechercher de nouveauté esthétique. Les ingrédients gadiens s'y trouvent donc une dernière fois avec notamment une indéniable unité thématique.

Signalons enfin qu'à n'en point douter, certaines lignes se retrouveront bien plus tard dans l'orchestration de plusieurs œuvres de Rued Langgaard !

1863. *Sørgemarsch ved Kong Frederik. d. 7's Død* (Marche funèbre pour la mort du roi Frederic VII).

1874. *Novelettes (Novelletter) n° 1,* **en *fa* majeur**, pour orchestre à cordes, op. 53 créé à Leipzig (1874). En quatre mouvements (environ 19 minutes) : 1. Andantino. Allegro vivace e grazioso, 2. Scherzo. Moderato, 3. Andantino con moto, 4. Allegro vivace.

Gade reprend ici une forme antérieurement traitée par Robert Schumann dans son opus 21. A la différence de ce dernier, il évite soigneusement de présenter et de développer ses états d'âme en maintenant un traitement plus concentré, sans dramatisme, voire anti-héroïque et avant tout en s'accordant une moins grande liberté.

Les quatre mouvements sont liés, adoptant successivement la forme sonate, le scherzo, un mouvement lent et un final enlevé et vif. La forme cyclique rapproche ces *Novelettes* de la structure de la symphonie.

Dans cette partition de la grande maturité, Gade fait preuve d'une étonnante jeunesse et d'une exquise souplesse orchestrale et mélodique montrant ainsi la voie au jeune Carl Nielsen de la *Suite pour cordes*.

Sans rechercher la nouveauté ni remettre en question les fondements bien ancrés de son esthétique musicale, il s'éloigne ici d'une certaine rigueur académique souvent critiquée et critiquable. Sa maîtrise des cordes trouve dans cette pièce à s'exprimer avec grâce, mélodisme et recherche rythmique. Pas de froideur ni de dessèchement et peut être moins de rigueur stylistique au crédit de cet opus souvent charmeur, jamais langoureux, parfois impétueux mais sans théâtralité, doux et chantant… un jaillissement contenu. Ravissement qui ne put qu'impressionner voire influencer ses contemporains scandinaves (et peut-être Grieg lui-même) et les innombrables faiseurs de suites, sérénades, concertos grossos… pour orchestre à cordes de la fin du XIXe siècle et de la première moitié du XXe (en tout cas les réfractaires au diktat sériel en train de se constituer).

En 1872, *L'Arlésienne* de Bizet ; Lecoq, *La Fille de Mme Angot*. Début de la construction du théâtre de Bayreuth. Verdi écrit son *Requiem* en 1873.

La *Tétralogie* de Wagner trouve son aboutissement en 1874 après vingt ans de travail. 1874 est aussi la date des *Tableaux d'une exposition*, pour piano, de Moussorgsky. Arnold Schoenberg naît à Vienne. L'année suivante (1875) l'opéra *Carmen* de Bizet est créé à Paris, il meurt peu après. Naissance de Maurice Ravel.

1876. *Bertran de Born*, ouverture.

1879. *En Sommerdag paa Landet* (Un Jour d'été à la campagne), suite pour orchestre (5 pièces), op. 55, durée : 25 minutes. Donné à Leipzig en 1879.

La partition se décompose en : 1. Matin (Allegro vivo e grazioso), 2. Temps pluvieux (Allegro molto), 3. Seul dans la forêt (Larghetto con moto),

4. Dans le village de pêcheurs (Allegro comodo e scherzoso), 5. Soir (Andantino. Allegro vivace).

Gade proposa cette œuvre à l'Orchestre de Hambourg où il était invité à diriger l'année suivante. Il écrivit de cette ville à sa famille restée à Copenhague : « Lorsque je suis arrivé avec le « Jour d'été », tous les musiciens de l'orchestre ont eu un large sourire, et ils se sont amusés à chaque pièce. »

Les trois Allegros ne manquent pas de qualités mélodiques et expressives. Gade, fort à propos, évite de trop délayer le sujet. Le Larghetto, spontané, sans abandon notable ni émotion appuyée, se veut inspiré par la solitude.

Sans sortir des sentiers battus, Gade renouvelle sa faculté de faire frais, élégant, divertissant, sans grandiloquence ni pénétration excessive, mais soutenu par une dose de bon goût.

Il parvient à se placer dans la tradition des œuvres pastorales pour orchestre de grands devanciers comme Beethoven (entre autres la *Symphonie n° 6,* 1808) ou encore d'anticiper des maîtres comme Vincent d'Indy (*Jour d'été à la montagne,* 1906).

Borodine compose *Dans les steppes de l'Asie centrale* (1880) qu'il dédie à Franz Liszt. En 1883 disparaît Richard Wagner.

1884. *Holbergiana*, suite orchestrale, op. 61. D'une durée d'une vingtaine de minutes réparties sur quatre mouvements : 1. Moderato (Tempo di Minuette), 2. Andante scherzando, 3. Andantino, 4. Finale. Allegro festivo.

La dernière section renvoie à la pièce *Maskarade* qui inspirera vingt ans plus tard à Carl Nielsen son fameux opéra éponyme.

Ludvig Holberg (1684-1754) avait la double nationalité, danoise et norvégienne. Pour le 200ᵉ anniversaire de sa naissance s'organisèrent de nombreuses manifestations.

Holbergiana fut représentée à la Société Musicale de Copenhague et à Leipzig dès 1884.

Pour ces quatre pièces de caractère, le compositeur utilisa un style plus ou moins ironique, puissant, et malgré tout plein d'aisance et dépourvu de véritable inflexion nordique (pas plus que d'orientation baroque, option retenue par Grieg dans sa partition intitulée *Du Temps de Holberg* en 1884-1885).

1884. *Ulysses-Marsch : Forspil til Holberg's Ulysses von Ithaca.*

Gade écrivit cette marche « Ulysse », conçue comme prologue à la parodie de l'« Ulysse d'Ithaque » d'Homère par Holberg et cette *Holbergiana* opus 61. Du côté norvégien, Grieg choisit le même titre pour une pièce qui devait connaître une renommée mondiale.

1883, rév. 1886. *Novelletter (Novelettes) n° 2*, pour cordes, **en mi majeur**, op. 58.

Quatre mouvements : 1. Andante. Allegro ma non troppo, 2. Intermezzo. Allegro moderato, 3. Andante espressivo, 4. Finale. Allegro con brio. Durée : 23 minutes environ.

Composée une dizaine d'années après l'opus 52, cette deuxième et dernière série de *Novelettes pour cordes* en adopte le même schéma structurel et la même démarche esthétique.

Elégance, fluidité, impressions variées la constituent. Moins de spontanéité débridée ici et une retenue très appréciable dans l'Allegro initial. Plus de pudeur globalement (en soulignant bien sûr que Gade ne s'épanche jamais vraiment) mais moins encore de virtuosité insouciante dans le deuxième mouvement. L'Andante s'écoule paisiblement, dépassionné mais sérieux, proche de la tradition viennoise, manquant un peu de souffle et d'étoffe quand même.

Une musique plaisante certes mais malheureusement bridée par un zèle un peu sage et un plaisir sonore sans puissante émotion.

Opus donné à Leipzig en 1886.

1887. *Pastorale*, pour orchestre d'harmonie. Partition peu connue, écrite pour le 70ème anniversaire de Louise de Hesse-Kassel au château de Fredensborg le 7 septembre 1887.

1889 voit la création du poème symphonique *Don Juan* de Richard Strauss à Weimar.

1890. *Echo de Fredensborg* pour orchestre militaire. Dernière œuvre du compositeur (sous forme de manuscrit). Il était souvent invité en ce lieu… Il meurt peu après.

C. CONCERTO (S)

1878. *Capriccio, en* **la** *mineur*, (concerto) pour violon et orchestre. Durée : 8 minutes environ. Berlin, 1878.

Initialement écrit pour violon et piano, ce capriccio fut orchestré par un ami de Gade très renommé : le compositeur allemand Carl Reinecke (1824-1910), qui avait séjourné quelques années plus tôt à Copenhague (1846) en tant que pianiste de la Cour. Il s'agit d'une pièce brillante, quelque peu superficielle, bien enlevée, où le violon tient la vedette et fait montre tour à tour de distinction et de légèreté, de recueillement et de suavité.

Le *Concerto pour violon et orchestre* de Brahms est contemporain du *Capriccio*.

1880. *Concerto pour violon, en* **ré** *mineur*, op. 56. Durée : 27 minutes.

L'unique concerto de Gade se compose de trois mouvements : 1. Allegro con fuoco, 2. Romanze. Andantino expressivo, 3. Rondo scherzando. Allegro, ma non troppo. Il le dédicace à Joseph Joachim, le violoniste le plus célèbre du temps, par ailleurs un des grands amis du compositeur.

Joseph Joachim en donne la création avec sa classe d'orchestre à la Hochschule für Musik à Berlin le 15 février 1881.

Signale für die musikalische Welt écrivit aussitôt après : « Contrairement à plusieurs autres œuvre récentes dans ce genre, le nouveau concerto de Gade est écrit en gardant toujours en pensée l'instrument et sa technique : dans l'ensemble, le concerto montre une forme et une sonorité ravissantes et une attitude noble. L'Andante est le mouvement le plus plaisant mais le finale, le plus substantiel. »

Il est donné en première danoise à la Société de Musique (Copenhague) le 30 novembre 1882 par Anton Svendsen en soliste et Gade à la direction ; et en création allemande (Leipzig) en 1880 par le dédicataire.

Le violoniste allemand Rudolph Heckmann défendit aussi l'œuvre comme soliste.

D'immenses créateurs ambitionnèrent d'écrire des concertos pour violon. Par exemple : Beethoven en 1806 (opus 61) ; Berwald en 1820 (opus 2) ; Mendelssohn en 1833-34 (op. 64) ; Tchaïkovski en 1878 (opus 35), Saint-Saëns en 1858, 1869 et 1880 (opus 58, 20, 61), Brahms en 1878 (opus 77). Il faudrait aussi citer les œuvres de Schumann, Liszt, Schubert… Enfin, précisons que Carl Nielsen écrira son *Concerto pour violon* op. 33 en 1911 tandis que Jean Sibelius présenta les deux versions du sien, op. 47, en 1903 et 1905.

Gade, pour son instrument, le violon, écrivit *3 Sonates* (op. 6, 21 et 59), un *Capriccio* pour violon et orchestre et ce *Concerto*.

« Les violonistes te remercieront d'avoir enrichi leur répertoire », lui écrira Joseph Joachim qui le jouera à plusieurs reprises.

Comment nous apparaît aujourd'hui ce *Concerto en* ré *mineur* pratiquement inconnu en France ? Œuvre de belle tenue à ranger logiquement au chapitre des concertos lyriques et romantiques, marquée principalement par la présence de délicates mélodies, le plus souvent proposées par le soliste ; l'orchestre l'accompagne et se satisfait d'une participation relativement discrète.

Le premier mouvement repose sur deux thèmes chantants. Le développement conduit à un tutti orchestral d'allure plus ou moins dramatique avant que ne revienne le paisible discours du violoniste. La cadence précède le retour du thème principal. Le mouvement s'achève par une section animée.

Le second mouvement en trois parties comporte une section médiane plutôt sombre et accélérée tandis que les parties extrêmes offrent des mélodies plaisantes et délicates proches, par l'esprit et le style, de la romance.

Le troisième mouvement en majeur est un rondo davantage contrasté que les mouvements précédents. Son allure vive et dansante s'oppose aux thèmes intermédiaires lyriques (où l'on note des changements de tonalités). La partie soliste apparaît plus virtuose et la partie orchestrale plus travaillée.

En somme, nous découvrons là un concerto solidement écrit, non dénué d'attraits et de charme parfois, mais insuffisamment inspiré pour se classer parmi les plus grandes réussites du genre.

Cette musique précède de deux ans seulement le *Concerto pour violon n° 2* de Brahms.

D. MUSIQUE DE BALLET/POUR LA SCÈNE

Gade aborda presque tous les genres sauf l'opéra malgré diverses tentatives qui n'aboutirent pas.

1839. *Aladdin*, mélodrame/musique de scène pour la pièce d'Oehlenschläger. L'un des tout premiers succès public du très jeune Niels Gade lui valant d'être remarqué. Nielsen s'inspirera de l'histoire bien connue d'Aladdin à la fin des années 1910 au profit d'une remarquable partition scénique et orchestrale.

1840. *Fædrelandets muser* (Les Muses de notre patrie), d'après Johannes Frederik Frølich, ballet.

1841. *Sanct Hansaften-Spil* (Pièce pour une nuit d'été), d'après Oehlenschläger, pour chœur et orchestre.

1841/42. *Napoli*, titre du ballet mis en place par le célèbre chorégraphe danois d'origine française Auguste Bournonville. Gade compose l'acte II seulement, les deux autres sont signés par Holger S. Paulli et Edvard Helsted. Le galop final revenant à Hans Christian Lumbye.

1838-1842. *Agnete og Havmanden*, musique de scène, op. 3, d'après H.C. Andersen.

1847. *Siefried og Brünhilde*, fragments d'opéra.

1848-49. *Mariotta*, singspiel en 3 actes, texte : Carl Borgaard d'après Eugène Scribe. Donné au Théâtre royal de Copenhague en 1850.

On en retient aujourd'hui l'ouverture (durée : 3 minutes) une page mélodieuse, toute de gaité tout à fait inscrite dans le style des comédies musicales de l'époque. Le reste de la partition est tombé dans l'oubli.

1853-54. *Et folkesagn* (Une Légende populaire), pour orchestre symphonique, destiné au ballet en 3 actes d'Auguste Bournonville, également commanditaire de l'œuvre. Gade écrivit la musique des premier et dernier actes, tandis que son beau-père, J.P.E. Hartmann, se chargea du deuxième acte. La partition contient 28 numéros pour une durée totale d'environ 96 minutes.

Le Théâtre royal de la capitale danoise abrita sa création le 20 mars 1858. L'intrigue repose sur divers contes et ballades populaires ainsi que sur « La Colline des Elfes » de Hans Christian Andersen.

« L'action de ce ballet se déroule dans la grotte souterraine des trolls où Hilda, fille du châtelain et victime d'un enlèvement, découvre en rêve, qu'elle apppartient au monde des vivants[44]. »

---

[44] S. Lund, *op. cit.*, p. 49.

Quelques mots sur Auguste Bournonville (1805-1879), le fondateur des bases du Ballet national danois dont un certain nombre de paramètres valent encore aujourd'hui. Il naquit à Copenhague. Son père, Antoine, était danseur et chorégraphe français (né à Lyon en 1805), maître de ballet au Ballet royal danois et ancien élève de Georges Noverre. Auguste étudia à Paris et devint danseur soliste à l'Opéra et au Ballet de Paris (sous la direction de Pierre Gardel et Auguste Vestris). Il officia comme maître de ballet du Ballet royal danois en 1830 et y établit les bases d'une tradition nationale avec des productions telles que : *La Sylphide, Napoli, L'Ecole de danse, La Walkyrie, Le Chagrin de Thrym*[45].

Comme directeur d'opéra, il participa aux premières représentations au Danemark de *Tannhäuser* et *Lohengrin* de Richard Wagner. Il souhaitait obtenir une musique originale pour les ballets qu'il créait et donc passait commande auprès de compositeurs qu'il connaissait. Il réhaussa le rôle, jusque-là considéré comme secondaire voire ingrat, des compositeurs de musique pour ce genre.

Pour *Une Saga populaire,* Bournonville aida au développement d'un sentiment national envers la nature et les contes populaires en s'adressant avec sagacité à Gade et Hartmann.

L'argument détaillé du livret pourra être trouvé dans le texte de présentation de l'enregistrement de CPO (1995).

En fonction du tempérament des deux compositeurs, Bournonville confia les aspects correspondant au naturel joyeux et extraverti de Gade où ses qualités servirent à illustrer la vie terrestre, les danses, les fêtes et les intrigues.

Bournonville proposa lui-même quelques idées aux deux compositeurs en jouant sur son violon.

De ce fait probablement, on remarque la participation de liens mélodiques (sans que l'on soit autorisé à parler de leitmotives) entre les trois actes, principalement sous forme de réminiscences mélodiques.

Une grande et belle collaboration entre les deux musiciens aboutit à une évidente homogénéité. La musique se déroule sur un mode modéré, franchement thématique, souple et horizontal. Elle accompagne et illustre

---

[45] Cf. J-.L. Caron, *Musiques danoises pour des ballets de Bournonville*. Etude mise en ligne sur ResMusica.com le 14 avril 2013.

l'action avec les moyens en cours au milieu du XIXe siècle, sans esprit ni volonté d'innovation mais avec le souci affiché de plaire et de faire rêver.

Et Folksagn s'impose comme l'un des sommets du ballet romantique danois. Il en existe un arrangement pour piano à 4 mains (Copenhague, 1896).

1858. **Kong Lear** (Le Roi Lear), musique de scène.

1859/60. Judith, fragments d'opéra.

1886. Esquisses pour la scène finale de **St. Hansaftenspiel** (cf.supra).

E. MUSIQUE DE CHAMBRE

Assez tôt, Gade fut attiré par les possibilités multiples des associations instrumentales du type quintette ou octuor à cordes. L'élargissement de leur palette sonore lui plut. Ce n'est que tard dans sa vie qu'il écrivit deux quatuors à cordes, genre, on le sait, plus sévère et souvent moins fantaisiste.

On a retouvé des manuscrits de jeunesse inédits à la Bibliothèque royale de Copenhague, antérieurs à ses contacts avec les musiques de Mendelssohn et de Schumann.

Dans ce registre, il fait montre d'une certaine aisance mais les réussites s'avèrent inégales. Il n'est là en rien un novateur mais un habile faiseur de musique de qualité.

1836. *Allegro en* **la** *mineur* **pour quatuor à cordes.**

Œuvre de jeunesse, inédite. Premier essai pour cette formation. On y trouve de nombreuses variations (expérimentales) de tempos, de nuances et de structures. Toutefois le résultat est loin d'être nul, même s'il faut le considérer comme un essai adroit et prometteur d'un jeune homme de 19 ans. Musique sérieuse aux charmes juvéniles et appliqués. Durée : 6 minutes environ.

1837. *Andante et Allegro molto en* **fa** *mineur*, pour quintette à cordes (2 violons, alto, 2 violoncelles).

Datée du 14 septembre 1837, cette partition d'une durée de moins de 15 minutes, initialement intitulée *Quintetto,* est demeurée sous forme de manuscrit. Sans doute est-elle le premier mouvement d'une œuvre restée inachevée. Gade retient le choix de 2 violoncelles plutôt que 2 altos, à l'image de Schubert qui composa son œuvre monumentale seulement neuf ans plus tôt, mais qui ne sera vraiment connue que vers 1850 (publiée en 1853). Par contre Gade a sans doute pu entrer en contact avec les quintettes de Onslow[46], Gebel [47] et Reissiger [48] (joués chez un riche marchand de vin et grand amateur de musique, Christian Waagepetersen). Gade reviendra à 2 altos et un seul violoncelle dans son futur *Quintette* op. 8, composé en 1845.

Dans cette partition, comme on peut s'y attendre, on ne retrouve pas ou peu d'influence de Mendelssohn. Gade, par ailleurs, affiche un net progrès par rapport à l'œuvre de 1836. L'élégiaque Andante, paisible et élégant, s'étire lentement jusqu'à une étrange introduction de l'Allegro, retenue et donnant une ligne mélodique simple, agréablement et diversement présentée, puis le mouvement s'anime vraiment. Incontestablement, on découvre aussi la révélation d'un futur grand maître du maniement des cordes. Il en existe un arrangement récent pour orchestre à cordes réalisé par Misha Rachlevsky.

1839. *Trio avec piano en* si *bémol majeur*.

En fait, il s'agit d'un mouvement de trio pour piano, violon et violoncelle noté Adagio-Allegro con fuoco, d'une durée de 15 minutes.

Ce manuscrit rend bien compte du style du jeune maître ainsi que de son habileté croissante de l'écriture pour cordes.

La leçon des grands classiques et des préromantiques semble bien assimilée. Les deux trios de Mendelssohn datent respectivement de 1839 (*Trio en* ré *mineur*, op. 49) et 1845 (*Trio en* ut *mineur*, op. 66) ; les trois trios de Robert Schumann de 1847 (*Trio en* ré *mineur*, op. 63 et *Trio en* fa *majeur*, op. 80) et de 1851 (*Trio en* sol *mineur*, op. 88), tandis que ses *Fantasiestücke* op. 88 sont de 1842. Ces œuvres sont trop contemporaines, voire plutôt postérieures même, pour avoir servi directement de modèles mais leur atmosphère imprègne bien l'art du temps. Si leur influence ne peut être patente, les œuvres correspondantes de Ludvig van Beethoven (*Trio l'Archiduc* op. 97 de 1811 ; *Quintette à cordes en* mi *bémol*, op. 4, 1795 ;

---

[46] George Onslow, 1784-1853, compositeur français de descendance anglaise, écrivit 34 quintettes à cordes, principalement pour 2 violons, alto et 2 violoncelles.
[47] Franz Xaver Gebel, 1787-1843, compositeur et pédagogue allemand ayant fréquenté Beethoven. Il joua un rôle dans la vie musicale de Moscou dans les années 1830. Il laisse 8 quintettes à cordes.
[48] Karl Gottlieb Reissiger, 1798-1859, compositeur, chef d'orchestre et pédagogue allemand, on lui doit un seul quintette à cordes.

Quintette à cordes op. 29, 1801) et de Schubert (*Trio n° 1* op. 70 de 1808 ; *Quintette à cordes en* do *majeur* D.956, 1828) ont laissé des traces. On peut penser la même chose des pièces de Haydn (*Trio n° 1* op. 70, 1808 ; *Quintette à cordes en* fa *majeur*, 1784) et de Mozart (5 quintettes à cordes écrits entre 1773 et 1791).

Mais il faudrait rechercher également l'impact réel de compositeurs aujourd'hui plus ou moins oubliés tels que C.G. Toesch, F.X. Richter, J. Jobert et parmi les fils de Bach, principalement Carl Philipp Emanuel Bach.

Au total nous disposons d'un morceau séduisant et lyrique.

1840. *Quatuor à cordes en* **fa** *majeur*.

Sous-titré « Willkommen und Abschied » (Bienvenue et Adieu), ce quatuor (21 minutes environ) se compose de trois mouvements : 1. Allegro di molto (en *fa* majeur), 2. Adagio con espressione (en *si* bémol majeur), 3. Serenata scherzando (marqué par un changement de tonalité vers *ré* mineur). Commencé en juin et achevé en août, ce travail est inspiré par un poème romantique de Goethe écrit en 1771. Gade était entré en contact avec le poète allemand par l'intermédiaire de son professeur Berggreen.

On a longtemps cru que ce quatuor était incomplet, qu'il manquait un quatrième mouvement. Or, on sait que Gade ne projetait pas d'écrire ce dernier mouvement.

Il écrivit sa partition probablement pour le quatuor à cordes auquel il participait alors. Il en compléta le premier mouvement le 10 juillet, le second le 2 août, tandis que le troisème restera inachevé (peut-être au profit d'une attention particulière portée sur *l'Ouverture Ossian*). Les trois mouvements durent respectivement : 10, 7 et 4 minutes.

Le *Quatuor à cordes en* fa *majeur* représente un solide jalon dans sa carrière et un élément intéressant de l'histoire du quatuor à cordes en Scandinavie. Gade y manifeste un grand souci du détail et de la ligne mélodique. Il en résulte une beauté sonore constante et une relative spontanéité qui ne masquent pas totalement sa dette envers les grands devanciers du genre. Les *Quatuors* opus 44 n°s 1, 2 et 3 de Mendelssohn (de 1837-1838) notamment. Les derniers quatuors à cordes de Schubert (datant d'une quinzaine d'années seulement : D. 804, 1824 ; D.810, 1824 et D.887, 1826) laissent également de belles et indélébiles marques.

Le modernisme des derniers quatuors à cordes de Beethoven n'intéresse pas cette partition, ni novatrice ni visionnaire, mais simplement classique, équilibrée et accessible.

Le premier mouvement, avec ses passages élancés et rapides, figure le cavalier voyageant au clair de lune ; il contraste avec l'émotion délicate de l'Adagio et la description de la douleur du départ que dépeint le dernier et très bref mouvement.

1842. *Sonate pour violon n° 1*, *en* **la** *majeur*, op. 6, durée : 24 minutes environ. Trois mouvements : 1. Allegro moto, 2. Andante con moto, 3. Allegro con espressivo. Composée avant le départ pour l'Allemagne, donc antérieure au triomphe allemand à venir.

Il dédie sa sonate à la pianiste allemande Clara Schumann, « née Wieck », dont Gade avait fait la connaissance la même année alors qu'elle se produisait à Copenhague. On rapporte aussi qu'il joua son œuvre en sa compagnie.

Son style bouscule quelque peu les canons respectés, pour lui désuets, d'une société scandinave qui avait du mal à apprécier la musique postérieure à Mozart et Haydn et dont les œuvres tardives de Beethoven effaraient la majorité des professionnels, et du public danois en général.

La *Sonate en* la *majeur* affiche sans excès des traits de la musique à programme du fait de l'influence du monde des légendes nordiques et de la musique folklorique.

Premier mouvement. De caractère ondulant et de rythme rapide, il manifeste un entrain lumineux, jamais débridé cependant, toujours pudique, et un travail mélodique remarquable. Son premier thème est doux et idyllique, le second, marqué con fuoco, conduit à une conclusion pianissimo de nature rêveuse.

Deuxième mouvement. Il repose sur des intervalles descendants. Une jolie ligne débutée par le piano et enrichie par le violon est prolongée par un dialogue chatoyant entre les deux instruments. Cet andante est une digne illustration de romantisme débutant : mélange d'équilibre, de respect des voix, de sobriété attachante et de spiritualité.

Troisième mouvement. En *la* mineur, il s'attache davantage à une meilleure exploitation des ressources sonores des instruments, sans pour autant apporter de franches nouveautés. Peut-être perçoit-on un certain manque de souffle et de densité. Cela n'empêche pas le compositeur de nous proposer un discours vivant et chantant, une certaine robustesse malgré une banalité incontestable.

Cette partition solide précède celles de Brahms et de Grieg. Elle doit beaucoup à l'esprit du temps représenté par les grands classiques bien sûr mais aussi par Ludwig Spohr et Ferdinand David. Schumann quant à lui, écrira 3 sonates pour violon et piano : la *mineur*, op. 105, 1851 ; ré *mineur*, op. 121, 1851 ; la *mineur*, 1853. Mendelssohn en avait déjà produit deux : fa *mineur*, op. 4, 1823 ; fa *majeur*, 1838 ; lesquels inspirent à l'évidence le jeune Gade, admirateur sincère et déjà follement talentueux.

On en connaît une transcription pour alto ou violoncelle et piano.

Elle est contemporaine de deux œuvres de Robert Schumann le *Quintette en* mi *bémol* op. 44 (1842) et un *Quatuor à cordes en* mi *bémol majeur* op. 47 (1842).

1845. ***Quintette à cordes en* mi *mineur***, pour 2 violons, 2 altos et 1 violoncelle, op. 8, 26 minutes. Quatre mouvements : 1. Andante con moto. Allegro espressivo, 2. Allegretto, 3. Presto, 4. Adagio. Allegro appasionato.

Partition écrite et créée à Leipzig en 1845.

Dans ce texte, il existe souvent une savoureuse musicalité mais aussi parfois un manque de communication musicale peut-être dû à une trop grande dissociation, et moins de légèreté également que dans les pièces pour piano contemporaines. Ici une poésie légère, là une grande clarté des lignes, partout un manque de génie (on ne peut que remarquer tantôt une discrète boursouflure tantôt un essoufflement du discours au terme de ces 25 minutes de musique).

On notera l'absence de mouvement lent autonome et le début très beethovénien de l'Adagio du dernier mouvement. Il faut admettre qu'en matière de musique de chambre, Gade ne produisit pas que des réussites.

Le grand modèle théorique et historique de cette musique est le *Quintette en* ut *majeur* D. 956 (1828) de Schubert (qui lui comprend, on l'a dit supra, 2 violoncelles). Les deux *Quintettes* avec deux altos de Brahms n'apparaîtront qu'en 1882 (op. 88) et 1890 (op. 111). Ceux de Dvořák en 1861, 1875 et 1893.

Le plus proche modèle est le *Quintette* de Mendelssohn *n° 1, en* la *majeur* datant de 1826 avec une révision de 1832. Son *Deuxième Quintette en* si *bémol majeur* est lui tout à fait contemporain de celui de Gade puisque composé en 1845.

L'ombre de Boccherini plane aussi sur cette partition (il en écrivit cent-trente !!!). Mozart lui se contenta d'en élaborer cinq. Et Beethoven une seule en *ut majeur*, op. 29, en 1801.

1848. *Octuor en* **fa** *majeur*, op. 17, pour 4 violons, 2 altos et 2 violoncelles. Quatre mouvements : 1. Allegro molto e con fuoco, 2. Andantino quasi allegretto, 3. Scherzo. Allegro moderato e tranquillo, 4. Finale. Allegro vivace. Durée : 28 minutes. Cet opus créé à Leipzig en 1848, n'apparaîtra à Copenhague qu'en 1854.

Son ami, le glorieux écrivain Hans Christian Andersen, entendit l'*Octuor* à Hambourg en 1868 et rapporta sa bonne interprétation dans une lettre. Gade lui-même l'écouta à Cologne en 1880.

Ecrit à Leipzig, son modèle évident est le fameux *Octuor* en mi *bémol majeur* op. 20 (1825) de Mendelssohn (donc conçu 23 ans plus tôt). Ce genre fut peu exploité du temps de Gade en dehors de ceux de Spohr (doubles quatuors à cordes op. 65, 1823 ; op. 77, 1827 ; op. 87, 1833, op. 138, 1847). Plus tard y viendront Johan Svendsen (op. 3, 1866) et Joachim Raff (op. 176, *do* majeur, 1872).

La présence des huit instruments offre d'innombrables possibilités de couleurs, de timbres, de tonalités, de rythmes et d'enchevêtrement des voix. Gade y trouva une raisonnable inspiration et façonna une pièce régulièrement appréciée à la fois des publics et des instrumentistes. Il choisit une écriture parfois vive, souvent modérée, réussie néanmoins, assez variée, mais ne dépassant pas les limites qu'il s'impose, sans rebondissement ni véritable passion. Il ne s'agit pas là d'une musique rare ou personnelle, mais bien davantage d'un évident savoir-faire, sans investissement authentique, d'un rayonnement musical strictement circonscrit dans une esthétique habile et flatteuse mais, en contrepartie, figée et immodulable.

1849. *Sonate pour violon n°2 en* **ré** *mineur*, op. 21a.

Cette seconde sonate, en ré mineur, d'une vingtaine de minutes, se décompose en trois mouvement séparés : 1. Adagio. Allegro di molto, 2. Larghetto. Allegro vivace, 3. Adagio. Allegro molto vivace. L'opus 21 est le plus joué et le plus populaire des trois sonates, le plus apprécié aussi. Il fut édité à Leipzig par Breitkopf & Härtel, ville où eut lieu la création l'année de son élaboration.

Premier mouvement. Très belle partie introduite par quelques mesures adagio. Gade y atteint un remarquable équilibre entre les deux protagonistes, les tempos, la lucidité classique et une discrète fougue romantique.

Deuxième mouvement. Constitué d'un Larghetto, majestueux, mais sage, en *fa* majeur et d'un Scherzo, plutôt virtuose, noté Allegro vivace, en *ré* mineur, venant interrompre le discours lent par deux fois.

Troisième mouvement. Son début repose sur le thème à peine modifié du premier mouvement. Sa noble élégance, son dialogue sans brutalité, d'une belle clarté, mais non exploratrice, la caractérisent.

Rien n'agresse ni ne choque dans cette musique aimable, douce et sans coup de théâtre. On pourra facilement la taxer d'académique, ce qu'elle est probablement, mais elle s'intègre parfaitement à l'esprit nordique du temps ; esprit pas aussi avancé et « moderne » que dans les grands centres musicaux européens. Le ton est et reste volontairement sobre et traditionnel.

1850. *Cinq Poèmes d'après les Bilder des Orients* (Images d'Orient) *de Stieglitz*, pour violon et piano, op. 34. Donné à Copenhague et Leipzig, n.d.

1851. *Quatuor à cordes n° 2 en* **fa** *mineur*. Quatre mouvements (19 minutes environ) : 1. Andante con moto. Allegro molto, 2. Allegretto, 3. Allegro di molto, 4. Andante quasi allegretto. Allegro vivace.

Ce quatuor commencé au début de l'année 1851 et achevé le 24 décembre de la même année porte sur la page de titre l'inscription : « Morceau d'étude ». Cette pièce restera inédite.

Premier quatuor à cordes achevé de Gade, il ne semble pas véhiculer les marques d'une parfaite aisance pour servir cette noble forme. D'où sans doute cette impression de faiblesse constitutionnelle. L'incontournable poids des immenses devanciers l'a plausiblement à la fois impressionné et inhibé ! Pourtant l'œuvre ne manque pas de qualités. L'éloquence confiée au premier violon, l'articulation générale, la légèreté du flux musical, confèrent à cette musique un intérêt relatif qu'il convient de replacer dans le contexte propre au compositeur.

1853. *Novelletter*, *Trio avec piano*, op. 29, d'une durée de 20 minutes propose les tempos suivants : Allegretto scherzando – Andantino commodo – Moderato – Larghetto con moto – Allegro. La partition est dédiée à Ferdinand von Hiller.

Cette composition (inspirée par Schumann) s'appuie sur de courtes pièces contrastées et se rapproche de l'opus 21 du maître allemand. Gade reviendra au genre en 1874 mais avec orchestre à cordes cette fois. Cette formation (le présent Trio) semble moins l'inspirer que la version pour cordes une vingtaine d'années plus tard. Il se cantonne à un aimable programme modéré et sans surprise, cohérent mais non captivant, prudent mais peu original, agréable mais sans délire. Son charme populaire, sa fantaisie et ses quelques trouvailles harmoniques ne suffisent pas à débrider la perfection de la construction formelle qui souffre d'un manque d'inspiration ou de folie.

Le Larghetto s'écoule lentement, moins impersonnel que les mouvements rapides, avec sa diction plaisante et retenue et un soupçon romantique.

Création donnée à Leipzig en 1863.

1863. *Trio avec piano forte en* **fa** *majeur*, op. 42. Quatre mouvements d'une durée totale de 25 minutes 30 : 1. Allegro animato, 2. Allegro molto vivace, 3. Andantino, 4. Finale : Allegro con fuoco. Dédié à Mathilde Gade.

Comment définir cette nouvelle musique de chambre de Gade ? Une grâce certaine, une souplesse bien connue, une thématique sûre, une musicalité strictement disciplinée (mais adéquatement) aux idées déjà exploitées dans les autres pièces de musique de chambre. Le charme reconnu d'un académisme raffiné.

Une transparence sobre parcourt notamment l'Andantino, sorte de cantilène, de berceuse romantique. Une limpidité assaisonnée d'élégance et d'entrain caractérise les trois allegros. Le piano du troisième mouvement par sa présence appuyée et son style évoque la manière de Schumann… et de Brahms.

Ce *Trio en fa majeur* est une nouvelle inscription sage, se plaçant dans la lignée d'un héritage accepté, revendiqué et religieusement cultivé. Qualités suffisantes, semble-t-il, pour justifier qu'il fut souvent joué (équilibre des voix, beauté des thèmes, naturel du flux sonore et maîtrise de la forme).

1863. *Allegro vivace, en* **mi** *bémol majeur,* pour 2 violons, 2 altos et 2 violoncelles, durée : 12 minutes. Manuscrit daté du 16 mai 1863.

Un seul mouvement pour cet Allegro vivace probablement à rattacher au *Sextuor* de 1863 (op. 44) dont il aurait sans doute été conçu comme premier mouvement alternatif (première version ?). Il en présente la même tonalité, la même date de composititon et les mêmes intentions.

On y retrouve immédiatement le canevas classique de la musique apprise et pratiquée à Leipzig. Une teinte un peu monochrome, une assez faible inspiration, et un déroulement passe-partout le caractérisent. Sa grande lisibilité et un certain charme ne modifient guère le faible impact produit aujourd'hui par cette musique. Elle génère la même relative indifférence que les pièces de la plupart des contemporains de Gade qui louèrent haut et fort leur admiration pour le maître, du moins au Denamark.

Epoque politique et sociale troublée correspondant à l'imminence de la guerre contre la Prusse qui éclata au début de l'année 1864.

1864. *3 Fantasiestücke* **(Pièces fantaisies)** pour clarinette et piano, op. 43, 21 minutes. Quatre pièces : 1. Andantino con moto, 2. Allegro vivace, 3. Ballade. Moderato, 4. Allegro molto vivace. Créées à Leipzig, 1864.

Cette musique, dans laquelle est prévue la possibilité de remplacer la clarinette par le violon, s'avère proche de celle de Schumann (notamment son opus 73 de 1849) et parvient à créer un remarquable équilibre entre les deux instruments. La partie de clarinette est une vraie réussite avec ses timbres bien tracés et mis en évidence.

La sobriété du ton, la franchise des lignes, la discipline des voix dominent pour cette partition dénuée de tout avant-gardisme mais malgré tout apte à illustrer une nouvelle fois un métier parfaitement maîtrisé au service d'une pensée domptée depuis longtemps.

1863-1864. *Sextuor en* **mi** *bémol majeur* pour 2 violons, 2 altos et 2 violoncelles, op. 44. Durée : 26 minutes. Dédié à Christian Fredrik Holm (1796-1879), un conseiller privé, grand mélomane et membre du conseil d'administration de la Société de Musique pendant presque quatre décennies. Le *Sextuor* (version définitive) fut donné au premier concert de la Société de Musique de chambre, à Copenhague, le 5 décembre 1868, avec la participation de Franz Neruda et Valdemar Tofte. Il n'est pas certain que l'œuvre n'ait pas été donnée antérieurement.

Il en existe deux versions. Une première achevée au cours de l'été 1863 structurée ainsi : Allegro vivace. Andantino. Scherzo. Allegro non troppo. Larghetto. Allegro molto vivace. Cette version a-t-elle été jouée ? Probablement mais on ne retrouve aucune trace d'une exécution publique.

Une seconde mouture, révisée, apporte d'assez nombreuses modifications. Les parties furent imprimées en avril 1865 mais la partition entière n'apparaîtra que 130 ans plus tard, en 1995, dans *l'Edition Niels Gade*. Quatre mouvements : 1. Andante. Allegro vivace, 2. Scherzo. Allegro non troppo, 3. Andantino, 4. Finale. Allegro molto vivace.

On y trouve bien sûr une plus grande homogénéité que dans l'opus 8 composé plus de 20 ans auparavant. L'œuvre se montre plus digne du modèle mendelssohnien. Le ton évoque parfois le style de Dvořák avec une richesse mélodique moindre, une générosité slave manquante et un lyrisme tiède, sans touche impressionniste, pas véritablement chaleureux. Donc, une grande retenue, une clarté dans la conception, une élocution nette et une séduction superficielle mais indéniable confirment un métier assuré mais également un résultat mitigé au regard de l'histoire du sextuor. A noter que le Finale débute par un Larghetto.

La *Première Sonate pour violon et piano*, op. 13, de Fauré date de 1876.

1877. *Quatuor à cordes,* en mi *mineur*. Durée : 26 minutes.

Cette fois, Gade choisit de doter sa partition de 5 mouvements : 1. Allegro (non troppo), 2. Andantino (con moto), 3. Scherzo, 4. Allegretto, 5. Allegro.

Gade révisera son quatuor en 1889, peu avant sa mort..

Cette œuvre ne parvint pas au public du vivant du compositeur. Elle fut révisée et « remise en état » au cours des années 1960 par Asger Lund Christiansen (le violoncelliste du Quatuor de Copenhague) et créée à Copenhague en 1963.

Les traits caractéristiques de Gade se retrouvent ici dans cette révision-adaptation stylistiquement et chronologiquement à mi-chemin entre le *Quatuor en* fa *mineur* (1851) et celui en *ré* majeur (1883).

César Franck compose son *Quintette avec piano* en 1879 et Fauré son *Premier Quatuor avec piano*, op. 15 la même année.

1885. *Sonate pour violon et piano, n° 3,* en si *bémol majeur*, op. 59. Durée : 22 minutes.

Quatre mouvements encore une fois : 1. Allegro con fuoco, 2. Allegro non troppo e scherzando, 3. Romance. Andantino con molto, 4. Finale. Allegro vivace. La sonate est dédiée à Wilma Normann-Neruda et donnée à Leipzig l'année de sa réalisation.

Wilma Normann-Neruda était une grande violoniste du temps, d'origine bohémienne. Elle était la sœur du célèbre violoncelliste Franz Neruda installé à Copenhague et fondateur de la « Société de Musique de chambre de 1868[49] ».

---

[49] Société qui survit aujourd'hui sous le nom de « Société bohémienne ».

Wilma épousa en premières noces le compositeur suédois Ludvig Normann puis plus tard le chef d'orchestre britannique sir Charles Hallé.

A cette époque Edvard Grieg a composé ses deux premières sonates (*n° 1*, 1865 et *n° 2*, 1871) et va bientôt travailler sur la dernière. Chopin est mort depuis 1849 (date de la *Deuxième Sonate* de Gade), Wagner a disparu depuis deux ans et Liszt survivra encore une année.

Ecrite trente-six ans après la précédente, cette ultime sonate pour violon et piano génère une impression étrange. Au milieu d'un monde musical d'une extrême mobilité et diversité, le climat sonore de Gade n'évolue pas. Il sort totalement indemne, du moins dans cet opus 59, composé à 68 ans, de toute influence nouvelle, contemporaine, dirions-nous !

Dans une lettre émouvante et nostalgique à Clara Schumann écrite à cette époque, il précise :

« Je suis assis sous de beaux hêtres pleins d'élégance, dans la joyeuse clarté du soleil, et je pense aux bons amis, si chers à mon cœur, que la providence a bien voulu me donner… Vous êtes l'une de mes plus anciennes amies. Nous fîmes connaissance lors de votre séjour à Copenhague, et notre amitié déboucha sur notre voisinage à Leipzig, avec Schumann et Mendelssohn, une époque de ma vie où je fus très heureux. »

Intrinsèquement, la *Sonate en si bémol majeur* n'en n'est pas moins une pièce bien bâtie, aux évidents équilibres classiques des débuts du romantisme. Dans les mouvements rapides elle évite trop de retenue, échappe à trop de pesanteur ou de statisme mais aussi à tout frémissement excessif. C'est concis et raffiné mais cela ignore pratiquement l'esthétique brahmsienne, à peine effleurée ici par des sonorités toujours discrètement feutrées. Dans le mouvement lent on apprécie la calme beauté du discours maintenu en surface des grands questionnements ; l'intimité se veut raisonnable, polie et distante. Indéniablement une fragile nostalgie du passé la colore de part en part.

Dans le répertoire français de l'époque fourmille ce genre de partitions élaborées avec science et conscience, brillantes et parfois ingénieuses, mais hélas souvent déshabitées par l'urgence créatrice, par l'aboutissement douloureux d'une idée, par la singularité d'une personnalité.

1886. ***Volkstänze im Nordischen Charakter*** (Danses populaires dans le style nordique), pour violon et piano, op. 62, durée : 15 minutes. Dédié à l'ami Joseph Joachim. Création : Copenhague, vers 1890.

Se décompose en : 1. Tempo moderato poco maestoso, 2. Allegro scherzando, 3. Allegro moderato, 4. Menuetto. Andante con motto.

Voici un des rares exemples de composition de Gade au cours desquels il utilise des airs de musique populaire (avec l'opus 31 de 1851), de façon peu appuyée à la différence de Grieg. Gade persiste et signe dans son esthétique résolument agréable mais sans pulsion intérieure impérieuse. On remarquera la légèreté du ton, encore étonnamment juvénile, pour une de ses dernières œuvres.

Trop de métier pour trop de commandes et trop de routine… quels chefs-d'œuvre n'aurait-il pas produit autrement ?

Ces *Danses populaires* se lisent plus qu'elles ne s'interprètent et servent un passé docilement accepté, mais constamment revendiqué et intégré.

1888. Année de la mort de Liszt à Bayreuth mais aussi année de la *Sonate pour violon et piano* de César Franck et du *2e Quatuor avec piano* de Fauré.

1888. « *Quatuor à cordes n° 1* », en ré majeur, op. 63, durée : 22 minutes. Quatre mouvements: 1. Allegro moderato, 2. Allegretto vivace, 3. Andante, poco lento, 4. Finale : Moderato sostenuto. Allegro con brio.

Une année seulement avant de mourir, Gade propose son troisième quatuor à cordes sous le titre de « Quatuor à cordes n° 1 ». Il sera le seul des trois à être publié de son vivant. Sans être davantage novateur que les précédents opus, celui-ci paraît nettement supérieur au *Quatuor en fa mineur*.

Il suit les règles des modèles classiques et compose une pièce détendue et charmante mais également allante, bien mise, élaborée sur des données inchangées mais incapable de ne pas imposer, cette fois-ci, de brèves et rares sections génératrices d'ennui.

Le premier mouvement, intense, très dynamique, moins figé et anodin que précédemment, offre une concentration variée de tons, de couleurs et de rythmes. Par l'esprit, nous sommes plus proches des quatuors à cordes de jeunesse de Beethoven que de ceux de Mendelssohn.

La brièveté du second mouvement ne nuit nullement à son inspiration spontanée.

Le troisième mouvement de couleur élégiaque, discrètement teinté de sentimentalisme, se caractérise aussi par un flux nuancé en timbres attrayants. Un romantisme réservé et tempéré le valorise indéniablement.

Le quatrième mouvement a la bonne humeur mise en relief par des rythmes bien choisis. Cette dernière partie est chaleureuse et précise, non dénuée d'impétuosité, volubile, parfois jubilatoire.

D'une approche facile, cette œuvre, plus qu'honorable, mériterait vraiment d'être proposée plus souvent en concert ou à la radio. Elle nécessite toutefois une formation très motivée et concernée pour être mise correctement en valeur.

Un adieu au genre enfin vraiment digne bien que non inédit.

Pour comparer ce quatuor à d'autres productions à peu près contemporaines, précisons que :

- Tchaïkovski écrit les siens en : ré *majeur*, op. 11, 1871 ; fa *majeur*, op. 22, 1874 ; mi *bémol mineur*, op. 30, 1876.
- Borodine : la *majeur*, 1874-79 ; ré *majeur*, 1881.
- Dvořák : 14 quatuors à cordes écrits entre 1862 et 1895.
- Smetana : mi *mineur*, 1876 ; ré *mineur*, 1883.

F. PIECES POUR ORGUE

Véritable organiste, autant qu'administrateur, enseignant, compositeur et chef d'orchestre, Gade tint les orgues de Garnisonkirke et de Holmeskirke de Copenhague pendant près de quatre décennies.

En ce qui concerne ses compositions réservées à l'instrument, elles trahissent une fois encore la proximité esthétique de Mendelssohn. En somme, ce sont des pièces assez traditionnelles, de structure claire, au contenu net et bien dessiné, parfois délicat, parfois vigoureux.

Dans son catalogue, l'orgue occupe une place modeste et la quasi-totalité de ce qu'il a confié à l'instrument est resté à l'état de manuscrit (en dehors de l'op. 22).

En tant qu'instrumentiste, Gade commence sa carrière grâce à une recommandation du célèbre C.E.F. Weyse datée du 14 mai 1838 ; lequel Weyse, compositeur et organiste de la Vor Frue Kirke (Eglise de Notre Dame) le déclare apte à remplir les fonctions d'organiste. Gade avait déjà remplacé Weyse avant ce soutien officiel, puis plus régulièrement après. A la mort de ce dernier, survenue en 1842, Gade postula. Le poste revint finalement et assez logiquement à l'excellent J.P.E. Hartmann.

Lorsque le poste d'organiste de la Garnison Kirke fut vacant en 1851 Gade obtint son premier travail salarié et orienta son attention vers l'instrument-roi.

Longtemps, du 1er octobre 1858 au 21 décembre 1890, il tint l'orgue de la Holmens Kirke.

1837. ***Trio n° 1 en* fa *majeur. Trio n° 2 en* ut *majeur***.

1837. ***Choral avec variation sur « Ein' feste Burg ist unser Gott »***.

1851. ***Trois Pieces*** (Tre Tonestykke/Drei Tonstücke fur Orgel), op. 22, 13 minutes environ, données pour la première fois à Leipzig en 1851.

Seule partition pour orgue de son catalogue portant un numéro d'opus.

Les trois sections sont : 1. Moderato, en *fa* majeur, 2. Allegretto, en *ut* majeur, 3. Allegro con fuoco, en *la* mineur.

Cette musique assez conventionnelle et d'un intérêt très restreint s'appuie sur une structure claire à la ligne mélodique simple et bien découpée.

Le Moderato apparaît très faible, quelque peu modifié et aseptisé avec sa formulation répétée sans panache. L'Allegretto est détaché et lointain, tandis que l'Allegro final voit la musique s'éveiller quelque peu pour s'évanouir rapidement dans les airs indifférents.

On est assez proche des *Six Sonates pour orgue* op. 65 de Mendelssohn écrites en 1845.

En dépit de ces réserves, cette partition est largement connue et populaire tant au Danemark qu'ailleurs dans le monde où elle est souvent interprétée.

Andante con moto en* ré *mineur.

Mouvement en* ut *mineur.

1852. ***3 Choralforspil*** (Choral-Préludes). Musique écrite tandis que Gade officiait à la Garnisons Kirke. 6 minutes.

Il s'agit de: *Wer nur den lieben Gott* ; *Wer nur den leiben Gott* ; *Wie schön leuchter der Morgenstern.*

1853. ***Variations sur « Sey gegrüsset Jesu gütig » de J.S. Bach,*** à quatre mains.

1870-1872. ***3 Chorals:*** *Von Himmel hoch da komm ich her* (Moderato) ; *Von Himmel hoch da komm ich her* (Andante) ; *Allein Gott in der Höh sei her.*

1873. ***Fantaisie. Fesligt praeludium over salmen « Lover den Herre »,*** composé à l'occasion de la restauration de l'orgue en août 1873. A la fin l'orgue est rejoint par les cuivres.

1874. ***Andante à 4 mains***, 4 minutes, composé dans la résidence d'été de Gade à Kognes Lyngby, pièce datée du 17 août.

De 1886 date la *Symphonie avec orgue* de Saint-Saëns.

1887. ***Sørgemarschen til Admiral Suensons Jorde færd***, composée en mai.

1887. ***Marche funèbre***, Maestoso, Allegro moderato, 3 minutes.

On compte en plus une quinzaine d'autres pièces (cf. infra catalogue).

G. MUSIQUE POUR PIANO

Les miniatures pour piano de Gade sont nettement inspirées des pièces pour piano de Mendelssohn et de Schumann (Feuilles d'album/Albumblad, Phantasiestücke…) ; elles annoncent directement Grieg (Feuilles d'album, Humoresques, Images poétiques…)

Mais chronologiquement, Gade hérite et transmet cet art si typiquement nordique de la miniature pour le piano. Son influence, réelle, s'étendit sur Grieg mais également sur Carl Nielsen (pour une part bien déterminée de son catalogue) et bien entendu à Jean Sibelius.

Ses prédécesseurs scandinaves (Kjerulf, Kuhlau, Weyse…) eurent moins de prise sur son piano que l'art exquis des œuvres de ses contemporains européens Schumann, Chopin et Liszt. Il va sans dire qu'il connaissait les chefs-d'œuvre de Haydn, Mozart, Beethoven et Schubert.

Il n'est sans doute pas inutile de resituer les dates de composition des *Sonates* op.106, 109 et 110 de Beethoven : respectivement de 1818, 1820 et 1821.

Nombre de ses partitions s'adressent en premier lieu aux amateurs et à la consommation privée extrêmement répandue à cette époque, en particulier dans le cadre des salons. Telle était du reste leur destinée affichée voire revendiquée.

Son style, issu des classiques, s'enrichit de piécettes nommées impromptus, nocturnes, feuilles d'album, chants sans paroles (Lieder ohne worte), idylles, aquarelles, danses…

Mis à part l'ambitieuse et unique *Sonate* de 1840, les autres pièces pour piano sont donc des miniatures lyriques ou des danses. Gade pratique lui-même le piano mais pas en virtuose.

1838. *Scherzo* en *fa* dièse mineur/*fa* dièse majeur. 3 minutes 30.

1839. ***Kleine Claviergeschichte en fa mineur*** (Petite histoire pour piano), 5 minutes. Pièce écrite au cours d'une tournée de concerts à Stockholm. Dédiée au compositeur danois Edouard Helsted.

1840. *Dithyrambe*, 6 minutes 30. Danse agitée dans laquelle le jeune compositeur utilise les lettres de son nom g.a.d.e. pour former un motif. Proche des *Kreisleriana* de Schumann, cette pièce est dédiée au maître de chapelle Johann Kreisler.

1840. *Sonate pour piano, en* **mi** *mineur*, op. 28 (révisée en 1854), Copenhague, 1854. Franz Liszt en est le dédicataire (après la révision).

Solide partition bien travaillée mais non virtuose, dont le premier mouvement, noté Allegro con fuoco, oscille entre Schumann et Mendelssohn ; le deuxième mouvement Poco lento e sostenuto est très inspiré, apaisé avec ses harpèges descendants. Le troisième mouvement (Andante, en *sol* majeur) très plaisant et équilibré s'achève par le retour du motto du premier mouvement *(si-sol-mi-si)*. Le bref Scherzo suivant en *si* mineur entraîne l'adhésion tandis que le Finale (*mi* mineur, molto allegro e appassionato) apporte plutôt une grande frustration, une déception à cause de son manque flagrant d'inspiration.

Liszt achèvera sa fameuse et imposante *Sonate en* si *mineur* en 1853. Ses *Etudes d'exécution transcendantes* dataient de 1838 tout comme les *Kreisleriana* de Schumann.

1841. *Rebus*, op. 2a, 3 pièces pour piano : Scherzo, en *si* bémol majeur ; Intermezzo, en *sol* majeur ; Alla marcia, en *do* majeur. Durée respective : 1 minutes 30, 40 secondes, 1 minutes 40.

Ces trois petites pièces sans grande signification historique mais tout à fait mutines et gracieuses sont tout de même un hommage à Bach (sans oublier un clin d'œil aux quatre lettres de son nom traduites par *sol-la-ré-mi*). Vivacité et liberté dans la première pièce ; évocation du Schumann des *Scènes d'enfants* dans la troisième avec ses harmonies charmantes.

1841. *Foraarstoner* (Fleurs de printemps), 3 pièces pour piano (Allegro grazioso, en *fa* majeur ; Andantino con moto, en *si* bémol majeur ; Allegretto, en *do* majeur), op. 2b. Première version : décembre 1840-février 1841, révision : 1873. Durée : 6 minutes.

Il s'agit de trois agréables feuillets d'album, dont le premier anticipe quelque peu le Matin de *Peer Gynt* (Grieg). Première œuvre pour piano publiée de Gade, les airs souples, teintés de mélancolie avec leurs mélodies bien découpées et leur harmonie discrète, en font des pièces élégantes et particulièrement suaves, assez proches des *Caprices* op. 16 de Mendelssohn, qui serviront aussi de modèles pour les prochaines compositions du Danois.

Tout ce répertoire est également redevable plus ou moins directement, de compositeurs tels que Johan Nepomuk Hummel (1778-1837), John Field (1782-1837), Jan Vaclav Voricek (1791-1825), Carl Maria von Weber (1786-1826) et bien sûr Schubert, Schumann et Mendelssohn.

Peu à peu, ses nombreuses petites pièces pour piano vont permettre de cataloguer Gade comme le premier auteur reconnu d'une véritable et longue série de miniatures nordiques.

1841. *Allegretto grazioso,* en *fa* majeur. Pièce fort peu significative publiée dans un recueil de pièces enfantines.

1841. *Andantino con moto*, en *fa* majeur.

1841. *Andantino con moto*, en *si* bémol majeur.

1841. *Allegretto cantabile*, en *ut* majeur.

1842. *Frühlingsblumen,* op. 2B.

1842. *Nordisk Tonebilleder*, op. 4, pour piano à 4 mains. Copenhague, c.1842.

Ces *Images d'impressions nordiques* se déclinent en trois parties : Allegro risoluto en *fa* majeur, Allegretto quasi Andantino en *la* majeur et Allegro commodo en *fa* majeur (respectivement 2 minutes, 2 minutes 40 et 2 minutes 30).

Le premier Allegro est une pièce plus animée et heurtée que celui de l'opus 2, mais non inoubliable. L'Allegretto à l'identité incertaine et à la cohérence douteuse précède un second Allegro que l'on peut considérer comme une pièce sans grand intérêt.

1842. *Allegro risoluto*, en *fa* majeur, op. 4, 2 minutes 30.

1842. *Allegretto quasi Andantino*, en *fa* mineur.

1842. *Allegro commodo*, en *fa* majeur.

Les 4 *Ballades* et les 4 *Scherzos* pour piano de Chopin furent achevés en 1842-1843.

1844. *Saltarella*, très court allegro en *ré* majeur écrit à Rome. 30 secondes.

1844. *Skandinaviske folkesange* (Mélodies populaires scandinaves), pour piano seul. Elles se décomposent en une trentaine de pièces enchaînées porteuses d'un titre chacune, et destinées au pianiste amateur dont on sait le rôle social à l'époque romantique en Europe. La partition est influencée par le maître de Gade, Berggreen. Durée de l'ensemble : 15 minutes.

Ces modestes pages empruntent à divers chants populaires norvégiens, suédois et danois. Il s'agit d'airs simples, nettement sculptés, sans virtuosité ni raffinement, relativement contrastés au niveau des thèmes mais identiques quant à l'atmosphère, d'où peut-être un sentiment de monotonie (pas forcément désagréable d'ailleurs) lors de l'écoute.

L'absence de prétention de Gade semble évidente, s'agissant davantage d'un travail d'ethnomusicologue que de création originale.

1848. *Trois Pièces de caractère* (Tre Karakterstykker for Firhaendigt Klave), pour piano à 4 mains, op. 18. Comprend : 1. Bortrejsen (Voyage lointain) en *ut* majeur (3 minutes), 2. Valpladsen (Champ de bataille) en *mi* mineur (3 minutes 30), 3. Hjemkomsten (Retour) en *mi* majeur (3 minutes). La création se déroule à Copenhague en 1848.

Musique un peu froide, peu inventive et passe-partout, à l'évidence dénuée d'enchantement et par trop scolaire. Sans doute acccceptée sans difficulté dans le cadre de productions locales se contentant d'adhérer à une esthétique convenue, peu exigeante.

1850. *Akvareller*, op. 19 (Dix Aquarelles). Durée : 13 minutes. Partition composée en novembre et décembre 1849 et décembre 1852, dédiée à l'écrivaine danoise Frederike Brun (1765-1835). Proposée en création à Leipzig en 1850. Cet opus se compose de deux cahiers. Vol. I : Elegi (*mi* mineur) ; Scherzo (*mi* majeur) ; Kanzonetta (*la* mineur) ; Humoreske (*sol* majeur) ; Barkarole (*fa* majeur). Vol. II : Kapriccio (*mi* bémol majeur) ; Romanza (*ré* majeur) ; Intermezzo (*si* majeur), Novelette (*la* bémol majeur) ; Scherzo (*la* majeur).

Gade est là incontestablement sous le charme de la musique pianistique de Mendelssohn privilégiant la clarté et la légèreté, l'équilibre de la forme, les idées charmantes, la bonne humeur et la mélancolie à la danoise. Remarquons que la pièce intitulée *Canzonetta en* la *mineur* a connu une certaine popularité.

Gade souhaite faire joli et beau : il y parvient parfaitement. Pas de conflit dans cet opus. La musique s'écoule paisiblement et posément. Ce style inspirera en partie les opus 3 (*Cinq pièces pour piano* de 1890), et 11 (*Humoreske-Bagatelles* de 1894-97) du jeune Carl Nielsen, nous conviant à déguster immédiatement une jouissance sonore, sorte de gourmandise sucrée, sans secret ni mystère.

Elles furent longtemps appréciées des amateurs pour leur facilité, leur charme, leur suavité et leur brièveté.

Il en existe quelques-unes transcrites pour orchestre à cordes par Richard Hoffmann[50].

1850. *Trois Feuillets d'album* (Albumsblade). Composé au mois de mai, ce recueil se décompose en une doucereuse Canzonetta en *si* bémol majeur, suivie d'un bref Capriccio en *mi* majeur sous-titré « La Sylphide », qui ne déplut pas avec ses rapides arpèges ascendants aboutissant à une mélodie et s'achève par un Scherzo en *si* bémol majeur. Chaque pièce dépasse à peine une minute (durée totale : environ 5 minutes).

Ce travail s'inscrit dans le registre de la musique mineure et reste peu défendable. L'austérité n'est pas de mise et l'on n'est pas très éloigné du

---

[50] Richard Hoffmann, 1831-1909, pianiste américain d'origine anglaise.

Capriccio en fa *dièse mineur* composé en 1825 par un certain... Felix Mendelssohn.

1852. *Scherzino* (en *mi* bémol majeur, 1 minute) *et Barcarole* (en *fa* majeur, 2 minutes) opposent des notes répétées bondissantes et une douceur fragile digne de Schumann.

1854. *Arabeske*, op. 27, le manuscrit daté du 2 juillet adopte les tempos suivants sur une dizaine de minutes : Preludio. Allegro vivace. Andante cantabile. Allegretto grazioso. Allegretto molto vivace. Dédié à Mathilde Staeger, sa future seconde épouse. Proposé à Copenhague la même année.

Cet opus pour piano offre quatre brèves pièces lyriques enchaînées sans pause, devant plutôt à l'art de Schumann. Ces pièces délicates et sans mièvrerie affichent un lyrisme distant teinté de mélancolie, insuffisant pour perturber leur déroulement fluide et parfaitement lisible.

1854. *Sonate pour piano, en mi mineur*, op. 28. Il s'agit de la révision de la *Sonate* de 1840 dont le manuscrit porte les références suivantes : 20 novembre 1839-3 janvier 1840. Durée : 20 minutes.

Ses quatre mouvements ont pour mentions : Allegro con fuoco ; Andante ; Allegro ; Molto allegro e appassionato.

Franz Liszt en reçoit la dédicace après la révision (le dédicataire ne l'a probablement jamais jouée).

Cette unique *Sonate* de Gade, de grande envergure, n'a pas connu beaucoup de concurrence au Danemark à cette époque, si l'on met à part les œuvres de Johan Peter Emilius Hartmann[51].

Dans ce travail plus ambitieux, le compositeur tente d'intégrer la grande forme sonate. Trouve-t-il le souffle nécessaire pour s'affranchir de l'esprit de la miniature ? Il s'y attela à un moment de grand foisonnement artistique en Europe. Mendelssohn, Schumann, Chopin, Liszt ont produit nombre de chefs-d'œuvre pour le piano ; Brahms, Moussorgski, Grieg, Alkan n'ont pas encore donné leurs pièces.

Sans atteindre le niveau des plus grands sommets du genre, Gade avec cette musique, non exempte ici ou là de lourdeur ou de baisse de tonus,

---

[51] Outre trois *Sonates pour violon et piano*, Hartmann a laisssé deux *Sonates pour le piano* : *n° 1*, Pris-sonata, op. 34, 1843 et *n° 2*, op. 80, 1885.

se place honorablement. Et même s'il ne démantèle pas les conventions de la sonate (y a-t-il seulement songé ?) ce que l'on entend s'avère très pianistique avec un décor coloré et soyeux.

Cette *Sonate* op. 28 est au catalogue de Gade ce que la *Sonate* op. 7 (de 1868) sera à celui de Grieg. Une réussite mitigée en somme.

Premier mouvement. Si la mélodie principale rappelle Mendelssohn (après un début déclamatoire et un rien pathétique), l'idée secondaire se veut calme et joliment mélodique.

Deuxième mouvement. En *sol* majeur. Sorte de Romance sans paroles, elle abrite une partie centrale plus agitée en *mi* bémol dont on devine aisément la provenance mendelssohnienne.

Troisième mouvement. Rondo final. Son thème orageux contraste avec l'idée secondaire idyllique et rêveuse que l'on se souvient avoir entendue au cours du premier mouvement. La brillante et fougueuse coda (Animato con fuoco), assez beethovénienne d'allure, aboutit à un puissant fortissimo final.

1855. *Calender*, 3 pièces écrites pour son épouse Emma Sophie Hartmann: Solskin (Plein soleil) en *mi* majeur, Ilinger (Vagues) en *la* mineur et Klar Himmel-Solskin (Ciel clair- Plein soleil) en *la* bémol majeur.

1855. *Folkedänze* (Danses populaires), op. 31. Soit quatre pièces fantaisies pour piano seul (13') dont la structure répond à l'enchaînement des tempos suivants : Moderato (*fa* mineur), Allegretto vivo (*la* bémol majeur), Molto vivace (*mi* majeur), Allegro non troppo (*sol* mineur).

Elles marquent l'intérêt du compositeur pour la musique populaire (surtout la troisième section). S'il semble anticiper parfois Grieg, il subit l'influence de Chopin qui est mort depuis six années lors de l'élaboration de l'opus 31 (n° 1, 2, 4) et celle du style norvégien de la danse nommée halling (n° 3). Précisons à ce propos que les travaux d'ethnomusicologie de Ludvig Mathias Lindeman sont déjà très avancés. Il a publié plusieurs recueils de chansons populaires dont l'impact sera considérable en Norvège.

Le style de cette courte série (allant de 1 minute 40 à 3 minutes 50) est plus ciselé que souventefois, avec des phrasés plus subtils, d'une grande beauté d'écriture (surtout évidente dans l'Allegro non troppo).

1857. *Idyller* (Idylles), quatre pièces pour piano, op. 34, 9 minutes On y trouve : 1. I Blomsterhaven (Dans le jardin/I Blomstergarten) en *sol* majeur (Allegro vivace e grazioso), 2. Ved Bækken (Au bord du ruisseau/Am Bache) en *fa* majeur (Allegretto quasi andantino), 3. Trækfugle

(Oiseaux voyageurs /Zugvögel) en *ré* majeur (Allegro scherzando), 4. Bytendæmring (Crépuscule/Aftendæming/Abenddämmerung) en *ré* majeur (Andantino tranquillamente). Opus créé à Copenhague en 1857.

Ces coquettes pièces inégalement inspirées constituent un petit chef-d'œuvre du genre, influencé par le romantisme germanique (l'esprit des *Romances sans paroles* de Mendelssohn n'est pas oublié) avec leur spontanéité, leur mélodisme et leur climat intimiste.

1857. ***Fra skitsebanden*** (Aus dem skizzenbuch/Du livre d'esquisses). Huit pièces pour piano. Durée totale de 10 minutes (parties durant entre 45 secondes et 2 minutes 15). Nous les citons : 1. Vogelgezwitscher/Gazouillis d'oiseaux (en *la* majeur, Allegro scherzando), 2. Frischer Sinn (en *ré* majeur), 3. Stille Gedanken/Pensées silencieuses (en *sol* majeur, Allegretto quasi andantino), 4. Melodie (en *do* majeur, Andante con espressione), 5. Brieftaube/Pigeon voyageur (en *sol* majeur, Allegro grazioso), 6. Romanze (en *fa* majeur), 7. Gruss/Salutations (en *ré* majeur), 8. Sommer freude (Sensation estivale) (en *sol* majeur). Dédié à Mathilde, sa deuxième femme.

Ce livre se rapproche des *Kinderszenen* (Scènes d'enfants) de Schumann par son charme dépouillé d'où sourd une lumière diaphane et aimable, sans douleur ni ambiguité. On tourne ostensiblement le dos aux abîmes et aux tensions. Gade écrivit ces quelques mesures pour (se) faire plaisir et réussit à façonner un modèle de la miniature pour salon ou pour usage familial, activité quasi quotidienne dans la société bourgeoise de son temps.

1859. ***Børnenes Jul*** (Le Noël des enfants), op. 36, 6 minutes. 1. Jule-Klokkerne (Cloches de Noël) en *fa* majeur, 2. Indgangsmarsch (Marche pour l'arbre de Noël) en *la* majeur, 3. Drengenes Runddans (La Danse des garçons) en *la* mineur, 4. Smaapigernes Dans (Danse des petites filles) en *la* mineur, 5. Godnat ! (Bonne nuit !) en *fa* majeur. Partition jouée en première à Copenhague l'année de sa composition.

Cet opus affectionné appartient au groupe des plus populaires de Gade. Il y développe un sens de l'équilibre, de la beauté du son et une homogénéité rares. Son atmosphère paisible sinon particulièrement joyeuse se déroule au sein d'un climat détendu et récréatif. Ni ambitieuse ni déroutante, cette musique n'exige rien de plus que quelques minutes d'écoute... le temps de déguster l'instant.

1860. ***Andantino,*** en do *dièse mineur*. Musique très sentimentale. 1 minute 30.

1860. *Scherzo en* **ut** *majeur*, pas désagréable et sans doute reflet d'un certain humour gadien.

1860. *Albumblad, en* ut *majeur.* 1 minute.

1860. *Danserinden en* **fa** *majeur* (La Danseuse), au climat désinvolte, publiée dans *Illustreret Tidende.* 2 minutes.

1861-62. *Quatre Pièces fantaisie* (Oprindelig skitse til Fantasistykke) pour piano, op. 41. Titre original : Ohantasiestücke. Structure : 1. Im Walde (I Skoven/Dans la forêt) en *si* majeur (molto vivace), 2. Mignon (Mignon), en *fa* majeur (Allegro agitato), 3. Märchen (Eventryr/ Conte de fées) en *sol* mineur (Allegro molto), 4. Beim Feste (Ved Festen/A la cérémonie) en *si* majeur (Allegro moderato e marcato).

Dans ces quatre courtes pièces pour piano, encore une fois proches du monde imaginaire de Schumann inspiré par la nature, Gade se montre tour à tour moins insouciant (Im Walde), un rien méditatif (Mignon), apporte une touche de fantasque débridé (Märchen) et toujours ce discours plastique et naturel (A la cérémonie). Il cultive dans ce registre un style apprécié et très demandé à l'époque, situation qui le dispense de bouleverser quoi que ce soit dans ses habitudes et son écriture et qui, au contraire, stimule ses multiples petites idées mélodiques charmantes. Ensuite il ne confiera ses pensées au piano que vingt ans plus tard avec ses *Nouvelles Aquarelles*.

Cet opus dédié à la princesse Anna de Hesse fut donné en création à Copenhague en 1862.

1861. *Scherzino-Aquarelle, en* ré *mineur*, à la sentimentalité bien détachée, 1 minute 50.

1866. *Folkedanse* (Danse folklorique) *en* ré *bémol* et **Romance** en la *bémol* offrent successivement, en dehors de tout rappel populaire authentique, un tournoiement sonore plaisant pour la première œuvre et une atmosphère ténébreuse et séduisante inspirée par Mendelssohn (entre autres) pour la seconde.

1873. *Fleurs de printemps* (Foraarstoner), 3 Pièces pour piano (version révisée des pièces de 1841), op. 2b (Allegretto grazioso en *fa* majeur ; Andantino con moto en *si* bémol majeur ; Allegretto cantabile en *ut* majeur).

En 1874, Moussorgksy écrit ses *Tableaux d'une exposition*, pour piano.

1875. *Rebus*, 3 pièces pour piano, op. 2a (Scherzo en *si* bémol majeur ; Intermezzo en *sol* majeur ; Alla marcia en *ut* majeur).

1876. *Akvarel,* en *la* majeur.

1881. *Nye Akvareller* (Nouvelles Aquarelles), op. 57. Cinq pièces composent cet opus : 1. Humoreske en *la* mineur (Im Volston), 2. Notturno en *mi* majeur, 3. Scherzo en *ré* bémol majeur, 4. Romanza en *la* majeur, 5. Capriccio en *fa* majeur. Recueil créé à Copenhague l'année de son élaboration. Durée : 11 minutes environ.

Arrivé au soir de sa vie, il a 64 ans, Gade revient vers le piano avec 5 nouvelles aquarelles. Elles marquent une indéniable maturité, une maîtrise quasi routinière, un assagissement certain, mais ne tournent nullement le dos à l'atmosphère feutrée et raffinée de leurs devancières.

Quelques inflexions émouvantes, de grande qualité, d'équilibre et une conception simple mais efficace servent un piano éternellement mendelssohnien à la grande époque de post-romantisme. Pas de vision menaçante, pas de sarcasme, non plus que de mystère, mais une lumière oscillante quelque peu blafarde. Un des opus pianistiques les plus réussis avec l'*Arabeske*.

En 1884, César Franck compose *Prélude, choral et fugue* pour piano et trois ans plus tard *Prélude, aria et final* pour piano également.

H. CANTATES ET AUTRES ŒUVRES CHORALES AVEC ORCHESTRE

Certaines de ses premières partitions pour ce genre portent une couleur nationale certaine (*Comala* et *Elverskud* par exemple). Plus tard, Gade eut tendance à se cantonner dans un langage plus classique.

Dans l'ensemble, les œuvres pour chœur de Gade, de bonne tenue, inventives et vaillantes à défaut d'être véritablement géniales, ont alimenté la vie artistique danoise et stimulé l'activité des nombreux chœurs issus des pays scandinaves.

Ces pièces de concert ou cantates ou poèmes dramatiques sont « les opéras que Gade ne fit jamais ». Il sut trouver là un moyen d'expression qui lui convint assez naturellement et qu'il eut un plaisir certain à cultiver tout au long de sa vie.

Il y subit parfois l'influence passagère d'un Meyerbeer et d'un Wagner.

1841. *Sanct Hansaften-spil* (Pièce pour une Nuit d'été/Le Jeu de la Saint-Jean), pour chœur et orchestre, d'après Oehlenschläger, joué à Copenhague en 1916.

1846. *Comala*, poème dramatique (ou cantate romantique selon le créateur) pour solistes (soprano, mezzo-soprano, alto, baryton), chœur et orchestre, op. 12, d'après *Ossian,* sur un texte de Julius Klengel. Durée : 57 minutes environ. Donné en création à Leipzig le 23 mars 1846 sous la direction du compositeur.

Ces cantates vont jouer un rôle très important ; elles sont modelées sur les œuvres similaires de Mendelssohn et Schumann tout en affichant un style scandinave précoce. Titre original : *Ein dramatisches Gedicht nach Ossian*.

Cette première œuvre pour chœur et orchestre sortie de la plume de Gade comporte une introduction orchestrale suivie de 12 numéros.

Comala recueillit un grand succès lors de la création et une critique élogieuse de Schumann qui ne s'empêchera quand même pas de conseiller au jeune danois de ne pas s'en tenir à la seule « palette nordique » de son art. Et de fait cette musique conserve encore de nombreux traits du style scandinave du premier Gade.

On jouera *Comala* plusieurs fois à Copenhague jusqu'en 1848. La partition sera imprimée par l'éditeur allemand Breitkopf und Härtel en 1888 mais aussi aux Etats-Unis (1875) et en Grande-Bretagne (1877). L'œuvre disparut au XXe siècle et ne sera redonnée à la Radio danoise qu'en 1967.

Cet opus populaire déclencha de nombreux commentaires. En voici quelques-uns.

« *Comala*, son œuvre capitale pour la puissance de l'instrumentation, la verve mélodique, l'originalité de la composition et des effets, celle enfin où le vrai maître se révèle[52]. »

« *Comala* est un intermède-symphonie, une de ces œuvres instrumentales mêlées de récits, de cavatines et de chœurs, espèce d'oratorio, moins l'idée religieuse[53]. »

---

[52] Henri Blaze de Bury, *op. cit.* p. 99.
[53] *Op. Cit.* , p. 100.

« M. Gade a traité en maîtrise toute cette situation[54]. »

« Une exécution de sa *Cantate Comala* fit une profonde impression en Allemagne. Cette œuvre était, comme sa première symphonie, inspirée par la poésie héroïque d'*Ossian*[55]. »

Certains observateurs ont décelé dans cette musique l'influence de J.P.E. Hartmann d'une part et celle de Wagner d'autre part. Rappelons que Wagner exerçait alors non loin de là, à Dresde ; Wagner dont le *Tannhäuser* avait été proposé quelques mois auparavant.

Dans l'ensemble, Gade affiche ici une grande spiritualité, un style « beau » et humain au sens le plus noble du terme, le contraire en somme d'une musique sclérosée.

C'est une sombre mélodie populaire inspirée de ballades anciennes : Comala, la fille de Sarno, aimée du roi Fingal, meurt… *Comala* reste l'une des partitions vocales les plus importantes de Gade. Il sort volontiers des sentiers battus et s'impose par la qualité de son inspiration dramatique soutenue, cohérente, mélodiquement réussie, choralement captivante, souvent impressionnante (tant dans le grandiose que dans le recueillement). Par cette musique noble, aux péripéties adroitement disposées à travers les numéros variés et contrastés, l'on découvre un grand et convaincant monument gadien. *Comala* se range dans le registre des musiques « nordiques » de Gade, à l'instar d'*Ossian* et la *Symphonie n° 1*.

1852. *Frühlings-Fantasie* (Fantaisie de printemps/Foraarsfantasi) pour voix solistes (soprano, alto, ténor et basse), piano et orchestre, op. 23, texte d'Edmund Lobedanz. Durée : 21 minutes. Les trois mouvements sont notés ainsi : 1. Allegro moderato e sostenuto, 2. Allegro molto e con fuoco, 3. Allegro vivace.

Composée en février et mars 1852 à l'intention de sa fiancée Sophie Hartmann, la *Fantaisie du printemps* fut présentée avec grand succès à la Société Musicale de Copenhague le 18 mars 1852.

Sophie Gade, présente lors de la première allemande, qui se déroula à Leipzig début 1853, écrivit dans une lettre datée du 13 janvier 1853 : « La *Fantaisie de printemps* a été jouée hier et reçue avec jubilation… Gade qui était encore au pupitre, remerciait et remerciait, mais ça ne se terminait pas… »

---

[54] *Op. Cit.*, p. 101.
[55] J.K Paine, *op. cit.* p. 837.

Robert Schumann de son côté, également au tout début de l'année 1853, rapporta le succès de la première exécution proposée à Düsseldorf. Robert et Clara Schumann assurant respectivement ce soir-là la direction et la partie de piano.

L'amour inspira le compositeur. On notera la beauté de la ligne mélodique du premier mouvement, la variété et la puissance du rythme du deuxième et la souplesse sensuelle du discours dans le dernier mouvement. S'il ne renouvelle pas le genre, Gade compose « un ravissant hymne romantique au printemps [56] » contenant encore un certain nombre de traits scandinaves dignes de ses toutes premières compositions. Il ornemente habilement le genre, toujours en vogue au milieu du XIXe siècle, le parant de brillance, de tendresse, de rêverie à peine teintée de mélancolie. Atmosphère de bonheur et de printemps donc. Le piano y joue un rôle important et annonce en quelque sorte son prochain engagement dans la *Cinquième Symphonie*. La partition par ailleurs semble conçue pour mettre en relief la voix de chaque soliste. On retrouvera quelque chose de cette atmosphère champêtre et danoise chez Carl Nielsen dans le très populaire « Printemps en Fionie » pour voix solistes (soprano, ténor, baryton-basse), chœur d'enfants, chœur mixte (SATB) et orchestre (Fynsk Forår, op. 42) de 1921.

L'œuvre connut un incontestable succès à travers toute l'Europe.

1851-1854. *Elverskud* (La Fille du roi des Aulnes), ballade pour solistes (soprano, contralto et ténor), chœur SATB et orchestre, op. 30.

Le titre danois est difficilement traduisible, approximativement, « l'Elfe décochant une flèche ». Cette ballade d'une durée de 45 minutes repose sur une légende danoise ; elle est dédiée à Emil Erslev, un ami du compositeur[57], et fut créée avec grand succès à la Société de Musique de Copenhague (Musikforeningen) le 30 mars 1854. Elle apparut pour la première fois au Gewandhaus de Leipzig le 3 mars 1855.

Elverskud se compose d'un prologue (Andantino), de 9 numéros (trois parties de trois numéros chacune) et d'un épilogue (Andante sostenuto). C'est la pièce chorale la plus célèbre et la plus célébrée de Gade.

Partie I. 1. Allegro moderato ma vivace ; 2. Andante sostenuto (Ballade d'Oluf) ; 3. Allegro risoluto. Allegro molto.

Partie II. 4. Andante con moto ; 5. Andantino ; 6. Andante sostenuto.

---

[56] Lunn, *op. cit.* p. 47.
[57] Emil Erslev (1817-1882), éditeur de musique.

Partie III. 7. Andante con moto (Chanson du matin) ; 8. Andantino. Allegro non troppo ; 9. Molto moderato. Animato. Poco lento.

Hans Christian Andersen avait initialement concocté un texte à la demande de Gade, qui finalement ne sera pas utilisé. Le compositeur se tourna ensuite vers Chr. Molbech (vers 1850) et reçut un texte lui donnant satisfaction. Il y ajouta seulement (hormis quelques retouches mineures) un texte d'Ingemann (un hymne danois du matin bien connu). Il en existe une traduction allemande très lue, due à Johann Gottfried Herder et Wilhelm Grimm.

L'œuvre connut d'emblée un grand succès. Elle fut souvent interprétée au Danemark et en Europe. Ce genre jouissait au milieu du XIXe siècle d'une forte popularité. Il faisait très souvent partie des programmes musicaux du temps pour plusieurs raisons : il touchait directement un assez large public ; il pouvait se donner aussi bien dans les salles de concerts qu'à l'opéra ou hors de ces lieux ; il requérait des moyens artistiques relativement modestes du fait de son interprétation abordable et touchait, par sa compréhension aisée, un auditoire nombreux. L'association de la narration et de l'action plaisait assurément au plus grand nombre. *Elverskud* fut initialement conçu pour la salle de concerts puis adaptée pour la scène en 1939 pour une durée de quatre saisons.

« Gade créa une œuvre qui dans son genre fut une des plus jouées dans le Nord de l'Europe et dont la popularité est attestée par les partitions pour piano danoise, allemande, anglaise et française[58]. »

Cette grande ballade inspirée par une ancienne légende danoise (Goethe en écrivit une variante dans *Erlkönig* ; de leur côté, Franz Schubert et Carl Loewe en illustrèrent le texte) stimula l'ardeur créatrice de Gade qui retrouva, non sans bonheur d'ailleurs, un certain nombre de paramètres artistiques de sa première période.

Elverskud repose en fait sur deux ballades très populaires dont certains artistes avaient déjà utilisé les thèmes et l'esprit : Johan Ludvig Heiberg et Frederik Kuhlau dans *Elverhöj* en 1828 ; J.P.E. Hartmann et Hans Christian Andersen dans l'opéra *Liden Kirsten* en 1848.

La réussite d'*Elverskud* s'étendit à Paris, Vienne, Breslau, Birmingham et se confirmera par la fréquence de ses interprétations qui en fit une des œuvres chorales les plus jouées du XIXe siècle. De nos jours on

---

[58] Lund, *op. cit.*, p. 47.

ne la propose pratiquement plus. Elle appartient au groupe des partitions aimées comme *La Première nuit de Walpurgis* de Mendelssohn, *La Malédiction du chanteur* de Schumann, *Les Héritiers de la montagne blanche* (V. Hálik, op. 30, 1872), *Belle Hélène* (Schön Ellen op. 24) et *Frithjof* (op. 23) de Max Bruch… du moins à une certaine époque.

Lieu : la résidence du roi des Elfes.

Intrigue : elle se concentre autour des événements tragiques issus de la rencontre nocturne de Mr Oluf et des Elfes : ensorcellement et malédiction d'Oluf qui n'accepte pas de danser avec la fille du roi des Elfes sous prétexte qu'il doit prendre femme dès le lendemain…

Histoire : elle s'inscrit dans le monde médiéval des légendes populaires.

Dénouement : Cette allégorie sur l'amour nocturne (interdit, avec une femme fatale) et sur l'amour conjugal (légitime) conduira à la mort de Mr Oluf (contradiction impossible).

Cette musique de vastes proportions, toutefois ni pesante ni grandiose (au sens germanique du terme) se caractérise par un beau sens de la composition vocale où l'on rencontre effusion et chaleur, un dramatisme, certes plus marqué que dans l'opus 23, mais cependant redevable du style de cette *Fantaisie de Printemps* composée seulement deux ans auparavant. La délicatesse des voix, l'homogénéité du chœur (mendelssohnien), souvent religieux, rarement féérique, la générosité des parties instrumentales et la grande tenue de l'inspiration de part en part en sont les atouts principaux.

Gade parvient à doser de manière parfaite cette musique non fantasque, solide, justement passionnée, dénuée de virtuosité débridée, fleurant bon le terroir national, et communiquant une spontanéité du récit et de l'émotion, tant dans les chœurs que dans les parties instrumentales. Gade si souvent décrit et décrié comme académique réalise là un ouvrage bien construit, simplement brillant, doux et altier, offrant un grand plaisir d'écoute. Au total, une musique infiniment précieuse du catalogue gadien et plus largement du romantisme fantastique du milieu de ce siècle.

1856. *Minde Cantata over Fru Anna Nielsen* (A la mémoire d'Anna Nielsen).

1858. *Frühlings-Botschaft*, cantate pour chœur et orchestre, op. 35, texte : E. Geibel.

1858. *Bardurs Drøm* (Le Rêve de Baldur), cantate pour solistes, chœur et orchestre, texte de Adolph Hertz.

1859. *Minde Cantata for Overhofmarschal Chamberlain Levetzau* (Cantate à la mémoire de Levetzau).

1860. *Minde Cantata for Skuespiller Nielsen* (Cantate à la mémoire de l'acteur Nielsen).

1861-62. *Die Heilige Nacht* (La Nuit sainte), cantate (« pièce de concert ») pour alto, chœur et orchestre, op. 40, durée : 17 minutes environ. Interprétée à Leipzig en 1862.

Texte du poète dramatique allemand August von Platen (1796-1835). En trois parties : 1. Einleitung. Andante, 2. Andantino sostenuto, 3. Moderato. Andante.

L'expression, assez étrange de « Pièce de concert » revient au compositeur lui-même. Cette sorte de petite cantate concède une place importante à la harpe et établit un climat angélique notable et omniprésent, expression d'un sentiment religieux. Si l'on ne peut relever de faute de goût dans ce travail, il en ressort quand même une solennité uniforme accentuée par un texte faible et sans grand intérêt.

Cette partition un peu facile doit se consommer entre deux mets plus consistants et s'oublier éventuellement, même si nous ne sommes pas très éloignés du style choral délivré par Mendelssohn.

1865. *Ved Solnedgang* (Au coucher du soleil), cantate pour chœur et orchestre, op. 46, texte d'A. Munch. Leipzig, 1863.

1865-66. *Korsfarerne* (Les Croisés), poème dramatique (cantate) pour solistes, chœur SATB et orchestre, op. 50, d'après Carl Andersen (59 minutes). Créé à Leipzig vers 1873.

Peu après, cette cantate fut chantée à Brunschweig, Vienne, Königsberg, Elberfeld, Breslau, Leipzig et Aix-la-Chapelle. Et aussi à New York et Buenos Aires.

Gade lui-même la dirigea à Amsterdam, Cologne et Birmingham.

Les trois parties s'intitulent : 1. Dans le désert (le héros part pour le monde : recherche d'un but), 2. Arminda (rencontre avec le mal), 3. Vers Jérusalem (il repousse les tentations, poursuit son but). Au total : 12 numéros.

Le thème de ce conte musical nous convie autour des croisés, des pélerins, de la Terre Sainte et de Jérusalem. On y trouve des éléments de la mystique du XIIe siècle, de l'alchimie et des chevaliers du Graal. Voici l'histoire du croisé Rinaldo inspirée du poème *La Jérusalem libérée* du Tasse. Servent de socle le thème de la Rédemption, celui de la transformation spirituelle et celui de l'harmonie individuelle en relation avec autrui et en opposition avec le Mal.

Ce thème de la Rédemption évoque d'une part la *Légende de Sainte Elisabeth* de Liszt (1862), d'autre part le *Tannhäuser* de Wagner (1842). Rappelons que Gade avait dirigé des extraits de ces œuvres lors de concerts à la Société de Musique de Copenhague. Cela explique probablement pour une part les influences perçues pour cette épopée inspirée par la culture musicale allemande : Mendelssohn, Wagner (le *Vaisseau fantôme* date de 1851), Schumann et bien sûr Liszt. On retrouve souvent l'oppositon classique entre le héros menacé dans sa conquête spirituelle et le démoniaque féminin dirigé par le désir et l'obscurité.

Ainsi apparaissent les personnages majeurs suivants : Rinaldo, le « héros-soleil » errant, Pierre l'Ermite, le vieux sage et Armida, la sorcière tentatrice.

Au plan musical, et en dépit des précédents fameux que nous venons de citer, Gade essaie d'éviter certains excès de Berlioz et de Wagner (surtout leurs extrêmes dramatiques et expressifs) sans pour autant gommer de remarquables contrastes (par exemple : la musique des Pélerins et de Pierre l'Ermite avec son caractère solennel de choral où dominent les vents et les cordes basses ; la musique des croisés et de Rinaldo souvent figurée par des fanfares de trompettes et par la prédominance des vents en général ; la magie d'Armida avec ses aspects sinistres et menaçants dessinés par des motifs rapides et brisés, souvent chromatiques ; l'aspect sensuel du récit revient aux cordes hautes, aux bois et à la harpe).

Il serait sans doute vain de rechercher ici des aspects musicaux spécifiquement danois ; nous nous trouvons davantage à proximité du romantisme allemand (quelques allusions à Wagner sont repérables) et bien plus encore d'un équilibre classique où la solidité l'emporte sur l'inspiration. Par ailleurs, Gade se garde de toute exploration psychologique poussée des personnages et des situations.

Il n'empêche que cette partition soutient l'attention et l'intérêt tout au long de l'écoute, souvent captivante, malgré une invention mélodique relativement restreinte. L'histoire, bien racontée, est solidement structurée par le chœur, efficace, épique et superbe. Cette partition jette une lumière intéressante sur ce type de composition qui semble avoir assez constamment inspiré Gade. Si l'on ne peut nier une certaine emphase, cette cantate s'impose avec bonheur, intensité, richesse et densité.

1869. *Kalanus*, cantate (ou « poème dramatique ») pour solistes, chœur et orchestre, op. 48, texte de Carl Andersen (1828-1883) d'après « Kalanus » de Fr. Paludan-Müller (1809-1878).

Kalanus, d'une durée de 70 minutes, est l'une des œuvres les plus importantes de Niels Gade. Le chœur intervient dans onze des douze numéros de la partition qui s'appuie sur l'histoire d'Alexandre le Grand et du sage indien Kalanus en opposant deux modes de vie et de pensée, occidentales et orientales. Kalanus se rend en pèlerinage en Perse dans l'espoir du retour de Brahma, la divinité.

Pour cette sorte d'oratorio séculaire (ou oratorio épique), Gade trouve et développe un style spécifique. On pourrait lui trouver comme pendant esthétique et intentionnel, la *Nuit des Walpurgis* de Mendelssohn ou encore *Paradis und die Peri* de Schumann.

La progression dramatique se révèle bonne – certains percevront des touches de Berlioz mais aussi de Wagner - et somme toute aussi dans un style bien propre à notre compositeur.

Son écriture majestueuse, qu'il s'agisse des numéros emplis de sensibilité ou des numéros faisant montre de puissance, doit à une conception unitaire et très architecturée, à un climat noble, ici élégiaque et tendre, là à une atmosphère virile et puissante. Flamme et recueillement alternent. La musique, objective certes, évite le mauvais goût. Si le style étale parfois un peu trop son éclectisme, il reste sincère, traditionnel, plein de conviction et de force, de vaillance et de tendresse. Une belle musique lyrique caractéristique d'un certain XIXe siècle.

Cette musique majeure de Gade connut sa création à la société de Musique de Copenhague, le 18 avril 1869.

1869. *Gefion*, pièce de concert/cantate pour baryton, chœur et orchestre, op. 54, 19 minutes, d'après Adam Oehlenschläger (1779-1850). Sous-titre de cet opus : « Les Dieux Nordiques ». Tempos successifs : Allegro maestoso. Animato. Allegro non troppo. Allegro risoluto. Allegro vivace.

Des scènes de la mythologie nordique et l'amour de la patrie apparaissent à l'occasion de l'histoire de la déesse Gefion.

A l'écoute de cet opus, on constate que Niels Gade ne fut pas aussi totalement insensible aux innovations wagnériennes et berlioziennes que l'on a bien voulu l'affirmer ou le colporter. Impact partiel, il est vrai assez rapidement étouffé par une esthétique classique dominante et globalement académique.

On regrettera pour cette pièce bien écrite, un manque de chaleur et de puissance évocatrice, qui toutefois n'altérèrent point le plaisir du public du temps car bien inscrite dans une mentalité populaire : un estimable produit de consommation donc.

1871. *Aarstidsbilleder* (Images des saisons), pour soprano, ténor, alto, chœur et piano à 4 mains, op. 51, durée : 13 minutes.

Ses quatre sections sont : 1. Sommernat (Som Skygger i den dunkle Nat) (Nuit d'été), pour le chœur, 2. Lövfald (Trækfuglen flyver dristigt op) (Chute des feuilles), pour les 3 solistes, 3. Julekvæld (Det flagrer mod Bondens Rude) (Réveillon de Noël), pour les 3 solistes, 4. Lövspring (Hvad dæmrer i Øst bag rødmende Sky) (Fin d'été), pour le chœur.

Carl Andersen est l'auteur des textes.

1872/1873. *Den Bjergtagne* (L'Esclave des montagnes), cantate pour mezzo-soprano, chœur de femmes et orchestre, op. 52, texte de G. Hauch, d'après une ballade norvégienne. Le texte de Hauch fut également utilisé par deux autres Danois : Frederik Rung et Waage Matthison-Hansen.

1874. *Zion*. Pièce de concert pour soliste (baryton), chœur SATB et orchestre, op. 49, texte de Gade et Andersen d'après *l'Ancien Testament*. Destiné au festival de Birmingham, tout comme *Psyché*.

Il s'agit d'une grande cantate mais Gade, on l'a dit, n'acceptait pas cette appellation. Durée : 28 minutes environ. On l'entendit pour la première fois lors du festival de Birmingham le 30 août 1876.

Les sections le constituant sont : 1. Introduction. Allegro maestoso, 2. L'Exode d'Egypte, 3. Captivité à Babylone, 4. Le Retour. Prophétie de la Nouvelle Jérusalem.

Zion connut un très grand succès public et recueillit le jour de la création de longues ovations. Lorsque le comité musical du festival de Birmingham proposa une œuvre à Gade, celui-ci profita de l'opportunité qui lui était offerte pour ressortir cette partition composée deux ans auparavant. De toute manière il aurait cruellement manqué de temps pour mettre au point une œuvre tout à fait nouvelle.

« Je ne m'attendais pas à ce que « Zion » eut tant de succès, puisque l'œuvre est solennelle et d'accès peu facile. Mais je suppose que la puissance du sujet même a eu son effet », précisa Gade dans une lettre à sa femme le 31 août 1876.

Zion représente probablement le seul oratorio sacré du compositeur (il y décrit, on l'aura compris, les tourments du peuple juif captif à Babylone).

Aujourd'hui *Zion* apparaît comme une partition assez vigoureuse où la partie chorale en impose. Il réussit dans l'expression des sentiments et des situations. Gade lui confie tout son art des voix sur une robuste ossature orchestrale.

1881-82. ***Psyché***, pièce de concert/cantate pour solistes, chœur et orchestre, op. 60, d'après Carl Andersen, écrite pour le festival de musique de Birmingham.

Cette vaste partition (environ 84 minutes) comporte une introduction (7 minutes) et 16 numéros. Elle fut initialement dédiée à Son Altesse royale le Prince de Galles.

Après le succès de *Zion* à Birmingham en 1876, les organisateurs du festival lui commandèrent une nouvelle œuvre. Le librettiste Carl Andersen, avec lequel le compositeur avait déjà collaboré, écrivit un livret en danois, ensuite traduit en allemand par Edmund Lobedanz et en anglais par J. Troutbeck. La création eut donc lieu à Birmingham le 31 août 1882, en anglais bien sûr et avec un grand succès public. Cette « Pièce de concert », pour reprendre les termes de Gade, fut sous-titrée « Dramatic Cantata » dans l'édition anglaise.

Gade lui-même la dirigea à plusieurs reprises au Danemark de 1882 jusqu'à sa mort. Elle semble avoir été jouée à Leipzig en 1882.

Les sources de *Psyché* se trouvent, exceptionnellement chez Gade, dans l'Antiquité classique (il avait auparavant utilisé la légende d'Ossian, le Tasse, la légende d'Alexandre, la mythologie nordique, l'Ancien Testament).

La très belle princesse Psyché plaît tant qu'elle s'attire la haine de la déesse de l'Amour, Vénus. Celle-ci charge son fils, Amor, de la rendre amoureuse d'un homme indigne ; mais lui-même en tombe amoureux et est conduit à désobéir à sa mère…

Psyché est le chef-d'œuvre classique des œuvres chorales de Gade, opposé au nébuleux monde nordique autant qu'au romantisme national danois et au baroque de *Zion*. L'esprit de Mendelssohn fortement présent se traduit par une musique harmonieuse, modérée, simple et lumineuse.

Quelques élans d'ardeur et de passion viennent bousculer ici et là cette atmosphère. Certaines pages rappellent aussi Wagner (notamment *Tristan* dans le chœur final). On notera l'ambiance lugubre de la troisième partie. Gade, une fois encore, fait montre d'une magnifique maîtrise orchestrale et conceptuelle. *Psyché,* c'est aussi l'âme errant entre le ciel et la terre à la recherche de la rédemption par l'amour divin.

1889. Der Strom (La Rivière), pièce de concert/cantate pour cinq solistes, chœur SATB, piano et orchestre, op. 64, 21 minutes, d'après la traduction de Goethe du *Mahomet* de Voltaire. Leipzig, 1889.

I. MUSIQUE VOCALE/LIEDER.

Gade compose environ 97 chansons sur des textes de C. Winter, C. Hauch, H.C. Andersen, B.S. Ingemann notamment et des poètes allemands Goethe (1749-1832) et Ludwig Uhland (1787-1862).

Niels Gade n'a pas laissé un souvenir impérissable dans ce genre pourtant prisé par toute l'Europe de l'époque, un peu à l'instar de ses collègues nordiques (Heise, Lange-Müller, Sibelius…) à l'exception peut-être de Grieg. La prédominance allemande explique en partie cet état de fait et rend aussi compte probablement de la volonté des éditeurs de musique d'imposer des textes allemands. Gade mit ses notes sur des textes allemands, danois et norvégiens.

Chez lui, ces chansons s'inscrivent dans la tradition authentique des lieder. Rappelons que les musiciens scandinaves les plus prometteurs partaient étudier en Allemagne, accentuant leur proximité avec la langue et la littérature allemandes.

La datation précise des chansons non publiées de Gade n'est pas toujours possible. Une cinquantaine de lieder restent sans date de composition exacte.

En général le piano est cantonné au rôle d'accompagnateur de la voix. Il s'agit régulièrement de chansons de forme strophique, de tenue conservatrice.

Certains chants sont proches de la tradition de la ballade (Loewe, Schubert…), on relève un rappel italianisant dans la Romance de *Mariotta*. D'autres affichent des aspects nationalistes pour les dernières chansons de la série *12 Holger Danskes Sange* (B.S. Ingemann)*,* parfois on évoque l'atmosphère du *Voyage d'hiver* de Schubert, bien que l'on ne soit pas sans remarquer les influences de Mendelssohn, de Schumann aussi.

J. MUSIQUE POUR CHŒUR.

Dans ce registre, on dénombre environ 29 œuvres.

Gade compose peu de musique religieuse, qu'il réserve en général au service liturgique. Voici quelques exemples significatifs de sa production.

1838-1840. Chœurs sacrés : ***Hymnus a 8 voci*** (Hymne à huit voix), 4 minutes. ***Gebeth*** (Prière), 6 minutes. Œuvres de jeunesse antérieures à ses premiers grands succès (*Ossian*).

1846. ***Cinq Chants*** (Fünf Gesange), op. 13, pour chœur de chambre a cappella, 15 minutes, composés à l'automne 1846 sur des textes de Emmanuel Geibel (n° 2-5) et de Ludwig Tieck (n° 1).

1. Ritter Frühling (Le Printemps est un chevalier), Allegro moderato ; 2. Die Wasserrose (Le Nénuphar), Adagio; 3. Morgen Wanderung (Promenade matinale), Allegro moderato; 4. Herbstlied (Chanson d'automne), Andantino, quasi allegretto ; 5. Im Wald (Dans la forêt), Allegro non troppo.

Cet opus composé et édité à Leipzig en 1846 est dédié à Charlotte Schleinitz (épouse d'un membre important du conseil de direction du Gewandhaus).

Gade a conçu des chants simples, et naturels, proches du Mendelssohn de l'opus 41. A chaque changement de saison correspond un changement de tonalité.

Le chant n° 2 est une très belle pièce mélancolique et expressive : « Dans l'eau, près du nénuphar, un cygne, un cygne blanc fait des cercles. Il chante… et attend la mort tout en chantant… »

Le chant n° 4 repose sur cette idée : « Car l'amour, c'est le printemps éternel ».

La dernière chanson trouve son atmosphère dans les vers suivants : « O quelle joie inégalable, quelle joie sans mesure, de chanter dans la nature. »

1861. ***Påske*** (Kristus er opstanden !), Pâques (Le Christ s'élève), pour double chœur SATB a cappella. Composé pour l'office de Pâques à l'église Holmens (1 minutes 20).

1846. ***O du, der du die Liebe bist*** (Ô toi, qui es l'amour même). 3 minutes. Il l'écrit pour une cérémonie de mariage à Leipzig dans une version pour chœur et cordes. En 1856, il la publie dans un arrangement pour chœur a cappella.

1855. *Morgensang* (Chant du matin), une des pièces chorales les plus connues et populaires du compositeur est un arrangement de *I østen stiger solen op* (Le soleil se lève à l'Orient) de Bernhard Severin Ingemann. La musique provient d'*Elverskud* (La Fille du roi des aulnes) de 1851-1855. Bien que musique profane, *Chant du matin* est souvent exécuté pour des manifestations religieuses. 2 minutes.

1856. *Udrust dig, helt fra Golgota* (Aux armes, héros de Golgotha), textes de Johannes Ewald. 1 minute 20. Hymne composé quelques mois après le décès de la femme et de la fille du compositeur.

Avant 1859. *Går det, Herre, som jeg vil* (Si tous les désirs de mon cœur se réalisent, Ô Seigneur), 2 minutes. ***Som markes blomst henvisner fage*** (Comme la fleur du pré se flétrit), 3 minutes 30.

Pièces composées sur des paroles de N.F. S. Grundtvig. On en ignore l'origine ; toutefois la seconde mélodie fut utilisée pour des funérailles en 1859 mais sur d'autres paroles (Hymne : « Hvo ikkun lader Herren raade », Celui pour qui seul le Seigneur décide).

1859. ***Barn Jesu i en krybbe lå*** (L'Enfant Jésus était couché dans une crèche), sur un texte de H.C. Andersen ; durée moins de 2 minutes. Composé pour un recueil de pièces pour piano, *Børnenes Jul* (Le Noël des enfants), op.36 (arrangement pour voix soliste et piano).

1885. ***Benedictus og Amen*** (Benedictus et Amen), pour chœur et orgue. Destinée à un mariage.

Globalement, on peut noter que Niels Gade élabore un catalogue très riche et abondant ; mais, en revanche, on remarque que notre compositeur n'affiche pas un parcours stylistique très évolutif, ce qui n'ôte rien à la qualité intrinsèque de sa musique.

Chapitre III

Gade et la presse parisienne[59]

L'exploration de la presse, parisienne essentiellement, nous a conduits à réunir les propos concernant Niels Gade de manière presque exhaustive, afin de faire percevoir l'abondance (relative) des textes l'évoquant. Ces articles intéressent l'exécution de sa musique en France, sa disparition en 1890, sa présence sur les ondes radiophoniques de la toute nouvelle T.S.F., sa position centrale à Copenhague, à Leipzig et même à Birmingham.

La relation des faits historiques précis, la présentation détaillée et objective des œuvres, la proximité passionnante avec les grands noms de l'époque expliquent ce parti pris et justifient à nos yeux les chapitres suivants entre la spontanéité journalistique (parfois à fleur de peau) et la présentation musicographique lucide. En tout cas, la trajectoire redessinée de Niels Gade, organiste, pédagogue, chef d'orchestre et compositeur de musique nous a paru valide et passionnante.

Au Danemark, en 1843-1844, le philosophe Søren Kirkegaard a fait paraître plusieurs textes majeurs (dont *Crainte et Tremblement*, le *Journal d'un séducteur* et le *Concept d'angoisse*) tandis qu'en 1843, le physicien Georg Simon Ohm a énoncé sa loi sur les vibrations sonores. En cette même année 1843, Richard Wagner présente à Dresde son opéra *Le Vaisseau fantôme*.

En 1845, Berlioz a déjà rencontré Gade à Leipzig (mais aussi bien plus tôt, en 1831, à Rome) et semble sincèrement l'apprécier. Son papier pour le *Journal des Débats* compte parmi les plus anciens publiés à Paris, à une époque où Gade jouissait d'une formidable aura en Allemagne, et dont les échos parisiens étaient quasiment inexistants en 1845.

---

[59] On trouvera des informations complémentaires sur la vie et les œuvres de Gade dans les chapitres précédents. Ainsi que de courtes notices sur certains musiciens majeurs qui le côtoyèrent au chapitre V.

Le *Journal des Débats politiques et littéraires* [Paris, date d'édition : 1814-1944], dans sa livraison du 16 avril 1845, publie le « Feuilleton de Hector Berlioz » intitulé *Sur Glinka*. Il fait précéder son sujet d'une allusion au compositeur danois (p. 33-39) :

« Mais nous ne nous sommes jamais avisés de songer à ce que pouvaient produire de remarquable, en fait de composition musicale, les peuples du Nord, et nous ignorons même qu'ils nous soient supérieurs dans certains points de l'exécution. Cependant je connais des œuvres danoises d'une exquise délicatesse, pleines de poésie, et écrites avec une pureté de style vraiment rare. L'apparition des symphonies de Gade, musicien danois, que Mendelssohn fit connaître il y a deux ans à Leipsick *(sic)*, a fait sensation en Allemagne, et voici venir M. de Glinka… »

Le 8 mai 1845, Victor Hugo et Alfred de Vigny sont officiellement distingués (respectivement comme pair de France et comme immortel de l'Académie Française).

Quelques années plus tard, en 1852, on apprend la programmation d'une symphonie de Gade. L'année précédente (le 1er juin), inauguration de la première ligne de chemin de fer Auxerre-Dijon tandis que Louis-Napoléon manœuvre pour rester au pouvoir. Le 2 décembre 1851 a lieu le Coup d'Etat de Louis-Napoléon Bonaparte ensuite largement plébiscité le 21 décembre par les électeurs (rétablissement de l'empire). La presse est placée sous surveillance le 17 février 1852. Pierre Larousse (né la même année que Gade, 1817), fonde sa maison d'édition.

Une des revues musicales les plus prestigieuses de France, *Le Ménestrel,* [Journal de musique, hebdomadaire édité par Heugel[60] qui paraîtra à Paris entre 1883 et 1940. Bureaux : 2 bis rue Vivienne], dans son n° 3 du dimanche 19 décembre 1852, en rend compte et annonce la manifestation musicale suivante :

« Dimanche 26 décembre, aura lieu le 2ème concert de M. Seghers[61], en dehors de l'abonnement, à deux heures très précises, salle Sainte-Cécile,

---

[60] Jacques Léopold Heugel (1815-1883), professeur de musique, il devient l'un des éditeurs les plus prestigieux de Paris.
[61] François-Jean-Baptiste Seghers (1801-1881), violoniste et chef d'orchestre belge. Après des études aux conservatoires de Bruxelles et Paris (avec Baillot), il fonde la Société Sainte-Cécile en 1848 qu'il dirige jusqu'en 1854. Sa renommée repose largement sur ses concerts symphoniques et sa musique chorale. Il présente des œuvres allemandes de Weber, Mendelssohn, Schubert et Wagner. Il donne la première audition de l'ouverture de *Tannhäuser* en 1850. Il défend également des partitions de Berlioz, Gounod, Saint-Saëns, Reber et Gouvy.

rue de la Chaussée-d'Antin, 49[62]. Cette séance est consacrée à l'exécution des œuvres nouvelles des compositeurs contemporains.

1° Ouverture de concert de M. Alexandre Stadtfeld[63].

2° Ode à Sainte-Cécile, paroles de M. Nibelle[64], musique de M. Camille Saint-Saëns[65], pour orchestre, soprano solo et chœurs ; le solo de soprano sera chanté par Mme Meillet.

3° Troisième Symphonie en la *mineur*[66] de M. Niels Gade.

4° Chants danois, paroles de Millevoye, chœurs pour voix d'hommes, musique de M. J.-B. Wekerlin[67].

5° Andante d'une symphonie composée par Mme la vicomtesse de Grandval[68].

6° Fragments de *L'Epopée lyrique*, composée pour les fêtes à l'industrie universelle, poème de M. Méry, musique de M. Lacombe[69].

---

[62] Salle Sainte-Cécile, 49, rue de la Chaussée d'Antin, Paris. Le *Dictionnaire de la musique en France au XIXe siècle* donne le numéro 251. Construite vers 1830.
[63] Alexander Stadtfeld. Compositeur belge (1826-1853), élève de Fétis au Conservatoire de Bruxelles, Grand Prix de Rome belge en 1849. Il laisse 4 symphonies, des ouvertures, 2 concertinos pour piano et orchestre, un quatuor à cordes, des opéras (*Hamlet*, donné à Darmstadt en 1857 ; *Abu Hassan* ; *L'Illusion* ; *La Pedrina*).
[64] Adolphe-André Nibelle (1825-1895). Compositeur (classe d'Henri Collet au Conservatoire de Paris) et avocat. Travaille la compositon avec F. Halévy. Apprécié pour ses musiques vocales et pour sa grande cantate symphonique *Jeanne d'Arc*.
[65] Saint-Saëns (1835-1921) composa cette *Ode à Sainte-Cécile* pour voix et orchestre en 1852.
[66] Niels Gade dirigea sa *Symphonie en* la *mineur* n° 3 op. 15 en création à Leipzig à la tête de l'Orchestre du Gewandhaus le 9 décembre 1847.
[67] Jean-Baptiste-Théodore Wekerlin (1821-1910), compositeur, musicologue, bibliothécaire, bibliophile et folkloriste. Il quitte son Alsace natale pour le Conservatoire de Paris en 1844. Chef de chœur à la Société Sainte-Cécile. On lui doit *L'Organiste dans l'embarras* (1853), scène en un tableau donné une centaine de fois, des poèmes symphoniques, une symphonie (*La Forêt*), une *Messe de Sainte-Cécile*, 500 mélodies…
[68] Marie-Félicie-Clémence de Reiseit, Mme de Grandval (1830-1907). Compositrice et cantatrice. Elle étudie auprès de Saint-Saëns et Flotow. Mécène de la SNM où elle est souvent programmée. Elle compose des opéras, un oratorio, un poème lyrique pour solistes, chœur et orchestre, *La Forêt*, 1875.
[69] Louis Lacombe (1818-1884), pianiste et compositeur français. Elève du Conservatoire de Paris, il se fait applaudir très jeune en France et en Allemagne. Reçoit des leçons de Czerny à Vienne où il demeure un certain temps. Son *Epopée lyrique* fut aussi dirigée par Pasdeloup à la Société des jeunes artistes. Son très abondant catalogue n'est guère fréquenté.

L'orchestre sera conduit par M. Seghers, les chœurs seront dirigés par M. Wekerlin. »

Le *Journal des Débats politiques et littéraires,* mercredi 7 juillet 1852, annonce pour la *Revue des deux mondes : La Musique dans le Nord. Niels Gade, Jenny Lind, Chopin, Haberbier*, par M. Henri Blaze[70].

Journal des Débats politiques et littéraires, Samedi 25 mars 1854. Du mouvement musical en Hollande par Hector Berlioz[71] :

« La plupart des sections ont leurs fêtes musicales particulières, où toutefois sont admis ceux des membres des autres sections qui désirent y prendre part. On y exécute des chefs-d'œuvre des maîtres anciens et modernes. Ainsi l'hiver dernier la section d'Amsterdam a exécuté la *Création* de Haydn, des ouvrages de Palestrina, d'Arcadet, d'Astorga, de Martini, d'Haendel, de Bach, de Gluck, etc. A La Haye, ont été entendues les partitions d'*Athalie* de Mendelssohn, de la symphonie-cantate du même, de *Comala* de Niels Gade… Ces programmes présentent un peu plus de valeur et de variété que ceux des concerts parisiens.»

Attentat contre Napoléon III (Paris, 14 janvier) ; premier « miracle » de Lourdes (11 février) ; en Prusse, Guillaume 1er remplace son frère devenu fou ; débats sur la génération spontanée opposant Pasteur à Pouchet ; à Paris, ouverture de la Bibliothèque nationale et percement du boulevard Sébastopol… ponctuent cette année 1858.

Le *Dictionnaire Universel des contemporains*, par G. Vapereau[72]. 1858, p. 712, propose un texte identique (moins les événements intervenus entre- temps) à celui publié sous le même titre mais paru en 1880. De même pour l'édition de 1865.

Le 3 mars 1859 est signé un traité secret entre la France et la Russie : neutralité bienveillante de la Russie en cas de guerre entre l'Autriche et la France. Napoléon III, dans le cadre de sa victoire face à

---

[70] Henri Blaze, baron de Bury, dit Blaze de Bury (1813-1888). Musicographe et diplomate avignonais. Se consacre à la littérature et à la critique musicale à partir de 1833. Ecrit pour la *Revue des deux mondes* (pseudonymes : Hans Werner et F. de Lagenevais). Plutôt conservateur, antiwagnérien, il publie des ouvrages consacrés à Rossini (*Vie de Rossini*) en 1854 et *Meyerbeer et son temps* (1865).

[71] Berlioz (1803-1869), compositeur français majeur mais aussi fameux critique musical de son temps ; il donna des chroniques au *Journal des Débats* entre 1835 et 1864.

[72] Gustave Vapereau (1819-1906), écrivain et encyclopédiste français. Secrétaire de Victor Cousin pendant une année, nommé professeur de philosophie puis agrégé, avocat. Connu pour son dictionnaire.

François-Joseph signe un décret d'amnistie en faveur des proscrits de 1851. En Grande-Bretagne, publication de *De l'origine des espèces au moyen de la sélection naturelle* de Darwin. Création du *Faust* de Gounod et élaboration de *Tristan et Isolde* de Wagner (passion pour Mathilde Wesendonk).

Le Ménestrel n° 48, dimanche 30 octobre 1859. Nouvelles diverses :

« La trentième assemblée générale annuelle de la Société Néerlandaise pour l'encouragement de l'art musical, s'est tenue à Amsterdam, le 11 octobre. […] Dans le courant de l'année sociale les diverses sections de la Société ont fait exécuter… la *Fille du Roi des Aulnes* de Niels Gade… »

Expédition des Mille puis victoire de Garibaldi en Italie, début de la Guerre de Sécession aux Etats-Unis (décembre 1860).

Le Causeur, revue hebdomadaire des lettres, des sciences et des arts (date d'édition : 1859-1861), 1860, p. 158, informe :

« Depuis la mort de Mendelssohn, le bâton de maréchal a successivement passé entre les mains de Julius Rietz, Niels Gade et Ferdinand David. Julius Rietz, qui vient de succéder à Reissiger (l'auteur de la *Dernière pensée* de Weber), est également un excellent chef d'orchestre et un musicien consommé… Niels Gade, né en Danemark, et maître de chapelle à Copenhague, a plus de sentiment, plus d'enthousiasme, plus de feu sacré, mais il se laisse trop emporter par sa fougue naturelle, et presse malgré lui tous les mouvements, ce qui donne à sa manière de diriger une uniformité désespérante, indépendamment de ce que cela dénature des passages entiers. Il a composé une symphonie avec chœur, très estimée, plusieurs ouvertures remarquables, et de délicieux quartels que l'on chante partout, avec ceux de Mendelssohn et de Schumann… » Maurice

La France musicale, Paris (date d'édition : 1837-1848), dans sa rubrique Etranger. Leipzig du 3 juin 1860 précise :

« La place de chef d'orchestre du Gewandhaus, qui a été offerte successivement à MM. Gade, F. Hiller et Reinecke, est toujours vacante. »

La France musicale, 22 juillet 1860. Du répertoire de la Société des concerts du Conservatoire :

« … Mais c'est surtout dans les ouvrages de Niels Gade que le génie danois éclate avec force. Sa symphonie sur des airs nationaux, son ouverture des *Echos d'Ossian* et cette autre remarquable ouverture intitulée *In the Highlands*, ont une couleur scandinave des plus prononcées ; ces belles pages de musique symphonique promettaient à l'Europe un écrivain original.

Pourquoi M. Gade s'est-il autant complu dans l'admiration excessive de Mendelssohn ? Il est beau, sans doute, de rendre hommage aux maîtres, de prendre modèle sur eux - à condition toutefois de savoir rester soi, de garder toujours sa propre individualité. Il nous reste l'espoir de voir le savant compositeur danois aborder des sentiers nouveaux et tirer de son fécond esprit une de ces partitions qui suffisent à la gloire d'un musicien : déjà, dans *Comala*, M. Niels Gade s'est essayé dans l'ode nationale-symphonie, le seul genre qu'aient négligé les Haydn, les Mozart et les Beethoven ; bientôt il nous donnera, nous le voulons croire, la cantate légendaire ou la pure symphonie qui le classera au rang des émules heureux et des vainqueurs de Felix Mendelssohn. » Gustave Chouquet[73]

La France musicale (Paris, date d'édition : 1851-1870), 30 décembre 1860. Etranger. Munich. Marie Escudier[74] :

« L'Académie musicale de Munich a publié, à l'occasion de son cinquantième anniversaire, une revue générale de tous les ouvrages qu'elle a fait entendre dans ses concerts depuis 1810. Le résultat prouve qu'elle a fait les plus louables efforts pour varier les jouissances de ses auditeurs. Elle a exécuté 291 symphonies, 401 ouvertures, 59 oratorios, 66 chœurs, etc. En général, les compositeurs qui ont été le plus mis à contribution appartiennent à l'école classique ; cependant Liszt y figure pour deux symphonies et un concerto pour piano ; Richard Wagner pour deux ouvertures ; Rietz pour une symphonie et un chant de bataille ; Berlioz pour deux ouvertures, un air et une symphonie ; Gade pour une fantaisie et une symphonie, etc. »

Le quotidien *Le Temps* est créé à Paris le 25 avril 1861 tandis que le 18 novembre est donné à la Comédie-Française *On ne badine pas avec l'amour*, pièce d'Alfred de Musset. L'architecte Charles Garnier remporte un concours pour l'édification d'un nouvel opéra (1862-1875). En 1862 (avril), Victor Hugo publie *Les Misérables* ; le 23 septembre, Otto von Bismarck est nommé Premier ministre et ministre des Affaires étrangères de Prusse. En Autriche, le musicologue Ludwig Koechel (1800-1877) publie *Le Catalogue complet, chronologique et thématique des œuvres musicales de W.A. Mozart.*

---

[73] Adolphe-Gustave Chouquet (1819-1886), écrivain et musicologue français. Professeur de littérature à New York en 1840, il rentre en France en 1860 et collabore à *La France Musicale* (mais aussi à *L'Art Musical*, au *Dictionnaire des Beaux-Arts* publié par l'Institut de France). Conservateur du musée du Conservatoire de Paris.

[74] Marie Escudier, journaliste, critique et éditeur de musique né en 1809 et mort en 1880. Fondateur, avec son frère Léon et Jules Maurel, de l'hebdomadaire *La France musicale* en 1837 ainsi que d'une maison d'édition (œuvres de Verdi notamment). Fondateur du journal *L'Art Musical*. Collabore au *Pays* et au *Journal de l'Empire* entre 1850 et 1858. Avec son frère, il écrit : *Etudes biographiques sur les chanteurs contemporains* (1840), *Dictionnaire de musique* (1844), *Vie et aventures des cantatrices célèbres* (1856).

La France musicale, Paris, 19 janvier 1862. « La Haye. La seconde partie du concert nous donnait à entendre l'ouverture d'*Anacréon*, de Cherubini, et celle de *Im Hochland*, de Niels Gade. »

La France musicale, n° 7, 16 février 1862, p. 55, précise :

« Niels Gade, célèbre compositeur danois, vient d'arriver à Paris. Quoique jeune encore, - il est à peine âgé de 45 ans – il a écrit plus de cinquante ouvrages dans tous les genres, et principalement des symphonies, qui sont exécutées avec beaucoup de succès en Allemagne ; nous les signalons à l'attention du comité de la Société des concerts du Conservatoire. »

La France musicale, n° 9, 2 mars 1862, p. 68. Sous la plume de Gustave Chouquet :

« Nous voudrions enfin, qu'on ne laissât plus traverser Paris à un compositeur du mérite de M. Niels Gade sans lui prouver que la France n'est pas indifférente à sa gloire. M. Gade nous semble, il est vrai, plutôt un disciple de Mendelssohn qu'un maître original : il est, toutefois, telles de ses symphonies où l'introduction d'un thème national danois suffit pour répandre sur l'ouvrage entier une couleur scandinave des plus heureuses et des plus attrayantes. Nous prenons la liberté de recommander au comité de la Société des Concerts cette symphonie de M. Niels Gade, comme aussi sa délicate et poétique ouverture intitulée : *In the Highlands* (Dans les montagnes). Ce sont là, du moins, des compositions qui méritent le plus sérieux examen et tous les encouragements qu'on se plaît à refuser à nos grands symphonistes français. »

Effectivement, la lecture des numéros du journal musical *Le Ménestrel* pour l'ensemble de l'année 1862 ne retrouve aucune mention du séjour parisien de Niels Gade. Cela confirme le quasi anonymat de cette visite dont la presse n'a pratiquement pas rendu compte.

En 1864, Guerre des Duchés (cf. Chronologie de la vie de Gade). Succès de l'opéra *Mireille* de Gounod et des sculptures de Rodin.

La Comédie (Paris, date d'édition : 1864-1884, rédacteur en chef : Paul Ferry, hebdomadaire), dimanche 3 janvier 1864 :

« Un maître que la jeune Allemagne vénère à l'égal de Mendelssohn et de Schumann et qui paraît, quoique Danois, destiné à perpétuer les traditions de la grande école de Beethoven, Hummel et Weber, M. W. Niels

Gade a cédé la propriété de ses œuvres pour la France à M. Flaxland [75], et ce dernier nous a adressé un petit recueil de mélodies, courtes mais distinguées, véritables romances sans paroles, méritant d'être connues au moins autant que celles de Mendelssohn et très variées de rythme et de sentiment musical. Il est fâcheux que nous n'ayons pas occasion d'entendre en France ces œuvres dont l'apparition fait époque de l'autre côté du Rhin et qui sont dignes de l'attention du monde musical. » Carnioli

Le compositeur danois Asger Hamerik assista en compagnie de Berlioz à un concert proposant de la musique de Gade fin mars 1864 sous la baguette de Jules Pasdeloup[76]. Il en informa son maître Gade dans sa lettre du 1er avril. « L'ouverture d'*Hamlet* fut bien jouée et acclamée par les 5 000 personnes présentes... ainsi la musique de Gade résonne-t-elle aussi à Paris... Berlioz m'a demandé de vous dire qu'il lui tardait de serrer une nouvelle fois la main du compositeur d'*Ossian* et *Hamlet* et désirait vous remercier d'avoir exécuté des extraits de son *Roméo et Julliette* et *La Fuite en Egypte* » [à Copenhague, au Théâtre Casino, aujourd'hui détruit].

Assassinat d'Abraham Lincoln (14 avril 1865), création de *Tristan et Isolde* de Wagner à Munich le 10 juin et scandale à Paris avec l'*Olympia* d'Edouard Manet.

Le Ménestrel n° 20, dimanche 16 avril 1865. Nouvelles diverses. Etranger. Leipzig :

« Le Gewandhaus a terminé, le 30 mars, la série de ses concerts d'hiver par une séance consacrée à l'audition de la *Première* et de la *Neuvième Symphonies* de Beethoven. Dans les vingt concerts dont se compose la série, l'orchestre a fait entendre sept symphonies de Beethoven, deux de Mozart, deux de Haydn, deux de Schubert, une de Norbert

---

[75] Gustave Flaxland (1821-1895), éditeur de musique, compositeur français. Il laisse plusieurs volumes (6) d'une série intitulée *Les Bonnes traditions du pianiste*. Il fut le premier en France à éditer des Lieder avec le texte original en allemand. Ami de Wagner, il obtient pour la France les droits pour ses premiers opéras. Il publia aussi les premières œuvres de Saint-Saëns et les transcriptions de Wagner par Liszt.

[76] Jules Pasdeloup (1819-1887), chef d'orchestre français. Après des études au Conservatoire de Paris où il enseignera de 1841 à 1868, il fonde et dirige les concerts symphoniques de la Société des jeunes artistes à Paris à partir de 1853. L'organisme prend le nom de Société des jeunes artistes du Conservatoire impérial de musique (1856-1865). Il fonde les Concerts populaires de musique classique dont il dirige le premier concert au Cirque d'Hiver le 27 octobre 1861 ; il y défend les grands maîtres contemporains. Il fonde la Société des oratorios (1868) et dirige au Théâtre Lyrique (1868-1870). Les Concerts populaires cessent leur activité en 1884 face à la concurrence des Concerts Colonne et des Concerts Lamoureux pour reprendre temporairement en 1886-1887.

Burgmüller[77], une de Mendelssohn, une de Niels Gade, une de Bargiel[78], et le *Columbus* de Abert[79]. En fait d'ouvertures : deux de Beethoven, trois de Mendelssohn, quatre de Weber, quatre de Cherubini, une de chacun des auteurs suivants : Gade, Schumann, Spohr, Naumann et Vieuxtemps. »

Le Ménestrel n° 1 du dimanche 3 décembre 1865. Nouvelles brèves. Etranger. « On lit dans le Journal de l'Escaut que l'orchestre et les chœurs (musiciens de Bruxelles) ont exécuté l'hymne *Splendente te*, de Mozart, *Frühlings-Botschaft*, de Niels Gade et l'*Athalie* de Mendelssohn. »

La même livraison annonce (Paris et Départements) le 7e Concert Populaire pour le jour même, au Cirque Napoléon et sous la direction de Jules Pasdeloup :

« Ouverture de *Sémiramis* de Rossini. Air de ballet du *Prométhée* de Beethoven. La *Symphonie n° 4* de Niels Gade (Maître de chapelle du roi de Danemark). Ouverture d'*Athalie* de Mendelssohn. *Largo*, final de Haydn. »

Dictionnaire universel des contemporains contenant toutes les personnes notables de la France et des pays étrangers, par G. Vapereau. Librairie de L. Hachette, Paris, 1865, p. 708. Article : « Gade », identique ou presque au texte reproduit (voir *infra*) dans l'édition de 1880.

Histoire contemporaine comprenant les principaux événements qui se sont accomplis depuis la Révolution de 1830 jusqu'à nos jours..., tome 5,

---

[77] Norbert Burgmüller (1810-1836) ; compositeur et pianiste allemand mort très jeune. Elève de Moritz Hauptmann et Spohr à Kassel. Dépressif, il sombre dans un alcoolisme intense. En 1834 il rencontre Mendelssohn, moment de joie. Il se noie suite à une crise d'épilepsie. C'est à sa mémoire que Mendelssohn écrivit sa *Marche funèbre* op. 103. On lui doit deux symphonies (*Symphonie n° 1 en do majeur*, op. 2, 1831-1833 ; *Symphonie n° 2 en ré majeur*, op. 11, 1834-1835, inachevée), quatre quatuors à cordes, un *Concerto pour piano en fa dièse majeur*, op. 1, 1828-1829.
[78] Woldemar Bargiel (1818-1897), compositeur allemand, il est le demi-frère de Clara Wieck-Schumann. Elève du Conservatoire de Leipzig (1846-1850) où il a pour enseignants M. Hauptmann, I. Moscheles, N. Gade, J. Tietz. Professeur au Conservatoire de Cologne puis à Rotterdam (où il est également chef d'orchestre). Nommé professeur à la Hochschule für Musik de Berlin en 1874. Il compose une musique romantique souvent jouée de son vivant et appréciée de Schumann et Brahms. Il laisse, entre autres, une *Symphonie en do majeur* op. 30 écrite en 1864, dédiée à Joseph Joachim et créée en décembre 1864 à Gurzenich. Il en existe un arrangement pour piano à 4 mains réalisé par le compositeur.
[79] Johann Joseph Abert (1832-1915), compositeur allemand. Contrebassiste à l'orchestre de la cour de Stuttgart. Nommé chef d'orchestre de 1867 à 1888. Ses compositions dans la lignée romantique allemande doivent beaucoup à Mendelssohn et Schumann. *Colombus*, un « tableau musical de la mer », est une oeuvre symphonique, créée à Stuttgart le 26 janvier 1864.

par Amédée Gabourd (et A. de Courson), Librairie Firmin-Didot frères, Paris, 1865, p. 398 :

« Dans l'ordre des célébrités artistiques le compositeur Niels Gade était encore au début de sa renommée ; M. Hartmann, issu d'une famille de musiciens distingués, se montrait digne de cette réputation traditionnelle et dirigeait le Conservatoire de Copenhague de manière à le transformer en pépinière de jeunes virtuoses. » (Ce propos concerne les années 1832-1847).

Revue contemporaine (Paris, 1858, date d'édition : 1858-1870), 1864, tome 41, 13e année. Paris. Compositeurs contemporains. Felix Mendelssohn-Bartholdy. Sa vie et ses œuvres. Article de Bon Ernouf (pages 735-768)[80] :

« Mendelssohn avait trop de valeur personnelle, et surtout le cœur trop haut placé, pour être accessible à de mesquines jalousies contre les compositeurs nouveaux qui grandissaient dans son ombre. Il a vécu assez longtemps pour assister aux premiers essais de M. Wagner ; nous doutons que cette musique lui plût beaucoup, mais il n'en eut que plus de mérite à la faire jouer. Il montra la même obligeance généreuse à l'égard de Schumann alors que celui-ci, dont il n'avait pas deviné d'abord tout l'avenir, commençait à lui faire, sur son propre terrain, une concurrence redoutable. Ainsi, on le vit en 1845 recevoir une symphonie de ce nouveau rival, et en surveiller l'interprétation avec autant et plus de soin que s'il se fût agi d'une de ses propres œuvres. Il fit, avec le même empressement, acte de courtoise hospitalière envers Niels Gade, compositeur danois, dont le nom deviendra célèbre, et envers M. Berlioz, qu'il engagea à venir diriger en personne l'exécution de ses ouvrages. »

Entre 1864 et 1869 le musicien danois Asger Hamerik fréquente assidûment Hector Berlioz à Paris. Il se targue, non sans fierté, d'être devenu son élève. Au printemps 1865, Hamerik et Berlioz se rendent à un concert de musique de Gade à Paris sous la baguette de Pasdeloup. Hamerik se fait un devoir de renseigner son maître Gade par courrier :

« Berlioz s'est joint à moi au concert ; il était positivement transporté ; il ne dit jamais grand chose lors de ces occasions ; mais lorsque quelque chose le remue, son visage devient tout rouge alors qu'il est normalement blanc comme le marbre, aussi ce teint signifie beaucoup et le

---

[80] Baron Alfred-Auguste Ernouf, docteur en droit, avocat à la Cour royale de Paris, historien et écrivain français (1816-1889). Grand admirateur de Napoléon Bonaparte. En 1888 il publie *L'Art musical au XIXe siècle. Compositeurs célèbres : Beethoven-Rossini-Meyerbeer-Mendelssohn-Schumann* (Perrin, Paris).

verdict est massivement en votre faveur. L'ouverture d'*Hamlet* fut très bien jouée et acclamée par les 5000 auditeurs… [81] ».

L'Avenir musical : courrier de l'Ecole Galin-Paris-Chevé (Paris, date d'édition : 1865-1914*),* 15 novembre 1865. Chronique musique. Concerts populaires :

« Les concerts populaires ont rapidement pris une place très importante dans le mouvement artistique et, à petits pas, fait marcher le public dans une voie nouvelle. Ce public, qui a accepté et finira certainement par goûter, sans complaisance, Beethoven, Haydn, Mozart, Mendelssohn et Weber, est encore rebelle à Lachner, à Schumann, à Bargiel, à Niels Gade, à Berlioz : il se défie des contemporains et applaudit de confiance les illustres morts. Mais M. Pasdeloup ne se déconcerte pas et il a le courage, auquel nous applaudissons vigoureusement, d'imposer quelquefois ces noms au public, qui fera peut-être bientôt acte de soumission… » Armand Gouzien[82]

La Prusse envahit le Holstein le 9 juin 1866 et déclare la guerre à l'Autriche le 16. Le 3 juillet, les troupes prussiennes écrasent l'Autriche à Sadowa, près de l'Elbe. A Paris, Pierre Larousse publie son *Grand Dictionnaire universel du XIXe siècle* et en Suède, Alfred Nobel invente la dynamite.

Grand dictionnaire universel du XIXe siècle. T7, par Pierre Larousse[83]. 1866.

Le 1er avril 1867, début de l'Exposition universelle de Paris. Karl Marx publie le premier volume du *Capital* à Hambourg (14 septembre). Présentation *de La Fiancée vendue* de Bedrich Smetana en Bohême (le 30 mai) et de *Un Requiem allemand* de Brahms en Autriche (le 1er décembre).

Le Ménestrel n° 21, dimanche 21 avril 1867, renseigne de son côté :

« De Leipzig : Le vingtième et dernier concert du Gewandhaus nous a offert l'ouverture (œuvre 124) de Beethoven, des airs de Gluck, chantés

---

[81] Christopher Follet, *The Remarkable Asger Hamerik*, Det Virtuelle Bibliothek ou *Nordic Sounds* n° 4, novembre 2004, p. 13-17.
[82] Armand Gouzien (1839-1892), français, compositeur, parolier (pseudo : Alain de Pontecroix), auteur d'airs à succès, critique musical. Ami de Victor Hugo, proche de Nadar et de Gérard de Nerval. Dirige *La Revue des lettres et des arts* (1867-1868) ; critique dramatique et musical à *L'Evénement* et au *Gaulois*, au *Figaro* aussi. Directeur des Beaux-Arts, rédacteur de la revue *Le Journal de musique*.
[83] Pierre Larousse (1817-1875), pédagogue, encyclopédiste, lexicographe et éditeur français. Connu principalement pour les dictionnaires qui portent son nom.

par Mlle Caroline Bettelheim[84], du théâtre de Vienne, et une intéressante nouveauté, *Les Croisades*, poème d'Anderson, d'après la *Jérusalem délivrée*, du Tasse, musique de Niels Gade, avec chœurs et soli : ceux-ci étaient chantés par Mmes Bettelheim et Schild... ».

Journal pour toutes. Organe des intérêts féminins & de la société mutuelle de protection. Hebdomadaire paraissant le samedi, à Paris, date d'édition : 1864-1867, 3ᵉ année, *n° 98*, 22 juin 1867, p. 363. Lettres familières sur l'Allemagne. IV. « Niels Gade, né en Danemark, sous les neiges du Nord, a toute la chaleur que donne le ciel d'Italie. Maître de chapelle du roi, à Copenhague, il a plus de sentiment, plus d'enthousiasme, plus de feu sacré, que Julius Rietz. »

Le Ménestrel n° 50 du dimanche 10 novembre 1867 rend compte d'évènements musicaux allemands :

« La musique en Allemagne. Correspondance. Cologne, ce 30 octobre... La Société des concerts Gürzenich[85], a inauguré la saison 1867-68, le 22 de ce mois, avec l'éclat habituel. Les morceaux instrumentaux étaient : l'ouverture *Abencerages* de Cherubini, celle des *Hébrides*[86], de Mendelssohn, et la divine *symphonie n° V* (en *mi* mineur) de Beethoven... L'inépuisable F. Hiller nous a fait entendre deux de ses nouvelles compositions pour double chœur et orchestre, d'une beauté incontestable et qui ont été très goûtées et applaudies par le public. Le *Frühlings-Botschaft* (Message du printemps), morceau de concert pour chœur et orchestre, par Niels Gade, nous a prouvé que ce compositeur danois, un des meilleurs élèves de R. Schumann, tout en possédant une très grande élégance de forme et beaucoup de goût pour l'instrumentation, manque de l'idée mélodique de longue haleine indispensable à l'expression des différents sentiments dans les compositions vocales où la parole est l'âme. Les œuvres instrumentales qui tiennent plus à la forme et à la modulation qu'à la fertilité mélodique, sont les meilleures productions de ce compositeur, hautement distingué toutefois. »

---

[84] Caroline von Gomperz-Bettelheim, chanteuse d'opéra austro-hongroise (1845-1925).
[85] Orchestre du Gürzenich de Cologne, fondé en 1857. Du nom de la salle où la formation était alors en résidence. Il assura la création du *Double Concerto pour violon violoncelle et orchestre* (1887) de Brahms.
[86] *Les Hébrides* ou *La Grotte de Fingal*, op. 26, œuvre de Mendelssohn écrite au cours de l'hiver 1830-1831 dont le titre initial était *L'Île solitaire*, inspirée par la beauté sauvage des paysages d'Écosse, les poèmes de McPhersen et les récits de Walter Scott. Partition créée à Londres en mai 1832 sous la direction du compositeur.

En mai 1868, assouplisssement du régime de la presse en France. En Allemagne, le 21 juin, Wagner présente *Les Maîtres chanteurs de Nuremberg*.

Biographie universelle des musiciens et bibliographie générale de la musique. Vol. 1, par F.-J. Fétis, 1868. Article : Blaze (Henri), baron de Bury… « Ce volume est formé de morceaux donnés par Blaze de Bury à divers recueils littéraires. Les artistes dont il y est parlé sont Weber, Mendelssohn, Spohr, Meyerbeer, Niels Gade… ».

Le Ménestrel, n° 10, du dimanche 2 février 1868 (35° année). Dans un article de H. Barbedette [87] intitulé *Félix-Mendelssohn-Bartholdy* (p. 73 et suivantes) nous découvrons le nom de Niels Gade. Dans la section XXII, on peut lire :

« Nous trouvons dans la correspondance de Mendelssohn trois lettres concernant M. Niels Gade, compositeur danois ; elles offrent un grand intérêt. M. Niels Gade, né vers 1819[88], à Copenhague, a occupé, après la mort de Mendelssohn, à Leipzig, la place de directeur de la Société des concerts. La succession de l'auteur de *Paulus* et du *Songe d'une Nuit d'été*, fut, pour ce jeune maître, d'autant plus flatteuse et honorable, que ce fut Mendelssohn qui le désigna pour son héritage. M. Henri Blaze, si compétent en ce qui touche l'art allemand, fut un des premiers à signaler au public français, la personnalité de M. Niels Gade, dont certaines œuvres ont été, tout dernièrement, entendues aux Concerts populaires de musique classique, de Paris. »

Voici en quels termes s'exprimait M. Henri Blaze, dans un article qui fait aujourd'hui partie de son recueil intitulé : *« Les Musiciens Contemporains. »* :

« Né à Copenhague, il était dans l'ordre des choses que M. Gade cherchât, au début, à se créer, au cœur même de l'Allemagne, un point de départ d'où il se ferait ensuite victorieusement reconnaître dans son pays, lequel, selon l'antique et solennel usage de tous les pays de ce monde, avait besoin, pour croire à la valeur d'un de ses enfants, que des étrangers l'en eussent informé. Découragé du peu de sympathie qui se montrait autour de lui, ennuyé d'attendre vainement cette heure glorieuse du succès qui menaçait de ne jamais devoir sonner à l'horloge de la paroisse de Copenhague où il végétait assez pauvrement, M. Gade prit le parti d'écrire

---

[87] Hippolyte Barbedette (1827-1901), magistrat, homme politique et critique musical français. Il a collaboré au *Ménestrel* et au *Courrier de la Rochelle*.
[88] Gade est né en 1817.

droit à Mendelssohn et ne laissa pas que de joindre à l'épitre sa meilleure symphonie. Mendelssohn lut la lettre et surtout la symphonie dont il en fut charmé.

Ce n'était pas la première fois, nous l'avons vu, que Mendelssohn était appelé à se prononcer sur des œuvres contemporaines. Il est impossible de ne pas reconnaître que, dans cette circonstance, il éprouva un entraînement sincère, et nous n'en voudrions pour preuve que la lettre qu'il écrivit à sa sœur Fanny, avant même d'avoir répondu au musicien. « Chère Fanny (13 janvier 1843), nous avons essayé hier une nouvelle symphonie d'un Danois nommé Gade, et nous devons l'exécuter publiquement le mois prochain. De longtemps, je n'avais rien entendu de cette force : c'est un talent de premier ordre, et je voudrais que tu entendisses cette symphonie danoise ; elle est sérieuse et originale. Je ne t'écris que ces quelques lignes. Je ne sais rien de l'auteur, sinon qu'il habite Copenhague et qu'il a 26 ans. Je vais lui écrire immédiatement pour lui témoigner ma joie et le remercier.

Suit la lettre au compositeur, lettre des plus flatteuses dans laquelle Mendelssohn loue l'œuvre sans restriction, et offre ses services pour la faire répéter, exécuter, pour la populariser, pour aider à sa publication.

Le 3 mai, il rend compte dans les plus grands détails de l'exécution, qui se fit au milieu de l'enthousiasme général. Le succès de M. Gade fut immense, et Mendelssohn ne put cacher la joie sincère qu'il en éprouva : « Vous commencez, lui dit-il, par où j'ai fini. »

Les applaudissements prolongés de tout ce que Leipzig avait de connaisseurs, s'entendirent de Copenhague, et, de ce jour, les Danois proclamèrent leur compatriote un grand maître. L'Allemagne le disputa plus tard à sa patrie. Quand mourut Mendelssohn, la ville de Leipzig voulut avoir M. Gade à la tête de ses concerts, et c'est dans ce poste qu'il s'établit, jusqu'au moment où la première guerre du Schleswig le rappela au Danemark. »

Dans ce même numéro du *Ménestrel,* à la rubrique Nouvelles diverses. Etranger, on signale qu'à Berlin, on donna, le 15 janvier par l'orchestre de Bilse[89], l'Ouverture d'*Ossian* de Gade, le Scherzo du *Songe*

---

[89] Orchestre Bilse. Benjamin Bilse (1816-1902), maître de chapelle, directeur musical et compositeur allemand. Jeune, il joue dans l'orchestre de Johann Strauss père. En 1867 il crée l'Orchestre Bilse à Berlin. Les Concerts Bilse deviennent légendaires. En 1882 un désaccord avec Joachim Andersen conduit à une sission et le départ de plus de cinquante musiciens qui fondent l'Orchestre philharmonique de Berlin. Bilse met immédiatement sur pied un nouvel orchestre. Cf. J.-L. Caron, *Fonder l'Orchestre philharmonique de Berlin… et tomber dans l'oubli*, Brèves scandinaves n° 4 mise en ligne sur ResMusica.com le 5 mai 2013.

d'une Nuit d'été de Mendelssohn, le Prélude de *Lohengrin* et l'Ouverture de *Guillaume Tell*. Et la *Sérénade* de Haydn.

Le Ménestrel n° 15, dimanche 8 mars 1868. Soirées et Concerts. «Voici le programme du concert qui sera donné aujourd'hui au Cirque Napoléon[90]: *Symphonie en* si *bémol* (op. 20) de Niels W. Gade ; Adagio du *Quintette en* sol *mineur* (exécuté par tous les instruments à cordes) de Mozart ; *Symphonie pastorale* de Beethoven ; *Gavotte* de J.S. Bach ; Marche religieuse de *Lohengrin* de R. Wagner. L'orchestre sera dirigé par M. Pasdeloup. »

Le Ménestrel n° 19 du dimanche 5 avril 1868. Nouvelles diverses. Etranger. « Le grand festival musical du Bas-Rhin sera donné, cette année, à Cologne, les 31 mai, 1er et 2 juin… On y entendra le *Messie*, d'Haendel, un psaume de Mendelssohn, une œuvre de Ferd. Hiller, la *9e symphonie* de Beethoven, et une œuvre symphonique de Niels Gade, qui sera dirigée par le compositeur en personne. »

Le Ménestrel n° *20,* dimanche 12 avril 1868. Nouvelles diverses. Etranger, p. 157, précise :

« Anvers. L'inauguration du Conservatoire d'Anvers, sous la direction de M. Pierre Benoit[91], a été, pour notre ville, un véritable événement musical, où toutes choses se sont produites de la façon la plus heureuse. Nous avons eu, le 1er avril, l'exécution d'une œuvre importante, venue à nous pour la première fois et qui ne saurait passer inaperçue. Cette œuvre fort remarquée, en effet, dès sa première apparition parmi nous, et parfaitement inconnue à Paris, n'est autre que les *Kreuzfahrer* [Les Croisés], de Niels Gade. Notre orchestre et nos chœurs ont su, avec beaucoup d'intelligence, suivre le compositeur dans tous les développements de sa pensée. Pour la Belgique l'œuvre était à l'état de chose nouvelle : on lui prêtait une grande attention, et le succès tout d'abord s'est déclaré pour elle, surtout dans les deux premières parties ; la troisième, visiblement plus faible, n'offrait pas une terminaison tout-à-fait digne de l'œuvre. On a su gré du talent déployé dans leurs rôles respectifs : à Mlle Ledelier qui chantait celui

---

[90] Le Cirque Napoléon (Cirque d'hiver), terme utilisé sous le Second Empire, fut inauguré rue Amelot en décembre 1852 par Napoléon III. L'architecte en fut Jacques-Ignace Hittorff. A partir de 1861 il abrite des concerts uniquement les dimanches d'hiver. Capacité d'accueil : 4000 places.

[91] Pierre Benoit. Il s'agit de Petrus Leonardus Leopoldus Benoit, compositeur et professeur de musique belge (flamand) né en 1834 et décédé à Anvers en 1901. Elève du Conservatoire de Bruxelles avec Fétis (1851-1855). Chef d'orchestre de théâtre, second chef aux Bouffes-Parisiens. Fonde l'Ecole de musique flamande à Anvers en 1867.

d'Armide, au ténor Warnots, chargé de la partie de Renaud, et à M. Blauwart, Pierre-l'Hertmitte. Vous aurez sans doute l'occasion d'apprécier directement la partition des *Kreuzfahrer*. »

Le Ménestrel n° 22, dimanche 26 avril 1868. Nouvelles diverses. Etranger. Copenhague : « Certainement, depuis Jenny Lind[92], aucun artiste n'avait ici obtenu un succès pareil à celui de Stockhausen[93]. Pour son avant-dernier concert, toutes les places étaient retenues trois jours à l'avance. Le professeur Niels Gade l'a accompagné, ce qui est considéré, chez nous, comme la plus haute distinction qui puisse être accordée à un chanteur… ».

Signature le 10 mai 1869 d'un traité secret avec l'Autriche dirigé contre la Prusse. Inauguration du Canal de Suez (Egypte) le 17 novembre.

Plusieurs informations musicales apparaissent pratiquement en même temps dans les journaux pour annoncer une même manifestation. La presse parisienne florissante affiche des tirages impressionnants.

Le Gaulois (Paris, 1868, date d'édition : 1868-1929). Journal littéraire et politique français fondé le 5 juillet 1866. Adresse : 2, rue Drouot, Paris. Samedi 9 janvier 1869. Bruits de coulisses. « Voici le programme du Concert Populaire de musique classique qui sera donné dimanche prochain, au Cirque Napoléon : Ouverture de *Fidelio*, en *mi* majeur (Beethoven) ; *Symphonie en si bémol* (op. 20) (Niels Gade) ; *Andante* (Haydn) ; Polonaise de *Struensée* (le bal et l'arrestation)[94] (Meyerbeer) ; Marche religieuse de *Lohengrin* (Wagner) : Ouverture de *Freyschutz* (Weber). »

Le *Journal Officiel de l'Empire français*, 9 janvier 1869. Cirque-Napoléon. Reprend mot pour mot à son compte : « Tous les soirs, exercices équestres. Dimanche 10 janvier, à deux heures, concert populaire de musique classique. Programme : Ouverture de *Fidélio*, en mi majeur, Beethoven ;

---

[92] Jenny Lind. Célèbre cantatrice suédoise (1820-1887). Elève du compositeur Adolf Fredrik Lindblad. Sa carrière exceptionnelle la mène sur les grandes scènes suédoises et berlinoises ; elle se rend en Angleterre, se lie d'amitié avec Mendelssohn. Elle quitte la scène à 29 ans mais chante encore en concert durant trois décennies. Grande tournée aux Etats-Unis en 1850.

[93] Julius Stockhausen (1826-1906), célèbre chanteur (baryton-basse), pédagogue très réputé et chef d'orchestre français formé au Conservatoire de Paris (il eut pour maîtres Hallé, Stamaty, Manuel Garcia). Il excelle dans l'interprétation des lieder de Schubert et de ceux de son ami Johannes Brahms.

[94] Thème inspiré par l'histoire de Johann Friedrich Struensee (1737-1772), homme politique danois de naissance allemande, médecin du roi Christian VII de Danemark, il s'imisce dans les affaires politiques du petit royaume, devient l'amant de la reine. Accusé de complot par la noblesse opposée à ses réformes il est décapité à Copenhague.

Symphonie en si *bémol* (op. 20), Niels Gade ; *Andante*, Haydn. L'orchestre sera dirigé par M. J. Pasdeloup. »

Cette annonce est renouvelée dans la livraison du lendemain, 10 janvier 1869.

De même, les fidèles lecteurs du *Ménestrel* n° 6 du dimanche 10 janvier 1869 peuvent lire la même annonce. « Aujourd'hui (dimanche 3 janvier), 5ᵉ concert (2ᵉ série) ; en voici le programme : Ouverture de *Fidélio*, en *mi* majeur (Beethoven) ; *Symphonie en* si *bémol* (op. 20) (Niels Gade) ; *Andante* (Haydn) ; Polonaise de *Struensee* (le Bal et l'Arrestation) (Meyerbeer) ; Marche religieuse de *Lohengrin* (Wagner), Ouverture du *Freyschütz* (Weber). »

Le Journal des débats du vendredi 8 janvier 1869 et *La Presse* du 8 janvier 1869, fournissent à leurs lecteurs exactement les mêmes renseignements.

La France musicale, 21 mars 1869. Concerts populaires[95]. Sixième Concert. Le chroniqueur propose quelques remarques sur *Hamlet*, ouverture de Gade composée en 1861, interprétée aux Concerts populaires en 1869.

« Une marche lugubre, une sorte de grand récitatif mesuré où domine la voix stridente des trombones, accompagnés par les trémolos d'instruments à cordes, un allegro furioso, et, pour terminer, le retour de la marche qui sert de début, tel est le plan de l'ouverture d'*Hamlet*, de Niels Gade, exécutée à ce concert. Le compositeur danois, dont nous connaissons déjà quelques œuvres, a rarement été aussi bien inspiré. Il n'a point cherché à concentrer dans un seul morceau le drame tout entier. Il paraît s'être attaché à n'en retracer que l'un des plus émouvants épisodes : celui de l'apparition de l'Ombre du feu Roi, au moment où il révèle à Hamlet le crime de sa mère et où il l'exhorte à la vengeance. Il y a dans cette ouverture deux parties supérieurement traitées : la marche lugubre et le récitatif mesuré, qui sont d'un style large, élevé, et d'un sentiment dramatique très intense ; ces deux

---

[95] Concerts populaires. En 1861 Jules Pasdeloup décide de fonder une société de concerts afin de diffuser la musique classique auprès des « masses ». Il installe son orchestre fort d'une centaine de musiciens dans un cirque situé en zone populaire et propose des billets d'entrée à prix très modestes. L'entreprise est couronnée de succès jusqu'au retrait du fondateur lors d'un concert d'adieu le 31 mai 1884 avec la participation de nombreux compositeurs français. Cf. le travail de Yannick Simon, *Jules Pasdeloup et les origines du concert populaire*, Symétrie, 2011.

parties, d'un grand caractère donnent complétement la notion du terrible exigé par la nature du sujet. » Albert L'Hôte[96]

Le Journal des Débats, dimanche 31 octobre 1869. Feuilleton du Journal des Débats. Revue musicale. Théâtre italien… *La Fille du Roi des Aulnes* de Niels Gade… Papier d'E. Reyer[97] :

« … *La Fille du Roi des Aulnes* (Erlkœnigs Tochter), est aussi une ballade dont le sujet rappelle une des légendes les plus populaires du Danemark, et dont la musique est de Niels Gade, compositeur danois. M. Pasdeloup a fait connaître aux habitués des Concerts populaires quelques échantillons de l'œuvre de ce maître, et, entre autres, autant qu'il m'en souvient, une symphonie et une ouverture. Niels Gade, actuellement directeur de la Société des concerts à Copenhague, dirigea pendant quelques temps, après le départ de Mendelssohn pour Berlin, la Société du Gewandhaus, non moins célèbre que notre Société des concerts du Conservatoire. Mendelssohn étant revenu à Leipsick *(sic)*, Gade retourna dans son pays. *La Fille du Roi des Aulnes*, à laquelle on peut préférer le *Roi des Aulnes* de Schubert, et *l'Anathème du Chanteur*, sont écrits, comme le *Paradis et la Péri*, pour voix seules, chœur et orchestre, mais n'ont pas, à beaucoup près, ni la même valeur ni le même développement. »

1870. Le 19 juillet, la France déclare la guerre à la Prusse suite à l'envoi par Bismark de la « dépêche d'Ems ». Défaite de Sedan le 2 septembre (capitulation), les troupes ennemies peuvent entrer en France. Fin de l'empire et proclamation de la république (4 septembre).

Le Ménestrel n° 14, dimanche 6 mars 1870. Les collaborateurs de l'époque avaient pour nom : H. Berbedette, Henri Blaze de Bury, Gustave Bertrand, Paul Bernard, Félix Clément, Oscar Commettant, B. Jouvin, A. Pougin, J.-B. Werkelin… Concerts annoncés. « Voici le programme du Concert-populaire qui sera donné, aujourd'hui dimanche, au Cirque-Napoléon : *Symphonie en si bémol* (op. 20) de Niels Gade ; *Hymne* de Haydn (exécuté par tous les instruments à cordes) ; *Symphonie pastorale* de Beethoven ; *Fantaisie caractéristique pour violoncelle* (exécutée par M. Fischer) de F. Servais; Ouverture de *Faust* (1re audition) de R. Wagner. L'orchestre sera dirigé par M. J. Pasdeloup. »

---

[96] Léon-Albert L'Hôte (1828-1900), violoniste et compositeur français. Violon solo au Théâtre du Gymnase, puis altiste au Théâtre-Italien, travaille au Conservatoire de Paris. Critique au *Ménestrel*. Il laisse quelques partitions.

[97] Ernst Reyer (1823-1909), compositeur français de renom. Il devient critique musical à la *Revue française*, au *Moniteur universel*, à la *Gazette musicale*, au *Courrier de Paris*. Membre de l'Académie des Beaux-Arts en 1876.

Annonce identique dans *Le Journal des Débats* du vendredi 4 mars 1870.

L'empire allemand est proclamé à Versailles le 18 janvier 1871. Paris, encerclé par les troupes allemandes capitule le 28 janvier. Adolphe Thiers est nommé chef du pouvoir exécutif et forme un gouvernement d'union nationale siégeant à Versailles. La paix sera signée à Francfort le 10 mai. Paris se soulève contre Thiers (18 mars). La Commune est proclamée le 28 mars 1871.

Le Ménestrel n° 47, dimanche 22 octobre 1870. « Voici le programme du premier Concert populaire de M. Pasdeloup, qui aura lieu aujourd'hui dimanche, à deux heures, au Cirque d'hiver : Ouverture d'*Euryanthe* (Weber) ; *Symphonie en* mi *mineur* (n° 14) (Haydn) ; Ouverture de *Michel-Ange* (Niels W. Gade) ; *Rêverie* (Schumann) ; *Symphonie en* ut *mineur* (Beethoven). »

Le journal *Le Temps* (Paris, 1861, date d'édition : 1861-1942, quotidien) du jeudi 19 octobre 1871 et l'édition du lendemain vendredi 20 octobre 1871… relaie pour son lectorat la même information.

Le Temps. Mardi 7 novembre 1871. Sous la plume de J. Weber[98] on peut lire :

« M. Pasdeloup nous a fait connaître aussi l'ouverture de Michel-Ange, du compositeur danois Niels Gade. Le public n'a accordé à cet ouvrage qu'un succès d'estime, parce qu'il était dans l'impossibilité de la comprendre assez dès la première audition. Il y a même eu des gens qui, voulant y trouver une traduction musicale de la sculpture du Buonarotti et ne l'ayant pas trouvée, en ont parlé assez légèrement. Cette prétention doit faire éclater de rire tout homme connaissant le génie aussi bien que la manière exagérée de l'artiste florentin. La forme toute symphonique de l'œuvre a contribué à embarrasser l'auditoire, dont l'attention est rarement bien soutenue. Le style a de la grandeur ; la sonorité est très belle. Je souhaite que M. Pasdeloup ne tarde pas trop à faire entendre cette ouverture une seconde fois. »

---

[98] Johannès Weber, né en 1818, écrivain et critique musical, il travaille pour *Le temps, La Critique musicale, la Revue et Gazette musicale de Paris…*

Charles Lecoq présente son opéra-comique *La Fille de Madame Angot* à Paris le 4 décembre 1872 tandis que Georges Bizet compose *L'Arlésienne*. Le 24 mai 1873, le maréchal MacMahon remplace Thiers.

Revue de France de 1873. Paris (date d'édition : 1871-1939, a disparu à plusieurs reprises, sucessivement hebdomadaire, mensuel et bimensuel). Bureaux de la Revue de France, 3, rue de la Feuillade, troisième année, tome sixième. (avril-mai-juin). A la rubrique Revue musicale, p. 177, Olivier Mercier note :

« M. Delahaye a donné le 22 avril un dernier concert, consacré principalement à l'audition de ses propres œuvres, dont il est d'ordinaire trop avare, au rebours de tant d'autres compositeurs. On a surtout goûté ses *Songes bleus*, idylle dans la manière de Gade, *le Crépuscule*, mélodie avec violoncelle, *la Mignonne*, gracieuse cantilène, dont l'accompagnement est délicieux... »

Et, p. 409 : « La partition de M. Guiraud tient toutes les promesses du *Carnaval* et de *Madame Turlupin*. Elle est élégante, habilement instrumentée, pleine d'entrain sans vulgarité... Peut-être eut-il été possible de donner à cette introduction une couleur locale plus prononcée, comme ont fait Berlioz dans sa belle ouverture de *Waverley*, et Niels Gade dans une autre pièce non moins écossaise[99] ».

Le Ménestrel n° 50 du dimanche 9 novembre 1873. Dans Nouvelles de l'étranger : « Le compositeur suédois *(sic)* Niels Gade[100], dont la musique est très goûtée en Hollande, doit aller diriger, en personne, dans le courant de ce mois, l'exécution de quelques-unes de ses œuvres les plus importantes aux concerts de la Société Caecilia, et Felix Meritis. ».

Le Temps. Vendredi 5 décembre 1873. Dimanche 7 décembre, 8e concert populaire de musique classique. Voici le programme : *Symphonie en si bémol* (Niels Gade)[101] ; Ouverture de *Manfred* (Robert Schumann) ; *Symphonie brève*, 1ère audition (Théodore Gouvy) ; *Struensee* (Meyerbeer) ; Fragments de *Septuor* (Beethoven). L'orchestre sera dirigé par M. J. Pasdeloup.

Même anonce dans *Le Journal des Débats* du vendredi 5 décembre 1873 et dans *Le Rappel* du 7 décembre 1873.

---

[99] Allusion sans doute à *Souvenirs d'Ossian*.
[100] Il est Danois
[101] *Symphonie n° 4 en si bémol majeur*, op. 20, première symphonie de Gade créée au Danemark le 16 novembre 1850.

Le Ménestrel, n° 2264, 40ᵉ année, Dimanche 7 décembre 1873. Paraît tous les dimanches. Bureaux : 2, rue Vivienne. « Au Concert populaire aujourd'hui dimanche : 1, la *Symphonie en si bémol* de Niels Gade : 2, l'ouverture de *Manfred* de Schumann ; 3, la *Symphonie brève* (1ᵉʳᵉ audition) de Th. Gouvy [102] ; 4, la musique pour *Struensee* de Meyerbeer et 5, les fragments du *Septuor* de Beethoven exécutés par MM. Grisez (clarinette), Lalande (basson), Mohr (cor) et tous les instruments à cordes. L'orchestre sera dirigé par M. Pasdeloup. »

Première exposition impressionniste à Paris le 15 avril 1874 et inauguration de l'Opéra de Paris le 5 janvier 1875. Création de *Carmen* de Bizet dans la capitale française (3 mars). Sortie du premier numéro du journal *Le Petit Parisien* le 16 juillet.

Le Ménestrel n° 7 du dimanche 18 janvier 1874 rapporte dans Nouvelles diverses, Etranger : « Le 9ᵉ concert du Gewandhaus, de Leipzig, était consacré à la mémoire de Weber[103]. On sait que cet illustre musicien est né le 18 décembre. A l'exception d'une symphonie de Niels Gade, le programme ne portait que sur des ouvrages du compositeur romantique par excellence : l'ouverture du *Roi des Génies*, le *Concertstuck*, l'Ouverture d'*Obéron* et plusieurs morceaux de chant, interprétés par Mme Peschka-Leutner. »

L'Art scandinave. La Musique dans le Danemark, en Islande, en Norvège et en Suède, histoire et monographie, par Maurice Cristal[104]. Paris, Librairie académique, Didier et Cie, Paris, 1874. Dans la première partie, l'auteur dresse un portrait très synthétique de la musique savante au Danemark et s'appuie abondamment sur le travail de Blaze de Bury (cf. *infra*). Nous le citons largement : ▪

« Dans le Danemark, à part l'œuvre bardique qui reste isolé dans sa majestueuse tradition, on ne voit guère de musique qu'à partir du dix-huitième siècle. Alors apparaissent les romances, les chants familiers, la musique de danse, l'opéra avec des livrets inspirés des légendes ou de l'histoire scandinave, des paroles danoises et un secret désir de maintenir la musique dans l'esprit du pays, et de créer un art national. Ce sont des Italiens, des Français qui éveillent le goût, le propagent. »

---

[102] Gouvy écrivit 9 symphonies ; sa *Symphonie brève*, la sixième en *sol* majeur, op. 58 (durée : 15 minutes) date de 1855.
[103] Carl Maria von Weber (1786-1826), grand compositeur romantique allemand auteur, entre autres, du célèbre opéra *Le Freischütz* (1821).
[104] Maurice Cristal (1827-1887), musicologue et littérateur français. Critique musical à la *Revue musicale*. De son vrai nom Maurice Germa.

Maurice Cristal évoque à grands traits l'importance de plusieurs prédécesseurs majeurs de Gade : H. C. Lumbye (« Les critiques reconnurent que l'orchestre de Lumbye était excellent, que sa musique était aussi originale, aussi divertissante... et que Lumbye produisait en somme sur le public une grande attraction. »), le chorégraphe Bournonville (« Il laisse toute une tradition »), Siegfried Saloman (« Saloman donna au Théâtre royal de Copenhague *l'Orage en Dalécarlie*, opéra en trois actes... qui fut accueilli avec ferveur... et *La Croix de diamants*... et les *Epreuves du cœur*. »), Niels Hansen, Henrik Rung (« ... a composé des opéras nationaux »). Il évoque aussi plusieurs « maîtres étrangers émigrés en Danemark ». Sans développer, Jean Hartmann, Auguste Hartmann, Jean-Abraham-Pierre Schulz, Christophe-Ernst-Frédéric Weyse, Frédéric Kuhlau...

« Avec Schulz et Kuhlau, Niels-Guillaume Gade est de tous les compositeurs danois celui qui a le plus préoccupé l'Europe. Gade est pour le Danemark ce que Lindblad est pour la Suède. »

Puis l'auteur résume rapidement le début de la carrière du jeune Gade (p. 22 et suivantes), évoque ses premiers pas à Leipzig, rappelle l'opposition tranchée et malveillante de Fétis et s'étend sur *Comala*, « son œuvre capitale par la puissance de l'instrumentation, la verve mélodique, l'originalité de la composition et l'inattendu des effets. »

La Revue des deux mondes. Paris. Bureaux : 20, rue saint-Benoît, puis plus tard, 17, rue Bonaparte. 1875. Recueil de la politique, de l'administration et des mœurs. Paris. Date d'édition : 1829-1971. Revue mensuelle française. Contributeurs successifs, directeurs de la publication : François Buloz (1804-1877), Charles Buloz (1843-1905), Ferdinand Brunetière (1849-1906), Francis Charmes (1848-1916), René Doumic (1860-1937), André Chaumeix (1874-1955)...

Table générale : 1831-1874 : *La musique dans le nord ; Niels Gade, Jenny Lind, Chopin, Haberbier*, 1er mai 1852 par H. Blaze de Bury.

Le Ménestrel n° 21, dimanche 26 avril 1875. Nouvelles diverses. Etranger. « La Société de musique de Bruxelles, sous l'habile et intelligente direction de M. Henry Warnots[105], vient de donner une excellente exécution de la *Fille du roi des Aulnes*, de Niels Gade, et de la *Première nuit de sabbat*, de Mendelssohn[106]. »

---

[105] Henry Warnots (1832-1893), fameux ténor belge, professeur de chant au Conservatoire de Bruxelles à partir de 1867.
[106] Mendelssohn composa la *Première Nuit de sabbat* (*Walpurgis Nacht*), op. 60, en 1843.

Le Ménestrel n° 18, dimanche 5 avril 1874. « Le nouveau Singverin de Stuttgart, placé sous la direction du compositeur-pianiste W. Kruger[107], a donné, dans les derniers jours de mars, une série de trois séances consécutives d'un haut intérêt musical. Le programme de la première de ces soirées comprenait des chœurs avec et sans accompagnement de Haydn, Schumann, Liszt, Niels Gade, dont les solos étaient confiés à Mme Schrœder et à Mlle Sophie Lœwe[108], une jeune cantatrice qui porte dignement un nom déjà célèbre sur la scène allemande. Le deuxième jour, belle exécution de la *Theodora*, d'Haendel. La troisième séance était plus particulièrement consacrée à des œuvres symphoniques. »

Le Ménestrel n° 22, dimanche 3 mai 1874. Arthur Pougin[109], p. 172, dans la Semaine théâtrale et musicale :

« … J'aurais voulu parler aujourd'hui d'un concert fort intéressant : la soirée annuelle donnée par la Société chorale d'amateurs, fondée et dirigée par M. Guillot de Sainbris qui a interprété entre autres chœurs, celui des Gourmets dans le *Dernier jour de Pompéi*, opéra de M. Victorien Joncières. On a exécuté en outre dans cette soirée, avec accompagnement d'orchestre, la fameuse ballade du compositeur danois Niels Gade : *La Fille du roi des aulnes*, et de nombreux fragments d'une œuvre fort belle et fort importante d'un grand musicien français, le *Carmen seculare*, sorte d'oratorio profane écrit en 1779, à Londres, sur le texte du poème d'Horace, par Philidor… »

Dans *Le Temps* du mardi 14 juillet 1874, J. Weber écrit à propos de l'étude de Maurice Cristal signalée ci-dessus :

« M. Maurice Cristal vient de publier une brochure qui se rattache un peu au sujet que je viens de traiter, car elle est intitulée : l'Art scandinave, la musique dans le Danemark, en Islande, en Norvège et en Suède (in 8ᵉ, Paris, 1874, chez Didier). Ce n'est que la première partie du travail de M. Cristal : elle concerne le Danemark ; je souhaite que l'auteur puisse bientôt publier la seconde, car le sujet est aussi intéressant que peu connu. Comme devise, il a placé en tête de l'inscription qu'on lit sur le rideau de tous les théâtres en Danemark *Ei blot til lyst*, ce qui signifie en allemand *Nicht blos der Lust*, et en français : *Pas seulement pour le plaisir*. Imaginez-vous une pareille inscription sur le rideau d'un théâtre français… »

---

[107] Wilhelm Kruger (1820-1883), pianiste et compositeur allemand.

[108] Elle est la fille de Carl Loewe (1796-1869), compositeur, baryton et chef d'orchestre allemand qui doit aujourd'hui sa réputation à ses nombreux Lieder (on le surnomma le « Schubert de l'Allemagne du Nord »). Il dirigea la création du *Songe d'une nuit d'été* (ouverture, 1826 : musique de scène, 1843) de Mendelssohn.

[109] Arthur Pougin, historien et critique musical français (1834-1921).

Le Ménestrel n° 41, dimanche 13 septembre 1874. Titre : « Niels Gade et Johannes Brahms, jugés par Robert Schuman » (pages 325-326) :

« Notre collaborateur Adolphe Jullien[110] a consacré dernièrement deux de ses feuilletons musicaux du *Français*[111] à étudier l'œuvre et le talent de deux des premiers compositeurs étrangers de notre époque : l'un, M. Niels Gade, l'imitateur et le protégé de Mendelssohn, qui est aujourd'hui le principal représentant de l'école musicale danoise ; l'autre, M. Johannes Brahms, qui fut le disciple préféré et comme l'héritier artistique de Schumann. M. Jullien a terminé ses études en traduisant pour la première fois en français les importants articles que l'auteur de *Manfred* écrivit sur ces musiciens, lors de leurs débuts. Nous empruntons à notre collaborateur la traduction de ces chapitres, qui forment comme un appendice à la biographie et aux lettres de Schumann que *Le Ménestrel* a publiées il y a cinq ans.

L'article biographique et critique sur M. Niels Gade date de 1843. Il fut publié par Schumann dans la *Nouvelle Gazette musicale* de Leipzig après l'audition de la première symphonie que le jeune musicien avait adressée à Mendelssohn en témoignage d'admiration et que ce dernier avait fait exécuter, sous sa propre direction, aux concerts du Gewandhaus.

On lisait, il y a peu de temps, dans un journal français : « Il y a aujourd'hui, en Allemagne, un jeune compositeur danois du nom de Gade qui fait grand bruit ; il voyage à pied, son violon sur le dos, allant le plus souvent de Copenhague à Leipzig et de Leipzig à Copenhague, et c'est le portrait vivant de Mozart.

Le premier et le dernier trait sont d'une exactitude irréprochable, mais il y a une pointe de fantaisie dans le milieu. Le jeune Danois est, en effet, venu de Leipzig il y a quelques mois (en voiture d'ailleurs, lui et son instrument) et sa tête à la Mozart, ornée d'une chevelure drue et comme sculptée en pierre, a répondu pleinement aux sympathies que son ouverture d'*Ossian* et sa *Première symphonie* lui avaient acquises auprès des musiciens de notre ville.

De sa vie extérieure, il y a peu de choses à dire. Né à Copenhague en 1817, fils d'un fabricant d'instruments de cette ville, ses premières années se sont écoulées plutôt au milieu des instruments que dans la société des hommes. Il a reçu sa première éducation musicale d'un de ces professeurs

---

[110] Adolphe Jullien, critique musical, historien de la musique et du théâtre (1845-1932). Collabore à la *Revue et Gazette musicale*, au *Ménestrel,* à la *Chronique musicale,* au *Journal des Débats…*
[111] Voir le journal *Le Français* du 6 juillet et du 17 août.

comme il s'en rencontre beaucoup, qui s'occupent avant tout de l'application mécanique, au détriment de la culture des dispositions naturelles et il ne paraît pas que le mentor ait eu à se louer des progrès de son élève. Guitare, piano et violon, il apprenait un peu de chaque instrument, sans exceller dans aucun. Ce n'est que plus tard qu'il rencontra des maîtres plus dignes de ce nom dans la personne de Werschall et de Bergreen ; il reçut aussi à diverses reprises d'excellents conseils de Weyse.

Gade a débuté par des compositions de toutes sortes, dont il fait peu d'état aujourd'hui et qui n'étaient que les éclats d'une fantaisie débordante. Il fut attaché comme violoniste à la chapelle royale de Copenhague, et ce lui fut une occasion de s'initier aux secrets des divers instruments, comme le prouvent les morceaux qu'il a composés depuis pour l'orchestre. Cette école pratique de l'orchestre, refusée à plus d'un et qui demeure sans profit pour le plus grand nombre, fut la principale éducation à laquelle il dut cet art consommé dans l'instrumentation qu'on ne saurait lui contester. Son ouverture, *Réminiscences d'Ossian*, à laquelle fut décerné, sur le jugement de Spohr et de F. Schneider, le prix fondé par la Société musicale de Copenhague, attira sans doute sur lui l'attention de son roi, amateur des arts ; toujours est-il qu'il reçut, ainsi que plusieurs de ses contemporains, un présent vraiment royal destiné à le défrayer d'un voyage à l'étranger. C'est par Leipzig qu'il a commencé sa tournée, par reconnaissance pour la ville qui l'avait, la première, introduit dans le grand public musical. Il est encore parmi nous mais il ne tardera pas à se rendre à Paris et de là en Italie. Profitons donc du moment où ses traits sont encore devant nos yeux pour tracer un léger crayon de l'originalité naturelle de ce compositeur remarquable, tel qu'il ne s'en est pas encore produit parmi les jeunes gens de notre époque.

Si l'on voulait conclure de la ressemblance physique de Gade avec Mozart (laquelle est vraiment surprenante) à une ressemblance musicale entre les deux artistes, on se tromperait étrangement.

Nous nous trouvons en présence d'un artiste d'un caractère nouveau. En réalité, il semble que les nations voisines de l'Allemagne tentent de s'émanciper de la tutelle de la musique allemande. Il est possible que le patriotisme germanique s'en afflige ; mais c'est pourtant là, pour le penseur et le philosophe, un fait naturel et dont il y a lieu de se réjouir. C'est ainsi que la Pologne a trouvé son représentant dans Chopin, l'Angleterre dans Bennett ; la Hollande le trouvera sans doute dans J. Verhulst ; il en va de même en Hongrie. Il ne faut point s'étonner que ces peuples, tout en s'inclinant devant l'Allemagne comme devant un maître naturel et préféré, cherchent néanmoins à se créer une langue musicale propre…

Dans le Nord de l'Europe pareillement, nous avons vu s'accuser des tendances particularistes. Lindblad, à Stockholm, nous a traduit ses vieux chants nationaux ; Ole Bull, encore qu'il n'ait rien d'un grand créateur, ne s'est efforcé de donner droit de bourgeoisie chez nous aux mélodies de son pays. Les poètes scandinaves contemporains auraient d'ailleurs imprimé dans ce sens une impulsion puissante aux musiciens, si ces derniers n'avaient trouvé par eux-mêmes les éléments d'un idiome original dans les montagnes et les lacs, dans les lunes et les aurores boréales du septentrion.

Le jeune musicien qui nous occupe a été lui aussi, bercé par les poètes de sa patrie ; il les connaît et les aime tous ; les fables et les légendes de l'ancien temps lui faisaient cortège dans les pérégrinations de son enfance, et les côtes d'Angleterre lui ont renvoyé l'écho de la harpe géante d'Ossian. Aussi sa musique, et son ouverture d'*Ossian* en première ligne, frappe-t-elle tout d'abord par le caractère septentrional dont elle est empreinte, mais Gade est le premier à reconnaître sans doute ce dont il est redevable aux maîtres allemands. C'est un commerce assidu avec ces grands inventeurs qui lui a donné conscience de ses propres forces : telle est la récompense dont ces maîtres paient d'ordinaire les fidèles qui se livrent à eux.

L'influence de Mendelssohn est surtout évidente dans certaines combinaisons instrumentales de l'ouverture d'*Ossian* ; plus d'un passage de la symphonie fait songer à Franz Schubert ; mais, malgré cela, on est frappé par un tour mélodique tout à fait particulier, et dont le caractère populaire n'avait pas été de mise jusqu'à ce jour dans les grandes compositions pour orchestre. Je dois ajouter que la symphonie est supérieure à l'ouverture sous tous les rapports, tant par la puissance de l'idée que par la sûreté de l'exécution.

Il ne nous reste plus qu'à former un souhait, c'est que l'artiste ne se confine pas avec jalousie dans sa nationalité, que sa fantaisie ne demeure pas une perpétuelle « aurore boréale », ainsi qu'on l'a déjà nommée, mais qu'elle fasse montre de richesse et de variété, en tournant ses rayons sur les autres sphères de la nature et de la vie. C'est d'ailleurs ce qu'on pourrait répéter à tous les artistes : Commencez par vous créer une originalité, mais gardez-vous d'en devenir l'esclave ; prenez modèle sur le serpent et faites peau neuve dès que la vieille enveloppe paraîtra se rider.

Aussi bien, l'avenir est voilé ; plus d'une fois nos prévisions sont trompées, et la seule chose qui soit en notre pouvoir, c'est d'exprimer les espérances que nous fondons sur le plein développement de ce beau et fin talent. Il semble que le sort ait voulu, comme il l'a fait pour Bach, marquer la prédestination musicale de Gade en formant son nom des quatre lettres qui correspondent aux quatre notes à vide du violon. Ne m'en veuillez pas de dire la bonne aventure et ajoutez encore ce trait distinctif : il existe une note qui suffit pour écrire le nom de Gade, en faisant usage de quatre clefs... Voilà une énigme dont les docteurs de la cabale trouveront le mot sans peine[112]. »

L'art scandinave. La musique dans le Danemark, en Islande, en Norvège et en Suède. Histoire et monographie, par Maurice Cristal, Paris, Librairie académique Didier et Cie, 1874. Dans ce texte synthèse Maurice Cristal résume en 32 pages sa perception de la musique scandinave. Dans le chapitre « Le Danemark », il écrit à propos de Niels Gade (p. 22 et s.) :

« Avec Schulz et Kuhlau, Niels-Guillaume Gade est de tous les compositeurs danois celui qui a le plus préoccupé l'Europe. Gade est pour le Danemark ce que Lindblad[113] est pour la Suède. Ce compositeur est né à Copenhague le 22 octobre 1817. Son père était fabricant d'instruments de musique ; il favorisa chez l'enfant des penchants qui firent plus tard sa fortune et sa gloire. Des maîtres obscurs enseignèrent assez mal au petit mélomane le piano, le violon et la guitare, instrument assez fort en vogue, et qui a rendu familiers dans tout le Nord, à cette époque, les rythmes importés d'Espagne et les populaires inspirations de l'Europe méridionale. Les favorables dispositions de l'enfant suffirent à réparer tout ce que son éducation musicale présentait d'incomplet et de défectueux, et, jeune encore, il mérita d'être admis comme violoniste dans l'orchestre de la chapelle royale. Vers le même temps, commencèrent ses travaux dans la composition sous la direction de Weyse. La lecture des partitions des grands maîtres acheva son éducation et détermina sa vocation de compositeur... Pendant son séjour à Leipsick, Gade fit preuve de beaucoup d'activité, d'intelligence et d'invention. Il composa et fit exécuter sa seconde et troisième symphonies, deux ouvertures, une grande cantate de fête, une sonate pour piano et violon, un quintette et un otteto pour des instruments à cordes, diverses pièces pour le piano, des chants à voix seule avec piano et à plusieurs voix, et enfin un poème dramatique intitulé *Comala* pour voix

---

[112] « Il ne sera pas superflu, pensons-nous, d'expliquer le petit problème musical posé par Schumann dans ces dernières lignes : les quatre cordes à vide du violon sont en effet G (sol), D (ré), A (la) et E (mi) ; il suffit d'intervertir deux lettres pour avoir Gade. Quant à la note qui suffirait seule à écrire le nom du musicien, c'est, par exemple, le la (A) de la clé de fa qui devient mi (E) en clé d'ut quatrième ligne. Sol (G) en clé d'ut troisième ligne et ré (D) en clé d'ut première ligne ; ce qui donne encore GADE. » (Note du traducteur)

[113] Adolf Fredrik Lindblad (1801-1878), compositeur romantique suédois ayant écrit de belles mélodies (environ 200). Fondateur d'une école de piano à Stockholm. Ami de Felix Mendelssohn, il rencontre aussi Weber à Dresde. Professeur de Jenny Lind. Il laisse deux symphonies et un opéra *Frondörerna* (Les Rebelles).

seules, chœur et orchestre. « Ces compositions, - a écrit Fétis[114] - malveillant écho de malveillantes critiques, - n'indiquent pas en Niels Gade la faculté de création. La nature des idées de ce maître, l'enchaînement des périodes, le style enfin dérivent évidemment de la manière de Mendelssohn et de Schumann et l'engouement de Leipsick au moment où l'Allemagne disputait le compositeur danois à sa patrie, l'enthousiasme de la Saxe pour les œuvres du compositeur de Copenhague, ne pouvait que se dissiper bien vite quand la monotonie de ce style épuisa enfin la patience des dilettantes.

Fétis attribue ici au public contre Gade, son inconcevable antipathie pour Mendelssohn, et son dédain, plus juste et plus motivé, pour ces nuées de parasites compositeurs dont tout homme en vogue devient le modèle, et qui, se dispersant ensuite dans toutes les voies banales, ne laissent aucune trace. Gade procède de Mendelssohn, et il a été dépassé par Schumann. Sa place est entre les deux compositeurs, et il n'est ni le plagiaire de l'un, ni le modèle de l'autre. Entre ces deux maîtres, auxquels il confine, il est resté lui-même. Non, Gade ne fut jamais un imitateur. Si, un moment par suite des circonstances de sa vie, il sembla flotter dans le sillage de Mendelssohn, il reprit bientôt sa route à lui, en hardi navigateur qui porte, sur son navire, et sa boussole et sa fortune. Fétis, semblablement à ce qu'ont fait dans tous les temps les critiques à courte vue, s'attaquait à des tendances qui le contrariaient, à des théories dont il ne se rendait pas compte, et qui, à tort ou avec raison, lui étaient incompatibles. Niels Gade, Mendelssohn, Berlioz, Schumann, Wagner, sont les têtes de turc sur lesquelles frappent à tour de bras, et sans bien regarder ce qu'ils frappent, certains esthéticiens qui ne veulent écouter qu'avec le cornet acoustique auquel sont habituées leurs partiales oreilles... Wagner, Berlioz, Schumann, Mendelssohn, n'ont de ressemblance que pour les sens obtus devant lesquels se confondent tous les temps et tous les horizons. (...) L'école de l'avenir, elle est aussi multiple, aussi infinitésimalement divisible que l'école du passé. Cette menaçante musique de l'avenir ne s'est-elle pas dressée provocante et outragée dans toutes les époques et n'a-t-elle pas toujours démérité soit les blâmes, soit les éloges. (...) Niels Gade n'appartient que par la tangente à l'école de Berlioz, de Mendelssohn, que Fétis poursuivait faute d'être assez jeune pour se rattraper sur Wagner. Ses compositions sont restées assez vivantes dans les faveurs du public allemand et scandinave, et l'on se rappelle qu'elles ont été très bienveillamment accueillies lorsque M. Pasdeloup nous les révéla dans ses concerts populaires, où tant de musiques étrangères a été exposée au jugement éclairé d'un public d'élite. (...) Gade (...) est un naturaliste en ce

---

[114] François-Joseph Fétis (1784-1871), compositeur, musicologue et critique musical belge. Enseigne au Conservatoire de Paris de 1821 à 1833.

sens que le chef contemporain de l'école danoise apporte au plus haut degré dans ses compositions, le caractère et la couleur du sol où il est né, et que l'on entend à travers sa musique passer ce souffle qui est, dans l'art, l'indispensable élément de la vie d'un peuple. Son style respire, en effet, la grandeur sauvage un peu abrupte qui est comme le caractère particulier des races du Nord et c'est le principal mérite de cet auteur d'avoir su garder l'empreinte scandinave dans ses œuvres diverses. »

L'Art Universel, (Paris-Bruxelles) n° 1, 3e année, 15 février 1875, p.8 :

« L'ouverture *Michel-Ange* de Niels Gade est bien écrite et d'une instrumentation habile, mais sans relief et, ce qui pis est, sans pensée ; ce qui rappelle les plus grandes choses dans cette œuvre, c'est le titre, mais je vous jure que le compositeur ne m'a point fait songer ailleurs à cette grande figure de l'artiste qui semble finir l'antiquité et commencer les temps modernes. Mais qu'on me fasse entendre l'ouverture de *Léonore* (celle dite aux trompettes) et je me souviens aussitôt de tous les géants qui illustrèrent les arts depuis Homère jusqu'à Beethoven. Comme tout pâlit et s'efface devant ce colosse et comme lui seul, toujours ample, reste grand autour des grenouilles qui s'enflent en vain pour faire croire à leur taille !... » E.V.

Le Ménestrel n° 20, dimanche 18 avril 1875. Dans un article intitulé « Boccherini et la musique en Espagne », Maurice Cristal écrit :

« En parcourant l'histoire musicale dans Fétis, Gevaert, Eugène Gautier ; pour ne parler que des contemporains, on aperçoit vite ce classement par zones, par climats. Dans les contrées intermédiaires de l'Occident, en mettant Paris et Bruxelles aux deux pôles de la zone, on voit apparaître une nouvelle physionomie symphonique, comme en remontant vers le nord, dans la zone scandinave on voit surgir la musique concertante, si admirablement caractérisée, dont Niels Gade est en ce moment le représentant le plus autorisé. »

La Revue des deux mondes. Paris. 17, rue Bonaparte, 1875. Table générale : 1831-1874 : *La musique dans le nord ; Niels Gade, Jenny Lind, Chopin, Haberbier*, 1er mai 1852 par H. Blaze de Bury.

Le Ménestrel n° 21, dimanche 26 avril 1875. Nouvelles diverses. Etranger. « La Société de musique de Bruxelles, sous l'habile et intelligente direction de M. Henry Warnots, vient de donner une excellente exécution de la *Fille du roi des Aulnes*, de Niels Gade, et de la *Première nuit de sabbat*, de Mendelssohn. »

Le Ménestrel n° 45, dimanche 10 octobre 1875. Un papier nommé « La Musique en Norvège. Severin Svendsen et Edouard Grieg » et signé de Adolphe Jullien évoque aussi rapidement la figure de Gade. Nous citons succinctement : «… C'est ainsi que j'ai pu consacrer un feuilleton entier à Johannes Brahms, l'élève préféré de Schumann ; un autre à Niels Gade, le principal représentant de l'école danoise… » Bien sûr le texte est largement consacré aux deux norvégiens.

Le Ménestrel n° 51, dimanche 21 novembre 1875 :

« Niels Gade, le célèbre compositeur danois, a célébré, il y a peu de jours, le 25e anniversaire de son entrée en fonction comme directeur de la Société des Concerts de Copenhague. A cette occasion, l'administration de la Société lui a fait cadeau d'une somme de 9,000 couronnes. Le gouvernement de son côté, pour reconnaître les services qu'il a rendus à l'art musical, lui a constitué une pension de 2,000 couronnes. Voilà qui est un bon exemple : « C'est du nord à présent que nous vient la lumière. »

Grand dictionnaire universel du XIXe siècle. Tome 7, lettre S, par Pierre Larousse. 1875. Long texte à l'entrée « Symphonie » (p. 1318) :

« Pour ce pays, en première ligne Mendelssohn, musicien élégant et poétique, au style pur, à l'orchestre original, mais qui malheureusement manque de sobriété et pousse les développements à outrance ; puis à Robert Schumann, artiste nébuleux parfois, mais puissant et hardi jusqu'à la témérité ; puis Franz Schubert, Taeglichsberk, Schwenk, Rosenheim, Niels Gade (celui-ci est Danois), etc. »

Victoire des républicains sur les royalistes aux élections le 5 mars 1876 ; inauguration de l'opéra de Bayreuth en présence de l'empereur Guillaume 1er avec *l'Anneau des Nibelungen* le 13 août.

Le Ménestrel n° 5, dimanche 2 janvier 1876. Concerts et soirées. « Concert populaire au Théâtre de la Rochelle, dimanche 28 décembre 1875, salle comble, belle exécution, beau succès. Le programme était ainsi composé : *1° Symphonie en* ré (Beethoven), 2, Entracte de *la Colombe* (Gounod), 3, Ouverture d'*Euryanthe* (Weber), 4, Hymne autrichien pour tous les instruments à cordes (Haydn), 5, Ouverture *Nacklæge von Ossian* (Niels Gade), 6, Ouverture de *l'Etoile du Nord* (Meyerbeer). L'ouverture de Gade, peu connue en France, a été appréciée. C'est une œuvre des plus remarquables. L'orchestre était conduit par M. Ch. Lemanissier, l'excellent chef d'orchestre de la Société philharmonique. »

Dictionnaire des noms propres, ou Encyclopédie illustrée de biographie, de géographie, d'histoire et de mythologie… Par B. Dupiney de Vorepierre. Lettres A-F, 1876. Danemark (p. 1152 et s.) :

« Parmi les compositeurs danois contemporains, il nous suffira de nommer J. P. Emile Hartmann, H. Rung et Niels Gade (voy. ces noms). »

Grande activité politique en France au cours de cette année 1877 tandis qu'à Moscou *Le Lac des Cygnes de Tchaïkovski* reçoit un accueil réservé en mars. *L'Assommoir* de Zola fait un triomphe.

Le Journal de musique (Paris, 1876-1882, hebdomaire paraissant le samedi), samedi 30 juin 1877, p. 2 et 3 :

« Mendelssohn à Paris. Il y a quelques semaines nous racontions certaines particularités du séjour de Weber à Paris ; nous parlerons aujourd'hui du séjour d'un autre maître dans la ville qu'on a appelée avec quelques exagérations, il faut bien le dire, si on la considère seulement au point de vue musical, « la capitale des arts ». De même que pour Weber, c'est chez notre érudit confrère Adolphe Jullien que nous puiserons les détails intéressants qui concernent le voyage de Mendelssohn à Paris. (…) Ce volume renferme encore une étude très-complète et très-attachante sur le séjour que Mendelssohn fit à Paris de novembre 1831 à avril 1832. L'étude très-vivante de M. Jullien nous fait suivre Mendelssohn dans tous les théâtres, soirées ou concerts (…) Nous allons simplement reproduire la conclusion de cet important travail sur Mendelssohn à Paris… »

«… Si Felix avait peu travaillé à Paris, en revanche il s'y était fort amusé, ou du moins il avait mené une vie de jeune homme très-agitée et très-bruyante. Une bonne partie des journées se passait à jouer aux échecs… Il marquait encore une sympathie extrême aux œuvres comme à la personne de Weber, et racontait volontiers quel respect mêlé de crainte le maître lui avait inspiré quand il était allé diriger l'exécution du *Freyschutz* à Berlin : c'était au point que Mendelssohn osait à peine l'approcher. (…) Hiller soumettait quelquefois de nouvelles productions à Felix, qui prenait à ces confidences musicales un intérêt tout amical et qui le témoignait par l'entière franchise de ses jugements. (…) Mendelssohn, au résumé, ne paraît pas nous avoir jugés d'une façon aussi favorable que nous l'avions fait à son égard, mais il faut ici tenir compte de sa nature froide et sévère, qui n'avait presque trouvé chez nous que contradictions, et aussi une fierté, d'un amour-propre qu'il ne faut pas exagérer, mais qui étaient déjà singulièrement développés chez ce jeune homme de vingt ans. Il est bien vrai qu'il n'est jamais revenu en France et qu'il est retourné six ou sept fois en Angleterre. (…) Il demeura donc dans sa patrie, non pas à Hambourg toutefois ; il délaissa sa ville natale pour se fixer tour à tour à Düsseldorf, en qualité de maître de musique de la ville ; à Berlin, où il fut directeur de la musique du roi, enfin à Leipzig, dont les habitants lui témoignaient la plus vive sympathie ; mais Hambourg, Düsseldorf, Berlin ou Leipzig, c'était toujours la terre allemande. (…) Paris, en effet, l'avait traité en hôte d'importance ; les artistes l'avaient reçu à bras ouverts, musiciens et amateurs l'avaient chaleureusement applaudi, comme pianiste… » En somme, l'auteur n'apprécie pas la méfiance de Mendelssohn pour Paris et lui en fait reproche.

Revue de France de juillet 1877 - août 1877. Publications musicales (p. 486) :

« Chants populaires scandinaves, transcrits par Niels Gade… Niels Gade, compositeur danois, s'est essayé avec succès dans les genres les plus divers. Il a écrit plusieurs symphonies, notamment une avec chœur (*Frühlongosymphonie*) *(sic)*, dont le final surtout, morceau gracieux et plein de verve, mériterait d'être connu en France. On peut en dire autant de son *Ouverture écossaise*, dont la stretta est d'un grand effet ; de sa *Fille du roi des Aulnes*, cantate qui a obtenu un succès populaire en Allemagne, et dont il existe une édition française ; d'une sonate pour piano et violon, fort appréciée des amateurs, et de plusieurs œuvres de mélodies pour piano seul. La musique de Gade ressemble beaucoup, trop quelquefois, à celle de Mendelssohn, avec une teinte plus marquée de rêverie ; c'est un Mendelssohn nébuleux ! Il y a des choses charmantes dans son choix de mélodies populaires scandinaves, récemment édité par MM. Jung-Treuttel. Nous recommandons surtout le Chevalier au bois (n° 18), et le beau chant norvégien (n°21). » Octave Mercier

Dans la même référence nous relevons cette phrase : « Parmi les autres publications récentes du même éditeur, nous citerons encore les *Esquisses symphoniques et lyrique*s de M. Grieg, un très jeune compositeur qui promet… »

Le Ménestrel n° 5, dimanche 30 décembre 1877 : « La Société philharmonique de La Rochelle a repris ses intéressantes séances ; dans son concert de musique classique donné au théâtre, elle a fait entendre la *Symphonie inachevée* de Schubert, admirable page symphonique qui a été remarquablement interprétée, le Prélude de *Lohengrin*, de Richard Wagner, l'ouverture des *Francs-Juges*, de Berlioz. M. de Munck, le sympathique violoniste, a exécuté avec un sentiment parfait le *Concerto* de Mendelssohn ; quelques jours après, dans le local ordinaire des séances, la Société faisait entendre au public rochelais la *Symphonie écossaise* de Niels Gade (*Im Hochland*) et deux fragments des *Scènes de Wilhelm Meister* ; de notre collaborateur H. Barbedette, orchestré par M. Lémanissier. »

Grand dictionnaire universel du XIXe siècle. Tome 8, F-G, par Pierre Larousse. 1866-1877. Daté de 1872, on peut lire :

« Gade (Niels-Guillaume), compositeur et organiste danois, né à Copenhague en 1817. Fils d'un fabricant de musique, il assimila seul les principes fondamentaux de l'art musical et fut admis, bien jeune encore, comme violoniste, dans l'orchestre de la chapelle royale. En 1841, il prit part à un concert ouvert à Copenhague par une société d'amateurs pour la meilleure ouverture, à grand orchestre. Ossian fut le sujet choisi par lui, et le prix lui fut décerné. Malgré ce succès, découragé par le peu de sympathie qui l'entourait, ennuyé d'attendre une gloire qui venait trop lentement au gré de ses aspirations, tourmenté d'ailleurs par une position plus que précaire, Gade écrivit à Mendelssohn et joignit à l'épître sa meilleure symphonie. Mendelssohn lut lettre et symphonie, qui le charmèrent. « Vous commencez par où j'ai fini, », écrivit-il à M. Gade ; et pour le convaincre de la véracité du compliment, il fit exécuter la symphonie danoise aux applaudissements prolongés des dilettantes de Leipzig. Le succès fut immense, et de ce jour les Danois proclamèrent leur compatriote un grand maître. Quand mourut Mendelssohn, la ville de Leipzig voulut avoir à la tête de ses concerts Gade, qui occupa ce poste jusqu'à la guerre du Sleswig. De retour à Copenhague, en 1850, il y accepta une place d'organiste et la direction de l'orchestre de la Société des concerts. Parmi les œuvres de M. Gade, qui atteignent le chiffre de cinquante environ, on remarque cinq symphonies à grand orchestre ; les *Echos d'Ossian* ; la poétique ouverture portant pour titre : *Dans les Highlands* ; sa symphonie dramatique de *Comala* ; deux suites de Chants danois et les Chants populaires scandinaves ; un opéra, les *Niebelungen*. « Le style de M. Gade, dit M. Blaze de Bury, respire en général cette grandeur sauvage, un peu abrupte, qui est comme le caractère particulier des races du Nord. La tristesse et la mélancolie n'ont rien, dans ses œuvres, de ce faux air de sentimentalisme que l'éloignement des sources primitives inspire trop souvent aux créations de l'art. Rudesse, mais cette rudesse porte en soi je ne sais quelle grâce robuste, quelle énergie féconde et saine qui, lorsqu'on songe aux charmes fardés de ces mille compositions dont se paye tant bien que mal notre dilettantisme, vous rappelle l'impression vivace que produit sur des sens émoussés par l'abus des parfums l'odorante senteur d'une forêt de pins de la Norvège. On connaît cette même figure sous les traits de laquelle Albert Dürer a représenté la mélancolie, superbe évocation du génie du Nord, si loin de ressembler, dans ses formes vigoureuses, dans sa musculature accentuée, à ce type grêle et maladif que la tradition erronée des peintres de salon se complaisait chez nous à reproduire. L'énergie dans la tristesse, la mélancolie dans la force, une rêverie austère et toujours grave, tels sont les caractères de la musique du grand artiste de Nuremberg. Ce qui constitue à nos yeux le principal mérite de M. Gade, c'est d'avoir, dans la plupart de ses symphonies, dans sa *Comala* surtout, su garder l'empreinte de ce caractère que nous appellerons si l'on veut, scandinave. »

Grand dictionnaire universel. Deuxième supplément du tome 17. Paris, p. 988 : « Parmi les compositeurs contemporains, il faut mentionner MM. Niels W. Gade, Peter Heyse, E. Hartmann, etc. »

Encyclopédie des sciences, des lettres et des arts : complément périodique... 1876-1877, Ch. De Lamottre éditeur, Paris, 1877. Musique hongroise (p. 314) :

« L'apparition de l'opéra hongrois prend date en 1827, à l'heure où l'esprit hongrois s'éveille dans toute la nation et la redresse debout et frémissante au milieu des complexités de l'Europe et de l'Asie. Plusieurs courants se dessinent ici, et la musique nationale, à travers des modèles en vogue, se cherche avec ardeur mais sans se trouver toujours... Un opéra a-t-il des succès en Europe, vite Erkel[115] improvise à son tour un opéra, construit en imitation de l'opéra en vogue. C'est le poisson national préparé à la sauce du jour. Verdi, Wagner, Félicien David, Rubinstein, Niels Gade en font les frais, et il y a bien aussi quelques réminiscences hongroises. »

Inauguration le 1er mai 1878 de l'Exposition universelle (où l'on a construit le Palais du Trocadéro) visitée par plus de 16 millions de personnes. Le même mois à Dresde, publication d'*Humain, trop humain* de Nietzsche.

Le quotidien *Le Rappel* (Paris, 1869-1933), 19 février 1878 : « M. Colonne[116] s'occupe de la première audition de *la Fille du Roi des Aulnes*, œuvre remarquable de Niels Gade, compositeur danois. »

La Lanterne (Paris, 1877-1938, journal politique quotidien) précise le jeudi 28 février 1878 :

« *La Fille du roi des Aulnes*, légende dramatique de Niels Gade, le célèbre compositeur danois, sera exécutée le dimanche 3 mars, au concert du

---

[115] Ferenc Erkel (1810-1893), pianiste, chef d'orchestre et compositeur hongrois, père de l'opéra national hongrois.
[116] Edouard Judas Colonne, violoniste et chef d'orchestre français (1838-1910), fondateur des Concerts Colonne en 1873. Premier violon à l'Opéra de Paris, second violon au sein du Quatuor Lamoureux, puis dans l'Orchestre de Jules Pasdeloup. En 1873, il fonde le « Concert National » au Théâtre de l'Odéon. Crée son propre orchestre les « Concerts du Châtelet » bientôt renommé « Association artistique des Concerts Colonne ». Il défend le répertoire français contemporain.

Châtelet. M. Lassalle[117] de l'opéra et Mme Brunet-Lafleur[118] y chanteront les principaux rôles. Nous serons heureux de pouvoir apprécier enfin cette œuvre poétique si populaire en Danemark et plusieurs fois exécutée en Allemagne et en Belgique avec le plus grand succès. »

Le XIXᵉ siècle, journal quotidien politique et littéraire publié à Paris depuis 1871, dans son numéro du vendredi 1ᵉʳ mars 1878 annonce : « Voici le programme du concert supplémentaire du Châtelet : *La Fille du roi des Aulnes,* légende danoise, traduction de R. Bussine[119] et L. Mangeot, musique de Niels W. Gade (M. Lassalle, de l'Opéra ; Mme Brunet-Lafleur) ; *Manfred* (redemandé), Schumann ; *Le Roi de Lahore* (1ᵉʳᵉ audition), Massenet. »

Le Rappel, 2 mars 1878, annonce ce même concert. Puis, pratiquement mot pour mot plusieurs titres parisiens donnent l'information à leurs lecteurs respectifs.

Le Journal de musique (Paris), samedi 2 mars 1878, dans la rubrique Semaine musicale n'oublie pas de commenter le concert :

« Une première audition intéressante a eu lieu dimanche au Châtelet, c'est celle de la *Fille du roi des Aulnes*, de Niels Gade, légende danoise traduite par MM. Bussine et Mangeot, et que les éditeurs ont publié en partition et en poëme *(sic)* séparé avec cet avant-propos qui suffit comme analyse : [suit une présentation de l'histoire] Telle est la légende qui a servi de thème au poëte *(sic)*, que M. Niels W. Gade a mis en musique, et que le public a accueillie avec une véritable faveur. A ce même concert on a exécuté, des fragments de *Manfred* de Schumann, redemandés, des airs du ballet *du Roi de Lahore*, qui paraissaient au concert pour la première fois… »

La Chronique des Arts et de la Curiosité, supplément de la *Gazette des Beaux-arts* (Paris : 1861-1922, paraît le samedi matin), *n° 9,* 2 mars 1878. Concert du dimanche 3 mars au Théâtre du Châtelet : « *La Fille du roi des Aulnes*, légende danoise, traduction de R. Bussine et L. Mangeot, musique de Niels W. Gade (M. Lassalle de l'Opéra ; Mme Brunet-Lafleur) ;

---

[117] Jean-Louis Lassalle (1847-1909), baryton français. Débute à l'opéra dans le rôle titre de *Guillaume Tell* en 1872 puis entame une carrière de premier plan.

[118] Marie-Hélène Brunet-Lafleur, dite Mme Brunet-Lafleur (1847-1927), soprano dramatique française. Elève du Conservatoire de Paris puis fait ses débuts à l'Opéra-Comique et au Théâtre-Lyrique en 1869. Pédagogue, elle donne de nombreux concerts, chante aux soirées de l'Harmonie sacrée fondée par Charles Lamoureux (1873-1876) qu'elle épouse en 1890.

[119] Romain Bussine (1830-1899), professeur et compositeur ; il co-fonde la S.N.M. (Société Nationale de Musique). Professeur de chant au Conservatoire de Paris.

Manfred (redemandé), Schumann ; *le Roi de Lahore* (1ʳᵉ audition), Massenet. »

Le Ménestrel n° 14, dimanche 3 mars 1878, joue également son rôle d'information :

« *La Fille du Roi des Aulnes*, la légende dramatique de Niels Gade, que M. Colonne fait exécuter aujourd'hui aux concerts du Châtelet, est une œuvre poétique très populaire en Danemark, en Allemagne, en Belgique, et en Hollande. On la redira dimanche prochain au Châtelet ; nul ne doute que le succès ne vienne couronner les efforts de M. Colonne. »

Concerts annoncés. Aux Concerts du Châtelet : 1° *La Fille du Roi des Aulnes*, légende viennoise, en trois parties, traduction de MM. Bussine et L. Mangeot, musique de Niels Gade, chantée par Mme Brunet-Lafleur et M. Lassalle de l'Opéra ; 2° Fragments symphoniques de *Manfred*, de Schumann ; 3° Fragments symphoniques du *Roi de Lahore*.

Le Gaulois. Mardi 5 mars 1878. Musique. Concerts Populaires. *La Fille du roi des Aulnes*, ballade pour soli, chœurs et orchestre, de Niels W. Gade. Le chroniqueur qui signe George, développe :

« *La Fille du roi des Aulnes*, est l'œuvre la plus connue et la plus intéressante du compositeur danois Niels W. Gade. Souvent exécutée en Belgique et en Allemagne, c'est, je crois, la première fois qu'on l'exécute en France. Nous devons donc prêter attention à cette tentative à laquelle le public a fait, du reste, un accueil assez favorable. L'ouvrage appartient au genre dit pittoresque. J'en dois brièvement résumer le scénario afin de pouvoir analyser la partition. Le rôle fantastique et fatal que jouent dans les ballades du Nord le roi et la fille des Aulnes en fait le sujet. Le sire Oluf, un soir qu'il s'était endormi à la lisière d'un bois, s'est senti baisé au front par une de ces mortelles sirènes dont le souvenir affole. Tel est son désir de la revoir, qu'à l'heure de ses noces, sous prétexte d'aller chercher un convive attardé, il demande son cheval et court au bois des fantômes. Les charmeresses dansent en rond. La fille du roi des Aulnes revendique l'amour d'Oluf. Oluf, se souvenant de sa fiancée, la repousse ; mais elle le frappe… et le convive qu'il ramènera à son banquet, c'est la mort.

Ces scènes sont coupées en trois parties qui pourraient s'intituler, le Départ d'Oluf, l'Apparition et la Mort d'Oluf. Le compositeur a surtout tiré parti des situations poétiques que renferment les deux dernières. Niels W. Gade a de la grâce, de l'ingéniosité, du style ; il manque d'éclat et de force dramatiques, il écourte les développements, il recourt trop souvent aux mêmes procédés, et sa partition n'est pas exempte d'une certaine monotonie d'inspiration. Haydn et Mendelssohn sont visiblement ses maîtres, mais il n'est pas indigne d'eux dans ses bons passages. […] M. Niels W. Gade n'est qu'un élégiaque et un rêveur. Combien gagnerait la conclusion de sa ballade, - un chœur fait des premières mesures du prologue et d'une cadence d'église admirablement calme – si elle était précédée de cette explosion qu'on attendait toujours et qui n'est pas venue. Voilà en peu de mots, mon opinion sur la *Fille du roi des Aulnes*, une œuvre incomplète, un peu monocorde, mais par quelques endroits supérieure. ».

Le Feuilleton du *Temps (*mardi 5 Mars 1878) apporte sa contribution à ce sujet d'actualité :

« M. Pasdeloup, le premier, nous a fait connaître des œuvres du compositeur danois M. Niels Gade ; M. Colonne a donné hier une première audition d'un ouvrage intitulé : la *Fille du Roi des Aulnes*, populaire en Danemark, et qui a été exécuté plusieurs fois avec un grand succès en Allemagne et en Belgique. La légende qui a fourni le sujet de cette cantate se rattache à celle du *Roi des Aulnes*, si connue par la musique de Schubert ; dans les traditions danoises et scandinaves les filles de ce roi jouent un rôle important, semblable à celui des sirènes dans l'antiquité. […] Les analogies avec *la Ballade du Roi des Aulnes* sont visibles. Au lieu du roi, d'un père et de son enfant, nous avons la fille du roi, une mère et son fils. L'action est divisée en trois parties, précédées d'un prologue où le chœur raconte la première aventure d'Oluf, et suivies d'un épilogue ainsi conçu : « C'est pourquoi je conseille à tout jeune homme qui veut aller à cheval dans le bois, d'éviter la butte des aulnes et de n'y pas dormir au clair de lune, etc. » Ce texte assez peu poétique est plus qu'inutile ; M. Gade aurait dû le supprimer, tandis qu'il n'a fait que reproduire une partie de la musique du prologue. […] Ajoutons que les rôles de la fille du roi des aulnes qui est un soprano, et celui de la mère d'Oluf, qui est un mezzo-soprano ont été dits tous les deux par Mme Brunet-Lafleur. Cette artiste, aussi bien que M. Lassalle, a fait d'agréables effets de voix, je ne puis dire qu'ils ont réellement chanté la musique de M. Gade. Les chœurs et l'orchestre ont été satisfaisants. Le public est habitué aujourd'hui à une musique plus fortement colorée que celle de M. Gade ; la cantate de la *Fille du roi des Aulnes* n'en est pas moins une œuvre d'un style sérieux, expressif et très distingué. »

Le XIXe siècle. Vendredi 8 mars 1878. « Voici le programme du 18ème concert du Châtelet, qui aura lieu dimanche à deux heures. *La Fille du Roi des Aulnes*, légende danoise, traduction de Bussine et Mangeot. M. Lassalle, de l'Opéra ; Mme Brunet-Lafleur (2° audition). *Variations sur un thème de Beethoven* (Saint-Saëns) ; *Le Roi de Lahore* (2e audition) (J. Massenet) ; *Trio des Jeunes Ismaélites* (H. Berlioz) ; Ouverture du *Freyschutz* (Weber). L'orchestre sera dirigé par M. E. Colonne. »

Le Temps, le vendredi 8 mars 1878, annonce le concert de l'Association Artistique, au Châtelet, dimanche à 2 heures. Programme : *La Fille du roi des Aulnes*, M. Lassalle (de l'Opéra), Mme Brunet-Lafleur (Niels Gade). L'orchestre et les chœurs sous la direction de M. Ed. Colonne.

Mêmes données dans *Le Journal officiel* du vendredi 8 mars 1878 et dans *Le Rappel* du samedi 9 mars 1878.

Les Annales du Théâtre et de la musique (date d'édition : 1876-1918), 1878 (édité en 1879). Concerts de Paris. Concerts du Châtelet. «... Le 3 mars, M. Colonne nous faisait connaître une œuvre très-populaire en Danemark, en Allemagne et en Belgique, *La Fille du roi des Aulnes*, légende danoise traduite par MM. Romain Bussine et L. Mangeot, musique de M. Niels Gade, chantée par Mme Brunet-Lafleur et M. Lassalle, de l'Opéra. L'œuvre du célèbre compositeur danois était moins de retrouver chez nous, où elle paraissait incolore et monotone, le succès qu'elle avait eu à l'étranger... » (p. 543)

La Chronique des Arts et de la Curiosité, n° 10, 9 mars 1878. Concerts du dimanche 10 mars, Théâtre du Châtelet, « *La Fille du roi des Aulnes*, M. Lasalle (de l'Opéra), Mme Brunet-Lafleur (Niels Gadë) *(sic)* ; *Variations sur un thème de Beethoven*, Mme Montigny-Rémaury, M. Camille Saint-Saëns (C. Saint-Saëns) ; *Le Roi de Lahore*, M. Lasalle (J. Massenet) ; *Trio des Jeunes Ismaëlites* (H. Berlioz) ; Ouverture du *Freyschütz* (Weber). »

Le Ménestrel n° 15, dimanche 10 mars 1878. Concerts et soirées. La célèbre publication précise :

« Affluence considérable, dimanche dernier, au Châtelet, programme d'un attrait exceptionnel, qui, en outre de deux importants fragments du *Manfred* de Schumann et du *Roi de Lahore* de Massenet, nous offrait la première audition de la *Fille du Roi des Aulnes*, de Niels Gade, petit drame lyrique en trois parties, pour soli, chœur et orchestre avec M. Lassalle et Mme Brunet-Lafleur pour principaux interprètes. L'ouverture et les trois petites pièces détachées de *Manfred* ont, comme au précédent concert, produit beaucoup d'effet et l'apparition de la Fée des Alpes a été bissée. L'ouverture et les airs de ballet du *Roi de Lahore* n'ont pas eu moins de succès au Châtelet que sur la scène du Grand Opéra. Le public les a vivement applaudi et a voulu entendre deux fois le divertissement des esclaves persanes. Le reste de la séance a été rempli par l'œuvre nouvelle. *La Fille du Roi des Aulnes* a pour donnée une légende danoise superposée et faisant suite à la légende allemande popularisée par la célèbre ballade de Schubert. Si le Roi des Aulnes est fatal à l'enfant qui meurt d'effroi à sa vue, la Fille du Roi des Aulnes n'est pas moins dangereuse pour le jeune imprudent qui se hasarde la nuit dans les forêts ; qu'elle cherche à séduire et qu'elle frappe mortellement s'il résiste et veut s'échapper de ses bras. Par esprit de nationalité, un tel sujet a dû nécessairement tenter M. Gade qui, comme on sait, est Danois et maître de chapelle du roi de Danemark. La partition de la *Fille du Roi des Aulnes* dénote une main habile et exercée, un musicien consommé qui possède à fond tous les secrets de l'art de la composition. On voit que M. Gade a fait une étude particulière du style de Mendelssohn avec qui on assure même qu'il aurait travaillé pendant quelques temps et qu'il a réussi, jusqu'à un certain point, à assimiler le savoir faire de ce grand maître : ses ingénieuses recherches harmoniques, l'élégance, la délicatesse et le fini de son instrumentation. D'où vient donc que l'effet produit n'est pas suffisamment en rapport avec le talent dont l'auteur a fait preuve ? Cela tient, selon nous, à ce que cette musique est conçue dans ce système que l'école nouvelle préconise sous le nom de mélodie continue, où les divers morceaux s'enchaînant sans temps d'arrêt, sans forme distincte, sont plutôt des récitatifs mesurés et n'offrent presque jamais de motifs assez précis, assez nettement dessinés pour s'emparer de l'auditoire… Et puis, si exquis que soit le travail de l'instrumentation, elle manque de variété, elle se tient constamment entre la demi-teinte et le clair-obscur, et cette sorte de pénombre musicale, parfaitement à sa place dans la scène nocturne de la deuxième partie, l'est beaucoup moins dans les deux autres, notamment dans la première où il s'agit d'une fête et d'un banquet de noces. Quoi qu'il en soit, et malgré ces réserves, la *Fille du Roi des Aulnes* est une œuvre de valeur qui méritait l'accueil favorable qu'elle a obtenue. L'exécution a été excellente ; la belle voix de Lassalle a fait beaucoup d'effet dans le personnage de Sir Oluf, Mme Brunet-Lafleur s'est très bien acquittée de son double de fille du Roi des Aulnes et de mère de la victime. L'orchestre et les chœurs ont marché avec un ensemble parfait sous l'habile direction de M. Colonne. » A.M.

Dans ce même numéro *15*, on annonce : au Concert du Châtelet : 1, *La Fille du Roi des Aulnes*, légende danoise en trois parties, de Niels Gade par Mme Brunet-Lafleur et M. Lassalle, 2, *Variations sur un thème de Beethoven*, exécutées par Mme Montigny-Rémaury et M. Saint-Saëns, 3, Fragments symphoniques du *Roi de Lahore*, de M. Massenet, 4, Trio des jeunes Ismaélites de *l'Enfance du Christ*, de Berlioz, 5, Ouverture *de Freischütz*, de Weber. Le concert sera dirigé par M. Colonne.

Journal des Débats du mercredi 20 mars 1878. Revue musicale. « Concerts du Châtelet : *La Fille du roi des Aulnes*, ballade d'après une légende danoise, pour soli, chœurs et orchestre, musique de M. Niels Gade. Mme Brunet-Lafleur… La fille du roi des Aulnes tient beaucoup de son père. Le sujet de la ballade, mise en musique par M. Niels Gade, dont MM. Romain Bussine et L. Mangeot nous donnent la traduction, en ayant soin de nous avertir que, « dans les légendes danoises et scandinaves, les filles du roi des Aulnes jouent un rôle important et presque semblable à celui des sirènes dans l'antiquité. Elles séduisent par leur beauté, leur grâce et leur chant les voyageurs solitaires qui s'attardent la nuit dans les bois. Malheur à celui qui résiste à leurs charmes : elles le frappent au cœur d'un coup mortel ! (…) Et quand j'ai dit, en commençant cet article, que la fille tenait du père, j'ai voulu tout simplement donner à entendre, que dans certaines parties de l'œuvre de M. Niels Gade, passait comme une réminiscence de celle de Schubert ; car entre la légende danoise et la ballade de Goëthe il n'y a certainement pas la ressemblance que, de prime-abord, le titre de l'une et le titre de l'autre sembleraient indiquer… La composition de M. Niels Gade, beaucoup plus importante, beaucoup plus développée, nous laisse cependant une impression moins forte, moins saisissante ; le talent y atteint aux dernières limites de la perfection ; l'étincelle du génie n'y est pas. Ce n'est pas seulement le souvenir de Schubert qui plane sur l'œuvre du maître danois ; c'est aussi celui de Mendelssohn et de Weber. *La Fille du roi des Aulnes* avait été déjà exécutée à Paris par la Société d'amateurs dirigée par M. Guillot de Sainbris, mais avec des moyens tellement insuffisants qu'il faut laisser à M. Colonne le mérite d'avoir révélé cette remarquable partition au public parisien. Je doute qu'elle obtienne chez nous le succès qu'elle obtient depuis longtemps déjà en Belgique et en Allemagne, la popularité dont elle jouit en Danemark, où M. Niels Gade est considéré sinon comme un prophète, du moins comme un musicien qui honore son pays. Les délicats peuvent seuls goûter cette œuvre exquise à laquelle il ne manque qu'un peu plus de variété, un souffle un peu plus puissant pour être à la hauteur de sa renommée. Quant à ces effets qui agissent d'une façon toujours certaine sur la masse des auditeurs, le musicien ne s'en préoccupe guère. Il laisse rarement à une phrase, à un morceau le temps d'être applaudis, et le point d'orgue final, cette ressource aux chanteurs à la mode, est sévèrement proscrite par le style pur et châtié de M. Niels Gade… L'instrumentation de la *Fille du roi des Aulnes*, traitée de main de maître, est remplie de détails ingénieux, délicats et charmants. Et il n'y faut pas chercher autre chose que ce que le compositeur a voulu y mettre… » B.-V.

Journal officiel de la République française (Paris, date d'édition : 1870-1880, quotidien), mardi 11 juin 1878, p. 6550. « Quant aux pays étrangers qui sans amener leurs exécutants, produiront leur musique nationale avec l'aide de l'orchestre français, il faut citer l'Angleterre, les Pays-Bas et le Danemark… (le concert) du Danemark nous fera connaître M. Niels Gade, le premier musicien de son pays, un artiste dont quelques œuvres importantes ont été déjà représentées à Paris. »

La nomination de Gade à l'Académie des Beaux-Arts est rapportée par plusieurs journaux.

La Chronique des Arts et de la Curiosité, n° 36, 23 novembre 1878 : « L'Académie des Beaux-Arts, dans sa séance du samedi 16 novembre, a nommé correspondants : 1° dans la section d'architecture, M. Révoil, architecte ; 2° dans la section de musique, M. Niels Gade, à Copenhague. »

Le Ménestrel n° 52, dimanche 24 novembre 1878 : « Dans sa séance du samedi 16 novembre, l'Académie des Beaux-Arts n'a seulement pris connaissance des lettres qui lui étaient adressées par les aspirants académiciens, elle a nommé correspondant dans la section de musique le célèbre compositeur M. Niels Gade de Copenhague. »

Le Rappel du 21 novembre 1878 ne dit rien de plus. De même que *L'année artistique*. Paris. Année 1878, par Victor Champier. On rappelle très succinctement la nomination de Niels Gade comme correspondant de l'Académie des Beaux-Arts.

La Presse (Paris, 1836-1952, quotidien puis hebdomadaire), dimanche 29 décembre 1878 :

« Entre temps, les concerts du Châtelet, toujours si brillants, nous font connaître *la Fille du roi des Aulnes*, une légende danoise mise en musique par M. Niels W. Gade. La manière du compositeur danois est toute de simplicité. En ne s'attachant qu'à l'idée de provenance on pouvait attendre une partition bien touffue, telle qu'en produisent généralement les génies du nord. Rien de plus limpide au contraire. La phrase est concise et dépouillée de tout artifice encombrant. C'est une sorte de rêverie participant à la fois de Schubert et de Mendelssohn. M. Niels Gade, qui possède à fond le secret du charme, est complètement dépourvu de la force qui fait les grands compositeurs. On l'écoute volontiers, on ne se passionne pas. » Léon Kerst[120]

La Chanson (Paris, 1878-1881, Librairie ancienne et moderne A. Patay). Revue bi-Mensuelle, Archives de la chanson. 1er février 1879. *La Fille du roi des Aulnes*. Ballade Populaire (d'après une légende danoise). Musique de Niels W. Gade. Présentation d'Amédée Edéma.

La *Biographie universelle des musiciens*, sous la direction d'Arthur Pougin, éditée chez Firmin Didot. 1878, p. 354-355, n'omet pas de proposer à son tour une courte présentation :

---

[120] Léon Kerst (pseudonyme de Léon de Froidmont), journaliste, musicien et écrivain français (1846-1906), il collabore à *La Presse* (feuilleton musical). Travaille aussi au *Petit Journal*.

« Gade (Niels-Guillaume), compositeur danois, est depuis de longues années déjà chef d'orchestre du Théâtre royal de Copenhague, directeur de la société des concerts l'Union musicale et maître de la chapelle royale de Danemark. C'est en 1862 qu'il fut appelé à exercer ces dernières fonctions, et en 1876 il célébra le vingt-cinquième anniversaire de son entrée comme chef d'orchestre à l'Union musicale, qui lui fit, à cette occasion, un cadeau de 9,000 kronen. L'année suivante, M. Niels Gade reçut de ses compatriotes, qui sont justement fiers de la renommée qui s'est attachée à son nom, un hommage peu commun : dans le budget de 1876, le Folkething danois (Chambre des députés) vote deux pensions viagères de 3,000 couronnes chacune en faveur de deux compositeurs nationaux dont les travaux avaient fait la gloire de leur pays : ces deux compositeurs étaient M. Berggrun[121] et M. Niels Gade. Deux ans auparavant, ce dernier avait été élu membre étranger de l'Académie des Arts de Berlin. On sait que la popularité de cet artiste fort distingué a commencé d'abord en Allemagne. Lorsqu'après la guerre du Sleswig il crut devoir retourner dans sa patrie et s'y établir définitivement, il fut l'objet des sympathies générales ; mais cela ne l'empêcha pas de faire de fréquents voyages en Allemagne, et surtout à Leipzig, pour y faire entendre ses œuvres, qui obtenaient toujours beaucoup de succès. Le nom du compositeur se répandit aussi en Angleterre, où il a été appelé plusieurs fois et où il écrivit pour un festival, une cantate intitulée *The Crusaders* [Les Croisés]. Peu connu en France, il nous est difficile de juger la valeur de l'artiste, dont on a guère exécuté que l'ouverture d'*Ossian*, une ou deux symphonies, et son *Andante sostenuto* pour orchestre (op. 15)[122], qui ont figuré sur les programmes des Concerts populaires. M. Niels Gade est un artiste extrêmement laborieux, dont la fécondité est peu commune. A la liste de ses œuvres qui figure dans la *Biographie universelle des Musiciens*, il nous faut joindre les suivantes : (…) Le fameux sculpteur Vilhelm Bissen[123], mort il y a quelques années, a fait un excellent buste de son compatriote Niels Gade. »

---

[121] Berggrun. Il s'agit probablement d'Andreas Peter Berggreen (1801-1880), compositeur, organiste et pédagogue danois. Elève de C.E.F. Weyse. Il publie des recueils de chants populaires *Folk Sange og Melodier* (1842-1871) et *Melodier til Salmebog* (1853) qui auront un grand retentissement culturel et musical.

[122] Il s'agit du second mouvement de la *Symphonie n° 3 en la mineur*, op. 15, créée le 9 décembre 1847 à Leipzig sous la baguette du compositeur.

[123] Christian Gottlieb Vilhelm Bissen (1836-1913), sculpteur danois. Plusieurs de ses statues se trouvent à proximité de Copenhague. On retiendra sa statue équestre du roi Frederik VII sur la place du Palais de Christianborg (1873). Il a séjourné à Paris pendant l'hiver 1878-1879 et plusieurs fois en Italie.

Dictionnaire général de Biographie contemporaine française et étrangère, par Ad. Bitard. Paris. Maurice Dreyfous[124], éditeur. 1878 (p. 505) :

« GADE, NIELS WILHELM, compositeur danois, né à Copenhague, le 22 octobre 1817. Il montra de bonne heure de grandes dispositions pour la musique, mais lui-même s'en montra fort insouciant, et ce fut sans le moindre effort, en tout cas sans aucun parti pris qu'il devint un virtuose très distingué sur le violon et sur le piano… » [La suite de ce texte est identique à celui de 1887, qui donne en plus l'indication suivante : « Enfin, il a été élu correspondant de l'Académie des Beaux-Arts en novembre 1878 »].

Les lecteurs de *l'Encyclopédie des sciences, des lettres et des arts*, publiée en 1878, purent découvrir des traits méconnus de la capitale danoise à l'entrée « Copenhague » (p. 134-137). En peu de phrases, la présentation se montrer à la fois informative et attrayante.

A Leipzig en 1879, Grieg enregistre un grand succès lors de l'exécution de son *Concerto pour piano et orchestre en* la *mineur*. La *Maison de poupée* du Norvégien Ibsen est jouée au Danemark la même année.

Le Journal officiel de la République française (Paris, 1870-1880), mardi 18 février 1879. Revue musicale. Les Concerts. Conservatoire ; Concerts populaires ; Hippodrome ; Société de chant classique. Les *Ruines d'Athènes*, de Beethoven. Les musiciens scandinaves : MM. Niels Gade, Edouard Grieg, Asger Hamerik, Ivar Hallstrœm, Severin Svendsen[125]. L'article signé Arthur Pougin renseigne (p. 1173-1174) :

« En constatant le très-grand et très-légitime succès remporté récemment aux Concerts populaires par M. Sivori, dans sa splendide exécution du *Concerto en* si *mineur* de Paganini, je signalerai à l'attention un très-délicat et très-joli morceau symphonique que M. Pasdeloup a fait entendre sous le titre de *Rhapsodie norvégienne*, et qui a pour auteur un jeune musicien scandinave, M. Johan-Severin Svendsen. L'art musical actuel ne compte pas, à proprement parler, une école scandinave ; mais il existe un

---

[124] Maurice Dreyfous : journaliste, écrivain et éditeur français (1843-1924).

[125] Johan Severin Svendsen (1840-1911), compositeur et chef d'orchestre norvégien, ami et contemporain de Grieg. Son long séjour face à l'Orchestre du Théâtre royal de Copenhague a hissé cette formation à un niveau exceptionnel. Son catalogue de très grande qualité n'est plus guère fréquenté. Il a séjourné à Paris où il s'est mêlé, non sans succès, à la vie musicale de la capitale. Cf. notre *Johan Svendsen*, Bulletin de l'Association Française Carl Nielsen (A.F.C.N.) n° 15, 1996.

certain nombre de compositeurs soit danois, soit suédois, soit norvégiens, qui font honneur à ces contrées extrêmes de l'Europe, et dont le génie ne se confond pas, comme on est parfois tenté de le croire, avec celui de l'Allemagne musicale. Le chef de ce petit groupe d'artistes distingués est M. Niels Gade, chef d'orchestre du théâtre de Copenhague et maître de la chapelle royale de Danemark. Agé aujourd'hui de soixante et un ans, M. Niels Gade, qui remplaça naguère Mendelssohn comme directeur de la fameuse société musicale du Gewandhaus de Leipzig, est un compositeur très fécond, à qui l'on doit huit symphonies, des ouvertures de concert, de nombreuses cantates avec chœurs et orchestre (*Comala, la Fille du roi des Aulnes, Kalanus, la Nuit sainte, Message de printemps, Sion, les Croisades*), et quantité d'œuvres de divers genres. Au nombre des jeunes émules de M. Niels Gade, il faut citer MM. Edouard Grieg, Asger Hamerik, Ivar Hallstrœm[126] et Severin Svendsen... ».

La Presse, dimanche 9 mars 1879. Revue musicale de Léon Kerst : « *Aslega* est une légende scandinave en trois parties, un peu à la manière de celle de Niels Gade, la *Fille du roi des Aulnes,* que M. Colonne nous fit entendre il y a deux ans à ses concerts du Châtelet, avec cette différence essentielle toutefois que le drame-lyrique de M. Gouvy est infiniment supérieur à celui du musicien danois[127] ».

Première célébration du 14 juillet comme fête nationale en 1880. Jules Ferry ministre de l'Instruction et des Beaux-Arts, devient chef du gouvernement le 23 septembre. Rodin sculpte *Le Penseur* en décembre 1880.

Le Ménestrel n° 11, dimanche 15 février 1880 : « Au concert donné par Mlle Cécile Mouzin, le 2 février dernier, on a beaucoup applaudi la jeune artiste pour sa brillante exécution de la grande sonate en la bémol, de Weber, et pour le charme avec lequel elle a joué l'andante du concerto en *ré* mineur de Mozart, différentes pièces de Widor, Dubois, Massenet, Godard, Schubert, Chopin, et surtout les hallucinations de Schumann, morceau difficile qui exige beaucoup d'adresse et de fini dans l'exécution. Mlle Mouzin s'est, en outre, montrée excellente musicienne en jouant avec MM. Trombette et Van des Gucht, un joli trio de Niels Gade et des fragments d'une sonate d'E. Lalo, pour violon et piano. »

---

[126] Ivar Hallström (1826-1901), compositeur suédois. Proche du prince Gustav, directeur de l'école de musique de Lindblad (1861-1872). Son opéra *Den Bergtagna* (L'Ensorcelée, 1874) connaît un grand succès.

[127] *Aslega,* grande cantate dramatique composée en 1876.

Le Ménestrel n° 48, Dimanche 31 octobre 1880 : « Le capellmeister Ferdinand Hiller vient de dresser le programme des dix grands concerts qu'il donne annuellement dans la salle du Gürzenich de Cologne. Parmi les grands ouvrages à l'étude, nous trouvons le *Paulus* de Mendelssohn, *les Croisés* de Niels Gade, *l'Hymne funéraire* d'Haendel, la *Passion* de Bach, la *Neuvième symphonie* de Beethoven et une grande composition orchestrale de Camille Saint-Saëns qui a promis d'aller diriger son œuvre. »

Bibliothèque universelle et revue suisse, tome VII, Lausanne, 1880. Dans son important article réservé à « Verdi et les traditions nationales de la musique en Italie » (p. 66-101) Maurice Cristal évoque à trois reprises Gade. A propos d'*Aïda,* il précise :

« La romance de *Ramadès* a la tournure des bonnes mélodies du Verdi des anciens jours, elle est tendre, presque pathétique, surtout bien écrite pour la voix et bien jaillissante aux lèvres. On sent dès le début qu'on n'a affaire ni à Niels Gade, ni à Schumann, ni à Wagner, que tout au contraire on est dans les mains d'un compositeur idolâtre des cordiales voix et du beau chant. » (p.75).

« Jamais cette complexe nature ne s'est manifestée avec plus de vivace intérêt que dans *Aïda,* œuvre de dédoublement dans le génie de Verdi, qui y est resté mélodiste ardent comme autrefois, et qui s'y est en même temps révélé harmoniste et instrumentaliste non moins expert que Niels Gade, Rubinstein ou Wagner, auxquels il ne ressemble en rien et dont il ne copie ou n'imite aucun procédé » (p. 85).

« Rassembler sous une même couronne les deux fronts rayonnants, c'est le rêve irréalisable, c'est la chimère. Avec Beethoven, Niels Gade et Wagner, l'orchestre, selon le mot de Grétry, est la statue et reste hors de la scène. Avec Rossini, la statue est la voix humaine et elle est placée sur la scène... » (p. 95).

Encyclopédie des sciences religieuses, tome 8, 1880, publiée sous la direction de F. Lichtenberger[128]. Librairie Sandoz et Fischbacher, Paris. Article Mendelssohn-Bartoldi (Felix), p. 69 et suivantes : « Il nous est également impossible de tracer une caractéristique un peu complète de cet ensemble de dons intellectuels et de qualités morales qui font de lui une des individualités les plus accomplies de son époque et les plus attrayantes dans l'histoire de l'art : cette modestie, qui le rend étranger à toutes les glorioles

---

[128] Frédéric Lichtenberger (1832-1899), pasteur et théologien protestant né en Alsace. Professeur à Strasbourg et co-fondateur de la Faculté de théologie protestante de Paris en 1877.

mondaines en maintenant toujours chaude et vivace en lui la foi en l'idéal, ce désintéressement qui le remplit tout à la fois d'une intelligente vénération pour les illustres maîtres du passé et lui permit de présenter au public, sous leur jour le plus avantageux, ceux de ses contemporains que maltraitait la fortune : Hector Berlioz, Niels Gade, cette fermeté dans les convictions et cette persistance dans le travail qui l'appelèrent de droit à la succession des Bach et des Beethoven, et grâce auxquelles sa carrière trop tôt interrompue se résume en un seul mot : Excelsior. »

Dictionnaire universel des contemporains, par G. Vapereau, 1880, page 759 :

« GADE (Niels-Guillaume), compositeur danois, né à Copenhague, le 22 octobre 1817, négligea d'abord de cultiver les merveilleuses dispositions musicales qu'il avait reçues sur le piano et le violon, il obtient une place de premier violon à la chapelle royale de Copenhague. En même temps, la composition d'une ouverture intitulée : *Echo d'Ossian*, lui valut le prix de la Société musicale de cette ville. Le roi lui accorda un subside pour faire un grand voyage à l'étranger. Il fit applaudir à Leipzig, en 1843, deux de ses meilleures œuvres : une Ouverture et une Symphonie, et après une excursion en Italie, revint s'y fixer. Il obtint, pendant l'absence de Mendelssohn, la direction de la salle des concerts, qu'il garda jusqu'en 1849. L'année suivante, il retourna à Copenhague, où il devint maître de chapelle du roi. Il a été élu correspondant de l'Institut, le 16 novembre 1878. Les œuvres de M. Gade se distinguent également par la mélodie et l'instrumentation, comprenant des Symphonies, Ouvertures, Sonates, Quintettes et Romances, puis un drame lyrique, *Comala*, et un opéra, les *Nibelungen*. »

Paris donne la représentation posthume des *Contes d'Hoffmann* d'Offenbach le 10 février 1881 ; la loi du 16 juin de Jules Ferry permet la gratuité de l'enseignement primaire ; loi sur la liberté de la presse du 29 juillet.

Bibliothèque universelle et revue suisse, tome IX, Lausanne, 1881. Le Festival religieux. Origine, développements et transformations de l'Oratorio :

«… Depuis quelques années, le retour à l'art religieux est visible. Cette rénovation dans l'étude des œuvres musicales mérite d'être signalée. Elle n'est pas due à la pénurie et à l'insignifiance des compositions contemporaines, comme l'affirment les critiques qui, pour faire preuve de perspicacité, critiquent aujourd'hui Wagner, Niels Gade, Rubinstein, Massenet, Reyer, Gounod et Verdi, de même qu'hier ils outrageaient

Rossini, Meyerbeer, Hérold et Berlioz. Elle s'alimente à une moralité supérieure... » (p. 196)

« Rubinstein, Massenet, Saint-Saëns, Gounod, Berlioz, Guiraud, Godard, Reyer, Lenepveu, se préoccupent plus de la musique d'oratorio que de la musique d'opéra. Niels Gade et Wagner ne s'inquiètent-ils pas d'agrandir leur drame lyrique par l'alluvion oratorienne ? » (p. 202)

« Il est frappant qu'aujourd'hui même, Massenet, Gounod, Guiraud, Lenepveu, Saint-Saëns, Rubinstein, Niels Gade, inspirés par le renouvellement religieux, partout sensible en Europe et en Amérique, et voulant y faire cadrer leur inspiration, n'aient rien trouvé de mieux que de ressusciter l'antique oratorio...» (p. 205). Maurice Cristal

Journal Officiel, jeudi 15 décembre 1881. Programme du concert qui aura lieu, au Théâtre du Château-d'Eau, dimanche prochain, à deux heures, sous la direction de M. Ch. Lamoureux[129] : ... *Michel-Ange*, ouverture de concert (Niels Gade) : id. *infra*.

Réannonces dans les numéros des 16, 18 et 25 décembre 1881. *La Justice*, vendredi 16 décembre 1881 n'ajoute rien de plus. Dans *La Chronique des Arts et de la Curiosité.* : même programme qu'au 24 décembre 1881 n° 41. Idem dans *Le Radical* du samedi 17 décembre 1881.

Le Gaulois. Jeudi 22 décembre 1881. Programme du concert de dimanche au Château d'Eau[130] : *Symphonie italienne* (Mendelssohn) ; *Andantino-Prière* et *Menuet* (pour instruments à cordes) de Ch. Dancla ; Air de la *Flûte enchantée*, chanté par Mlle Marie Marimon (Mozart) ; Ouverture, Prélude du 3ᵉ acte, Danse des écoliers et Choral des *Maîtres Chanteurs* (Wagner) ; Air tiré de *Samson*, chanté par Mlle Marimon. Accompagnement de trompette par M. Routier ; *Michel-Ange*, ouverture de concert (Niels W. Gade).

---

[129] Charles Lamoureux, violoniste et chef d'orchestre français (1834-1899). Élève du Conservatoire de Paris, joue dans l'Orchestre de l'Opéra de Paris. Avec Edouard Colonne il fonde en 1860 les séances populaires de musique de chambre. En 1881 il crée les Nouveaux Concerts. Admirateur de la musique de Wagner qu'il dirige souvent à Paris. Il y donne la première de *Lohengin*. Son gendre Camille Chevillard lui succède en 1897 à la tête de la formation qui devient alors les Concerts Lamoureux.

[130] Salle du Château-d'Eau. Salle de spectacles anciennement baptisée Cirque-Impérial et Cirque-Olympique et située place du Château-d'Eau (aujourd'hui place de la République), détruite par le baron Haussmann en 1862, d'une contenance de 5000 places. Rebaptisée Théâtre du Château-d'Eau, on y donne des drames, féeries, revues, puis des comédies, des opéras-comiques et des opéras. La salle prendra ensuite le nom d'Opéra-Populaire puis de nouveau de Théâtre du Château-d'Eau...

La Chronique des Arts et de la Curiosité, n° 41, 24 décembre 1881. Concert du dimanche 25 décembre : « Château-d'Eau. Concerts Lamoureux : *Symphonie italienne* (Mendelssohn) ; *Andantino-prière ; Menuet* (Ch. Dancla), pour instruments à cordes ; air de la *Flûte enchantée* (Mozart), chanté par Mlle Marie Marimon : Ouverture, Prélude du 3ᵉ acte, Danse des écoliers et Choral des *Maîtres chanteurs* (R. Wagner) ; Air tiré de *Samson* (Handel), chanté par Mlle Marimon ; *Michel-Ange*, ouverture de concert (Niels W. Gade). »

Le Ménestrel n° 3, dimanche 18 décembre 1881. Concerts annoncés. Au Château-d'Eau… Ouverture de *Michel Ange*, de Niels Gade. Le concert sera dirigé par M. Lamoureux.

Les journaux suivants rapportent ce programme dans leurs pages artistiques : *Le Journal des Débats*, samedi 17 décembre 1881 ; *Le XIXᵉ siècle*, dimanche 18 décembre 1881. Courrier des Théâtres. Château d'Eau. Concert Lamoureux ; *Le Figaro*, jeudi 22 décembre 1881.

Le Ménestrel n° 4 daté du dimanche 25 décembre 1881 rend compte de l'événement :

« Salle du Château-d'Eau, dimanche dernier, le neuvième concert de M. Ch. Lamoureux a obtenu le légitime succès dont il s'est fait la douce habitude. Les nombreux dilettantes y ont entendu pour la première fois, des fragments de *Maîtres Chanteurs*, de Wagner. Nous comprenons très bien que même des musiciens sérieux ne puissent saisir à une première audition cette œuvre si puissamment orchestrée ; c'est une nouvelle étude à faire ; en aura-t-on la persévérance ? Mlle Marimon a été fêtée dans l'air de la *Flûte enchantée*, de Mozart, et dans un bel air de Haendel dont l'accompagnement de trompette obligée, a été remarquablement tenu par M. Routier. Ajoutons du reste que le talent de la cantatrice n'a fait que grandir. M. Ch. Dancla, notre excellent professeur au Conservatoire, a fait exécuter un *Andantino* et un *Menuet*, composés pour instruments à cordes ; le public, charmé, a fait une longue ovation au maître et exigé le bis du menuet. Le concert était complété par la *Symphonie italienne*, de Mendelssohn et l'ouverture de *Michel-Ange*, de Niels Gade ; ces deux œuvres ont été admirablement exécutées par l'excellent orchestre des Nouveaux Concerts. » H.H.

Le Journal des Débats, dimanche 25 décembre 1881. Théâtres – Concerts – Conférences. Au théâtre du Château-d'Eau, rue de Malte, 50, place de la République (Société des nouveaux concerts sous la direction de M. Charles Lamoureux). Programme du dimanche 24 décembre, à deux heures un quart : programme : idem *infra*. Mêmes informations dans *Le Radical* du dimanche 25 décembre1881.

Le Gaulois. Lundi 26 décembre 1881. « Cet excellent orchestre [Lamoureux] a interprété à ravir le prélude en forme de rêverie qui nous fait entrer dans les pensées mystérieuses de Hans Sachs, la valse délicieuse qu'égaye le carillon du glockenspiel et la marche des chanteurs d'une solennité si sonore ; ces trois pièces d'allure différente ont été nuancées presque en perfection [il s'agit des *Maîtres Chanteurs* de Wagner, « le Titan de Bayreuth »]. Je ne m'occuperai qu'en passant du reste du concert. La *Symphonie italienne* de Mendelssohn, l'ouverture de concert « Michel Ange » de M. Niels Gade et deux intermèdes pour instruments à cordes de M. Ch. Dancla y ont fait justement applaudir les exécutants… M. Lamoureux a droit, en résumé, à de chaudes félicitations ». F.

Gil Blas (Paris, 1879-1940, quotidien) du lundi 26 décembre 1881, *Le Rappel* du 26 décembre 1881 et *Le Rappel* du 27 décembre 1881 reprennent les informations sans apporter d'éléments complémentaires.

Les Annales du Théâtre et de la Musique, 1881 (publié en 1882) : « La salle du Château-d'Eau était comble pour le 9ème concert de M. Charles Lamoureux, et le succès de la séance a été pour l'excellent violoniste Dancla, auquel une ovation a été faite après son *Andantino-Prière* et après le *Menuet*, également de sa composition, qui a été bissé… Les instrumentistes de M. Lamoureux continuent à être généralement parfaits, et ils ont admirablement exécuté une ouverture de Niels W. Gade (*Michel-Ange*) et la *Symphonie italienne*, de Mendelssohn. » (p. 482).

L'Année artistique. Paris, Les beaux-arts en France et à l'étranger, 1878-1882. Années 1880-1881, par Victor Champier.

Dictionnaire des opéras (dictionnaire lyrique), par Félix Clément et Pierre Larousse. Paris. 1881. [Ouvrages lyriques jusqu'en 1881] On y lit : « *Comala*, poème dramatique, musique de Gade (Niels-Guillaume), né en 1817 : inédit. » (p. 170). « *Elvers vanda* (la Montagne des Elfes), opéra danois, musique de Gade, exécutée à Copenhague en mai 1854. » (p. 249).

Représentation de *Parsifal* de Wagner à Bayreuth le 26 juillet 1882 ; en Allemagne toujours, Koch découvre le bacille de la tuberculose.

Le Gaulois. Mardi 23 mai 1882 : « Voici le programme de la magnifique matinée qui doit avoir lieu, vendredi, au Trocadéro, au profit de l'Œuvre de la Miséricorde : Ouverture de *Michel-Ange*, par l'orchestre Lamoureux, Niels W. Gade ; Air de la *Reine de Saba* par M. Dereims, Gounod ; et des œuvres de Haendel, Massenet, Wagner, A. Thomas, Saint-Saëns, Truffier, Fauré, Massé. »

Le Figaro (Paris, 1854-1942, journal non politique), mardi 23 mai 1882, communique la même information.

Le Temps. Mardi 4 juillet 1882 : «... Pour terminer maintenant la liste des nouvelles publications pour piano, je recommanderais les ouvrages suivants qui ne dépassent pas la moyenne force... *Sylphides*, petit morceau charmant de Niels W. Gade (nouvelle édition, chez Hamelle)... »

Le Figaro, dimanche 3 septembre 1882. Figaro à Birmingham. Le Festival, 1er septembre. Article de T. Johnson :

«... La *Psyché*, de M. Niels Gade, compositeur danois et élève de Mendelssohn, est plutôt un poème dramatique qu'une cantate et Mme Marie Roze[131] encore ici prête son talent à l'auteur. Je suis loin de dire que la *Psyché* de M. Gade ne soit pas une œuvre hors ligne ; on y retrouve souvent la facture de Mendelssohn, et ce n'est point un mince mérite pour l'élève que de rappeler parfois, à s'y méprendre le style du maître, mais après avoir entendu *Rédemption*, après avoir assisté à huit séances de musique, il serait téméraire de porter un jugement sur la dernière partie d'un festival peut-être légèrement trop long et à la fin duquel on devient incapable d'apprécier à sa valeur une œuvre écoutée cependant avec le plus grand plaisir. »

Les *Contes cruels* de Villiers de l'Isle-Adam publiés le 19 février 1883 annoncent le symbolisme. A Paris, on entend la première de *Lakmé* de Léo Delibes. Premier voyage de l'Orient-Express le 4 octobre 1883. Première loi sur l'assurance maladie en Allemagne en juin. Ouverture du Metropolitan Opera de New York le 22 octobre.

Le Temps. Vendredi 26 janvier 1883. Château-d'Eau. Concert Lamoureux : *Michel Ange*, ouverture de concert (Niels Gade). Idem dans *Le Ménestrel* du 28 janvier et dans *Le Journal Officiel* du vendredi 26 janvier 1883. La veille, jeudi 25 janvier 1883, *Le Figaro* annonçait l'évènement. *Le Radical* également dans sa parution du samedi 27 janvier 1883.

Le Ménestrel n° 9 du dimanche 28 janvier 1883. Concerts annoncés. Au Château-d'Eau : 1, *Michel Ange*, ouverture de concert (Niels Gade) ; 2, Fragments d'*Armide* (Gluck), chantés par Mme Brunet-Lafleur, MM. Bosquin et Rocher, 3, *Symphonie avec chœur* (Beethoven), solo par Mme Anna Soubre, MM. Bosquin et Auguez, 4, Air de *Lotti* (1700), chanté par

---

[131] Marie Roze (1846-1926), soprano d'opéra française. Engagée à l'Opéra de Paris et à Londres. Tournées à l'étranger. Pédagogue. Elle se fait remarquer dans *Carmen*.

Mme Brunet-Lafleur, 5, Ouverture d'*Obéron*. L'orchestre sera dirigé par M. Charles Lamoureux.

Le Ménestrel, *n° 10* du dimanche 4 février 1883. Concerts annoncés : « Au Château-d'Eau : 1, *Michel Ange*, ouverture de concert de Niels Gade ; 2, *Symphonie avec chœur de Beethoven* (version française de Victor Wilder), les solis par Mlles Soubre et Rocher, MM. Bosquin et Auquez ; 3, *Concerto en mi mineur* de Chopin, interprété par Mme Essipoff ; 4, Prélude de *Tristan et Yseult* de Wagner ; 5, Ouverture d'*Athalie* de Mendelssohn. Le concert sera dirigé par M. Charles Lamoureux. »

Le Ménestrel n° 23, dimanche 6 mai 1883. Concerts et soirées :

« Deuxième concert du Trocadéro : Toujours une énorme affluence aux concerts de M. Guilmant[132]. Le programme ne comprenait pas moins de douze morceaux, entre autres deux concertos d'Haendel, le *Concerto en fa*, le plus connu de tous, et dont l'andante est une merveille, celui en si bémol d'un tout autre style et non moins intéressant. M. Guilmant a, de plus, fait entendre un moderato de Niels Gade, une prière de Lemaître et son *Scherzo symphonique* qui est une page très bien écrite... »

Le Figaro, jeudi 13 décembre 1883. Château-d'Eau, concert Lamoureux : idem *infra*.

La Chronique des Arts et de la Curiosité, *n° 39,* 15 décembre 1883. Concerts du dimanche 16 décembre. Château-d'Eau. *Michel-Ange* (Niels Gade) + même programme qu'au 15 décembre 1883 n° 39 (cf. infra).

Le Ménestrel daté du dimanche 16 décembre 1883 (n° 2754, n° 3) un concert au Château-d'Eau avec l'ouverture de *Michel-Ange* de Gade + idem.

La Chronique des Arts et de la Curiosité, *n° 39,* 15 décembre 1883 : Concerts du dimanche 16 décembre. Château-d'Eau. « *Michel-Ange* (Niels Wilhelm Gade) ; *Symphonie en* fa (Beethoven) ; *Symphonie concertante pour deux violons* (Ch. Dancla) ; Ouverture du *Vaisseau-fantôme* (Wagner) ; *Menuet* pour instruments à cordes (Haendel) ; *Sylvia,* suite d'orchestre (Delibes). »

---

[132] Félix Alexandre Guilmant (1837-1911), organiste (église de la Sainte-Trinité, Notre-Dame de Paris), compositeur et professeur de français. Editeur de musique. Il enseigne à la Schola Cantorum et au Conservatoire de Paris. Grande figure du renouveau de l'orgue français.

La Justice (Paris, 1880-1976, quotidien), dimanche 16 décembre 1883 et *La Lanterne*, lundi 17 décembre 1883 répercutent les mêmes renseignements.

La Chronique des Arts et de la Curiosité, n° 40, 22 décembre 1883. Concert du dimanche 23 décembre : même programme qu'au 15 décembre 1883 (n° 39). Annonce reproduite également dans le *Journal Officiel*, 21 décembre 1883 et dans *Le Figaro*, des mercredi 19 décembre et vendredi 21 décembre 1883.

Le Gaulois. Samedi 22 décembre 1883 : « L'Union internationale des compositeurs, tel est le titre d'une société d'artistes français et étrangers, qui s'est constituée sous la présidence de M. Ernest Reyer, membre de l'Institut, dans le but d'établir une sorte d'exposition annuelle de la musique, dans la salle du Trocadéro. Il y aura donc, au printemps prochain, six grands festivals, avec orchestre et chœurs (350 exécutants), sous la direction de M. Benjamin Godard et des auteurs, dans lesquelles on entendra des œuvres de MM. Tchaïkowski (Russie), Peter Benoit et Ferdinand Le Borne (Belgique), Smetana (Bohême), Niels Gade (Danemark), Max Bruch (Allemagne), Sgambati (Italie), Gounod, Massenet, Victorien Joncières, Lucien Lambert, Ernest Reyer, Saint-Saëns, César Franck, Godard, Paul Vidal et Alfred Bruneau (France) ; Mlle Augusta Holmès (Irlande). » *Le Radical* du samedi 22 décembre 1883 reprend fidèlement ces informations.

Ménestrel n° 4 du dimanche 23 décembre 1883. E. de Bricqueville[133] dans Concerts et soirées rend compte : « Le dernier concert du Château-d'Eau s'ouvrait par une ouverture de Niels Gade intitulée – peut-être un peu au hasard – *Michel-Ange*, mais assez intéressante en dépit de l'abus des cuivres qui y est fait. Venait ensuite l'admirable *Symphonie en* fa de Beethoven, dont Berlioz a dit : « Cela tombe du ciel tout entier dans la pensée de l'artiste. »

Le Gaulois. Jeudi 27 décembre 1883 : « Il me sera permis d'annoncer ici à nos lecteurs la formation d'une société dite l'Union internationale des compositeurs, qui est appelée à rendre de signalés services à la musique et aux musiciens. La première série de ces concerts commencera le 3 avril prochain. On exécutera successivement des partitions importantes de MM. Tchaïkowski, Peter Benoit, Smetana, Niels Gade, Max Bruch… »

---

[133] Eugène de Bricqueville (1854-1933). Elève de Gigout pour l'orgue, organiste, grand amateur de musique, il dirige La Couperin, un orchestre d'instruments anciens qu'il avait fondé.

Le Rappel, 27 janvier 1883, communique les mêmes données.

Le Tintamarre, hebdomadaire, satirique et financier, critique de la réclame, satire des puffistes (Paris, 1883), dimanche 23 décembre 1883. Concert Lamoureux : « On avait préalablement [à l'audition de l'ouverture du *Vaisseau Fantôme* de Wagner] entendu le *Michel Ange* de Niels Gade... »

La Presse, vendredi 14 décembre 1883. Courrier des Théâtres. Château-d'Eau (Concerts Lamoureux) : *Michel-Ange*, ouverture de concert (Niels Gade) ; *Symphonie en la* (Beethoven) ; *Symphonie concertante pour deux violons* (Ch. Dancla) ; *Ouverture du Vaisseau-Fantôme* (Rich. Wagner) ; *Menuet*, pour instruments à cordes (Haendel) ; *Sylvia*, suite d'orchestre (Léo Delibes).

La Presse, dimanche 16 décembre 1883. Voici la liste des matinées qui auront lieu aujourd'hui dimanche (idem *supra*).

La Presse, vendredi 21 décembre 1883 et dimanche 23 décembre 1883 : « Voici la liste des matinées qui auront lieu dimanche 23 décembre » (idem *supra*).

Le Rappel, samedi 22 décembre 1883. Château-d'Eau. Concert Lamoureux : *Michel-Ange*, ouverture de concert (Niels Gade) et œuvres de Beethoven, Ch. Dancla, Wagner, Haendel, Delibes.

Succès pour la *Manon* de Massenet en janvier 1884 ; en Allemagne, Ibsen fait jouer à Munich *Le Canard sauvage*, drame symboliste.

Le Temps, mardi 1er janvier 1884. Critique musicale : « Suite d'orchestre, de M. Tchaïkowski (Russie) ; *Fantaisie du printemps*, pour chœur et orchestre, par M. Niels Gade (Danemark) ; *Patrie*, poème symphonique de M. Smetana (Bohême) ; *Frithoff*, légende dramatique de M. Max Bruch (Allemagne), ouvrage publié en France, mais non encore exécuté ; une ouverture de M. Sgambati (peut-être une symphonie : le mot Italie Sinfonia est si équivoque !) ; *Rubens-Cantate*, de M. Pierre Benoit, et *Daphnis et Chloé*, poème lyrique, de M. Fernand Le Borne (Belgique). L'orchestre et les chœurs comprendront 350 exécutants. »

Le Journal des Débats, 6 janvier 1884. Courrier de l'art : chronique hebdomadaire des ateliers, des musées, des expositions... 3 janvier 1884. Louis Gallet[134], p. 5 : « Le caractère international de l'Association qui, à la

---

[134] Louis Gallet (1835-1898), librettiste et auteur dramatique français, il laisse aussi des romans et des poésies. Il collabore avec Bizet, Saint-Saëns, Massenet, Gounod. Critique musical à la *Nouvelle Revue*.

suite de nos compositeurs nationaux, fait figurer sur son programme les noms de Peter Benoit pour la Belgique, de Smetana pour la Hongrie, de Niels Gade pour le Danemark, de Sgambatti pour l'Italie, nous promet d'intéressantes séances et d'instructives révélations. » (Au Trocadéro, série de 6 festivals).

La Revue politique et littéraire : revue des cours littéraires (Paris, 1871-1933), *1884*. Chronique musicale. Léon Pillaut [135] propose un résumé des activités artistiques :

« … Un compositeur danois, M. Niels Gade, a intitulé *Fantaisie de printemps* un charmant ouvrage dont les agréables idées, les doux et aimables sons justifient le titre. L'orchestre, un quatuor vocal et le piano concertent de la plus heureuse façon. C'est un ouvrage tout à fait propre à être exécuté dans les concerts, ou encore même dans quelque grand salon d'amateurs ; c'est de la musique de chambre agrandie. Le style rappelle un peu celui de Mendelssohn. »

Le Gaulois du lundi 25 février 1884. « Nous avons déjà parlé des six grands festivals que l'Union internationale des compositeurs va organiser au Palais du Trocadéro à partir du 3 avril… Nous sommes heureux de pouvoir donner à nos lecteurs la liste des divers ouvrages, inconnus encore pour Paris, qui seront entendus successivement aux cinq autres festivals… Danemark. *Foraarsphantasia*, fantaisie de printemps (Niels Gade). »

Officiel-Artiste (Paris, 1884), Journal hebdomadaire paraissant le mardi, 19, rue des Ursins, Paris, 28 février 1884 : « L'Union internationale des compositeurs de musique doit inaugurer la série de six festivals par l'exécution, le jeudi 8 avril, de la *Rédemption*, de Charles Gounod, sous la direction de l'auteur. Les cinq autres festivals auront lieu les jeudis 17 avril, 1er, 15 et 29 mai, 12 juin 1884, à deux heures un quart et comprendront… Niels Gade… ».

Mêmes renseignements dans *Le Journal des Débats*, mardi 26 février 1884.

Le Figaro, samedi 8 mars 1884. « Six jeunes compositeurs se sont réunis, et sous la présidence honoraire de M. Ernest Reyer, membre de l'Institut, ont créé, sous ce titre, une Société qui a pour but l'audition, dans six grands festivals donnés chaque année au palais du Trocadéro, du 3 avril au 12 juin, des œuvres des maîtres vivants, français et étrangers… aux

---

[135] Léon Pillaut (1833-1903), compositeur et musicographe. Conservateur du Musée instrumental du Conservatoire de Paris (1886-1903). Ami de Gounod.

ouvrages des compositeurs étrangers : MM. Tschaïkowski, Smetana, Niels Gade, Max Bruch, Sgambati, Peter Benoit et Fernand Le Borne… »

Le Gaulois. 26 mars 1884 : « On nous dira que nos théâtres subventionnés, l'Opéra et l'Opéra-Comique, ont bien assez à faire en jouant nos compositeurs français, de plus en plus nombreux et distingués. Nous en sommes d'accord, mais nous ne devons pas nous figurer que notre école musicale, si remarquable qu'elle soit, n'ait aucune rivalité à craindre. Le goût de la musique s'est beaucoup propagé partout depuis quelques années et l'on compte, chez toutes les nations, des musiciens éminents qui, presque tous, ont écrit ou écriront des opéras ou des drames lyriques. L'Allemagne est dominée par l'œuvre prodigieux de Richard Wagner. […] Les Suédois ont leur auteur d'opéras dont ils sont très fiers, M. Haellstroem[136], qui a eu l'honneur de collaborer avec S.M. la reine de Roumanie ; la Norvège se prévaut de MM. Swendsen et Grieg ; le Danemark, de M. Niels Gade… Il y a en Europe, bien des forces musicales perdues pour les Parisiens, et vous sentirez comme nous l'urgence de la création d'un théâtre international.»

Le Rappel, vendredi 28 mars 1884. L'Union internationale des compositeurs… pour l'étranger (premières auditions) de Niels Gade [et MM. Tschaikowski, Peter Benoit, Max Bruch, Fernand Le Borne, Smetana et Sgambati, sous la direction des auteurs et de M. Benjamin Godard.]

Dans sa livraison du mardi 8 avril 1884 *Le Temps,* sous la plume de J. Weber[137], signale :

« Je citerai ensuite une charmante *Guitare*, de M. Lalo, pour piano ou violon ; une *Gondolière* de M. F. Ries, pour les mêmes instruments ; puis les œuvres suivantes pour piano seul : *Idylle* de Niels Gade… Voilà plusieurs années que Mlle Poitevin[138] donne des concerts, je ne l'avais cependant pas entendue avant la séance de la galerie Denman-Tripp. Je me méfie tant des pianistes ! Ma surprise n'en est que plus agréable lorsque je rencontre une artiste d'une valeur aussi sérieuse que Mlle Poitevin, d'un talent aussi pur et aussi consciencieux. »

La Nouvelle revue, 6ᵉ année, Paris (Edition : 1897-1940, bimensuel), mars-avril 1884. Revue du Théâtre. Musique : « On entendra plus tard des

---

[136] Haellstroem, en fait Ivar Christian Hallström (1826-1901). Pianiste et compositeur suédois. Il compose surtout des œuvres vocales. Son esthétique se situe entre le classicisme suédois et les traditions populaires.
[137] Johannes Weber (1818-1902), rédacteur du feuilleton musical du *Temps* de 1861 à 1895. Secrétaire de Meyerbeer. Auteur d'ouvrages sur la musique et l'enseignement.
[138] Marie Poitevin née en 1865, pianiste, élève du Conservatoire de Paris, très appréciée.

œuvres de Tchaïkowski, de Smetana, de Niels Gade, de Bruch et de Sgambati... » Louis Gallet

Le Figaro, samedi 10 mai 1884. Voici le programme du quatrième Festival de l'Union internationale des compositeurs, qui aura lieu jeudi, au Trocadéro. Ouverture d'*Arteveld* (E. Guiraud) ; *Fantaisie du printemps* (Niels Gade)...

Le Gaulois du 15 mai 1884. Courriers des spectacles. Aujourd'hui jeudi. Annonce le programme indiqué dans *Le Ménestrel* n° 24, 11 mai 1884.

Le Ménestrel n° 24, dimanche 11 mai 1884, donne davantage de précisions :

« Voici le programme du concert qui sera donné le 15 mai dans la salle du Trocadéro par l'Union internationale des compositeurs : 1° Ouverture d'*Artwel*, Ernest Guiraud (France) ; 2° *Andante et Menuet*, première audition, Arthur Coquard (France), sous la direction de l'auteur ; 3° *Fantaisie du Printemps*, première audition, Niels Gade (Danemark), pour piano solo, 4 voix et orchestre ; le piano sera tenu par M. Camille Saint-Saëns, Mmes Edith Ploux, Perret, MM. Mazalbert, Fournets ; 4° *Hymne à Victor Hugo*, première audition, Camille Saint-Saëns (France), pour orchestre, chœur et orgue , sous la direction de l'auteur, l'orgue sera tenu par M. Guilmant ; 5° Suite d'orchestre sur la *Farandole*, première audition, Théodore Dubois (France) ; 6° *Capriccio italien*, première audition, Tschaïkowski (Russie). Orchestre sous la direction de M. Benjamin Godard, chef d'orchestre de l'Union. »

Le Gaulois du lundi 12 mai 1884. Courrier des spectacles. « Nous avons tout récemment annoncé la double nomination de MM. Camille Saint-Saëns et Jules Danbé en qualité de membres, au titre étranger, de l'Académie royale de musique de Stockholm. Le nombre des membres étrangers est de quarante-cinq. On remarque les noms suivants... Niels Gade... »

Journal des Débats, 13 mai 1884 : « Voici le programme du quatrième festival de l'Union internationale des compositeurs, qui aura lieu jeudi, au Trocadéro... *Fantaisie de printemps* (Niels Gade) et des œuvres d'A. Coquard, E. Guiraud, Saint-Säens, Th. Dubois, Tschaïkowski *(sic)*... »

La Justice, mercredi 14 mai 1884 n'en dit pas davantage.

Journal des Débats. Mercredi 14 mai 1884. Concerts et Théâtres :

« Nous avons tout récemment annoncé la double nomination de MM. Camille Saint-Saëns et Jules Danbé en qualité de membres, au titre étranger de l'Académie royale de Musique de Stockholm. Le nombre des membres étrangers est de quarante-cinq. On y remarque les noms suivants : Ambroise Thomas, Charles Gounod, Gevaërt, Ferdinand de Hiller (Cologne), Manuel Garcia, Hubert Léonard, Henri Panotka, Nicolas Masset, Niels Gade, François Liszt (…) Clara Schumann (…) L'uniforme (car il y a un uniforme) consiste en ceci : Habit noir, dont le col, également en velours noir, est brodé d'une guirlande de laurier en soie noire, culotte, épée en acier, dont la poignée est incrustée d'ivoire ; enfin, chapeau tricorne. »

Le Figaro, vendredi 16 mai 1884. Chronique musicale. Trocadéro :

« Le Quatrième festival de l'Union internationale des Compositeurs offrait un peu plus d'intérêt que le précédent, qui nous avait cependant fait connaître la remarquable symphonie de M. Sgambati (…) Je passerai rapidement sur la *Fantaisie du Printemps*, de M. Niels Gade, pour piano, orchestre et quatuor vocal. L'œuvre du vieux maître danois, l'émule et l'ami de Mendelssohn, renferme des parties gracieuses et délicates ; mais l'orchestration en est un peu faible ; M. Saint-Saëns y a suppléé en faisant valoir la partie de piano avec une virtuosité sans égale. Le quatuor vocal, confié à mesdames Edith Ploux, Perret, MM. Fournets et Mazalbert, ne s'entendait guère dans l'immense nef du Trocadéro ; on a cependant encouragé M. Mazalbert qui a bien dit le solo de ténor… »

Gil Blas, samedi 17 mai 1884, rend compte longuement à son tour du spectacle :

« La pièce la plus intéressante du programme était assurément la *Fantaisie du Printemps*, de M. Niels Gade, écrite pour quatre voix de solistes, piano et orchestre. M. Niels Gade, le plus réputé des compositeurs scandinaves, est né à Copenhague, le 22 octobre 1817. Ce n'est plus un jeune homme, comme on voit, bien que sa musique soit assez nouvelle pour les oreilles françaises. Le talent de M. Gade est d'essence essentiellement germanique et ne se distingue pas, - du moins dans les compositions qui me sont connues, - par une note personnelle, trahissant son origine septentrionale.

Etroitement apparenté au génie de Schumann et de Mendelssohn, il tient de la sensibilité délicate de l'auteur de *La Péri* et surtout de la grâce élégante du compositeur du *Songe d'une Nuit d'été*.

La *Fantaisie de printemps* est l'une des nombreuses cantates que M. Niels Gade a écrites pour les festivals allemands et scandinaves. C'est une composition poétiquement comprise et finement ouvragée, qui fait honneur au maître et contribuera certainement à populariser son nom dans les cercles où l'on se pique de connaître et de pratiquer la bonne musique. » Victor Wilder[139] (pour l'Union internationale des Compositeurs (cf. *infra*).

Le Rappel, 17 mai 1884 : « Nous citerons parmi les autres œuvres entendues à cette séance : une œuvre d'un beau souffle de M. Guiraud, destinée à quelque *Artevelde* ; un *Andante* et un *Menuet*, de M. Arthur Coquard, d'un style très châtié ; la poétique et douce *Fantaisie du Printemps*, du danois Niels Gade pour laquelle M. Saint-Saëns avait voulu tenir la partie de piano et que quatre chanteurs ont fait valoir très habilement, avec l'orchestre, dirigé par M. Benjamin Godard... » Au Trocadéro. *L'Hymne à Victor Hugo*, de M. Saint-Saëns, au concert de l'Union internationale des compositeurs.

Le Ménestrel n° 25, dimanche 18 mai 1884. Nouvelles diverses. « Nous avons tout récemment annoncé la double nomination de MM. Camille Saint-Saëns et Jules Danbé en qualité de membres, au titre étranger, de l'Académie royale de musique de Stockholm. Le nombre des membres étrangers de cette compagnie est de quarante-cinq, parmi lesquels nous rencontrons les noms suivants : (...) Niels Gade, Franz Liszt, Johann Hartmann, Mme Clara Schumann... »

A la rubrique Concerts et soirées : « L'Union internationale des Compositeurs a donné sa quatrième séance au Trocadéro, le jeudi 15 mai (...) *La Fantaisie de printemps* du compositeur danois Niels Gade est une œuvre charmante, pleine de distinction, de mélodie et de beaux effets. »

Le Temps. Mardi 20 mai 1884. Quatrième festival de l'Union internationale des compositeurs : auditions d'œuvres de MM. Guiraud, Coquard, Niels Gade et Saint-Saëns :

« (...) L'interprétation de la *Fantaisie du printemps* a été assez mauvaise ; je fais une exception pour M. Saint-Saëns qui tenait la partie de piano. Des chanteurs qui ne prononcent aucune parole intelligible, un ténor qui n'a pas de voix, et pour comble un final Allegro vivace qui a été bredouillé presto ; voilà de quoi singulièrement édifier le public. L'œuvre de M. Gade est intitulée : *Fantaisie du printemps*, morceau de concert pour quatre voix de solos, orchestre et piano. La partie de piano n'a pas une trop grande importance, comme on pourrait le craindre ; l'orchestre garde son rôle, mais sans se livrer à de grands développements symphoniques. La « Fantaisie » comprend trois morceaux : dans le premier, le soprano, auquel

---

[139] Victor Wilder (1835-1892), musicographe belge, traducteur de nombreuses œuvres musicales dont celles de Wagner (notamment *La Valkyrie*).

les trois autres voix viennent se joindre ensuite, exprime le désir de voir renaître le printemps ; dans le second morceau, il est question des vents qui chassent les brouillards et la neige ; dans le troisième enfin, on chante l'arrivée du printemps et du mois de mai. Dès le commencement de la fantaisie, on remarque une certaine analogie entre le style de M. Gade et celui de Mendelssohn ; mais M. Gade ne montre pas la moindre velléité descriptive, quoique le second morceau surtout semblât s'y prêter ; la partie vocale de ce morceau forme un air de ténor dont la seconde moitié est une mélodie large en majeur, formant un bon contraste avec ce qui précède. L'œuvre entière est toujours très claire et mélodieuse, elle a bien le caractère d'un chant de printemps. Seulement il faut la lire avec le texte original, qui est en allemand. Je n'ai sous les yeux qu'un arrangement pour piano seul de *l'Hymne à Victor Hugo* composé par M. Saint-Saëns (…) ». J. Weber

Courrier de l'art : chronique hebdomadaire des ateliers, des musées, des expositions, des ventes publiques, Paris, 1881-1892, 23 mai 1884. Louis Gallet : « La *Fantaisie du printemps*, du compositeur danois Niels Gade, est d'une trame un peu claire, mais d'une inspiration délicate ; les voix de Mmes Ploux et Perret, de MM. Fournets et Mazalbert, le piano de M. Camille Saint-Saëns, ont contribué pour beaucoup au bon accueil fait à ce morceau. » Au Trocadéro : Quatrième festival de l'Union internationale des compositeurs.

La Justice, mardi 27 mai 1884 : « J'ai pu, dans quatre festivals seulement, faire entendre *Rédemption*, présenter les œuvres des maîtres français : Gounod, Saint-Saëns, César Franck, Ed. Lalo, E. Guiraud, Th. Dubois. J'ai pu présenter les maîtres étrangers : Max Bruch, Smetana, Sgambati, Niels Gade et Tschaïkowski… » Le président de l'Union A. Bruneau[140]

Journal des Débats politiques et littéraires, dimanche 1er juin 1884. E. Reyer :

« (…) Dans l'Union internationale des compositeurs, M. Niels Gade a été choisi pour représenter le Danemark. Ce maître, qui jouit presque au début de sa carrière d'une certaine renommée en Allemagne, fut appelé à la direction des concerts du Gewandhaus, lorsque Mendelssohn devint directeur général de la musique du roi de Prusse (…).

---

[140] Alfred Bruneau (1857-1934), violoncelliste, compositeur et chef d'orchestre français. Critique musical au *Gil Blas* (1892-1895) puis au *Figaro* et au *Matin*.

Après avoir séjourné quatre ans environ à Leipsick, il retourna à Copenhague et y fut nommé organiste de la cour, poste qu'il doit occuper encore actuellement. C'est un musicien de grand savoir et qui a beaucoup produit ; son style le désigne suffisamment comme un disciple de Mendelssohn et le mouvement germanique moderne n'a pas eu grande influence sur lui. Il est resté ce qu'il était. Franchement, n'est-ce pas ce qu'il pouvait faire de mieux ? Je ne me souviens plus si c'est aux concerts populaires ou aux concerts du Châtelet que j'entendis pour la première fois, il y a quelques années, la ballade de la *Fille du roi des aulnes* ; mais je n'ai point oublié l'impression que me fit éprouver cette remarquable composition dont la deuxième partie débute par un prélude symphonique délicieux suivi d'un air de basse : « O nuit tranquille » toute pleine de charme et de poésie. La *Fantaisie du printemps*, exécutée au dernier concert de l'Union, n'a pas à beaucoup près l'importance et la valeur de la *Fille du roi des aulnes*. Des trois parties dont se compose ce morceau de concert (concertstück) pour quatre voix soli, piano et orchestre, la première est à mon avis la meilleure. L'introduction et toute la scène qui suit sont d'une fraîcheur adorable et très délicatement instrumentées. « Les fleurs embaument l'air de parfums enivrants » ; puis l'orage éclate, un orage où les éclairs ne jettent pas grande lumière, où le tonnerre ne fait pas grand bruit, et les nuages s'étant dissipés, les voix et l'orchestre (j'allais oublier le pianoforte) entonnent le chant de mai, l'hymne du printemps... »

La Jeune France (Paris, 1878-1888), juillet 1884. Chronique musicale : « On a entendu successivement (...) Niels Gade (67 ans) (...) »

Le Ménestrel n° 38, dimanche 17 août 1884. On signale l'exécution d'*Andantino et Scherzo*, pour huit violons, de Niels Gade à l'Ecole municipale publique de Bâle.

Le Ménestrel n° 47, dimanche 19 octobre 1884. « Chacun son tour : la peinture illustrée par la musique. Le fameux compositeur danois Niels W. Gade prépare en ce moment une suite d'orchestre, intitulée *Holbergiana*, dont l'objet est d'illustrer musicalement les œuvres principales du peintre Holberg[141], à l'occasion des fêtes qui vont avoir lieu à Copenhague en l'honneur de cet artiste. »

Le Gaulois. Lundi 24 novembre 1884. L'Album-prime du *Gaulois*. « Niels Wilhelm Gade. La renommée du maître danois Niels W. Gade date de loin. Il fut le disciple préféré de Mendelssohn, dont il a pieusement gardé

---

[141] Ludvig Holberg (1684-1754) était un écrivain (et non un peintre) majeur né en Norvège, ayant vécu presque toute sa vie à Copenhague. On fêta le bicentenaire de sa naissance dans le Nord. Grieg composa une *Suite pour cordes du temps de Holberg*, op. 40, en 1884.

la tradition. Son œuvre est immense et décèle partout une science et une merveilleuse souplesse : symphonies, cantates, poèmes dramatiques, fantaisies, lieder, etc. Ses ouvertures d'*Ossian* et de *Michel-Ange*, son *Andante sostenuto* (op. 15) pour orchestre, et sa *Fantaisie de printemps* pour piano, orchestre et chœur, ont été joués à Paris avec succès. M. Niels W. Gade vit à Copenhague, entouré d'admiration pour son talent et de respect pour son caractère. »

[Il s'agit d'une présentation des compositeurs inclus dans la proposition ci-dessous]

Le Gaulois. Lundi 1er décembre 1884 et *Le Gaulois*. Samedi 13 décembre 1884 impriment la même publicité que dans le numéro du 24 décembre. De même que *Le Temps (*jeudi 13 décembre 1884) qui donne la même annonce pour l'Album-prime du *Gaulois*.

Le Gaulois. Mercredi 24 décembre 1884. Prime du *Gaulois*. Contenant 61 morceaux inédits, chant, piano, violon, écrits spécialement pour les abonnés du *Gaulois* par les Compositeurs les plus connus. Liszt, Rubinstein, Sgambati, Tschaikowsky, Niels W. Gade…

Le Gaulois. Samedi 27 décembre 1884 reprend une nouvelle fois les données fournies dans l'Album-Prime du Gaulois

La Nouvelle revue, Tome 27, mars-avril 1884. Revue du Théâtre. Musique : « Il s'agit de l'Union Internationale des Compositeurs, dont le but est de faire entendre, dans six grands festivals donnés chaque année au palais du Trocadéro, des œuvres d'auteurs vivants français et étrangers, et de constituer ainsi une Exposition annuelle de la musique contemporaine. L'association a pour président honoraire M. Ernest Reyer, membre de l'Institut ; pour président actif M. Alfred Bruneau, jeune compositeur, lauréat de l'Académie des Beaux-arts… On entendra plus tard des œuvres de Tchaïkowski, de Smetana, de Niels Gade, de Bruch, de Sgambatti *(sic)* ». Louis Gallet

Les Annales du théâtre et de la musique. 1884 (publié en 1885), p. 363 et suivantes : « Six compositeurs : MM. Camille Saint-Saëns, Ernest Guiraud, Théodore Dubois et Arthur Coquard, pour la France ; Niels Gade pour le Danemark, et Tschaïkowsli *(sic)* pour la Russie, faisaient les frais du quatrième et dernier festival de l'Union internationale des compositeurs… M. Saint-Saëns avait bien voulu tenir la partie de piano dans la gracieuse *Fantaisie du printemps*, de Niels Gade, qui, sans originalité, a la fraîcheur et l'élégance d'un morceau de Mendelssohn… »

La Revue libérale. (Paris, date d'édition : 1882-1884), janvier 1884. L'Union Internationale des compositeurs (p. 415-416) :

« Une œuvre artistique intéressante entre toutes vient d'être créée par un groupe de musiciens épris du grand art, sous le titre d'Union Internationale des Compositeurs. M. Ernest Reyer, membre de l'Institut, l'éminent auteur de la *Statue de Sigurd*, en a accepté la présidence honoraire et M. Benjamin Godard a été chargé des fonctions délicates de chef d'orchestre. (…) L'Union Internationale des Compositeurs organise, pour sa première année, six grands festivals – orchestre et chœurs, solistes en renom, 350 exécutants – qui auront lieu au Palais du Trocadéro les jeudis 3 et 17 avril, 1er, 15 et 29 mai, 12 juin. Un nombre égal de compositeurs vivants français et étrangers sera invariablement maintenu, de façon à former une véritable Exposition annuelle de la musique contemporaine. Les compositeurs qui le désireront seront admis à conduire eux-mêmes leur œuvre. (…) Aux programmes de cette année : Etranger. Russie : M. Tchaikowski, *Suite d'orchestre* (1re audition). Belgique : M. Peter Benoit, *Rubens-cantate* (1re audition), M. Ferdinand Le Borne : *Daphnis et Chloé*, poème lyrique (1re audition). Bohême : *Vytcherad* (Patris), poème symphonique (1re audition). Danemark : M. Niels Gade : *Foraarsphantasia* (Fantaisie du Printemps), pour 4 voix, piano solo et orchestre (1re audition). Allemagne : M. Max Bruch : *Frithjof*, légende dramatique (1re audition). Italie : M. Sgambati : *Symphonie* (1re audition)… »

Emile Zola publie *Germinal* en février 1885 et décède le 22 mai suivant (funérailles nationales). Louis Pasteur procède aux premières vaccinations contre la rage en juillet.

Le Gaulois. Vendredi 2 janvier 1885 : idem Album-prime du *Gaulois* (cf. *supra*).

Nouveau Dictionnaire encyclopédique Universel illustré. Répertoire de connaissances humaines. Sous la direction de Jules Trousset[142], Paris. A la librairie illustrée. 1885, 549-550 : « GADE, Niels Wilhelm, compositeur danois, né à Copenhague le 22 octobre 1817. Il montra de bonne heure de grandes dispositions pour la musique, et ce fut sans le moindre effort qu'il devint un virtuose très distingué sur le violon et sur le piano… » [La suite de ce texte est identique à celui imprimé dans le présent travail].

César Franck présente ses *Variations symphoniques pour piano et orchestre* en mai 1886 et peu après, Arthur Rimbaud publie ses *Illuminations*. Inauguration de la statue de la liberté à New York le 28 octobre.

---

[142] Jules Trousset (1842-1905), historien et géographe français, directeur de publications.

Le Figaro, jeudi 11 mars 1886. Eden-Théâtre, concerts Lamoureux : ouverture *Michel-Ange* (Niels Gade)…

Le Temps. Vendredi 12 mars 1886. Eden-Théâtre[143], concert Lamoureux : ouverture de *Michel-Ange* (Niels Gade) et œuvres de Beethoven, Wagner.

Le Journal des Débats, jeudi 11 mars 1886 et *Le Rappel,* 23 mars 1886 : idem *infra.*

La Chronique des Arts et de la Curiosité, n°11, 13 mars 1886 : « Concerts du dimanche 14 mars. Eden-Théâtre (Concert Lamoureux) : Ouverture de *Michel-Ange* (Niels Gade) ; Allegro scherzando de la *Symphonie en* fa (Beethoven) ; Fragments du premier acte de la *Valkyrie* (Wagner), chantés par Mme Brunet-Lafleur (Sieglinde) et M. Van Dick (Siegmund) ; Ouverture de *Rienzi* (Wagner) »

Le Ménestrel n° 15, dimanche 14 mars 1886. La revue annonce le programme (identique à celui annoncé dans la *Chronique des Arts* du 13 mars 1886) en précisant que l'orchestre sera dirigé par M. Lamoureux.

Le Ménestrel n° 21, dimanche 25 avril 1886. Nouvelles diverses. Etranger :

« L'Echo artistique d'Alsace nous apprend que la Société de musique de Copenhague fêtait le 5 mars, le cinquantième anniversaire de sa fondation. Cette société, d'ailleurs modeste lors de ses débuts, a acquis dans ces trente dernières années une importance considérable sous la direction du célèbre compositeur Niels Gade. Le nombre de membres associés se monte actuellement à environ 3.000 et plusieurs centaines de nouveaux adhérents sont inscrits, mais, faute de place dans la salle de concerts, il a été impossible de les recevoir définitivement, quoique les auditeurs soient déjà divisés en trois séries qui nécessitent une triple audition de chaque concert. Il existe encore trois membres fondateurs de la société, entre autres le président, M. Hartmann, âgé actuellement de 81 ans. Celui-ci, à l'occasion de cet anniversaire, a été nommé grand-croix de l'ordre du Dannebrog, et Niels Gade commandeur de 1ère classe du même ordre. Le secrétaire de la société, M. Delbanco, libraire, et les autres membres fondateurs encore en vie, le conseiller d'Etat Collin et le docteur Lorck, ont été également décorés par le roi. Cet anniversaire a été célébré par un concert auquel ont assisté le roi, la reine et toute la famille royale. Le vénérable président, M. Hartmann, avait,

---

[143] Eden-Théâtre. Théâtre inauguré le 7 janvier 1883 à Paris. Il s'appelle ensuite Théâtre Lyrique (1890) puis « Grand Théâtre » (1892-1893). Il ferme définitivement le 12 décembre 1893 et est démoli.

pour cette solennité, composé une œuvre toute pleine de fraîcheur et de jeunesse : *Die Welt der Töne*, pour soli, chœur et orchestre. Le programme se composait en outre de l'ouverture de *Léonore*, de Beethoven, et du *Kreuzfahrer*, de Niels Gade. Le public a fait aux deux compositeurs une ovation des plus chaleureuses. »

La Revue normande et parisienne. Littéraire et artistique, puis organe mensuel de l'Académie normande, Carentan puis Paris, édition : 1882-1892, *n° 3,* mars 1886. Causerie artistique. Peinture et Musique. « On a très-justement applaudi, à ce même concert, la belle et chaude ouverture de *Michel-Ange* du compositeur Danois Niels Gade. » (p. 73) Il s'agit du Concert Lamoureux, salle de l'Eden-Théâtre.

La Lanterne, vendredi 12 mars 1886. Dimanche 14 mars, le 18e concert Lamoureux exécutera le programme suivant : Ouverture de *Michel-Ange* (Niels Gade) ; Allegretto scherzando de la *Symphonie en fa* (n° 8) (Beethoven) ; troisième audition de la *Valkyrie* de Richard Wagner ; Ouverture de *Rienzi* (R. Wagner).

La Lanterne, dimanche 14 mars 1886 et *La Justice,* samedi 13 mars 1886 avisent leurs lectorats sans rien ajouter.

Les *Annales politiques & Littéraires,* 28 mars 1886. Musique. Concert-Colonne-Liszt-Fauré : « C'est par une matinée à sensation que l'Association Artistique a clos la série annuelle de ses concerts. A un programme tel que des raffinés de musique le pouvaient souhaiter, il comprenait, en dehors de la *Symphonie fantastique*, les *Préludes*, de Liszt, le triomphateur de la journée, les *Pêcheurs de perles* de Bizet, la *Première Suite d'orchestre* de Tschaïkowsky et le *Purgatoire*, de Paladilhe (…) Bizet appartient à cette famille d'élus. Tout ce qu'il a écrit, dans sa carrière si prématurément brisée, est marqué à sa griffe. Si, au début, le succès lui a été marchandé, son individualité s'est d'emblée dégagée ; il a marqué sa place au premier rang des compositeurs de l'époque. On pourrait lui appliquer le mot de Mendelssohn à Niels Gade, l'auteur scandinave trop peu connu de *Comala* : « Vous commencez par où j'ai fini. » Ely-Edmond Grimard[144]

Le Figaro, mercredi 10 novembre 1886. « Liste des correspondants que possède aujourd'hui la section musique de l'Académie des Beaux-Arts… Niels Gade, compositeur danois… »

---

[144] Ely-Edmond Grimard. Critique musical aux *Annales Politiques et Litteraires* de 1883 à 1894.

A Cologne, en octobre 1887, Brahms donne son *Concerto pour violon et violoncelle* op. 102. L'Allemand Berliner, émigré aux Etats-Unis, invente le gramophone.

Chose rare, un commentateur français compare Mendelssohn et Gade en faveur de ce dernier. *Le Ménestrel n° 12,* dimanche 20 février 1887. Concerts Lamoureux. « Mendelssohn a composé son ouverture des *Hébrides* pendant un voyage qu'il fit en Ecosse vers 1829. La forme générale de l'œuvre et sa couleur lui furent suggérées par l'aspect de la grotte de Fingal, et c'est sur les lieux mêmes qu'il écrivit les premières mesures. On n'y retrouve pas cependant, du moins à un degré très marqué, la poésie du nord, telle que l'ont comprise et rendue d'autres artistes, Niels Gade par exemple… » Amédée Boutarel[145]

Le soixante-dixième anniversaire de Gade ne passe pas totalement inaperçu en France où deux journaux rendent compte de l'événement.

D'abord *Le Gaulois.* Dimanche 27 février 1887 :

« On vient de fêter à Copenhague le 70ème anniversaire de la naissance du compositeur danois bien connu, Niels W. Gade. Il a été à cette occasion l'objet des plus sympathiques manifestations. Il a reçu les félicitations de la famille royale. Le prince royal a personnellement félicité le compositeur, qui a reçu des présents par centaines, entre autres une coupe en argent de 5,000 marks, ainsi que des télégrammes en grand nombre envoyés du nord de la Suède et surtout d'Allemagne. Une représentation de gala été donnée en son honneur au théâtre de la cour. » Nicolet

Puis *Le Ménestrel n° 14,* dimanche 6 mars 1887, confie quelques informations inédites en France :

« Le célèbre compositeur danois Niels Gade, l'auteur d'*Ossian* et de nombre d'œuvres charmantes, vient d'être l'objet, à Copenhague, d'une manifestation affectueuse et touchante. On a voulu fêter le soixante-dixième anniversaire de la naissance du vieux maître, et à cette occasion il a reçu de ses compatriotes et de ses admirateurs les plus nombreux hommages de sympathie et de dévouement. Entre autres dons précieux, il a reçu une superbe coupe en argent d'une valeur de 5,000 marks, et le professeur Hartmann lui a offert au nom de la capitale et des provinces, un vase de prix contenant une somme de 4.500 couronnes en pièces de 20 couronnes. Le

---

[145] Amédée Boutarel (1855-1924), parolier, traducteur de textes musicaux allemands, important critique musical au *Menestrel*.

prince royal a tenu à lui présenter en personne ses félicitations, et lui a transmis celles du roi et de la reine, avec la médaille d'or du Mérite. On ajoute que des télégrammes en grand nombre avaient été adressés au compositeur de toutes les parties du Danemark et de la Suède, et aussi de l'Allemagne, où il séjourna naguère pendant de longues années. Enfin, le soir, une grande représentation de gala a été donnée en son honneur au Théâtre royal, en présence de toute la cour, représentation à laquelle assistaient toutes les illustrations artistiques, littéraires et scientifiques du pays. »

Le Ménestrel n° 21, dimanche 24 avril 1887. Nouvelles diverses. Etranger : « Le 70e anniversaire de Niels W. Gade vient d'être célébré à Copenhague en grande solennité. Dès le matin le maître danois a reçu la visite de nombreuses députations envoyées par les principales sociétés musicales du royaume. De riches cadeaux lui ont été remis, notamment une somme d'argent offerte par les membres du Cercle musical de Copenhague, qui doit permettre au compositeur d'entreprendre un long voyage d'agrément. Le roi lui a adressé ses félicitations par l'entremise de son secrétaire particulier, qui lui a remis en même temps la médaille en or du Mérite. Le soir, à l'Opéra, représentation de gala à laquelle assistait toute la famille royale. Le programme se composait uniquement d'œuvres de Gade, entre autres de l'ouverture d'*Ossian*, de la *4e symphonie*, dirigée par M. Svendsen, et du ballet *Un Dicton populaire*, écrit en collaboration avec M. Hartmann. Une adresse en vers, récitée par le poète Ad. Richardt, a mis le comble à l'enthousiasme du public. Niels Gade dut paraître sur la scène au milieu d'acclamations frénétiques ; il remercia les assistants en termes émus et proposa un « hourrah » pour son ami Hartmann, l'organisateur de la soirée. »

Le Gil Blas, samedi 12 novembre 1887 : « Le Palais de l'Industrie étant éclairé à la lumière électrique et bien chauffé, ce concert aura lieu exceptionnellement de 4 à 6 heures avec le programme suivant : Hymne national russe, de Lvoff, chœurs et orchestre ; Ouverture d'*Ossian*, Niels Gade et des pièces de Rubinstein, Grieg (Premier morceau du *Concerto pour piano et orchestre)*, Svendsen avec *Andante pour violoncelle* (M. Casella) ; Cui, Balakireff, Wieniawsky... »

Le Rappel, samedi 12 novembre 1887, fournit des données identiques.

Gil Blas, vendredi 18 novembre 1887. Le départ du csar *(sic)*. De notre correspondant particulier. Copenhague, 16 novembre :

« ... Le csar *(sic)* a su se concilier ici, des sympathies unanimes par la simplicité de ses manières et par l'exquise amabilité dont il usait avec tout le monde. A ce propos, voici encore un trait bien caractéristique : L'autre jour la Cour célébrant à Fredensborg le soixante-dixième anniversaire de la naissance de la reine, le célèbre compositeur danois Niels W. Gade vint se présenter au château, à la tête de la musique de la garde royale, qui exécuta une pastorale composée pour la circonstance. Quelques jours plus tard, le csar, ayant mandé l'artiste, lui présenta les musiciens de l'équipage de son yacht Derjava, en disant : Votre musique de l'autre jour m'a enchanté, et je vais vous le prouver. Puis, prenant un bâton de chef d'orchestre, il fit signe à ses musiciens d'attaquer sous sa propre direction – quoi ? Le nouveau morceau de Niels W. Gade » W.

Le Ménestrel n° 52, dimanche 25 décembre 1887. Paris et départements : « Concerts Lamoureux. La *Symphonie en ré mineur* de Schumann, que M. Lamoureux a fait entendre dimanche dernier, est d'une forme nouvelle et heureuse. Les quatre sections se suivent consécutivement, sans arrêt, de sorte que l'œuvre entière semble ne consister qu'en un seul et grand mouvement. Schumann avait d'abord projeté de lui donner le titre de *Fantaisie symphonique*. La trame de cette composition est très serrée. C'est du plus pur classique […] L'orchestration de Schumann est moins unie et moins claire que celle de Mendelssohn ou de Niels Gade, et se rapproche plutôt de celle de Schubert ; quoiqu'elle pêche parfois par la sonorité, la beauté n'y fait pas défaut… » H. Barbedette

Dictionnaire de biographie contemporaine française et étrangère par Adolphe Bitard. Chez A. Lévy et compagnie, Paris 1887, p. 121. Texte identique à celui imprimé dans le *Nouveau dictionnaire encyclopédique*, Jules Trousset, 1885-1891.

Dictionnaire général de biographie contemporaine française et étrangère, par Ad. Bitard, 1887, p. 228-229 :

« Gade, Niels Wilhelm, compositeur danois, né à Copenhague le 22 octobre 1817. Il montra de bonne heure de grandes dispositions pour la musique, et ce fut sans le moindre effort qu'il devint un virtuose très distingué sur le violon et sur le piano. Il accepta alors un emploi de premier violon à la chapelle royale. Il se livrait dès cette époque (1840) à la composition et obtenait le prix de la Société musicale de Copenhague, pour une ouverture intitulée : *Echo d'Ossian*. Le roi de Danemark lui accorda alors un subside pour faire un voyage d'études à l'étranger, et il partit aussitôt pour l'Allemagne. En 1843, il faisait exécuter à Leipzig, avec succès, une symphonie et une ouverture de sa composition. Il fit ensuite un voyage en Italie, puis revint à Leipzig où, en l'absence de Mendelssohn, la direction de la salle de concerts lui fut confiée. Il l'a conserva jusqu'en 1849, et retournait en 1850 à Copenhague, où il devenait aussitôt chef d'orchestre de l'Union musicale. En 1875, il célébrait le 25ᵉ anniversaire de son entrée dans ces dernières fonctions et recevait, à cette occasion, un cadeau d'une valeur de 9,000 couronnes. M. Niels Gade est devenu maître de chapelle du roi de Danemark en 1862, et chef d'orchestre du Théâtre royal de Copenhague peu après. Il a été élu membre étranger de l'Académie des arts de Berlin en 1874. En 1876, la Chambre des députés (Folkething) danoise a voté deux pensions viagères de 3,000 couronnes, pour deux compositeurs, dont l'un est M. Niels Gade. Enfin il a été élu correspondant de l'Académie des Beaux-Arts en novembre 1878. M. Niels Gade a fait, depuis son retour dans son pays, de fréquents voyages en Allemagne, où sa réputation a pris naissance, surtout à Leipzig. Sa renommée se répandit bientôt en Angleterre, où il fut mandé à plusieurs reprises, et où il écrivit, pour un « festival », une cantate intitulée : *The Crusaders* ; mais il est resté peu connu en France, où l'on n'a guère exécuté que son *Echo d'Ossian*, une ou deux symphonies et son andante sostenuto pour orchestre, aux Concerts populaires. On lui doit une quantité de symphonies, cantates, ouvertures, compositions dramatiques pour voix seule, pour chœurs et orchestre, *Comala*, drame lyrique ; les *Niebelungen*, opéra[146], des mélodies, etc. »

Création en France au mois de mai 1888 de l'opéra d'Edouard Lalo *Le Roi d'Ys*. A Arles, le peintre Vincent van Gogh, dans un accès de colère, se coupe l'oreille, en décembre. En Suède, August Strindberg donne sa fameuse pièce *Mademoiselle Julie*. En Russie, Rimski-Korsakov compose *Shéhérazade* et *La Grande Pâques russe*.

La Renaissance musicale : revue hebdomadaire critique, d'esthétique et d'histoire, Paris : 1881-1883*, n°4, 27 janvier 1888*. Château-d'Eau. Concert Lamoureux : *Michel Ange*, ouverture de concert (Niels Gade)…

La Renaissance musicale n° 6, 10 février 1888. « Au Château-d'Eau (…) une ouverture de Niels Gade, *Michel-Ange*, déjà entendue dans plusieurs concerts a été assez bien accueillie. »

Les concerts consacrés intégralement aux musiques scandinaves sont rares à Paris. Le *Journal des Débats* et *Le Ménestrel* en rendent compte.

Le Journal des Débats, 19 février 1888 : « Le Cercle Saint-Simon, qui avait donné récemment, on s'en souvient, une soirée de musique russe, offrait à ses membres samedi un concert de musique des pays scandinaves, organisé par MM. Tiersot et Bordes[147] Après une chaleureuse allocution de

---

[146] Il n'en existe que des fragments. Gade n'écrira pas d'opéra achevé.
[147] Julien Tiersot (1857-1936). Compositeur français, musicologue et ethnographe. Il abandonne la faculté de médecine pour le Conservatoire de Paris. Elève de Massenet et

M. Puaux, vice-président du Cercle, qui a longtemps habité la Suède, l'excellent quatuor de la Société nationale de musique, MM. Remy, Parent, van Waeffelghem et Delsart, a joué avec entrain et précision le quatuor de Grieg[148], dont M. Bagès a également chanté d'exquises mélodies[149]. M. Taffanel[150] a fait entendre des variations de Kuhlau [151] sur un air danois, et Mlle Boutet de Monvel, la charmante pianiste, des morceaux de Niels Gade et Nordraak. Une jeune scandinave, Mlle Oehrstroem[152], a dit avec infiniment de goût des chansons populaires et des mélodies de Ole Bull [153]. Le concert s'est terminé par la romance de Svendsen[154], jouée par M. Rémy, et par le quintette du même auteur. »

Le Ménestrel n° 9, dimanche 26 février 1888 : « Les concerts du cercle Saint-Simon sont, en réalité, de véritables séances d'ethnographie musicale : toutes les écoles européennes y auront bientôt défilé devant les auditeurs. Après le concert russe dont nous avons rendu compte, vient d'avoir lieu un concert de musique des pays scandinaves, organisé par MM. Julien Tiersot et Ch. Bordes. L'on y a entendu de ravissantes mélodies populaires norwégiennes *(sic),* ainsi que des compositions vocales d'Ole Bull, Kjerulf et Grieg, chantées avec beaucoup de charme et un accent très particulier par une cantatrice suédoise, Mlle Ohrström, et des œuvres de

---

Franck. Auteur de nombreuses monographies. A collaboré à plusieurs revues et journaux dont *Le Ménestrel* et *Le Progrès artistique.* Charles Bordes (1863-1909). Organiste, compositeur et chef de chœur. Elève de Franck et Marmontel.

[148] Sans doute le *Quatuor à cordes en sol mineur,* op. 27, 1878, créé à Cologne le 29 octobre 1878 par Heckman et son fils Robert.

[149] Maurice Bagès Jacobi de Trigny (1862-1908), chanteur amateur (ténor léger) proche du milieu wagnérien et symboliste.

[150] Paul Taffanel (1844-1908). Flutiste et chef d'orchestre français surnommé le « Paganini de la flûte ».

[151] Friedrich Kuhlau (1786-1832), compositeur de naissance allemande installé au Danemark en 1810 pour échapper à la conscription française. Il se fait rapidement une place très enviable devenant compositeur officiel de la cour royale de Danemark. Son drame *Elverhøj* (La Colline des elfes) de 1828, basé en partie sur des mélodies populaires danoises et suédoises, a connu une durable popularité. Plus d'information dans J.-L. Caron, *Portait : Friedrich Kuhlau, « Le Beethoven de la flûte »,* Bulletin de l'A.F.C.N. n° 9, 1992, p. 40-49.

[152] Augusta Öhrström-Renard (1856-1921), chanteuse d'opéra suédoise. A chanté en France et aux Etats-Unis. Professeur de chant à New York.

[153] Ole Bornemann Bull (1810-1880), norvégien, violoniste précoce et remarquable, aussi compositeur. Il parcourt l'Allemagne, la France et l'Angleterre et devient très populaire (presque légendaire) dans toute l'Europe. Romantique nationaliste, défenseur de son pays natal contre la Suède, il rencontre Grieg et soutient ses désirs de carrière musicale. Il s'installe aux Etats-Unis où il tente de créer une colonnie. Cf. J.-L. Caron, *Portrait : Ole Bull, Le Paganini du Nord,* Bulletin de l'Association Française Carl Nielsen (A.F.C.N.) n ° 8, 1988, p. 61-80.

[154] *La Romance pour violon et orchestre* op. 26, créée à Christiania le 30 octobre 1881. Une des œuvres les plus populaires du Novégien Svendsen.

Niels Gade, Svendsen, Kuhlau, Nordraak, Mme Backer-Gröndahl[155], et surtout Grieg, l'éminent compositeur norvégien *(sic)*. Mlle Boutet de Monvel, MM. Bagès, Taffanel et le quatuor Rémy-Delsart prêtaient leur concours à cet intéressant concert. »

Le Ménestrel n° 18 du dimanche 29 avril 1888, Nouvelles diverses, Etranger : « L'Académie de l'Institut royal de musique de Florence vient de faire les nominations suivantes : Académiciens correspondants : MM. Pierre Tschaikowsky *(sic),* de Wotkinsk ; Edouard Hagerup Grieg, de Bergen ; sir Arthur Sullivan, de Londres ; Guillaume Niels Gade, de Copenhague… »

La Renaissance musicale n° 18, samedi 6 mai 1888. « Le deuxième concert Guilmant[156] avait attiré une affluence encore plus nombreuse que le premier, et ce n'est pas peu dire : on a dû refuser du monde. La séance s'est ouverte par deux œuvres modernes d'une grande valeur, un *Moderato en fa* (Niels Gade)[157] et surtout une exquise prière en sol bémol, d'Ed. Lemaigre, organiste de la cathédrale de Clermont-Ferrand, digne de succéder au grand Rameau. »

Le Ménestrel n° 27, dimanche 1er juillet 1888. Nouvelles diverses. Etranger :

« A Copenhague, dans les premiers jours de juin, on a donné toute une série de fêtes musicales extrêmement brillantes, auxquelles ont pris part non seulement les sociétés symphoniques de la capitale du Danemark, mais aussi quelques-unes des meilleures sociétés de Suède et de Norvège : la Société philharmonique de Stockholm, la Société musicale de Christiania, la Société chorale des Etudiants norvégiens, celles des Etudiants d'Upsal et de Lund, les Sociétés musicales d'Odense et d'Haruus, etc. On comptait un ensemble de 600 chanteurs dont 200 venus de Suède et de Norvège. Avec leur concours ont été exécutées diverses œuvres de Niels Gade, de Hartmann, d'Edouard Grieg, ces maîtres de l'art scandinave, et l'impression produite sur les auditeurs, paraît avoir été aussi vive que profonde. »

---

[155] Agathe Backer-Gröndahl, pianiste et compositrice norvégienne (1847-1907). Elle étudie avec les meilleurs musiciens de son temps : Otto Winther-Hjelm, Halfdan Kjerulf et Ludvig Mathias Lindeman. Elle complète sa formation à Berlin. Son interprétation du *Concerto pour piano n° 5* de Beethoven lui vaut une large reconnaissance. Elle travaille aussi auprès de Hans von Bülow et Franz Liszt à Weimar. Grande amie de Grieg. Une des meilleures pianistes norvégiennes de l'époque. Elle laisse envron 400 morceaux pour son instrument et pour le chant.

[156] Félix-Alexandre Guilmant (1837-1911), organiste français, pédagogue et compositeur.

[157] Sans doute le *Moderato en fa majeur*, première des *Trois Pièces pour orgue* op. 22 composées en 1852 et créées la même année à Leipzig.

Journal des Débats. Jeudi 1ᵉʳ novembre 1888. Théâtres et Concerts. Concerts Lamoureux. Programme du dimanche 4 novembre. Ouverture de *Michel-Ange* (Niels Gade) ; *Symphonie en* ré *mineur* (n° 4) Schumann ; Fragments symphoniques de *Lohengrin* (R. Wagner) ; Fragments du ballet *Prométhée* (Beethoven), soli par MM. Hennebains, flûte ; Mimart, clarinette ; Couppas, basson ; J. Salmon, violoncelle ; Franck, harpe ; Prélude de *Tristan et Yseult* (R. Wagner) ; Ouverture de *Patrie* (Bizet).

La présentation de ce concert est également assurée par les journaux suivants : *Le Figaro,* jeudi 1ᵉʳ novembre 1888 ; *Le Gil Blas,* vendredi 2 novembre 1888 ; *Le Temps, v*endredi 2 novembre 1888 ; *La Lanterne,* samedi 3 novembre 1888 ; *Le Rappel,* 3 novembre 1888 ; *Le Gaulois.* Dimanche 4 novembre 1888. Cirque d'Eté, 2h ¼. Deuxième concert Lamoureux et enfin, *Gil Blas,* lundi 5 novembre 1888.

Le XIXᵉ siècle. Lundi 5 novembre 1888. Les Théâtres. Cirque des Champs-Elysées (Concerts Lamoureux) : ouverture de *Michel-Ange* (Niels Gade) ; *Symphonie en* ré *mineur* (Schumann) ; fragments symphoniques de *Lohengrin* (Wagner) ; fragments du ballet de *Prométhée* (Beethoven) ; Prélude de *Tristan et Iseult* (Wagner) ; Ouverture de *Patrie* (Bizet).

Le Rappel, 5 novembre 1888. Matinée d'aujourd'hui dimanche : Cirque des Champs-Elysées, concerts Lamoureux (idem *supra*).

Journal des Débats. Jeudi 1ᵉʳ novembre 1888. Théâtres et Concerts. Concerts Lamoureux. Programme du dimanche 4 novembre. Idem *supra*.

Le Ménestrel du dimanche 4 novembre 1888 (n° 45) annonça pour ce même jour un concert au Cirque des Champs-Elysées, un concert Lamoureux avec : ouverture de *Michel-Ange* (Niels Gade) ; *Symphonie en* ré *mineur* (Schumann) ; fragments symphoniques de *Lohengrin* (Wagner) ; fragment du ballet de *Prométhée* (Beethoven) ; Prélude de *Tristan et Iseult* (Wagner) ; Ouverture de *Patrie* (Bizet).

Le Ménestrel n° 46, dimanche 11 novembre 1888. Concerts Lamoureux :

« L'ouverture de *Michel-Ange* du compositeur danois Niels Gade, est un fragment symphonique intéressant et distingué, mais qui nous a paru se maintenir dans la note un peu banale des morceaux de commande que tous les musiciens sont obligés d'écrire sans tenir compte de leur tempérament ou de leurs prédilections. Niels Gade, musicien-poète qui s'est montré presque original quand il a traité des sujets légendaires, retombe au second plan quand les brumes du nord ne l'inspirent plus. Protégé par Mendelssohn, qui fit jouer sous sa direction une de ses symphonies alors qu'il était encore sans titre et sans respiration, il semble avoir imité, parfois, le style de ce maître. En 1878, M. Colonne fit entendre, avec un médiocre succès, une œuvre charmante de Niels Gade : *la Fille du roi des aunes (sic)…* »

Le Gaulois. Dimanche 9 décembre 1888 : « Arrivons à la pièce nouvelle : Sire Olaf. C'est une tragédie danoise, une sombre tragédie pleine de visions dont le compositeur Niels Gade avait déjà tiré son ode-symphonie, *La Fille du roi des Aulnes* et que M. André Alexandre accommode à sa guise en trois petits tableaux, illustrés de musique de M. Lucien Lambert… »

Inauguration de la Tour Eiffel lors de l'Exposition universelle de 1889 qui attire 33 millions de visiteurs.

Gil Blas, mercredi 6 mars 1889. Jeudi prochain salle Pleyel à 4h. de l'après-midi, deuxième séance de la Société de musique de chambre pour instruments à vent. Au programme la *Sérénade pour piano* de Niels Gade ; Trio de Beethoven pour deux hautbois et cor anglais, et Quintette de Spohr.

Le Ménestrel n° 14, dimanche 7 avril 1889. La Musique à Marseille. Par Alexis Rostand[158] :

« Le jeune Marteau a été surtout fêté dans un concerto un peu pâle de Niels Gade et une maîtresse chaconne de J.S. Bach …»

Le Temps, mardi 24 décembre 1889. Feuilleton du *Temps*. Critique musicale. J. Weber[159].

« Le compositeur norvégien, M. Ed. Grieg, dont plusieurs œuvres ont été exécutées aujourd'hui au concert du Châtelet, est né à Bergen (Norvège) le 15 juin 1843. Sur la recommandation du célèbre violoniste Ole Bull, son compatriote, il fut envoyé au Conservatoire de Leipzig pour y faire son éducation musicale ; une maladie l'ayant obligé à quitter cette ville, il acheva ses études sous la direction du compositeur danois Niels Gade, dont plusieurs œuvres sont connues à Paris. »

Le Gil Blas, jeudi 26 décembre 1889, sous la plume de Victor Wilder[160], expose des renseignements bienveillants sur Grieg encore peu diffusés en France :

---

[158] Alexis Rostand (1844-1919), mélomane, critique musical et compositeur ; financier français.
[159] Johannes Weber (1818-1902). Musicographe, docteur en théologie. Un temps secrétaire de Meyerbeer. Dirige le feuilleton musical du *Temps*.

« Edward Grieg.

Saluez, lecteurs ! L'artiste que je vous présente a droit à votre coup de chapeau respectueux.

Ce n'est pas un de ces météores fulgurants, comme il en apparaît, dans le ciel de l'art, un ou deux par siècle ; ce n'est pas non plus un satellite, empruntant sa lumière à l'étoile qu'il escorte ; c'est un astre d'un éclat doux et modeste, mais qui gravite dans une orbite indépendante et qui fait jaillir, de son propre foyer, les rayons qu'il projette.

Les maîtres étrangers n'ont pas grand-chance chez nous ; lorsqu'on ne les consigne pas à la frontière pour des raisons prétendues politiques, on les y laisse par indifférence.

L'œuvre de M. Grieg, déjà considérable, est à peu près ignorée du public français : quelques curieux seuls l'ont explorée vaguement, et moi-même qui, par métier, devrais être à l'affût de tout ce qui se produit, je ne la connais pas tout entière, dans son harmonieux ensemble. L'aveu me coûte et ma faute est d'autant plus impardonnable que ce que j'en ai vu m'a toujours frappé par l'originalité de la forme et la personnalité de l'accent.

Puisque M. Grieg nous fait aujourd'hui l'honneur de venir nous présenter, en personne, quelques rimes de ses compositions favorites, l'occasion s'offre tout naturellement de dire ce que je pense de son talent et de le faire connaître par une rapide esquisse biographique.

Edward Grieg est né à Bergen, en Norwège, le 15 juin 1843.

Ses premières notions de musique, il les reçut de sa mère, dont la tendresse clairvoyante sut heureusement cultiver la précoce intelligence de son fils.

Le développement de ce jeune esprit fut rapide. En 1885, Ole Bull, passant par la ville natale de Grieg – qui était aussi celle de l'excentrique virtuose – fut frappé de ses rares dispositions. Sur ses instances, on envoya l'enfant au Conservatoire de Leipsig.

---

[160] Victor Wilder (1835-1892). Littérateur et musicographe belge. Auteur de deux biographies (*Mozart*, 1889 ; *Beethoven,* 1883), traducteur. Wagnérien, il contribue à mieux faire connaître les œuvres vocales de Mozart, Weber, Schubert, Mendelssohn, Haendel. A collaboré à *l'Evénement*, *La Presse théâtrale*, au *Gil Blas*, au *Ménestrel* (à partir de 1877), au *Guide musical…*

C'était, en ce temps, l'école la plus renommée de l'Allemagne. Grieg y resta jusqu'en 1862, présageant, par le succès de ses études, ceux que lui réservait l'avenir.

Eperonné par les ardeurs de la vingtième année et tourmenté par le désir de mettre son jeune savoir au service de son inspiration, Grieg regarda tout autour de lui, cherchant à s'orienter et s'efforçant de dégager l'idéal encore incertain qui flottait dans la brume de son rêve.

Un modèle semblait s'imposer. C'était Niels Gade, que Schumann avait annoncé comme un nouveau Mozart et que Mendelssohn traitait en rival affectueux. Depuis ses premiers essais, on s'accordait à le regarder comme un initiateur, qui devait nous révéler le sentiment musical, encore obscur, des races de l'extrême Nord.

Grieg se rendit à Copenhague, pour l'étudier de près et se mettre à son école. Il y fit l'heureuse rencontre d'un jeune compositeur de son âge, Richard Nordraak, mort bien avant l'heure et demeuré, fort ignoré, mais doué, paraît-il, du génie divinatoire des poètes.

Remontant à la source de l'art autochtone, Nordraak avait étudié et recueilli les mélodies agrestes qui charmaient les paysans danois, suédois et norvégiens. Il fit sentir à son camarade ce que ces productions spontanées avaient de profondément original et n'eut pas de mal à le convaincre que le scandinavisme de Gade, artificiel et de surface, n'intéressait que la forme ou la couleur, et non le fond même des idées... »

Clément Ader fait voler le premier engin à moteur (Paris, octobre 1890). En Russie, première du *Prince Igor* de Borodine en novembre 1890. En Norvège, succès du roman *La Faim* de Knut Hamsun. Démission de Bismarck le 19 mars. Edouard Branly fait une avancée vers les fondements de la TSF.

La nouvelle de la mort de Niels Gade fut répercutée dans presque tous les journaux parisiens. Conscients de la quasi uniformité des propos imprimés, nous citons malgré tout très largement ce que les lecteurs de chacun des journaux retenus purent lire dans leur presse préférée, seul media à leur disposition en ces temps-là.

Le Temps. Mardi 23 décembre 1890. Dernières nouvelles :

« Une dépêche de Copenhague annonce la mort du compositeur Niels Wilhelm Gade, qui s'était fait non seulement en Danemark et dans les autres pays scandinaves, mais aussi en Allemagne et en France le renom d'un musicien éminent. Il était né à Copenhague en 1817. De 1844 à 1848, il eut la direction intérimaire des célèbres concerts du Gewandhaus, à Leipzig, pendant l'absence et la maladie de Mendelssohn. Il passa le reste de sa vie dans sa ville natale. Niels Gade s'est montré, dans ses compositions symphoniques, un mélodiste extrêmement distingué et un descriptif brillant. Le style, le tour de ses motifs, la couleur générale de l'orchestration, tout en lui révélait des affinités avec le Mendelssohn de la *Symphonie écossaise* et du morceau descriptif connu sous le nom *Mer calme et heureuse navigation*. Mais Gade était un Mendelssohn qui regardait constamment vers le Nord, malgré un séjour qu'il fit dans cette Italie qui l'avait lui aussi attiré. Outre huit grandes symphonies, Niels Gade a composé cinq œuvres orchestrales en forme d'ouverture, dont les principales sont intitulées *Echos d'Ossian*, *Dans le haut pays*, *Printemps du Nord*. Le titre de ce dernier ouvrage est un vrai symbole de son inspiration et de son talent. Gade laisse encore un certain nombre d'œuvres de musique de chambre, très distinguées et pénétrantes d'accent, et qui resteront. »

Le Figaro, mardi 23 décembre 1890 : « Le célèbre compositeur danois Niels Wilhelm Gade vient de mourir à Copenhague. Il avait 73 ans. »

Le Matin (Paris, quotidien, derniers télégrammes de la nuit, 1884-1944). Mardi 23 décembre 1890. En première page :

« Niels Gade. Mort du célèbre compositeur danois. Sa vie et son œuvre.

Une dépêche de Copenhague annonce la mort du compositeur Niels Wilhelm Gade, qui s'était fait, non seulement en Danemark, mais encore en Allemagne et en France, le renom d'un musicien éminent.

Gade était né en 1817.

Ses débuts furent pénibles. Pauvre violoniste dans l'orchestre de la chapelle royale de Copenhague, sa situation était des plus précaires. Découragé, Gade écrivit à Mendelssohn et joignit à l'épitre sa meilleure symphonie.

Mendelssohn lut lettre et symphonie, qui le charmèrent. « Vous commencez par où j'ai fini », écrivit-il à M. Gade, et pour le convaincre de la véracité du compliment, il fit exécuter la symphonie danoise au Gewandhaus de Leipzig. L'œuvre fut chaleureusement accueillie.

Quand mourut Mendelssohn, la ville de Leipzig, se souvenant de ce brillant succès, voulut voir à la tête de ses concerts Niels Gade qui occupa le poste de capelmeister jusqu'à la guerre du Sleswig.

Depuis cette période, Gade a vécu à Copenhague, sa ville natale, où il est mort.

La musique de Gade respire cette grandeur sauvage, qui est comme le caractère particulier des races du Nord. La tristesse et la mélancolie n'ont rien, dans ces œuvres, de ce faux air de sentimentalisme que l'éloignement des sources primitives inspire trop souvent aux créations de l'art. Rudesse, mais cette rudesse porte en soi l'impression vivace que produit sur des sens émoussés par l'abus des parfums l'odorante senteur d'une forêt de pins de Norvège. L'énergie dans la tristesse, la mélancolie dans les forces, une rêverie austère et toujours grave, tels sont les caractères de la musique de l'artiste qui vient de disparaître. »

Le XIXe siècle. Mercredi 24 décembre 1890. Nécrologie. Copenhague, 22 décembre. « Le compositeur Niels-Guillaume Gade est mort dans la journée, à l'âge de soixante-treize ans. Ses œuvres, qui se distinguent surtout par la mélodie et l'instrumentation, comprennent des symphonies, ouvertures, quintettes, sonates et romances, un drame lyrique *Comala*, un opéra les *Niebelungen*. »

Gil Blas, mercredi 24 décembre 1890. Tour du monde. Copenhague, 22 décembre. « Le compositeur Niels Wilhelm Gade est mort dans la journée d'hier. »

Le Rappel, 24 décembre 1890. Copenhague, 22 décembre :

« Le compositeur Niels Wilhelm Gade est mort dans la journée d'hier. Niels Wilhelm Gade s'était fait le renom d'un musicien éminent. Il était né à Copenhague en 1817. De 1844 à 1848, il eut la direction intérimaire des célèbres concerts de Gewandhaus, à Leipzig, pendant l'absence et la maladie de Mendelssohn. Il passa le reste de sa vie dans sa ville natale… »

Le Radical, mercredi 24 décembre 1890. Nécrologie : « Une dépêche de Copenhague annonce la mort du compositeur Niels Gade, qui s'était fait non seulement en Danemark et dans les autres pays scandinaves, mais aussi en Allemagne et en France le renom d'un musicien éminent. Il était né à Copenhague en 1817. Outre huit grandes symphonies, Niels Gade a composé cinq œuvres orchestrales en forme d'ouverture, dont les principales sont intitulées *Echoes d'Ossian, Dans le haut pays, Printemps du Nord*. »

Le Figaro, samedi 27 décembre 1890. « Dimanche dernier, en même temps que le célèbre compositeur Niels Gade, mourrait à Copenhague, à l'âge de 78 ans, Mme Heiberg, la plus grande actrice scandinave du siècle[161] ».

La Chronique des Arts et de la Curiosité. Supplément à la *Gazette des Beaux-Arts*. N° 41, 1890, 27 décembre, Bureaux : 8, rue Fayard, paraissant le samedi matin, p. 326, Rubrique nécrologique :

« Le compositeur danois Niels Gade, directeur du Conservatoire de Copenhague, vient de mourir. Il laisse huit grandes symphonies, cinq ouvertures de concert, des œuvres de musique de chambre, des chœurs et des mélodies ; malgré sa connaissance approfondie de toutes les productions des écoles nouvelles, allemande et française, il sut garder son originalité ; ses moindres œuvres sont d'un sentiment poétique très élevé et qui lui est particulier. »

Le Ménestrel, n° 52, dimanche 28 décembre 1890. Nécrologie :

« Le Danemark vient de perdre son artiste le plus glorieux. Le célèbre compositeur Niels Gade, dont les habitués de nos colonnes symphoniques ont appris à connaître le talent, est mort dimanche dernier 21 décembre à Copenhague, où il était né le 22 octobre 1817. Il était âgé de soixante-treize ans. La renommée de Niels Gade s'était étendue bien loin des frontières de son noble petit pays, et elle était devenue européenne. Nous ne saurions retracer ici tous les incidents de cette longue, laborieuse et glorieuse carrière, soit comme organiste, soit comme chef d'orchestre (entre autres au Gewandhaus de Leipzig), soit comme compositeur, et nous devons nous borner à rappeler quelques-unes de ses principales œuvres. Voici quelles sont les plus importantes : huit symphonies à grand orchestre ; plusieurs ouvertures, parmi lesquelles *Michel-Ange, Hamlet, Sion, Message du printemps, Printemps du Nord, Ossian, Dans le haut (sic), Kalanus*, poème dramatique en trois parties ; *Comala*, poème dramatique ; *La Fille du roi*, ballade pour solo, chœur et orchestre ; *Cantate de fête*, exécutée à Leipzig ; *The Crusaders*, cantate anglaise exécutée à Londres, *La Nuit sainte*, cantate ; deux cantates, sur des poèmes d'Andersen ; *Octuor* pour 4 violons, 2 altos et 2 violoncelles ; *Quintette* pour 2 violons, 2 altos et violoncelle ; *Trio* pour piano, violon et violoncelle ; 2 *Sonates pour piano et violon* (en la majeur et ré bémol) ; *Sonate pour piano seul* ; 9 Lieder pour deux voix de femmes ; Chants pour 4 voix d'hommes ; 5 Chants pour soprano, contralto, ténor et

---

[161] Johanne Luise Heiberg (1812-1891), actrice et chanteuse lyrique danoise. Malgré un milieu très défavorisé elle finit par se produire au Théâtre Royal de Copenhague. Elle se marie avec le poète et auteur dramatique Johan Ludvid Heiberg (1831). Sa notoriété est immense de son vivant ; elle chante plus de 250 rôles.

basse, ; 2 Suites de Chants danois ; Chants populaires scandinaves ; *Novelletten*, 4 pièces pour orchestre ; 2 grandes Fantaisies de piano ; nombreuses pièces légères pour piano. Niels Gade n'a abordé que timidement le théâtre ; il a seulement écrit un opéra, *Mariotta*, dont le succès a été à peu près négatif, et un acte d'un ballet qui en avait trois, *Napoli*, dont les deux autres étaient dus, le premier à Helsted et le troisième à Paulli. »

Journal des Débats, mercredi 24 décembre 1890. Nécrologie :

« Une dépêche de Copenhague annonce la mort du compositeur Niels Wilhelm Gade, qui s'était fait, non seulement en Danemark, mais encore en Allemagne et en France le renom d'un musicien éminent. Gade était né en 1817. »

Les Annales du Théâtre et de la musique. 1890 (publié en 1891). Simple annonce de la mort de Gade dans la notice nécrologique.

Le Figaro, 24 décembre 1890. Un remarquable musicien français, J. Guy Ropartz, alors âgé de 26 ans, témoigne[162]. Niels Gade :

« Les journaux ont annoncé la mort de Niels Gade, le plus illustre des compositeurs danois. Plusieurs de ses œuvres ont été exécutées dans nos concerts, mais son intéressante personnalité doit être peu familière aux Parisiens, et je voudrais tenter d'en fixer ici quelques traits.

Au mois de novembre 1888, allant à Stockholm pour les fêtes du soixantième anniversaire du roi Oscar II, je fis à Copenhague une halte de quatre à cinq jours et j'allai rendre visite à Niels Gade. Il me reçut au Conservatoire dont il était directeur. Son accueil fut des plus bienveillants. Il avait, me dit-il, la plus grande sympathie pour la France et les artistes français. Il entendait assez mal notre langue, confondait les mots, les prononçait étrangement. A ses phrases il mêla peu à peu des locutions anglaises.

- Vous parlez anglais ? lui demandai-je.
- J'ai vécu très longtemps à Londres.
- A merveille ! Ainsi nous converserons plus aisément.

A partir de cet instant, plus un mot français ne fut prononcé.

---

[162] Guy Ropartz (1864-1955). En dehors de son travail majeur de compositeur (dont 5 symphonies), il mène une carrière de pédagogue (Nancy, Strasbourg) et de chef d'orchestre (Strasbourg) ; il laisse des poèmes et écrit un certain nombre de critiques musicales et ouvrages musicaux.

Niels Gade était un homme de taille moyenne, mais d'une remarquable robustesse. Son visage glabre s'encadrait de longs cheveux blancs bouclés. Le front, large, fuyait un peu. Les yeux, bleu clair, avaient une expression de bonté. La bouche se contractait en un rictus presque amer. L'ensemble de la physionomie était d'un homme intelligent et volontaire.

Nous parlâmes des musiciens français. Il les avait en haute estime, connaissait toutes les œuvres nouvelles, aimait Massenet, admirait Saint-Saëns, était peu enthousiaste de Gounod. Il était émerveillé de l'orchestration légère et variée de nos compatriotes. Il regrettait que la symphonie fût un peu délaissée pour la composition dramatique. Je lui demandai de me faire entendre quelque production nouvelle.

« Je termine en ce moment, me dit-il, une cantate de circonstance en l'honneur de notre Roi. C'est prochainement le vingt-cinquième anniversaire de l'avènement au trône de Sa Majesté. »

Il se mit au piano et réduisit, avec une rare netteté, la grande partition. Il s'animait, chantait tous les rôles, cherchait à arracher au piano l'équivalence des sonorités musicales.

« Mais cette œuvre, ajouta-t-il, ne peut compter parmi mes compositions sérieuses. Ce que je préfère de tout ce que j'ai écrit reste dans le genre symphonique pur. Mes symphonies et mes ouvertures de concert sont, à mon sens, supérieures à mes œuvres lyriques. ».

Quelques jours avant mon départ de Paris, j'avais entendu aux concerts Lamoureux une de ses ouvertures. Je le dis au maître. Alors il m'interrogea longuement sur la valeur de nos orchestres. Il était aussi très curieux de savoir quel accueil le public parisien avait réservé à son œuvre. Il fut très heureux d'apprendre que son ouverture avait été fort applaudie.

Je dus prendre congé de Niels Gade. Il me reconduisit jusqu'à la porte de son appartement et me fit remettre le lendemain, à mon hôtel, une de ses partitions entre les feuillets de laquelle je trouvai son portrait.

Le nombre des compositions du maître danois est considérable. Il laisse huit grandes symphonies, cinq ouvertures de concert, des œuvres de musique de chambre, des mélodies, des cantates, des chœurs, quelques pages de musique religieuse.

Il sut garder, malgré l'étude approfondie des compositeurs étrangers, malgré ses séjours prolongés à Leipzig, à Londres, en Italie, son originalité native et mit dans son œuvre toute la poésie spéciale des pays scandinaves. »

L'Avenir Dramatique, Revue hebdomadaire du Théâtre et de la Musique, Paris : 1890-1891. Samedi 27 décembre 1890. A propos de musique :

« La musique est-elle dans le marasme ? Hé ! Quoi, nous avons des compositeurs à n'en savoir que faire : quinze noms connus dans l'Europe entière attendent dans le désespoir, le moment de paraître sur l'affiche ; la France seule – seule, sachez-le bien ! – a une école symphonique aussi variée que magnifique ; de quelque côté qu'on tourne les yeux, on ne voit rien que le soleil qui poudroie et l'herbe qui verdoie ; à peine la Suède peut-elle montrer un Grieg, le Danemark un Niels Gade, l'Allemagne un Brahms, l'Autriche un Goldmarck. La Russie sans doute est-elle mieux partagée. Elle a Rubinstein, elle a Tschaïkowsky *(sic)*, elle a César Cui, et j'en oublie ! Mais, enfin ; son école vient de naître, et la nôtre est dans tout l'éclat de sa force et de sa vigueur. Et elle produit, elle produit !... » Henry Legrand

Gazette anecdotique, littéraire, artistique et bibliographique, Paris, Librairie des bibliophiles, date d'édition : 1887- ?, annuel), *n° 24,* 31 décembre 1890. « Le compositeur danois Niels Wilhelm Gade vient de mourir. Il était né en 1817. C'était un mélodiste distingué et qui laisse plusieurs symphonies descriptives remarquées. Son talent rappelait beaucoup celui de Mendelssohn. »

En 1891 disparait Arthur Rimbaud (le 10 novembre) à Marseille.

La Gazette artistique de Nantes (Journal artistique, puis Journal musical et littéraire paraissant une fois par semaine, Nantes, date d'édition : 1885-1891), 1er janvier 1891. « Le Danemark vient donc de perdre son artiste le plus glorieux. Le célèbre compositeur Niels Gade, dont les habitués des concerts symphoniques ont appris à connaître le talent, est mort dimanche dernier, 21 décembre, à Copenhague, où il était né le 22 octobre 1817. Il était donc âgé de soixante-treize ans. La renommée de Niels Gade s'était étendue bien loin des frontières de son noble petit pays, et elle était devenue européenne. »

Le Radical du samedi 3 janvier 1891 dresse une liste des personnalités décédées en 1890 – pour le mois de décembre, le 20 : le compositeur danois Niels Gade.

Gil Blas, samedi 3 janvier 1891. Propos de coulisses. Petit entrefilet rappelant la mort de Gade au cours de l'année 1890 et celle d'autres personnalités énumérées.

Le Figaro, mercredi 7 janvier 1891 :

« L'art musical a fait une perte sensible en la personne de M. Niels Gade, décédé récemment. M. Gade, chef de l'Ecole danoise, était le représentant du seul art qui garde une physionomie nationale dans les pays scandinaves. L'illustre sculpteur Thorwaldsen *(sic)*[163] était un grand artiste, mais l'antiquité hanta presque toujours son imagination, et son génie n'avait point de patrie ; les peintres modernes du Nord sont habiles, mais leur inspiration ne se fertilise que sous les cieux étrangers. La musique seule conserve le caractère du sol et le souffle mélodique qui circule à travers l'œuvre des compositeurs de ce pays est d'une couleur que rien n'altère. Moins habiles que les Russes, mais plus sincères, les musiciens scandinaves gardent une individualité qui semble devoir se perpétuer.

Niels Gade a beaucoup écrit, des symphonies, des ouvrages dramatiques, des drames lyriques, mais son originalité s'est affirmée surtout dans sa musique de chambre, dans une multitude de mélodies et de nombreuses séries de petites pièces pour le piano.

Voulant que le nom du maître regretté parût une fois au moins à notre page musicale, mais regrettant de ne pouvoir donner place à une de ses compositions importantes, nous avons choisi parmi ses œuvres un fragment qui ne saurait le montrer tout entier, mais qui le fait voir dans sa simplicité native et caractéristique.

L'Elégie, tirée des *Aquarelles musicales*[164], qui paraît aujourd'hui à notre huitième page, ne fera point connaître Niels Gade, mais elle donnera envie de le connaître. » Charles Darcours[165]

Le Figaro, vendredi 20 février 1891. Ce numéro fait part (publicité) de la *Revue encyclopédique* n° 5 du 15 février 1891 à la Librairie Larousse avec à l'entrée « Beaux-Arts : Gade (Niels-G.), Franck (C.-A.), Millet (Aimé). »

Le Figaro, dimanche 21 juin 1891. « Election, hier, à l'Académie des Beaux-Arts, de trois membres correspondants : … section de musique, M. Grieg, en remplacement de M. Niels Gade, à Copenhague. »

---

[163] Bertel Thorvaldsen (1770-1844), sculpteur danois néoclassique ayant surtout travaillé à Rome.
[164] *Aquarelles* op. 19, 1850, comprend Elégie en *mi* mineur, Scherzo, Canzonette, Humoreska, Barcarolle.
[165] Charles Darcours. Pseudonyme de Charles Réty (1824-1895), critique musical et directeur de théâtre français, compositeur et écrivain. Il rédige le Courrier des théâtres pour *Le Figaro* et pour le *Journal illustré* et signe ses papiers de Charles Darcours.

Le Temps. Samedi 11 juillet 1891. Critique musicale signée J. Weber :

« Parmi les académiciens décédés nouvellement se trouve aussi le compositeur danois Niels-Guillaume Gade. Cet artiste, dont le nom s'est trouvé plus d'une fois sur les programmes des concerts symphoniques de Paris, était né à Copenhague le 22 février 1817 ; il est mort le 21 décembre dernier. Depuis de longues années, il était le directeur du Théâtre-Royal de Copenhague et de la Société l'Union musicale ; en 1882, il fut nommé maître de chapelle de la cour de Danemark. On cite parmi ses œuvres, qui sont assez nombreuses, la *symphonie Ossian*[166] ; Pasdeloup fut, je crois, le premier à le faire connaître au public parisien. Outre des œuvres symphoniques on a exécuté de lui une cantate : la *Fille du roi des Aulnes* et la *Fantaisie du printemps* (Frühlings-Fantasie). Il faut avouer, cependant, que son souvenir n'a pas laissé de traces profondes dans le public parisien et l'on dira sans injustice qu'il en est de même de tous les compositeurs du Nord, Danois, Norvégiens ou Suédois. Bien faites et très estimables, leurs œuvres n'accusent pas un caractère personnel marqué et semblent un reflet de la musique allemande, reflet atténué et un peu terne. Il y a bien longtemps que j'ai entendu une symphonie de Gade ; l'auteur me semblait se rattacher particulièrement à Mendelssohn. »

La France Moderne (littérature, sciences et arts contemporains, Marseille, bimensuel, date d'édition : 1889-1893), janvier 1891. Littérature, Sciences & Arts Contemporains. N° 28. Du 1er au 21 janvier 1891 : « La mort du compositeur Niels Gade, disciple de Mendelssohn auquel il doit sa renommée, est annoncée en Danemark, son pays où il fut célèbre pour ses symphonies et un opéra assez quelconque. »

Le Roman pour tous, journal littéraire hebdomadaire (Bruxelles, date d'édition : 1889-1893), *n° 132*, samedi 24 octobre 1891. On y trouve sur deux pages la partition de l'*Elégie* de Niels Gade.

Le *Journal du Dimanche* (Paris, 1855-1901), 18 octobre 1891, publie la partition des *Aquarelles* musicales pour piano, *Elégie* de Niels W. Gade. « Nous devons à l'obligeance de MM. Durand et Schoenewerk, éditeurs de musique, la reproduction du charmant morceau que nous publions aujourd'hui en double page… »

---

[166] En réalité, il s'agit d'une ouverture et non d'une symphonie.

Le Ménestrel n° 38, dimanche 20 septembre 1891 :

« Copenhague. On vient seulement de choisir, à Copenhague, l'artiste appelé à succéder au célèbre compositeur Niels Gade comme directeur de la Société musicale. C'est M. Emile Hartmann[167], l'un des artistes les plus justement renommés au Danemark, l'auteur de plusieurs ouvrages représentés au Théâtre royal de Copenhague : *Elverpigen*, grand opéra, *les Corsaires*, opéra-comique, *Fjeldstuen*, ballet, *La Nixe*, scène lyrique, ainsi que d'une symphonie importante. M. Emile Hartmann avait pour compétiteur un ancien membre de la chapelle royale, le violoncelliste Franz Neruda[168] ».

1892. Claude Monet commence la série des *Cathédrales de Rouen* ; première de *Pelléas et Mélisande* de Maurice Maeterlinck.

La Presse, vendredi 29 janvier 1892 : « Programme du concert Lamoureux dimanche prochain : 1. *Hamlet*, ouverture (1ère audition), Niels W. Gade ; 2. *Symphonie en ré mineur*, Schumann ; 3. *Romance pour violon*, Svendsen ; 4. *Menuet pour violon*, J. Raff ; 5. *Sauge fleurie*, légende Vincent d'Indy ; 6. Marche funèbre du *Crépuscule des Dieux*, R. Wagner ; 7. *Les Maîtres Chanteurs* (fragments symphoniques), R. Wagner. »

Le Figaro (jeudi 28 janvier 1892) et *La Justice* (jeudi 28 janvier 1892) fournissent la veille les mêmes indications.

La Chronique des Arts et de la Curiosité, n°5, dimanche 30 janvier 1892 : Concerts du dimanche 31 janvier : idem programme du 19 mars 1892.

Le Ménestrel n° 5 du dimanche 31 janvier 1892 : « Programme des concerts d'aujourd'hui dimanche… Cirque des Champs-Elysées, concert Lamoureux : ouverture d'*Hamlet* (Niels Gade), reste identique.

---

[167] Emile Hartmann (1836-1898), organiste, chef d'orchestre et compositeur danois. Fils du célèbre J.P.E. Hartmann, beau-frère de Niels Gade. *Elverpigen* (L'Elfe), opéra créé en novembre 1867 ; *Korsikaneren* (Le Corse), créé en 1873 ; *Fjeldstuen* (La Chaumière de la montagne), ballet, 1859 ; *La Nixe* (La Nymphe des eaux/la Sirène), *Havfruen* pour chœur et orchestre, op. 8, 1866. On lui doit encore 7 symphonies, des chœurs, des mélodies, des concertos pour piano, violon et violoncelle.

[168] Franz Xaver Neruda (1843-1915), violoncelliste et compositeur danois d'origine morave. Né à Brno, il devient membre de la Chapelle royale de Copenhague, fonde une société de musique de chambre, musicien de la chambre royale. Professeur au Conservatoire de Saint-Pétersbourg à la demande d'Anton Rubinstein. En 1892 il devient chef d'orchestre à la Société de musique de Copenhague en remplacement de Niels Gade. Professeur de violoncelle au Conservatoire de Copenhague en 1893. Après sa mort, Nielsen le remplace comme directeur de la Société de musique.

Concert également indiqué dans *Le Gaulois* du dimanche 31 janvier 1892, dans *Le Rappel,* 30 janvier 1892 et dans *Le Figaro, dimanche 31 janvier 1892.*

Le XIXe siècle. Lundi 1er février 1892. Théâtres. Cirque des Champs-Elysées, treizième concert Lamoureux : Ouverture d'*Hamlet* (Niels Gade) ; *Symphonie en* ré *mineur* (Schumann) ; *Romance* (Svendsen) et *Menuet (*J. Raff), exécutés sur le violon par M. Rivarde ; *Sauge fleurie* (V. d'Indy) ; Marche funèbre du *Crépuscule des Dieux* (Wagner) ; fragments des *Maîtres Chanteurs* (Wagner).

Le Ménestrel n° 16, dimanche 17 avril 1892. Paris et départements. Papier de H. Barbedette :

« Les concerts donnés au Châtelet par M. Colonne se sont terminés par deux auditions remarquables de la *Damnation de Faust* de Berlioz. Plus on entend cette œuvre magistrale, plus on la comprend et plus on l'admire. (…) Nous avons suivi, depuis de longues années, les concerts dits *populaires* institués par Pasdeloup, continués par MM. Lamoureux et Colonne. Au début, la variété de ces concerts a été très grande, on semblait avoir hâte d'épuiser le stock considérable d'œuvres connues ou inconnues, dignes de passionner un auditoire qui ne demandait qu'à se laisser convaincre. Ensuite, les programmes ont été moins variés ; depuis trois ou quatre ans, sauf quelques nouveautés, on a vécu à peu près sur les mêmes œuvres. Pasdeloup était un éclectique ; M. Colonne est resté tel ; M. Lamoureux, peu à peu est devenu exclusif. (…) Si M. Lamoureux persiste à se confiner dans le domaine qu'il a fait sien, M. Colonne ne se refusera pas à rajeunir son répertoire par l'audition d'œuvres aussi bien modernes qu'anciennes. Qui lui dit que le public serait indifférent à la reprise de certaines symphonies de Haydn ? Qui connaît les ouvertures 115 et 124 de Beethoven, son *Christ aux oliviers*, sa curieuse *Bataille de Vittoria* ? Sans parler des symphonies de Schumann, trop rarement exécutées. Qui n'entendrait avec plaisir l'octuor de Schubert avec tous les instruments à cordes ? A-t-on dit toutes les ouvertures de Weber, toutes celles de Mendelssohn, et la belle symphonie avec chœur de ce dernier ? Si l'on passe à un autre ordre d'idées, Niels Gade, Brahms, Rubinstein, Raff, n'ont-ils pas composé des ouvertures, des pièces symphoniques, des symphonies qui seraient d'un puissant intérêt ?... »

La Chronique des Arts et de la Curiosité, n° 12, 19 mars 1892 : Concerts du dimanche 31 janvier. Cirque des Champs-Elysées. « Ouverture d'*Hamlet* (Niels Gade) *; Symphonie en* ré *mineur* (Schumann) *; Romance* (Svendsen) et *Menuet* (J. Raff), exécutés sur le violon par M. Rivarde[169] ;

---

[169] Achille Rivarde (1865-1940), violoniste et pédagogue britannique. Elève du Conservatoire de Paris. Premier violon de l'orchestre Lamoureux (1885-1891).

Sauge fleurie (V. D'Indy) ; Marche funèbre du *Crépuscule des Dieux* (R. Wagner) ; Fragments des *Maîtres-Chanteurs* (R. Wagner). »

Bulletin de la Société des Beaux-Arts de Caen 1856-1915, 9ᵉ volume, 2ᵉ cahier. 1893. Concert du 29 avril 1892, salle de la Bourse. *Trio pour piano, violon et violoncelle* de Niels Gade par MM. Dupont, Du Saucet et Rousselot. Plus des œuvres de Gounod, Mozart, Saint-Saëns, Massenet, Lebeau, Félicien David, Ch. Dancla, Schumann, Widor, Léo Delibes.

Le Ménestrel n° 25, dimanche 19 juin 1892. Paris et départements :

« Edvard Grieg et la musique scandinave, tel est le titre d'une élégante brochure de 60 pages, signée du nom de M. Ernst Closson[170] (Fischbacher, éditeur), et qui en dit plus qu'elle n'est grosse. C'est un petit écrit intéressant, substantiel, rédigé dans une langue claire, sobre et précise, et dans lequel le lecteur trouvera matière à s'instruire de choses qu'il ignore. Dans le premier chapitre, l'auteur cherche à nous familiariser avec les anciennes formes populaires de la musique dans les pays scandinaves et les instruments en usage dans ces contrées ; le second lui sert à nous rappeler ou à nous faire connaître les noms et les œuvres de quelques compositeurs septentrionaux, tels que Tellefsen[171], Niels Gade, Svendsen, Kjerulf[172], Louis Schytte[173], etc. : enfin, les dernières sont consacrées à la biographie et à l'étude du génie de M. Edouard Grieg... »

Le Ménestrel n° 35, dimanche 28 août 1892. Un long article de Julien Tiersot s'inscrit dans la rubrique La semaine théâtrale en Allemagne. Il y raconte son séjour en Allemagne et notamment à Leipzig. « Les classes de ce Conservatoire allemand [Leipzig] sont nombreuses et bien installées ; je n'y ai pas compté moins de cinq orgues, dont un dans une grande salle de

---

[170] Ernest Closson (1870-1950), musicographe belge, archiviste, conservateur au Conservatoire de Bruxelles. Enseigne l'histoire au Conservatoire de Bruxelles (1912-1935) et à Mons. Critique musical de *L'Indépendance belge*. Ecrits : *Edvard Grieg* (1892), *Siegfried de Wagner* (1891), *Chansons populaires des provinces belges* (1905)...

[171] Thomas-Dyke-Acland Tellefsen (1825-1874). Pianiste, compositeur et pédagogue norvégien. S'établit à Paris en 1842. Un des principaux élèves de Chopin.

[172] Halfdan Kjerulf (1815-1868), compositeur norvégien, enseignant. Il étudie avec Carl Arnold et Edvard Grieg avant de se perfectionner à Leipzig pour une durée d'une année en 1850. On lui doit de belles chansons et de délicates miniatures pour le piano.

[173] Ludvig Schytte (1848-1909), pharmacien, compositeur danois, pianiste et enseignant. Il étudie auprès de Niels Gade et Edmund Neupeurt (le créateur du *Concerto pour piano en* la *mineur* de Grieg), en Allemagne avec Franz Liszt puis réside à Vienne (1886-1907). Il laisse un *Concerto pour piano en* do *dièse mineur*, une *Sonate en* si *bémol*, des pièces pour piano et deux opéras.

concerts consacré aux exercices publics des élèves ; et, sur une table de marbre, dans le vestibule d'entrée, sont inscrits par ordre chronologique, les noms des professeurs de l'établissement, à commencer par Mendelssohn, qui fut vraiment l'âme de la musique à Leipzig pendant le temps qu'il y vécut, à continuer par Schumann, Niels Gade, Ferdinand Hiller, Ignaz Moscheles, l'illustre violoniste Joachim, bien d'autres enfin dont les noms, peu connus en France, n'en sont pas moins célèbres en Allemagne… »

Les Annales du Théâtre et de la musique, 1892 (publié en 1893). Concerts Lamoureux (p. 516) : « Le 31 janvier, nous donnions un bon point à M. Lamoureux : son orchestre a plus de moelleux, il est incomparablement moins sec, et à part un passage du finale de la *symphonie en ré mineur* de Schumann, où la crainte de manquer la mesure l'a fait retomber dans son ancien défaut, tout a marché à souhait. L'ouverture d'*Hamlet* de Niels W. Gade est d'un artiste expert dans l'art d'orchestrer ; c'est très habilement fait et se tient très bien, cela s'écoute avec plaisir, mais cela manque un peu d'inspiration. »

En Italie en février 1893, première de l'opéra de Verdi *Falstaff ;* à New York, en mai, première de la *Symphonie du Nouveau Monde* de Dvořák ; à Berlin, Edvard Munch peint *Le Cri.*

Le Ménestrel n° 36, dimanche 3 septembre 1893 : « On vient d'inaugurer, à Copenhague, une plaque commémorative en l'honneur du compositeur Niels Gade, dans l'église Holmens, où repose l'auteur de tant d'œuvres symphoniques. Cette plaque, en granit noir du pays, porte cette inscription :

« A Niels W. Gade

Né le 22/2 1817, mort le 21/2 1890

Profs[r], d[r] Phil., Organiste

A l'église Holmens pendant trente-deux ans. »

L'épitaphe qui suit peut se traduire ainsi : « De sons il bâtit une échelle de Jacob depuis les brouillards terrestres jusqu'au royaume de la lumière. Son rêve commença par la vie, sa pensée l'éleva jusque dans l'éther des cieux, sa gloire s'y continuera dans la magie des sons. »

Le Journal des Débats politiques et littéraires, samedi soir 10 juin 1893. Dans cet article Adolphe Jullien nous apprend qu'un poème de Mlle

Louise Otto[174], inspiré par les Nibelungen à mettre en musique avait été proposé à Niels Gade qui accepta dans un premier temps, « puis y avait renoncé sans que nous sachions pourquoi. »

Bulletin de la Société des Beaux-Arts de Caen, 9ᵉ volume, 2ᵉ cahier. 1893. Concert du 26 janvier 1894, Grande salle de l'Hôtel de ville :

« En deuxième partie de concert. *La Fille du roi des Aulnes* de Niels W. Gade. Légende danoise pour solo, chœurs, orchestre, piano et orgue. »

Le même Bulletin rappelle un concert antérieur. Concert du 29 avril 1892, salle de la Bourse. *Trio pour piano, violon et violoncelle* de Niels Gade par MM. Dupont, Du Saucet et Rousselot. Et des œuvres de Gounod, Mozart, Saint-Saëns, Massenet, Lebeau, Félicien David, Ch. Dancla, Schumann, Widor, Léo Delibes.

L'Œuvre d'Art, revue bi-mensuelle illustrée (Paris, date d'édition : 1893) octobre 1893. La Musique russe : «… Les Scandinaves Niels W. Gade, Grieg, si heureusement inspirés des légendes du Nord, Svendsen, dans ses romances pour violon, Dvořák et toute la jeune pléiade tchèque, sont liés d'une intime parenté avec l'école russe moderne… » Georges Cochet [175]

Condamnation du capitaine Dreyfus pour espionnage en décembre 1894 et première du poème symphonique de Claude Debussy intitulé *Prélude à l'après-midi d'un faune*. Yersin découvre le virus de la peste et Emile Roux met au point le premier sérum antidiphtérique.

La Semaine littéraire (Genève, revue hebdomadaire, 1893-1927), Samedi 13 janvier 1894. Article « Edvard Grieg » signé par Ferdinand Held[176] :

«… Sa gloire [Grieg] sera d'en avoir été le révélateur et l'initiateur, rôle que Gade et Swendsen *(sic)* n'ont pas su remplir, s'étant arrêtés à mi-chemin pour suivre docilement leurs modèles romantiques. (…) Pendant un séjour qu'il fit à Copenhague, il profita des conseils de Niels Gade… »

Le Ménestrel n° 2 du dimanche 14 janvier 1894. Nouvelles diverses. Etranger : « Une réflexion du *Musikalisches Wochenblatt* : la souscription

---

[174] Louise Otto-Petersen (1819-1895), femme écrivain allemande, féministe, poète, journaliste, défend les droits des femmes (pseudonyme fréquent : Otto Stern).
[175] Georges Cochet (ou Pascal Forthuny), 1872-1962, romancier, poète, musicien et critique d'art.
[176] Ferdinand Held (1892-1925), directeur du Conservatoire de Genève, chroniqueur musical.

pour le monument de Niels Gade à Copenhague s'élève déjà à 19.054 couronnes ; à Paris, on a réuni plus de 100.000 francs pour le monument de Gounod, et à Leipzig, le projet de monument à Wagner paraît complétement abandonné depuis la mort de R. Zenker ! Ce projet est déjà vieux de dix ans. »

Le Figaro, 28 janvier 1894. Caen : « La Société des Beaux-Arts donnait hier soir un festival dans lequel on a exécuté des fragments importants de la *Tempête*, de *Sigurd*, et enfin une ballade de Niels Gade « la Fille du roi des Aulnes ». Solistes, orchestre et chœur étaient presque exclusivement composés d'amateurs de la ville. Grand succès pour Mme Guyon, Mlles Banyer et Alice Theveneau et pour MM. Dupont, Rousselot, du Sanny, Vignioboul, etc., etc. »

De l'infaillibilité et de l'honnêteté de certains critiques musicaux… sources d'un papier succulent que voici.

Journal des Débats, vendredi 9 mars 1894. Au jour le jour : « Les critiques musicaux sont sujets à l'erreur : cette sentence, assurément, n'a rien de rare. Mais il faut un génie peu commun pour errer avec autant d'assurance et déraisonner avec autant de suite que vient de le faire un haut et puissant aristarque de Zurich, - ville qui tient, comme on le sait, la musique en grand honneur, et possède le meilleur orchestre de la Suisse. – Dans un concert récent figurait au programme une *symphonie en* ré *mineur* de Niels Gade, le compositeur danois. Mais, pour un motif quelconque, elle ne fut point exécutée : on la remplaça par la *symphonie en* la de Beethoven. L'éminent critique ne remarqua pas le changement, et, le lendemain, publiait en son journal un feuilleton tout semé de perles : « La nouvelle symphonie de Gade ne porte point le coloris national de ses compositions antérieures… » Il développait avec une logique serrée cette pensée dont nul ne contestera la justesse : « La *symphonie en* ré *mineur* ne peut être mise au nombre des bons ouvrages de Niels Gade. » On assure, - et nous le croyons aisément, - que la lecture de ce compte rendu égaya fort les habitants de Zurich. Pourtant, gardons-nous d'en rire sans merci. On aurait trop beau jeu à nous rappeler que nos revues les plus estimées, nos journaux les plus répandus eurent des critiques aussi experts que pas un dans l'art de prendre le Pirée pour un homme… »

Le Journal (Paris, quotidien, 1892-1944)*,* 9 avril 1895 : « Soirée charmante, hier, au théâtre de Monte-Carlo… Le concert international a permis à l'excellent capellmeister Léon Jéhin de nous faire entendre et applaudir des œuvres de valeur dues aux maîtres de l'école scandinave. Citons, notamment, le *Carnaval à Paris*, de Svendsen ; la *Symphonie*, de

Mme Munktell, fort intéressante ; la *Chanson Solvejg*, de Grieg, bissée et acclamée. Des œuvres de Niels Gade, Hawick, etc. » Collin-Maillard

Le Figaro, samedi 21 avril 1894. Au jour le jour. Edvard Grieg. Papier de Georges Loiseau : « De l'Allemagne, il se rendit à Copenhague où il connut Niels Gade et Nordraak auquel est dédié son *Concerto* (op. 16) (…) Tandis qu'avec Niels Gade la musique scandinave se domestiquait aux formules de Mendelssohn, qu'avec Alfdan Kjerulf elle s'imprégnait de Schubert… Ce sera la gloire de Grieg d'avoir, avec acharnement, poursuivi ce mouvement de nationalisation… »

Histoire générale des Beaux-Arts, par Roger Peyre, Librairie Delagrave, Paris, 1894. Cours complet d'enseignement secondaire moderne. Conforme aux programmes officiels de 1891 : « La Musique. […] Maintenant le centre de la musique symphonique en Europe n'est plus l'Allemagne, mais la France, malgré Brahms (1823) et Raff (1822), malgré les Scandinaves Niels Gade (1801) et Grieg (1843). »

T.L. Krebs fait paraître *Gade, as He appears in His Letters*, dans la revue The Sewanee Review, vol. 3, n° 1, novembre 1894, p. 48-61. Il s'agit de lettres du compositeur adressées à ses parents et à sa femme, initialement publiées par sa fille Dagmar Gade[177] (*Optegnelser og Breve af Niels Gade*, Copenhagen, Gyldendal). Krebs écrit : «… Le grand Danois était par nature un musicien et un poète. Ayant étudié les légendes du Nord, véhiculées par les poètes scandinaves, et ayant assimilé leurs œuvres… son âme fut emplie de douces mélodies et harmonies… » Dans une lettre de 1838 écrite lors d'un voyage en Suède et en Norvège, le jeune homme âgé de 28 ans donna quelques concerts en tant que violoniste… C'était la première fois qu'il quittait son île natale, et comme nombre de jeunes hommes avant et depuis, il se trouva soudainement échoué presque sans un sou sur un rivage étranger. (…) Dans un courrier daté de septembre 1843 à Stralsund, sur la route de Leipzig, Gade décrivait son chemin bien décidé à faire la connaissance de Mendelssohn, qui s'apprêtait à défendre efficacement sa cause… »

En France, les frères Lumière tournent (mars 1895) *La Sortie des usines Lumière*. En Allemagne, première de *Till Eulenspiegel* de Richard Strauss. A Paris, en décembre 1895, première séance publique du cinématographe des frères Lumière.

Le Ménestrel n° 20, dimanche 19 mai 1895. « On nous écrit de Copenhague : « Notre grand compositeur national P.E. Hartmann, qui a survécu à son confrère Niels W. Gade, bien connu également comme compositeur danois, vient de célébrer, le 14 de ce mois, son 90ᵉ anniversaire.

---

[177] Dagmar Gade (1863-1952), fille de Niels W. Gade et de Laura Mathilde Staeger.

A cette occasion l'Opéra royal a joué une œuvre de Hartmann, son opéra *Ciden Kirsten (sic)*[178]. Hartmann est encore plein de vigueur ; il vient de terminer la composition d'une nouvelle œuvre très importante. Il a fort bien supporté les innombrables ovations de son anniversaire et nous espérons qu'il deviendra, chez nous, le Chevreul de la musique. »

Le Journal des Débats, samedi soir, 8 juin 1895 : Revue musicale. Article de E. Reyer (concert à l'Opéra) : «… il y a les cantates et les oratorios de Bach ; il y a ceux de Haendel et de Mendelssohn ; il y a l'*Egmont* et les *Ruines d'Athènes* de Beethoven, le *Faust* et le *Paradis et la Péri* de Schumann, *la Fille du roi des Aulnes* de Niels Gade, compositeur danois dont les directeurs de l'Opéra entendent peut-être citer le nom pour la première fois… »

Le Ménestrel n° 31, dimanche 4 août 1895 : « Un journal anglais, *The Violin Times*, fait observer que le célèbre compositeur danois Niels Gade semblait vraisemblablement destiné, par la structure de son nom, à devenir musicien. En effet, les quatre lettres de son nom représentent – selon l'appellation allemande et anglaise – le nom de chacun des quatre cordes du violon… »

Le Monde artiste, dimanche 25 août 1895. En manière de passe-temps. « Un journal anglais, *The Violin Times*, fait observer que le célèbre compositeur danois Niels Gade, semblait vraisemblablement destiné, par la structure de son nom, à devenir musicien. En effet, les quatre lettres de son nom représentent – selon l'appellation allemande et anglaise – les noms de chacune des quatre cordes du violon : E-A-D-G- (mi, la, ré, sol)… »

Le Ménestrel n° 39, dimanche 29 septembre 1895 : « A Copenhague sera bientôt inaugurée une statue, érigée sur la place Sainte-Anne, en l'honneur du grand compositeur danois Niels W. Gade. La société musicale Musikforeningen produira pour la première fois, à cette occasion, une composition posthume de Niels W. Gade, le *Rêve de Balder*. »

Le Ménestrel n° 44, dimanche 3 novembre 1895 présente à ses lecteurs le Gewandhaus de Leipzig :

« Quelques renseignements sur les concerts du Gewandhaus de Leipzig, qui sont un peu pour l'Allemagne, ce qu'est pour la France notre Société des concerts du Conservatoire, c'est-à-dire le refuge des grandes traditions classiques de l'art musical. L'institution des belles séances du Gewandhaus remonte au temps où Jean-Sébastien Bach était cantor de la

---

[178] Liden Kirsten/Petite Christine.

Thomas-schule de Leipzig, et dans l'origine elle portait le titre de « Grand concert ». Les premières exécutions eurent lieu dans un local particulier, en 1743 : le directeur était alors Johann-Friedrich Doles, sous-directeur de la Thomas-schule, et l'orchestre ne comprenait que 19 exécutants. Après une interruption provoquée par la Guerre de Sept ans, les séances reprirent en 1763, sous la direction de Jean-Adam Hiller, qui leur donna le titre de « Liebhaberconcert ». L'orchestre s'était alors accru et comptait 30 artistes. J.-A. Hiller continua à les diriger jusqu'à Pâques 1778. Ici se présente une nouvelle interruption de trois années, au bout desquelles l'institution, en prenant possession de la salle du Gewandhaus, dont elle a conservé le nom jusqu'à ce jour, se reconstitue sous la forme et dans les conditions qu'on lui connaît encore actuellement. Le bourgmestre de Leipzig, Carl-Wilhelm Müller, forme, avec onze de ses amis, une société de direction, et Hiller, qui jusqu'alors avait dirigé ses concerts à ses risques et périls, conserve ses fonctions sans conserver de responsabilité, et devient appointé. Le premier concert de cette nouvelle incarnation de l'entreprise eut lieu le 29 septembre 1781. Aujourd'hui, le Gewandhaus donne chaque année 20 concerts d'abonnement, plus deux séances extraordinaires dont l'une au profit de la caisse de pensions des artistes, l'autre au bénéfice des pauvres ; l'orchestre comprend 80 exécutants. Voici les noms des chefs d'orchestre qui se sont succédés au Gewandhaus, depuis l'origine jusqu'à ce jour : J.-F. Doles (1743-1744) ; J.-A. Hiller (1763-1785) ; Johann-Gottfried Schicht (1785-1818) ; Johann-Philipp-Christian Schulz (1818-1827) ; Christian-August Pohlenz (1827-1835) ; Félix Mendelssohn-Bartholdy (1835-1843) ; Ferdinand Hiller (1843-1844) ; Niels W. Gade (1844-1848) ; Julius Rietz (1848-1860) ; Carl Reinecke (1860-1895) ; enfin, M. Arthur Nikisch, qui a été tout récemment appelé à succéder à ce dernier. »

A Turin, le 1er février 1896, a lieu la création de *La Bohème* le nouvel opéra de Puccini. Athènes abrite les premiers Jeux Olympiques modernes (avril 1896).

Le Gaulois. Mercredi 4 mars 1896 : « La musique sur la Côte d'Azur. Les concerts internationaux ont toujours beaucoup de succès à Monte-Carlo, grâce à leur excellente interprétation, aux œuvres qui y sont exécutées, et grâce aussi à l'habile et sympathique chef d'orchestre L. Jéhin[179]. Le concert consacré à l'école scandinave, a été fort réussi avec son programme qui comportait des œuvres de Niels Gade, Grieg, Svendsen, Dvorack *(sic)*, très applaudies, et tout particulièrement les *Danses*

---

[179] Léon Jéhin, chef d'orchestre et compositeur belge (1853-1928). A beaucoup travaillé à l'Opéra de Monte-Carlo (1889-1928).

norvégiennes et les *Danses slaves*, de Grieg et de Dvorack. M. Corsanego a merveilleusement exécuté une *Romance pour violon*, de Svendsen, et a été vivement applaudi pour son joli son et son interprétation artistique pleine de charme. »

Le Temps. Jeudi 5 mars 1896 : « Les concerts internationaux ont toujours autant de succès à Monte-Carlo, grâce à l'excellent chef d'orchestre L. Jéhin, qui les dirige avec sa maîtrise habituelle. Celui d'hier, consacré à l'école scandinave, a été pleinement réussi. Au programme des œuvres de Niels Gade, Ed. Grieg, Svendsen, Dvorak *(sic)*, que l'excellent orchestre a parfaitement rendues, avec un sentiment très remarquable. En particulier, les « Danses norvégiennes » et les « Danses slaves » ont été fort bien interprétées et ont été très applaudies. M. Corsanego a exécuté avec un son suave et doux la belle romance pour violon de Svendsen. »

La Lanterne, vendredi 6 mars 1896. La musique à Monte-Carlo : « Le succès qui a accueilli les concerts internationaux, dès leur début, va toujours en augmentant, grâce à l'habile et sympathique direction de M. L. Jéhin, l'excellent chef d'orchestre. C'est ainsi que le 8e concert vient d'être admirablement réussi, avec un programme consacré à l'Ecole scandinave, qui comportait des œuvres de Niels Gade, Grieg, Svendsen, Dvorack *(sic)*. On a surtout applaudi les *Danses norvégiennes* et les *Danses slaves*, si colorées et si poétiques. M. Carsenago, violoniste, a divinement joué, et avec un fort joli son, une belle « romance » pour violon, de Svendsen, et a été très applaudi. »

Le XIXe siècle. Vendredi 6 mars 1896 : « Les concerts internationaux de Monte-Carlo ont toujours beaucoup de succès. M. Jéhin, l'habile et sympathique chef d'orchestre, y consacre toute sa haute compétence, et son orchestre fait des merveilles. Le concert de dimanche dernier, consacré à l'école scandinave, a été particulièrement bien réussi avec son attrayant programme, qui comptait des œuvres intéressantes de Niels Gade, Grieg, Svendsen, Daorack *(sic)*… » Emile Marsy

La Presse, vendredi 6 mars 1896 : « Courrier musical monégasque : Beaucoup de monde au huitième concert international consacré à l'Ecole scandinave. M. Jéhin, l'habile et compétent chef d'orchestre, fait des merveilles avec son orchestre très supérieur. On a successivement entendu et applaudi des œuvres de Niels Gade, Ed. Grieg, Svendsen, Dvorack… Séance très intéressante et très réussie. »

Le Rappel, vendredi 6 mars 1896 : idem *supra*.

Le Temps. Mercredi 28 octobre 1896 : « Les éditeurs Enoch et Cie viennent de commencer la publication fort intéressante d'une « Collection de musique étrangère moderne », dans laquelle se trouve des œuvres, les unes inédites, les autres consacrées par le succès, de Moszkowski, Grieg, Niels Gade, Lange-Müller, Glinka, Rubinstein, Dargomijsky, Rimsky-Korsakof, etc., etc. »

Gazette des Beaux-Arts : Courrier européen de l'Art et de la Curiosité, paraissant le dimanche, Paris, 1859-2002, décembre 1896. *L'Anneau du Niebelung* à Bayreuth en 1896 par Georges Servières[180] :

« D'autre part, à la même époque, une poétesse allemande, Louise Otto, s'inspirait du scénario de Vischer et annonçait le dessein d'en tirer deux opéras, le *Trésor des Niebelungen* et *la Détresse des Niebelungen*. Après avoir exposé ses idées en 1845 dans la *Neue Zeitschrift für Muzik*, elle s'entendit avec un poète viennois pour la versification du livret, dans lequel elle conservait, du reste, toutes les formes usuelles de l'opéra : récitatifs, airs, duos, chœurs, ballet, marche de fête, danse des épées, avec pas de guerriers entre Burgundes et Niebelungen. Ce libretto était destiné à Niels Gade, alors directeur des concerts du Gewandhaus, à Leipzig. « Je ne sais, conclut M. Tappert, si Niels Gade a sérieusement pensé à mettre en musique le texte de Louise Otto, si d'autres s'en sont servis. Seul, Henri Dorn a écrit un opéra des Niebelungen, qui a été joué à Weimar, le 22 août 1854, puis à Vienne et ailleurs. » L'annonce de cette concurrence eut même pour effet d'inquiéter Wagner ; on trouve la trace de ce souci dans ses lettres à Liszt… »

Musique. Mélanges d'histoire et de critique musicale et dramatique. Adolphe Jullien. Paris, librairie de l'art. 1896. « Jules Pasdeloup et les concerts populaires », p. 314 :

« La retraite de M. Pasdeloup. Texte de juin 1884. « Monsieur Pasdeloup fut donc le grand « éducateur » musical de notre pays, aussi bien du public que des compositeurs, en les initiant aux chefs-d'œuvre d'abord de Haydn, de Mozart, les premiers compris et fêtés, puis de Beethoven dont la *Symphonie pastorale* obtint dès le premier jour un succès étourdissant, mais dont les autres symphonies, notamment la neuvième, eurent quelque peine à s'imposer à la foule. Et Mendelssohn qu'on discutait assez vivement lors des premiers concerts ; et Schumann qu'on sifflait joyeusement à chaque nouvelle symphonie qu'essayait Pasdeloup ; et tous les musiciens étrangers

---

[180] Georges Servières (de son vrai nom Georges Serrurier), musicologue et critique musical français (1858-1937). Il collabore à de nombreuses revues dont *Le Ménestrel, Le Guide musical, La Revue musicale, La Gazette des Beaux-Arts…* Il a traduit en français des livrets d'opéras allemands *(Der Freischutz, Tannhäuser).*

contemporains, Niels Gade, Abert, Lachner, Brahms, Raff, Svendsen, Ten-Brink, Glinka, Tschaïkowski, etc., dont il jouait tour à tour les œuvres principales, au grand contentement des amateurs désireux de se tenir un peu au courant de la production musicale hors de France ! Enfin, faut-il parler ici de Berlioz et de Richard Wagner ? »

André Gide fait paraître *Les Nourritures terrestres* à Paris en mai 1897. Gustav Mahler est nommé directeur de l'Opéra de Vienne.

Le Figaro, lundi 12 avril 1897. Courrier musical de Monte-Carlo. Dimanche, concert de musique scandinave : œuvres de Grieg, Svendsen, Niels Gade, etc.

Le Figaro, jeudi 15 avril 1897. De Monte-Carlo : « Au 12e concert international, consacré à l'Ecole scandinave, l'orchestre, sous la direction de Jehin, a exécuté un brillant programme, qui comprenait « l'ouverture écossaise » de Niels Gade, les « Danses norvégiennes » de Grieg, et nombre de pages remarquables de Svendsen, Halvorsen[181] et Dvorak. La salle entière a fait bisser la « danse d'Anitra » de Peer Gynt et « Au printemps », une délicieuse inspiration de Grieg, œuvres exécutées à ravir par l'orchestre. Les originales « Danses slaves » de Dvorak, jouées avec un brio et une verve superbes par les artistes de Jehin, ont bien terminé cette intéressante séance musicale. » Jules Huret[182]

Le Radical (Journal politique et littéraire), vendredi 16 avril 1897. « De Monte Carlo. Public très choisi au douzième concert international, entièrement consacré à l'Ecole norvégienne. Sous l'habile direction de son chef Jehin, l'orchestre monégasque a déployé une grande science musicale dans l'interprétation de belles pages de Niels Gade, Grieg, Szendsen *(sic)*, dont *l'Andante funèbre* est d'un magistral caractère, et d'Halvorsen. » A. Biguet

Le Ménestrel n° 36, dimanche 5 septembre 1897. Nouvelles diverses. Etranger : « A Copenhague on vient d'inaugurer un monument en l'honneur du compositeur national Niels Gade. La famille royale assistait à la cérémonie. »

---

[181] Johan Halvorsen, violoniste, chef d'orchestre et compositeur norvégien (1864-1935). Il rejoint l'orchestre du Gewandhaus de Leipzig, professeur à Helsinki. En 1883, il travaille comme chef d'orchestre à l'orchestre du Théâtre national de Bergen et à l'orchestre philharmonique. Il y devient premier violon et en 1893 premier chef d'orchestre. En 1899, il est nommé chef d'orchestre auThéâtre national de Kristiania.
[182] Jules Huret (1863-1915), journaliste français. Il a interviewé de nombreux écrivains et autres personnalités pour divers quotidiens dont *Le Figaro* à partir de 1892.

Le Gaulois. Lundi 6 septembre 1897 : « A Copenhague, on vient d'inaugurer un monument en l'honneur du compositeur national Niels Gade. La famille royale assistait à la cérémonie. »

Idem dans *Le Monde artiste,* dimanche 19 septembre 1897.

Bibliothèque universelle et revue suisse (Genève, Lausanne, mensuel, 1862-1924), juillet-septembre 1897, pages 342 -363. « Edvard Grieg. Essai de portrait d'un musicien », par Louis Monastier :

« Niels Gade aurait pu diriger la renaissance musicale ; mais il se tournait du côté de l'Allemagne. L'attrait de Leipzig, avec Mendelssohn et Schumann, était trop grand pour ne pas étouffer ses aspirations nationales ; elles ne purent pas, au dehors, faire école et restèrent par conséquent, faibles au-dedans. Cependant, si à l'heure qu'il est la place est faite à cette manière dite « populaire », c'est grâce à Gade. Il est de mode aujourd'hui de le « rabaisser » au rang d'un simple disciple de Mendelssohn, ce qui, du reste, ne constituerait nullement un grief sérieux. En réalité, dès l'apparition de l'ouverture *Echos d'Ossian,* Gade a inauguré l'usage orchestral des motifs populaires. Il en enchâssa dans toutes ses symphonies, se rapprocha d'eux dans ses autres œuvres, par l'esprit et par la tendance, sinon par la forme. Gade est bien un des pères du mouvement musical scandinave. »

Revue musicale Sainte-Cécile (Reims, date d'édition : 1897-1901), 22 octobre 1897 : « A Copenhague on vient d'inaugurer un monument en l'honneur du compositeur national Niels Gade. La famille royale assistait à la cérémonie. »

Le Figaro, samedi 30 octobre 1897. Salon du *Figaro* : « Nos lecteurs n'ont pas oublié la curieuse série d'œuvres étrangères publiées dernièrement par le Figaro. Cette intéressante sélection composait hier le programme du 2ème concert organisé par l'éditeur Enoch… Le programme, fort bien composé, avait par-dessus tout le charme de la nouveauté. Les noms de Backer-Grondahl *(sic)*, Heise, Sjœgren *(sic)*, Léo Blech, Lange-Müller, presque inconnus du public parisien, se sont partagé les bravos avec Niels Gade, Grieg et Moszkowski[183].

---

[183] Peter Arnold Heise (1830-1879), pédagogue, compositeur et organiste danois. Elève d'Andreas Peter Berggreen et Niels Gade dont l'influence sur sa musique est évidente avant de gagner le Conservatoire de Leipzig où il a pour maître Moritz Hauptmann dans les années 1852-1853. Il met en musique plus de 300 lieder ou mélodies pour soprano et piano inspirés par des contes populaires, des contes du Moyen-Age. Il compose aussi deux opéras dont le célèbre *Drot og Marsk* (Roi et Maréchal), marqué par Wagner ainsi que de la musique instrumentale de qualité.
Léo Blech (1871-1958), compositeur d'opéras et chef d'orchestre allemand.

Nous citerons surtout le *Menuet* et la *Danse Norvégienne*, de Backer-Grondahl, et *Près d'un berceau* et *Rêve étrange*, deux compositions nouvelles de Moszkowski, interprétées au piano, avec une maëstria incomparable, par Mlle Rose Depecker. Cette remarquable artiste possède de rares et belles qualités : la pureté du style, la douceur jointe à l'énergie et la fantaisie sans laquelle il n'est pas de grand talent. Le public lui a fait un accueil enthousiaste. De même, l'excellent ténor Mauguière s'est fait beaucoup applaudir dans *l'Oiseau d'amour*, de Grieg, et bisser dans une romance de Beechgaard, *Quand je rêve à toi !* Sa voix chaude et vibrante a transporté l'auditoire… »

Le XIXe siècle. Samedi 6 novembre 1897. Petit courrier : « Samedi prochain, à cinq heures du soir, aura lieu la première conférence, consacrée à la musique scandinave, avec des œuvres de Grieg, Svendsen, Niels Gade, etc., exécutées par Mme Saillard-Dietz, Mlle Frederiksen, Magnien, et par Albert Tyck. »

Le Rappel, samedi 6 novembre 1897 : idem *supra*.

Le Monde artiste, dimanche 14 novembre 1897. Courrier de la semaine : « Samedi dernier, à cinq heures du soir, a lieu la première conférence, consacrée à la musique scandinave, avec œuvres de Grieg, Svendsen, Niels Gade, etc., exécutées par Mme Saillard-Dietz, Mlles Frederiksen, Magnien et par M. Albert Tyck. Grand succès. »

Le Gaulois. Lundi 13 décembre 1897 : « Mlle Emma Holmstrand[184], une jeune cantatrice suédoise qui s'est faite applaudir au théâtre de la Monnaie de Bruxelles, donnera samedi prochain 18 décembre, à quatre heures et demie, à la Bodinière, une séance de musique scandinave moderne, avec le concours de Mlle Ibanna-Marie Hansen, MM. Henri Marteau[185] et

---

Sjoegren, en réalité Emil Sjögren (1853-1918), compositeur suédois, organiste reconnu. Il se rend plusieurs fois à Paris où il est apprécié. Son catalogue renferme des pièces pour orgue, des sonates pour violon, des chœurs et surtout des lieder et de la musique pour piano.
Peter Erasmus Lange-Müller (1850-1926), pianiste et compositeur danois influencé en partie par la musique populaire danoise, Robert Schumann, Johannes Brahms et J.P.E. Hartmann. Cf. notre étude : *Peter Erasmus Lange-Müller, Le Danois migraineux*, mis en ligne sur ResMusica.com le 18 décembre 2008.
[184] Emma Holmstrand (1866-1947), soprano suédoise. Réalise une partie de ses études à Stockholm et Paris.
[185] Henri Marteau (1874-1934), violoniste virtuose et compositeur français. Il obtient la nationalité suédoise en 1915. Carl Nielsen qu'il rencontre à l'occasion de plusieurs concerts en 1894 et 1895 à Copenhague lui a dédié sa *Sonate pour violon et piano n° 1 en la majeur* op. 9 (1895).

Charles Levadé. Au programme, fort intéressant, figurent des œuvres de Bechgaard[186], E. Sjogren, Niels-W. Gade, Sinding[187], Lago, etc. »

Le Journal des Débats, vendredi 17 décembre 1897 : « Voici l'attrayant programme de la séance de musique scandinave que donnera samedi prochain 18, à la Bodinière, à quatre heures et demie, Mlle Holmstrand, de l'Opéra royal de Stockholm, avec le concours de Mlle Hansen et M. Marteau. *L'Oiseau d'amour*, de Grieg, *Quand je rêve à toi*, Bechgaard ; *Dors*, de Sjoegren ; *Dans la Forêt,* de Niels Gade ; *Marche villageoise et arabesque*, de Hansen ; la *Chanson de l'Amie*, de Heise ; *Madrigal*, de Lago ; *Au Printemps*, de Grieg, et diverses chansons populaires. Le texte français est de Catulle Mendès. »

Publication dans l'*Aurore* du 13 janvier 1898 du « J'accuse » de Zola en faveur du capitaine Dreyfus. Pierre et Marie Curie découvrent à Paris en décembre le polonium et le radium. En Angleterre, Marconi réalise la première télégraphie sans fil.

Le Monde artiste, dimanche 20 février 1898 : « La Musique moderne dans les grands concerts. Société des Concerts Pasdeloup. Les concerts Pasdeloup furent fondés le 20 janvier 1861 sous le nom de Société des jeunes artistes du Conservatoire. Le chef de cette pléiade était Pasdeloup et les concerts avaient lieu dans la salle Herz[188], rue de la Victoire, séances de quatuors d'abord, puis qui prirent de l'extension et durent être données dès la fin de l'année 1861 au cirque Napoléon (Cirque d'hiver), salle que ne quittèrent plus les sociétaires de Pasdeloup. Jusqu'à 1870, Pasdeloup donna peu d'auditions de musique moderne, car le goût du jour n'était pas orienté vers la jeune école, cependant nous relevons des tentatives répétées pour introduire dans les programmes des morceaux de Wagner, des fragments de *Lohengrin* en particulier. Dans les programmes de cette époque [1870] l'ouverture de *Michel Ange* de Niels Gade. »

---

[186] Julius Bechgaard, pianiste et compositeur danois (1843-1917). Son opéra *Frode* est influencé par Wagner. Il compose aussi des pièces pour piano, des chansons et des opéras.

[187] Christian Sinding (1856-1941). Compositeur, professeur de musique et violoniste norvégien. Un des musiciens norvégiens les plus réputés du 19ᵉ siècle, à la fois héritier du style d'Edvard Grieg et surtout de la nouvelle école musicale germanique (Liszt, Wagner). Il fréquente le Conservatoire de Leipzig à partir de 1874. Une grande partie de sa carrière se déroule en Allemagne.

[188] Salle des Concerts Herz, construite en 1842 par le pianiste virtuose autrichien Henri Herz. Berlioz y dirigea les premières de l'Ouverture du *Carnaval romain* en 1844 et *L'Enfance du Christ* en 1854. Offenbach y joua comme violoncelliste et y donna *Le trésor à Mathurin* en 1853. La première exécution publique d'un saxophone s'y déroula en 1844. Ultérieurement la salle fut démolie.

Le Temps, jeudi 17 mars 1898 : « A Monaco, le dernier concert international était consacré aux œuvres symphoniques scandinaves, sous la direction de M. Léon Jéhin. On a particulièrement apprécié l'ouverture d'*Ossian*, de Niels Gade, le *Printemps*, de Grieg, le *Carnaval à Paris*, de Svendsen, et *Sur les brisants*, poème symphonique inédit, de Mme H. Muntktell...[189] ».

Le Figaro, vendredi 18 mars 1898 : « Le dernier concert international était consacré aux œuvres symphoniques scandinaves, sous la direction de M. Léon Jehin. On a particulièrement apprécié l'ouverture d'*Ossian*, de Niels Gade ; le *Printemps*, de Grieg ; le *Carnaval à Paris*, de Svendsen, et *Sur les brisants*, poème symphonique inédit de Mme H. Munktell... » A. Mercklin

Le Monde artiste, dimanche 27 mars 1898. Monte-Carlo : « Au programme du dernier concert international (école scandinave), sous la direction de M. Léon Jéhin : l'ouverture d'*Ossian*, de Niels Gade ; *le Printemps*, de Grieg ; le *Carnaval de Paris*, de Svendsen ; *Sur les Brisants*, poème inédit de Mme H. Munktell. »

Le Monde artiste, dimanche 17 avril 1898. La Musique moderne dans les grands concerts. Concerts Colonne (suite). L'auteur rappelle, entre autres, un concert ancien donné au cours de la saison 1877 : « D'ailleurs, l'année suivante va être en grande partie consacrée aux ouvrages de Berlioz... A nommer aussi parmi les ouvrages exécutés au cours de cette saison (...) *la Fille du roi des Aulnes* de M. Niels Gade... »

Le Ménestrel n° 18 du dimanche 1er mai 1898. Bibliographie. Robert Schumann : Ecrits sur la musique et les musiciens, traduits par Henri de Curson[190] : « Nous avons aujourd'hui, en France, tout ce qu'il nous faut pour bien connaître Schumann... Lisez ce qu'il écrivait sur Chopin, Liszt, Schubert, Niels Gade, Berlioz et tant d'autres... » Compte-rendu de Arthur Pougin[191]

---

[189] Helena Muntktell (1852-1919), compositrice suédoise. Elève du Conservatoire de Stockholm, elle se perfectionne à Vienne et à Paris (Benjamin Godard, Vincent d'Indy). Sa musique mérite d'être redécouverte.

[190] Henri de Curzon (1861-1942). Musicographe, archiviste et germaniste. Premier historien français de Schubert. Critique à la *Gazette de France*, au *Ménestrel*, au *Guide musical*, au *Journal des Débats*, etc.

[191] Arthur Pougin (1834-1921), écrivain, historien et critique musical français. Chef au Théâtre Beaumarchais et aux Folies-Nouvelles, premier violon à l'Opéra-Comique. Travaille notamment pour la *Revue et Gazette musicale, Le Soir, La Tribune, Le Journal Officiel, L'Evénement.*

Le Monde artiste, dimanche 17 juillet 1898. La Musique moderne dans les grands concerts. Concerts Lamoureux : « La Société des Concerts Lamoureux est fondée au mois d'octobre 1881 sous le nom de Société des Nouveaux Concerts et donne sa première séance le 23 octobre au Théâtre du Château-d'Eau. Les programmes des premiers concerts sont remplis par les œuvres des maîtres classiques, mais nous ne tarderons pas à voir M. Lamoureux produire de jeunes compositeurs et donner des œuvres inédites. Le 6 novembre(…) l'ouverture(…) de *Michel-Ange* de Niels Gade… »

Le Ménestrel n° 34, dimanche 31 juillet 1898. Nécrologie :

« Une dépêche de Copenhague nous annonce la mort en cette ville du compositeur Emile Hartmann, l'un des artistes les plus distingués de son pays. Fils, petit-fils de musiciens (son père, Jean-Pierre-Emile, encore vivant, est célèbre en Danemark). Emile Hartmann était né à Copenhague le 21 février 1836. Elève de Niels W. Gade, dont il épouse la sœur, il lui succéda en 1891 dans les fonctions de directeur de la Société musicale de Copenhague ; il était aussi organiste d'une des églises de cette ville. Il a d'ailleurs beaucoup écrit, mais ses œuvres ne sont guère connues en dehors de sa patrie et de l'Allemagne, où elles figurent souvent sur les programmes de concert. Au théâtre Emile Hartmann a donné un grand opéra : *Elverpihen*, un opéra-comique : *le Corsaire*, un ballet : *Fjeldstuen*, et une cantate : *la Nixe…* »

Le Monde artiste, dimanche 7 août 1898. Nécrologie : idem *supra*.

Le Monde artiste, dimanche 21 août 1898. La Musique moderne dans les grands concerts. La trompette (…) Niels Gade (*Pièces* pour clarinette)…

Le Figaro, samedi 6 août 1898. Notre page musicale : « Nous sommes à l'époque des voyages en Norvège ; il semble donc que nous nous conformions à l'actualité du moment en allant y chercher encore quelques-uns de ces chants admirables qui paraissent éclore là-bas, comme les fleurs sauvages parmi les fjords. Voici d'abord une mélodie d'une intensité d'expression extraordinaire – *Une Seule Pensée* – de Lange Müller. Le motif est court, très simple, mais quelles magistrales harmonies l'accompagnent ! Il y a tout un poème dans ces quelques mesures, aussi doivent-elles être interprétées avec un grand sentiment dramatique auquel il faut ajouter beaucoup de fougue.

Le second morceau a pour auteur le fameux compositeur Niels Gade. Il s'est inspiré d'un vieux refrain de chasseurs pour écrire *Dans la forêt*.

Niels Gade est le musicien des bois par excellence ; il en saisit la poétique mélancolie, et en écoutant sa musique on croirait entendre le bruissement des feuilles et les rafales du vent à travers les branches des grands chênes...

Ces deux mélodies font partie de la Collection de musique étrangère publiée par M. Enoch. » René Lara[192]

Gil Blas, lundi 8 août 1898. Propos de coulisses. Par Colin-Maillard :

« Une dépêche de Copenhague nous annonce la mort en cette ville du compositeur Emile Hartmann, l'un des artistes les plus distingués de son pays. Fils, petit-fils et arrière-petit-fils de musiciens (son père, Jean-Pierre Emile, encore vivant, est célèbre en Danemark), Emile Hartmann était né à Copenhague le 21 février 1836. Elève de Niels W. Gade, dont il épousa la sœur, il lui succéda en 1892 dans les fonctions de directeur de la Société musicale de Copenhague ; il était aussi organiste d'une des églises de cette ville. Il a d'ailleurs beaucoup écrit, mais ses œuvres ne sont guère connues en dehors de sa patrie et de l'Allemagne, où elles figurent souvent sur les programmes de concert. Au théâtre, Emile Hartmann a donné un grand opéra : *Elverpihen* ; un opéra-comique : *le Corsaire* ; un ballet : *Fjeldstuen*, et une cantate : *la Nixe*. Parmi ses autres œuvres, il faut signaler particulièrement une symphonie en mi majeur, une ouverture de concert, un concerto de piano et un concerto de violoncelle, tous deux avec orchestre, une sérénade pour orchestre, etc., etc. »

Revue musicale Sainte-Cécile (Reims), 2 décembre 1898. Lyon. « Enfin Monsieur Péronnet nous a donné ce qu'on était en droit d'attendre de l'artiste consciencieux qu'il est : une exécution sincère et impeccable de la belle *Sonate en* ré de Niels Gade et du *Concerto* de B. Godard. Il a été applaudi avec enthousiasme. »

Le Journal de la Jeunesse. Nouveau recueil hebdomadaire illustré (Paris, 1873, Librairie Hachette). *1898.* Deuxième semestre. M. Heinecke conclut un long article consacré à Mendelssohn (p. 240) : « Si Mendelssohn n'a pas vraiment fondé une école nouvelle, son influence cependant s'est fait sentir chez plus d'un compositeur moderne. Niels Gade, le grand musicien danois, Rubinstein, dans sa première période, pour ne citer que les plus célèbres, se sont évidemment inspirés de lui, Tchaïkowsky de même et bien d'autres. »

---

[192] René Lara. Homme de lettres, journaliste au *Figaro*.

Dreyfuss est gracié le 19 septembre 1899 par le président Loubet.

Le Ménestrel n° 2 du dimanche 8 janvier 1899. Paris et départements :

« Notre collaborateur et ami Albert Soubies[193] continue fructueusement son voyage d'exploration musicale à travers l'Europe… En un temps où l'excursion aux fjords de Norvège est devenue la mode du jour, attendons-nous à le voir au printemps prochain s'embarquer pour les pays scandinaves, et nous revenir avec une étude musicale sur ces contrées intéressantes sous ce rapport et où les sujets biographiques ne lui manqueront pas. Les figures artistiques sont nombreuses de ce côté : Weyse, Wallerius, Wollin, les deux Hartmann, Lindeman[194], Otto Lindblad[195], Saloman[196], Horneman, Lumbye, Kjerulf, Niels Gade, Ole Bull, Grieg, Svendsen, Franz Berwald[197], Enna[198], Mme Nissen-Saloman[199], Jenny Lind, Christine Nilsson[200]… toute une galerie à présenter à notre public. Il n'y faillira certainement pas… » A.P.

Les Annales politiques et littéraires (Paris, 1883-1939, hebdomadaire puis mensuel) ; revue populaire paraissant le dimanche, 30

---

[193] Albert Soubies, avocat, critique et historien de la musique et du théâtre (1846-1918). Il publie des critiques musicales sous le pseudonyme de B. de Lomagne dans *Le Soir*.

[194] Lindeman. Famille de musiciens norvégiens. Cf. J.-L. Caron, *Précurseurs oubliés : Les Lindeman en Norvège*, Bulletin de l'Association Française Carl Nielsen (A.F.C.N.) n° 9, 1992, p. 40-49.

[195] Otto Lindblad (1809-1864), compositeur suédois. Il élabore la musique de l'hymne royal suédois *Kungssången*. Cf. J.-L. Caron, *Les hymnes nationaux nordiques* in ResMusica.com le 21 décembre 2014.

[196] Siegfrid Saloman (1885-1962), compositeur danois. Entre au Conservatoire de Leipzig, puis il étudie à Paris avec Paul Le Flem. Violoncelliste et altiste, il se produit en soliste. Son plus grand succès fut l'opéra *Leonora* créé au Théâtre royal en 1926.

[197] Franz Berwald (1796-1868), compositeur suédois ayant connu relativement peu de succès de son vivant et ayant exercé divers métiers sans rapport avec la musique. Plusieurs années après sa disparition sa géniale originalité est révélée lors de l'exécution de ses 4 symphonies, de ses concertos pour violon, pour basson, pour piano, de son opéra *Estrella de Soria* et de sa musique de chambre. Cf. le numéro spécial *Franz Berwald* du Bulletin de l'Association Française Carl Nielsen qui lui est consacré en 1997, n° 16, 64 p.

[198] Auguste Enna (1859-1939), compositeur danois d'origine sicilienne. On se souvient de lui principalement pour ses opéras. Influencé par Wagner il aura un certain impact sur Carl Nielsen.

[199] Henriette Nissen-Saloman (1819-1879), chanteuse d'opéra suédoise et professeur de chant. Elève de Manuel Garcia et de Frédéric Chopin. Elle commence à la Comédie-Italienne à Paris en 1842. Tournées européennes.

[200] Christine Nilsson (1843-1921), chanteuse d'opéra suédoise. Elève de Franz Berwald, elle fait ses débuts à Paris en 1864 dans Violette de *La Traviata*, puis dans la Reine de la nuit de la *Flûte enchantée* (Mozart). Son succès est phénoménal.

avril 1899 : « L'Association Artistique célébrait, dimanche dernier, le vingt-cinquième anniversaire de sa fondation (…) Entre temps, notre Raoul Pugno[201] nous a donné la mesure de son rare talent dans le *Concerto pour piano*, de Grieg, l'élève de prédilection de Niels Gade, devenu maître à son tour … » Ely-Edmond Grimard

Revue de Champagne et de Brie (histoire, biographie, archéologie, documents inédits, bibliographie, beaux-arts, Paris, Arcis-sur-Aube, mensuel, date d'édition : 1876-1901), 23ᵉ année, tome onzième, Arcis-sur-Aube, 1899. Bibliographie, p. 591. Livre critiqué : Dr O. Guelliot. Les Musées d'Antiquités et d'Ethnographie scandinaves… Reims, 1898 :

« Au cours d'une excursion scientifique en Scandinavie, l'auteur a été frappé de l'originalité puissante et de la singulière vitalité de ces peuples dont l'Europe – ou plutôt la France – semblait seule ignorer jusqu'à ce jour les prodigieuses ressources littéraires, artistiques et sociales. L'importation lente, mais progressive des chefs-d'œuvre de ses écrivains et de ses compositeurs, Henrik Ibsen, Bjornstiern Bjornson, Bellmann[202], Grieg, Niels Gade… ont attiré nos yeux d'ordinaire assez indifférents, sur ces pays mystérieux un peu perdus pour nous sous les brumes du pôle. L'initiative publique et privée, si énergique dans ces contrées, si féconde en résultats inespérés, s'est fait sentir en mainte circonstance décisive, sous l'impulsion d'un ardent amour du sol natal, des traditions de l'histoire nationale pieusement conservées et continuées à travers les âges… » A. T.R.

Journal des Débats, dimanche 6 août 1899. Revue musicale : « Sainte-Beuve enseignait qu'il n'y avait que trois façons de procéder pour un journaliste : dire, redire et se contredire, au moins en apparence. Alors qu'il me soit permis de me contredire, au moins en apparence. Une phrase trop concise de mon avant-dernier article pourrait faire croire, bien à tort, que Niels Gade, Grieg et Svendsen sont de même origine. En annonçant l'Illustreret Musikhistorie de Mlle Hortense Panum[203] et M. William Behrend[204], je voulais simplement dire que les pays du nord de l'Europe

---

[201] Raoul Pugno : organiste et compositeur français. Fait ses études à l'école Niedermeyer et au Conservatoire de Paris. Organiste et maître de chapelle à l'église Saint-Eugène pendant une vingtaine d'années. Surtout célèbre comme pianiste. Cf. J.-L. Caron, *Pugno (1852-1914), défenseur de Grieg*. Article mis en ligne sur ResMusica.com le 2 avril 2014.

[202] Carl Michael Bellman (1740-1795). Suédois très populaire grâce à ses chansons bachiques et érotiques. Il gagna les faveurs du roi Gustave III. Ses textes sensibles, humains, abordent avec verve les thèmes de la vie simple et quotidienne.

[203] Hortense Panum (1856-1933), musicologue danoise. Etudie la musique à Berlin pour retourner ensuite au Danemark.

[204] William Behrend (1861-1940), musicologue danois. Etudes de droit puis occupe divers postes administratifs. Il enseigne l'histoire de la musique au Conservatoire royal de Danemark

auraient bientôt peut-être une littérature musicale distincte de celle de l'Allemagne, et c'est pourquoi j'ai groupé ensemble les trois compositeurs les plus marquants de cette région. Mais le Danemark n'est pas la Norvège et Niels Gade n'est pas plus Norvégien que Grieg et Svendsen ne sont Danois : distinguons les nationalités. » Adolphe Jullien

Histoire générale du IVe siècle à nos jours, sous la direction d'Ernest Lavisse et Alfred Rambaud. Tome XI. Révolutions et Guerres nationales. 1848-1870. Armand Colin, Paris, 1899. Les Ecoles du Nord. Musique russe et musique scandinave : « Nous devons enfin noter l'éveil des écoles musicales du Nord (…) Au même moment, la Pologne comptait après Chopin, un musicien national, Moniuszko (1819-72), et les pays scandinaves voyaient les débuts de cette école un peu frêle, mais si poétique, et tout imprégnée de nature, dont Niels Gade (né en 1817), Jensen (né en 1837)[205], Svendsen (né en 1840), et surtout Grieg (né en 1843), devaient répandre le charme sur toute l'Europe. » (p. 939).

En 1899, Lucien Durosoir (1878-1955), violoniste virtuose, joue en première audition salle Pleyel le *Concerto pour violon en ré mineur* (1880) de Niels Gade aux Concerts Colonne puis un an après entame une carrière de soliste et va se perfectionner en Allemagne où il entre en contact avec des œuvres nouvelles. C'est lors de son premier concert le 7 avril 1899 qu'il interprète l'œuvre du Danois. Ses concerts reçoivent des éloges (dont la première parisienne du *Concerto pour violon* de Richard Strauss en 1901, ainsi que le *Concerto* de Brahms). Il semble que l'on joua la version pour violon et piano de l'œuvre de Gade.

Le XIXe siècle (Paris 1871), 19 février 1911. Concerts : « Lucien Durosoir, le violoniste bien connu, qui vient de se faire entendre en Allemagne et en Autriche avec un très grand succès, donnera un concert, le lundi 20 février, à la salle Erard, avec le concours de l'orchestre de l'Association des Concerts Hasselmans, sous la direction de M. Louis Hasselmans[206]. Au programme : ouverture, *les Noces de Figaro* (Mozart) ; *Concerto en ré majeur* (op. 77), Brahms ; *Concerto en ré majeur* (op. 61), Beethoven ; *Concerto en la mineur* (op. 53), Dvorak. »

à partir de 1917. Il se tourne vers la critique musicale sous l'influence de Niels Gade. Critique à *Politiken*.

[205] Adolf Jensen (1837-1879), pianiste et compositeur allemand ayant vécu au Danemark entre 1858 et 1860 où il devint l'ami de Niels Gade. Il mourut à Baden-Baden de la tuberculose à l'âge de 42 ans. On lui doit 25 études pour piano, 160 chansons et chœurs.

[206] Louis Hasselmans (1878-1957), violoncelliste et chef d'orchestre français. Il travaille avec Albert Lavignac, Benjamin Godard et Jules Massenet. Il entreprend une belle carrière de chef d'orchestre.

Inauguration du dôme du Sacré-Cœur le 23 juin 1900 et de la première ligne de métro à Paris en juillet. Exposition des premiers *Nymphéas* de Monet à Paris, et à Rome exécution de *La Tosca* de Puccini, chef-d'œuvre du vérisme.

Le Ménestrel n° 11, dimanche 18 mars 1900. Nécrologie (p. 88) :

« A Copenhague est mort le doyen de tous les compositeurs de musique de l'univers, Jean-Pierre-Emile Hartmann, à l'âge patriarcal de 94 ans. Il était né dans la capitale danoise le 14 mai 1805 et était destiné à la carrière administrative ; mais après avoir obtenu son diplôme de licencié en droit et une place dans l'administration, il fut jeté par une sorte d'atavisme dans la carrière artistique, car son père et son grand-père avaient été musiciens renommés... Hartmann n'avait jamais été malade et, n'avait jamais manqué, le dimanche, à son orgue ; il y a deux ans à peine que son grand âge le força à quitter son poste aimé ; à cette époque il avait éprouvé un grand chagrin : son fils et son élève Emile, né en 1835, organiste et compositeur distingué, élève et gendre du compositeur Niels W. Gade, était mort subitement. »

Le Figaro, vendredi 30 mars 1900. L'Exposition de 1900 : « Voici assurément, depuis que la série des banquets « expositionnels » est ouverte, un des dîners les plus originaux qui se soient donnés à Paris. Il était offert, hier soir, chez Cubat, par l'« Union » des commissaires généraux de l'Exposition de 1900 aux membres de son bureau... Un orchestre était installé près de la salle du banquet : et pour l'orchestre aussi un « menu » caractéristique avait été élaboré. Quatorze nationalités différentes concouraient à la composition du programme, où s'inscrivaient les noms de l'Allemand Richard Strauss, des Autrichiens Johann Strauss et Suppé, du Norvégien Grieg, du Russe Tschaïkowsky, du Hollandais J. Hollmann ; du Belge F.-A. Gevaert, du Danois Niels Gade... » Emil Berr[207]

Le Journal des Débats politiques et littéraires, 5 août 1900. « La Société en entier se compose de plus de deux cents membres ; mais les Chanteurs de madrigaux, eux, qui forment comme l'élite de la Compagnie, ne sont pas plus de cinquante, et leur chef actuel, aux uns comme aux autres, est le propre fils du fondateur de la Société, le chef d'orchestre du théâtre royal de Copenhague M. Frédérik Rung[208]. Ne venaient-ils pas, ces

---

[207] Emil Berr, journaliste français (1855-1923), il contribue à divers titres dont *Le Petit Parisien, Le Figaro, Illustration*... Il signe parfois sur le pseudonyme de « Guy ».
[208] Frédérik Rung (1854-1914), compositeur et chef d'orchestre danois, fils de Henrik Rung (1807-1871), également compositeur. Il dirige le chœur Caeciliaforening de Copenhague. Il s'opposa à Carl Nielsen comme directeur musical de l'Orchestre royal danois, poste auquel il

chercheurs, d'un pays où le principe d'hérédité a conservé toute sa force, aussi bien pour gouverner une nation que pour diriger des « chœurs de madrigaux » ? Le programme de ces chanteurs était composé d'une façon fort intéressante et propre à nous donner une idée exacte de ce que sont leurs goûts et leurs préférences en musique. Ils s'étaient mis, en quelque sorte, sous la protection de leur fondateur en commençant par deux chœurs de H. Rung : *l'Islande* et *La Langue maternelle*, dont le second surtout m'a beaucoup plu ; puis venaient trois chansons populaires exquises, entre lesquelles la chansonnette : *Petite Kristin* et le conte chanté de *Ramund le Jeune* sont d'un tour bien agréable. Ensuite arrivait un des maîtres de la musique contemporaine en Danemark, cet Emilius Hartmann qui vient de mourir, cette année même, âgé de quatre-vingt-quinze ans et sur qui mon actif confrère de Copenhague, M. Wilhelm Behrend, écrivit alors une excellente notice : les cinq chansons d'Hartmann qui nous ont été offertes, - qu'elles soient de sa pleine invention ou qu'il les ait tirées du fonds populaire, - ont toutes une saveur extrême et sont traitées avec une délicatesse, une grâce infinie. Il n'était que juste, aussi, de faire place sur le programme au chef actuel de la Société et l'invocation *A ma Muse !* ainsi que la piquante chanson populaire *Roselil* ont fait légitimement applaudir M. Frédérik Rung. Le concert se terminait par deux morceaux de Niels Gade dont le premier, *le Nénuphar*, m'a paru beaucoup plus joli que le second, *En automne* ; par un touchant *Ave maris Stella* de M. Grieg et par deux chants de M. Lange-Müller : *Nous te saluons, Etoile de la mer !* et *la Vierge sur les vagues*, où se rencontre une gradation de sonorité ménagée et rendue avec un art parfait… Puis, tout naturellement, pour finir, la *Marseillaise* et l'Hymne danois : l'une amenait l'autre et cela ne faisait pas de tort à celle-là. » Extrait de l'article d'Adolphe Jullien concernant un concert au Trocadéro avec les Chanteurs de madrigaux, de Copenhague, les Chanteurs gallois de Cardiff et les membres de la Société philharmonique d'Helsingfors. » Adolphe Jullien

Le Ménestrel n° 35 du dimanche 2 septembre 1900 : « Le programme du grand festival musical de Chester, qui a eu lieu récemment, n'était pas moins indigeste que celui de toutes les solennités anglaises de ce genre. Il comprenait d'abord cinq oratorios : le *Messie* de Haendel, *Elie* de Mendelssohn, *Sion*[209] de Niels Gade, le *Déluge* de Saint-Saëns et la *Transfiguration* de don Lorenzo Perosi ; ensuite le *Requiem* de Berlioz et un autre Requiem inédit, de M. Bridge, directeur du festival, et enfin la *Messe en mi* de Beethoven. Il n'y a vraiment que les estomacs anglais capables d'une pareille digestion musicale. »

---

accède après la retraite de Johan Svendsen. Son catalogue comprend des chansons et des œuvres pour guitare.
[209] Sion… Il s'agit de la cantate *Zion* (cf. infra le Catalogue commenté des œuvres).

Première exposition Picasso à Paris (à la galerie A. Vollard) en juin 1901. En Norvège première participation des femmes aux élections communales (décembre).

Le Ménestrel offre quelques indications rares relatives aux journaux musicaux en Scandinavie.

Le Ménestrel n° 13, dimanche 31 mars 1901 : « Un de nos confrères étrangers nous apprend qu'il existe en Scandinavie trois journaux de musique, tous trois de date récente. La naissance du premier remonte seulement à l'année 1880. C'est le *Svensk Musik Tidning*, qui paraît deux fois par semaine à Stockholm. Le second, *Musik Tidningen*, âgé de quelques années seulement, se publie hebdomadairement à Gothenbourg. Enfin, c'est seulement depuis le mois d'octobre 1900 que paraît à Christiania un périodique mensuel intitulé *Nordisk Musik Revue*, publié par le libraire Iver Holter. On voit que la Suède et la Norwège *(sic)* sont, en somme, assez bien partagées. Il n'en est pas de même du Danemark, où il n'existe pas une feuille musicale, ce qui peut paraître singulier, le Danemark ayant, avec ses deux voisins scandinaves, sa part d'une école musicale glorieuse et digne du plus vif intérêt. Il suffit de citer les noms de Weyse, de Lindblad, de Nordblom[210], de Berggreen, d'Ole Bull, de Franz Berwald, de Niels Gade, des deux Hartmann, et aujourd'hui ceux de MM. Edouard Grieg, Svendsen, Christian Sinding, Ivar Hallstroem[211], Schjelderup[212], etc, sans oublier ces grandes cantatrices dont les noms sont dans la mémoire de tous, Jenny Lind, Mme Nissen-Saloman, Christine Nilsson… »

Le Monde artiste, dimanche 14 avril 1901. On retrouve exactement le même texte que précédemment dans le *Ménestrel* du 31 mars : « Un de nos confrères étrangers nous apprend qu'il existe en Scandinavie trois journaux de musique, tous trois de date récente. La naissance du premier remonte seulement à 1880. C'est le *Svensk Musik Tidning*, qui paraît deux fois par semaine à Stockholm. Le second, *Musik Tidningen*, âgé de quelques années seulement, se publie hebdomadairement à Gothenbourg. Enfin, c'est seulement depuis le mois d'octobre 1900 que paraît à Christiana un périodique mensuel intitulé *Nordisk Musik Revue*, publié par le libraire Iver

---

[210] Johan Erik Nordblom (1788-1848), chanteur, professeur et compositeur suédois. *Director musices* de l'orchestre de l'Université d'Uppsala, organiste de la cathédrale.
[211] Ivar Hallstroem (1826-1901), avocat et compositeur suédois autodidacte qui se distingua dans le registre de l'opéra.
[212] Gerhard Schjelderup (1859-1933), compositeur norvégien. A Paris il étudie avec Franchomme, Savard et Massenet. Inspiré par la musique de Wagner découverte à Paris il se rend en Allemagne. A publié des biographies de Grieg et Wagner ainsi que la première histoire de la musique norvégienne en 1921. Connu principalement pour ses opéras.

Holter[213]. On voit que la Suède et la Norvège sont, en somme, assez bien partagées. Il n'en est pas de même du Danemark, où il n'existe pas une feuille musicale, ce qui peut paraître singulier, le Danemark ayant, avec ses deux voisins scandinaves, sa part d'une école musicale glorieuse et digne du plus vif intérêt. Il suffit de citer les noms de Weyse, de Lindblad, de Norblom, de Berggreen, d'Ole Bull, de Franz Berwald, de Niels Gade, des deux Hartmann, et aujourd'hui ceux de MM. Edouard Grieg, Svendsen, Christian Sinding, Ivar Hallstroem, Schjelderup, etc., sans oublier ces grandes cantatrices dont les noms sont dans la mémoire de tous, Jenny Lind, Mme Nissen-Saloman, Christine Nilsson[214]. »

Le Ménestrel n° 37, dimanche 15 septembre 1901. Dans sa série d'articles « Courte monographie de la sonate » Arthur Pougin glisse : « En dehors de l'Allemagne on trouve Chopin, Stephen Heller, John Field, Niels Gade, M. Edouard Grieg et le maître superbe de la sonate moderne, Antoire Rubinstein... »

L'art dramatique et musical au XIXᵉ siècle. En 1901. Librairie Molière, 28, rue de Richelieu, Paris (Iᵉʳ). Août 1901, p. 467. Note de lecture sur le livre d'Albert Soubies. *Histoire de la musique. Pays scandinaves. Belgique,* tome II. Librairies des Bibliophiles, E. Flammarion, 2 vol. à 2 fr.

L'art dramatique et musical au XIXᵉ siècle, signale en 1902 le tome II de *L'Histoire de la musique d'Albert Soubies* (page 48).

Le Monde artiste, dimanche 29 décembre 1901. Conservatoire : « Pour leur rentrée, les concerts du Conservatoire nous ont donné un programme intéressant et en partie inédit, opposant trois maîtres scandinaves à trois maîtres français. L'éminent pianiste Arthur de Greef, professeur au Conservatoire de Bruxelles, a été le triomphateur de cette séance : il a fait les délices du public en interprétant avec une virtuosité prodigieuse, une autorité vraiment saisissante, le *Concerto en* la *mineur,* de Grieg, et le deuxième concerto (*en* sol *mineur*) de Saint-Saëns, soigneusement et discrètement accompagnés par l'orchestre ; celui-ci s'est fait individualiste pour l'exécution de l'ouverture de l'*Hamlet,* de Niels Gade, la *Rapsodie norvégienne en* ré de Johan S. Svendsen, la *Viviane* d'Ernest Chausson et

---

[213] Iver Holter (1850-1941), compositeur norvégien. Egalement chef d'orchestre et directeur musical du Philharmonique d'Oslo. Il étudie la musique avec Johan Svendsen puis à Leipzig (1876-1879) et enfin à Berlin (1879-1881). En 1882 il devient, avec Grieg, chef de l'Orchestre philharmonique de Berlin. En 1886 il est nommé directeur musical du Philharmonique d'Oslo (il reste en fonction pendant un quart de siècle).
[214] Christine Nilsson, soprano suédoise (1847-1921). Elève de F. Berwald, elle poursuit ses études à Paris. Débute dans Violetta (*La Traviata*) au Théâtre Lyrique en 1864. Engagée à Londres, puis à l'Opéra de Paris (1868-1870), tournées aux USA...

l'ouverture de *Patrie*, de Bizet, sous la direction toujours éveillée de M. Emile Mathieu[215], qui sait modifier sa manière d'après le style et les exigences des diverses œuvres interprétées. » Gébé

Première mémorable de *Pelléas et Mélisande* de Debussy en avril 1902.

Le Ménestrel n° 3, dimanche 19 janvier 1902 : « Notre collaborateur Albert Soubies[216] continue sa revue musicale des divers pays d'Europe… il vient de publier le petit volume de son *Histoire de la musique*, consacré aux *Etats Scandinaves, Danemark et Suède*. Le sujet, pour être moins vaste qu'en ce qui concerne d'autres pays, n'en est pas moins attrayant, et nous trouvons là, en compagnie de beaucoup d'autres moins connus, des figures d'artistes qui se sont imposés à l'attention et à la sympathie des publics étrangers : Franz Berwald, Lindblad, Wennerberg[217], Hallström, Weyse, Niels Gade, les deux Hartmann, Saloman, Asger Hamerik, Jensen, etc. »

Première réunion de l'Académie Goncourt à Paris début janvier 1902 ; arrivée du premier tour de France en juillet. Prix Nobel de physique décerné à Pierre et Marie Curie à Stockholm en décembre 1903.

Le Ménestrel, n° 17, dimanche 26 avril 1903. Revue des grands concerts. P. 134, sous la plume d'Amédée Boutarel[218] :

« Concert Colonne. Un filet mélodique délicat, mince, frêle et monotone coule dans la musique de Grieg. Lorsque le sentiment de fraîcheur qui s'en dégage parfois n'est pas dû principalement à des artifices d'orchestration (violons avec sourdines, voix plaintives de hautbois) alors on songe volontiers à Niels Gade que le représentant moderne de l'art musical scandinave a renié tout en lui empruntant ce qui, pour l'un comme pour l'autre, constitue le meilleur de soi-même, c'est-à-dire sa manière d'évoquer en langage mélodieux cet aspect caractéristique de la nature agissant sur l'âme, que l'on peut appeler indifféremment le coloris ou bien l'incoloris du

---

[215] Emile Mathieu (1844-1932), compositeur et chef d'orchestre belge. Son poème symphonique *Freyhir* de 1884 n'est pas complètement oublié. On lui doit aussi 7 opéras, 3 poèmes symphoniques, des concertos pour violon et piano, un *Te Deum*, des oeuvres chorales.
[216] Albert Soubies (1846-1918). Historien et musicographe français. Critique au *Soir* (sous le pseudonyme de B. de Comagne) et à la *Revue d'art dramatique*, entre autres.
[217] Gunnar Wennerberg (1817-1901) poète, compositeur et homme politique suédois. A côté de nombreuses activités (certaines religieuses), il fut un pianiste et chanteur amateur de bon niveau et un compositeur auto-didacte. Il laisse des chansons, des chœurs (certains patriotiques), un Stabat mater…
[218] Amédée Boutarel (1855-1924). Musicographe français, germaniste. Collabore au *Ménestrel* ; traducteur des Lieder de Schubert et de Schumann.

Nord. Grieg, dans sa manière de diriger l'orchestre, comme dans sa musique, manque de puissance, de force résistante, de combativité. Il a conscience que ses compositions ne peuvent se passer de la sympathie de l'auditoire. Devant un semblant de protestation, il se dérobe, descend de l'estrade, attend. Ses œuvres s'infiltrent et ne s'imposent pas ; elles font vibrer certaines fibres plutôt féminines. Quand il veut être violent, tout ce qu'il produit n'est qu'un bruit désagréable, témoin la Poursuite des Kobolds de *Peer Gynt*, morceau sans valeur aucune. Grieg est bien plus intéressant lorsqu'il peint des mélancolies nordesques *(sic)*. Sa mélodie *Un Cygne*, bien qu'elle ne soit pas d'un jet mélodique d'une aisance parfaite, offre un joli modèle de lied norvégien *(sic)*. *Blessures au cœur* et *Dernier printemps*, pour instruments à cordes, ont la même tristesse rêveuse que le Matin et la Mort d'Aase dans *Peer Gynt* ; on y trouve aussi une tendance marquée à s'attarder longuement sur des thèmes dépourvus de vie intense, glacés pour ainsi dire. Cette note particulière au talent de Niels Gade et à celui de Grieg, nous la rencontrons encore dans la cantate *A la porte du cloître*. Là, des récitatifs mesurés se succèdent et nous conduisent à une sorte de choral ; tout cela paraît blême, sans timbre, sans vitalité...[219] ».

Le Ménestrel, n° 24, 14 juin 1903. Nouvelles diverses. Etranger, p. 190, on appréciera la référence à Gade en fin d'article une douzaine d'années après sa disparition :

« Le gentil petit pays de Danemark est une contrée très musicale, qui travaille sans faire de bruit et qui continue de produire. La dernière saison de concerts a été très active à Copenhague, comme à l'ordinaire, et a fait connaître au public un certain nombre d'œuvres nouvelles de compositeurs plus ou moins connus, dont quelques-unes ne sont pas sans importance. La plus ancienne des sociétés musicales, le *Musikforeningen*, qui est placée sous la direction de M. Néruda, a fait entendre, sans grand succès, il faut bien le dire, une cantate nouvelle de M. Paul Heise, un artiste fort estimé pourtant pour ses jolis lieder et surtout pour son bel opéra national, *Roi et Maréchal*[220]. La Société de musique danoise, qui, au contraire de la précédente, est la plus jeune, a dans un seul concert, produit à la fois trois œuvres inédites de trois compositeurs différents : *Napoléon Bonaparte*, poème symphonique en quatre parties d'un débutant. M. Schiöler[221], qui dirigeait lui-même son œuvre, composition inégale, mais bien instrumentée

---

[219] Sur la venue de Grieg à Paris en 1903 cf notre *Grieg et Paris*, Bulletin de l'Association Française Carl Nielsen n°11, 1994.
[220] *Le Roi et le Maréchal* (Drot og Marsk), second opéra en 4 actes de Peter Heise créé le 25 septembre 1878 est un opéra danois romantique typique.
[221] Axel Theodor Schiøler (1873-1930), violoniste et compositeur danois. Elève de Valdemar Tofte à Copenhague. Séjourna à Paris.

et non sans tempérament ; *Attila*, cantate du chef d'une société chorale, M. Willy Rosenberg[222], à qui l'on reproche de manquer un peu trop, non d'habileté, mais de personnalité et de nouveauté ; et une ouverture pour le drame d'Ibsen, *l'Ennemi du peuple*, due à M. Louis Glass[223], artiste distingué qui s'est fait une légitime réputation comme pianiste et comme compositeur. La même société a fait entendre, dans une séance de musique de chambre, un quintette de M. Otterström[224]. De son côté, la *Cecilia foreningen* [Association Cecilia] a exécuté diverses œuvres de compositeurs nationaux tels que MM. Tofft[225], Boudesen, Ring et Malling[226]. Enfin, un artiste déjà connu avantageusement, M. Victor Bendix, a donné un concert dans lequel il a fait vivement applaudir une symphonie qu'il intitule *Sommerklänge aus Sud-Rusland*[227]. On voit que la vie musicale est toujours intense au pays de Bereggreen et de Niels Gade. »

Le Monde artiste, dimanche 11 octobre 1903. « A Leipzig, les concerts du Gewandhaus, dont la fondation remonte à 1743 et qui ont compté parmi leurs chefs d'orchestre Mendelssohn, Niels Gade et Ferdinand Hiller, ont repris leurs séances le 8 octobre. Au nombre des grandes œuvres chorales qui seront exécutées pendant la saison se trouvent le *Requiem* de

---

[222] Willy Rosenberg. Il s'agit de Vilhelm Rosenberg (1862-1944), élève de Horneman. Il travaille au Théâtre Dagmar, chef de chœur et compositeur danois, élève du Conservatoire de Copenhague (avec Carl Nielsen). Il compose un opéra *Lorenzaccio*, de la musique de ballet : *Terpiscore* et *De Forelskedes Luner.* De la musique de scène et des œuvres chorales.

[223] Louis Glass (1864-1936), compositeur danois. Elève de Niels Gade. Etudie aussi au Conservatoire de Bruxelles. Influencé par la musique de César Franck et Anton Bruckner. Un des plus grands pianistes du pays pendant de nombreuses années. Créateur de premier plan, exact contemporain de Carl Nielsen, très apprécié de son vivant, trop oublié à présent. Ses 6 symphonies et ses quatuors à cordes méritent, notamment, de ne pas être oubliés. Plus in J-.L. Caron, *Louis Glass, « le » post-romantique danois par excellence,* étude mise en ligne sur ResMusica.com le 25 septembre 2008.

[224] Thorvald Otterström (1868-1942), pianiste et compositeur dano-américain.

[225] Alfred Tofft (1865-1931) organiste et compositeur danois, directeur de la Ligue des compositeurs danois, critique musical au *Berlingske Tidende*. A écrit des opéras, des œuvres pour piano, des chants. A ne pas confondre avec Valdemar Tofte (1832-1907), violoniste danois reconnu comme pédagogue de haut niveau. Il fut violoniste dans l'orchestre de H.C. Lumbye. Un des premiers violonistes de la Société de Musique sous l'autorité de Gade en 1850. Il se perfectionne avec Joseph Joachim grâce à l'intervention de Gade. Il étudie aussi avec Louis Spohr. Il joue en quatuor et au sein de l'Orchestre royal danois (soliste). Il eut pour élèves Fini Henriques, Frederik Rung, Victor Bendix, Carl Nielsen et Georg Høeberg.

[226] Otto Valdemar Malling (1848-1915), organiste et compositeur danois. Elève de Niels Gade et J.P.E. Hartmann. Directeur de l'Académie royale de musique de Copenhague. Co-fondateur et co-chef d'orchestre de la Société de concert. Compose pour l'orgue et le chœur.

[227] Victor Bendix (1851-1926), pianiste et chef d'orchestre danois. Compositeur. Il étudie avec Niels Gade et J.P.E. Hartmann au Conservatoire de Copenhague. Il travaille avec Franz Liszt à Weimar. Professeur à l'Académie royale de musique de Copenhague. Organise les Concerts philharmoniques à partir de 1897. A composé 4 symphonies dont la *Première en ré majeur* op. 20 (1888) est constituée de sonorités estivales inspirées de la Russie du Sud.

George Henschel[228] et *Le Paradis perdu* de E. Bossi. Une large place restera aux classiques et aux romantiques depuis Haydn jusqu'à Brahms, et on ajoutera aux œuvres de ces maîtres quelques ouvrages de Tschaïkowsky, Borodine, R. Strauss, G. Schumann *(sic)*, Ernst Boehe, Wagner, Grieg, Saint-Saëns. On jouera aussi *Harold en Italie* de Berlioz et la *Dante-Symphonie* de Liszt. »

Inauguration de la première Foire de Paris en mars 1904. En avril, Jean Jaurès publie le premier numéro du quotidien socialiste *L'Humanité*. Prix Nobel de littérature conjoint à Frédéric Mistral et José Echegaray (décembre).

Le Monde artiste, dimanche 10 juillet 1904. Province et étranger : « Une série d'auditions intéressantes, mêlées de conférences, qui viennent d'avoir lieu à Stettin et ont été consacrées à l'histoire du développement de la sonate pour violon depuis son origine jusqu'à l'époque contemporaine, a permis de rapprocher, sur les programmes, les noms des plus grands maîtres du genre (…) Les sonates qui ont été exécutées sont des compositeurs suivants (…) Niels Gade, Christian Sinding (…) »

Gil Blas, dimanche 19 avril 1903. « Edouard Grieg » en première page signée Hippolyte Mirande[229] dont nous extrayons le passage suivant :

« Grieg a gardé le souvenir de ces excellents pédagogues [à Leipzig] et aussi d'un homme plus original, Wenzel, un ami de Schumann, un romantique enfiévré. A mon retour de là-bas, nous dit-il, je trouvai la Norvège régentée musicalement par Niels Gade, qui avait passé, lui aussi, par Leipzig. Un art académique, dont le néo-romantisme se nuançait d'une teinte de romantisme à la Mendelssohn, donnait absolument le ton en scandinavie, et moi-même, à mes débuts, j'ai subi l'influence de Niels Gade et celle plus personnelle du vieil Hartmann, qui est mort récemment plus que nonagénaire, le doyen des musiciens d'Europe. J'avais le plus grand respect pour ces devanciers, mais je rêvais déjà, tout jeune homme, d'un art qui fût bien de chez nous. »

Le Ménestrel n° 27, dimanche 5 juillet 1903. Dans la rubrique Petites notes sans portée : De Schubert à Schumann, Raymond Boutel s'intéresse au lied. Et dans sa conclusion il conseille : « (…) il faudrait sortir d'Allemagne, pousser vers le Nord, du côté de Grieg, issu de Schumann par Niels W. Gade, s'enfoncer dans la steppe russe (…) »

---

[228] George Henschel (1850-1934), chef d'orchestre, compositeur et baryton anglais. Elève du Conservatoire de Leipzig (1867-1870) avec Moscheles et Reinecke entre autres.
[229] Hippolyte Mirande, pseudonyme de Henry de Montclar.

Le Ménestrel n° 26, dimanche 26 juin 1904. On signale « une série d'auditions intéressantes, mêlées de conférences, qui viennent d'avoir lieu à Stettin et ont été consacrées à l'histoire du développement de la sonate pour violon depuis son origine jusqu'à l'époque contemporaine… Parmi les compositeurs joués Niels Gade (…) »

A Berlin, création de l'opéra *Salomé* de Richard Strauss en décembre 1905 ; à Vienne celle de *La Veuve joyeuse* de Franz Léhar. Liaison téléphonique entre Paris et Berlin (avril).

Le Ménestrel n° 23, dimanche 4 juin 1905 : « On a célébré à Copenhague le 14 mai dernier, le centième anniversaire de la naissance d'un des plus remarquables musiciens danois, Emile Hartmann [Johann Peter Emilius]. Après avoir travaillé sous la direction de Spohr, il avait fait entendre sa première symphonie à Cassel, en 1838, et il s'était produit depuis, avec plus ou moins de succès, dans toutes les branches de l'art (...) Il devint, à l'âge de 35 ans, directeur du Conservatoire de Copenhague (…) Il mourut le 10 mars 1900. Il était le beau-père de Niels Gade, qui fut le successeur de Mendelssohn aux concerts du Gewandhaus de Leipzig. Son fils Emile Hartmann, qui le précéda de deux ans dans la tombe, s'était fait aussi une réputation comme compositeur. »

Le Monde artiste, dimanche 18 juin 1905. Idem *Le Ménestrel* supra (Emile Hartmann).

Le Ménestrel n° 3, dimanche 21 janvier 1906. Revue des grands concerts. Concerts de la Société *The London Symphony Orchestra* et des Chœurs de Leeds : « Le chef d'orchestre, M. Ch. Stanford, s'est produit comme compositeur dans un andante élégiaque et un final mouvementé, tirés de sa *Symphonie irlandaise,* et dans des fragments *d'un Requiem…* Le scherzo de la *Symphonie scandinave*, de M. Cowen, a quelque chose de frais, de rêveur qui fait songer aux jolies inspirations populaires de la Suède, ou encore à la musique de Niels Gade (…) »

Le Monde artiste, dimanche 18 juin 1905. Courrier de la semaine. Provinces et étranger : « On a célébré à Copenhague, le mois dernier, le centième anniversaire de la naissance de l'un des plus remarquables musiciens danois, Emile Hartmann. Après avoir travaillé sous la direction de Spohr, il avait fait entendre sa première symphonie à Cassel en 1838, et il s'était produit depuis, avec plus ou moins de succès, dans toutes les branches de l'art. On a de lui des opéras, des ballets, des symphonies, des cantates, des chœurs, une sonate de violon, des mélodies et des morceaux de piano. Il devint, à l'âge de trente-cinq ans, directeur du Conservatoire de Copenhague, et son pays l'a comblé de distinctions pendant les années d'activité de sa longue vie de près d'un siècle. Il mourut le 19 mars 1900. Il était le beau-père de Niels Gade, qui fut successeur de Mendelssohn aux concerts du Gewandhaus de Leipzig. »

Le Mans, lieu du premier Grand Prix automobile de France (juin 1906). A Paris le Sénat vote la loi instituant le repos hebdomadaire obligatoire (juillet 1906). En Finlande, premières femmes élues au parlement (mars 1907).

La mort du compositeur norvégien Edvard Grieg fut largement reprise dans la presse parisienne ; il faut dire que sa notoriété en France dépassait largement celle de Niels Gade. Nous ne citerons pas ici les notices nécrologiques qui lui furent consacrées, nous nous contenterons d'évoquer ses relations à son ainé et, un temps, maître.

Le Gaulois. Jeudi 5 septembre 1907 : « Une dépêche de Bergen (Norvège) annonce la mort, à l'âge de 64 ans, du célèbre compositeur de musique norvégien Edouard Grieg. Après avoir commencé ses études musicales au Conservatoire de Leipzig, où il eut pour maîtres Hauptmann et Richter, il les acheva à Copenhague, sous la direction de Niels Gade (…) »

Gil Blas, jeudi 5 septembre 1907. Courriers des Théâtres. Ceux qui s'en vont : « Un télégramme de Bergen (Norvège), annonce la mort, à l'âge de 64 ans, du célèbre compositeur de musique Edouard Grieg. Après avoir commencé ses études musicales au Conservatoire de Leipzig, où il eut pour maîtres Hauptmann et Richter, il les acheva à Copenhague, sous la direction de Niels Gade (…) »

Le Radical (Paris, 1881-1931), 27e année, n° 248. Jeudi 5 septembre 1907. Notes et potins. « Le célèbre compositeur de musique Edouard Grieg vient de mourir à Bergen (Norvège) (…) Après avoir commencé ses études au Conservatoire de Leipzig, où il eut pour maîtres Hauptmann et Richer ; il les acheva à Copenhague sous la direction de Niels Gade. »

Le Temps. Vendredi 6 septembre 1907. Théâtre :

« Nous avons dit hier, en annonçant la mort de Grieg, qu'il avait trouvé sa voie en prêtant l'oreille à la mélodie populaire de son pays et que le folklore norvégien l'avait affranchi, à son retour d'Allemagne, de ce qu'il pouvait avoir d'impersonnel et d'emprunté. Grieg lui-même en a rendu témoignage. En rentrant en Norvège, il y retrouva son compatriote, le musicien Nordraak (l'auteur avec Bjoernson, de l'hymne national norvégien). Nordraak le rendit attentif au trésor des chansons populaires. « Les écailles me tombèrent des yeux, dit Grieg en propres termes ; je découvris par lui la musique scandinave et ma propre nature. Nous nous conjurâmes contre le scandinavisme amolli de Gade, mélangé de

Mendelssohn, et nous entrâmes avec enthousiasme dans la nouvelle voie qui est maintenant celle de l'école du Nord.

Niels W. Gade, de Copenhague, avait été le second maître de Grieg, après le Conservatoire de Leipzig. Mais Gade lui-même avait été élève de Leipzig. Il sentait et écrivait dans le style mendelssohnien ; il avait plutôt maintenu Grieg sous cette influence. Grieg, d'ailleurs, même fortifié par le sang de la musique populaire de Norvège, et devenu original à force d'être national, ne s'affranchit jamais complétement de l'empreinte du plus aimable des maîtres allemands. »

L'Humanité (Paris, journal socialiste quotidien, 1904-), 5 septembre 1907. Les Théâtres : « Un télégramme de Bergen (Norvège) annonce la mort, à l'âge de 64 ans, du célèbre compositeur de musique Edouard Grieg. Après avoir commencé ses études musicales au Conservatoire de Leipsig (…) il les acheva à Copenhague, sous la direction de Niels Gade (…) »

Le Ménestrel n° 36, samedi 7 septembre 1907 :

« Nécrologie. Edouard Grieg. C'est à la dernière heure qu'une dépêche de Bergen nous a fait connaître la mort du compositeur Grieg, dont la santé était depuis longtemps chancelante. Edward-Hagerup Grieg, dont le talent fait le plus grand honneur à sa patrie, était né à Bergen (Norvège) le 15 mai 1843. Il reçut les premières leçons de musique de sa mère, qui était une pianiste fort habile, mais, sur les instances de son compatriote, le fameux et excentrique violoniste Ole Bull, fut envoyé en 1858 au Conservatoire de Leipzig, où il fut élève de maîtres célèbres : Moscheles, Hauptmann, Richter, Wenzel et M. Carl Reinecke. Il se rendit à Copenhague, où il reçut les conseils de Niels Gade, dont il paraît avoir renié plus tard les principes et les tendances. […] En résumé, Grieg fut un artiste extrêmement remarquable, doué d'une façon toute particulière, et dont la personnalité se dégage et se sépare du milieu germanique dans lequel il a été élevé pour affirmer nettement sa nationalité. C'est sous ce rapport qu'il se différencie de son presque compatriote et prédécesseur Niels Gade, dont le génie semble comme un reflet adouci de celui de Mendelssohn. ».

Le Figaro, vendredi 6 septembre 1907. Edvard Grieg. Article de Robert Brussel[230] qui propose une synthèse du parcours du grand norvégien décédé. Nous en extrayons les phrases suivantes :

---

[230] Robert Brussel (1874-1940). Chroniqueur au *Figaro* à partir de 1900, il y écrit pendant 35 ans ! Il fut l'ami de Claude Debussy, Gabriel Fauré et Paul Dukas. Il collabore à la revue *Musica* (1902-1904). Il fonde l'Association française d'expansion et d'échanges artistiques en 1922 (avec le soutien du Ministère des affaires étrangères et du Ministère de l'instruction publique). Il participa à l'organisation de la venue de Carl Nielsen à Paris en octobre 1926.

« Le mouvement d'art nationaliste qui, dans la seconde moitié du dix-neuvième siècle a soustrait certains pays à la domination esthétique de l'Italie ou de l'Allemagne, a trouvé dans la Scandinavie quelques-uns de ses porte-paroles les plus éloquents. Parmi ces derniers, on comptait Edvard Grieg que la mort vient d'arracher à l'admiration du monde de la musique. [Citant Grieg à propos de Richard Nordraak] : « Nous nous conjurâmes contre le scandinavisme efféminé de Gade, mâtiné de Mendelssohn, et nous nous engageâmes avec enthousiasme dans la voie nouvelle sur laquelle marche à présent l'Ecole du Nord. » Cela était beau et surtout bon à dire, car dans la suite les paroles de Grieg prirent la force d'un manifeste et influencèrent non seulement son propre pays, mais d'autres, et notamment cette jeune Finlande qui s'est affirmée comme l'une des plus vivaces écoles modernes. Cela était peut-être moins juste. Il y a évidemment entre Gade et Grieg une notable différence dans la qualité du sentiment poétique, il y a plus encore une différence dans la nature des éléments utilisés, mais cette « efféminité », ce mâtiné que Grieg reprochait tant à celui qui fut quelque peu son maître, d'autres auraient pu les lui reprocher à leur tour. Il y a des empreintes que rien ne saurait effacer ; si Niels Gade fut l'ami de Mendelssohn, séjourna longtemps à Leipzig et dirigea même le Gewandhaus, Grieg fut envoyé par Ole Bull dans ce même Leipzig y apprendre la musique ; c'est dans ce même Gewandhaus qu'il se familiarisa avec les maîtres classiques. Au lieu d'être l'ami du fondateur du Conservatoire, il fut celui de ses disciples et l'élève de ces artistes que Mendelssohn lui-même avait choisi pour être ses collaborateurs... »

Revue musicale de Lyon. 4e année, 15 septembre 1907. Nécrologie, p. 960. Edward Grieg : « (…) puis à Copenhague où il travailla la composition avec Niels Gade. »

Le Penseur (Paris, date d'édition : 1901-1914), novembre 1907, 7e année, p. 439-440 :

« Edvard-Hagerup Grieg, mort récemment à Bergen, y était né le 15 juin 1843. C'est sa mère qui s'occupa de son éducation musicale, et les premières leçons qu'il reçut d'elle révélèrent bientôt chez lui un véritable tempérament artistique. Il s'adonna de bonne heure à la composition. En 1858, il fut envoyé au Conservatoire de Leipzig, où il suivit les cours de Hartmann et de Niels Gade (…) La musique a perdu en lui le chef incontesté de l'école scandinave. »

Comœdia (Paris, date d'édition : 1907-1944), jeudi 17 décembre 1908. Concerts Rouge[231]. 6, rue de Tournon : « Ce soir, à huit heures trois

---

[231] Les Concerts-Rouge (fondés à Paris en 1889 par Benjamin Rouge) rassemblent une quinzaine de musiciens. Fin d'activité : en 1918.

quarts, grand concert symphonique. Vendredi : Festival international de musique scandinave, sous la direction de M. G. Rabani. La location pour ce concert extraordinaire est très importante ; il y aura donc foule pour applaudir les œuvres des maîtres Grieg, Swendsen, Sibeluis *(sic),* Gade (première audition à Paris). »

Le Journal de la Jeunesse. Nouveau recueil hebdomadaire illustré. 1928. Deuxième semestre. Paris, Librairie Hachette, 70 boulevard Saint Germain. Article hommage de H. Heinecke consacré à Edouard Grieg (p. 46) : « (…) Avant de regagner son pays, Grieg se rendit à Copenhague où Niels Gade, également élève du Conservatoire de Leipzig, un des meilleurs élèves de Mendelssohn et compositeur très estimé à cette époque, occupait la place de chef d'orchestre royal et directeur du Conservatoire (…) »

La Critique Indépendante (Paris, date d'édition : 1906-1923), vendredi 15 janvier 1909. Bibliographie musicale. La Musique en Scandinavie, rapport officiel de Paul Viardot[232]. Librairie Fischbacher :

« M. Paul Viardot est un grand voyageur devant l'Eternel. Par le monde entier il a promené sa curiosité avertie, fait apprécier sa solide technique musicale, sa virtuosité impeccable… Ses *Souvenirs d'un Artiste*, parus dans *La Revue* en 1906, nous le montrent aux prises avec les difficultés de tous ordres qui auraient fait reculer les moins timorés… De ses pérégrinations nous avons les *Souvenirs* que je cite plus haut. De sa mission aux pays Scandinaves, où il fut envoyé par le Ministère de l'Instruction publique en 1907, il nous reste un *Rapport sur la Musique en Scandinavie* que les musiciens feront bien de lire et de méditer. M. Viardot fait justement remarquer que, si nous sommes lents à nous intéresser aux manifestations artistiques étrangères, nous sautons facilement d'un extrême à l'autre : nous n'éprouvons aucune difficulté à élever au pinacle des gloires souvent éphémères que nous découvrons vingt ans après le reste du monde. Ibsen et Bjoernsson, si difficilement accueillis d'abord, ont régné despotiquement sur notre littérature. En musique, les Gade et les Grieg n'ont été, eux aussi, qu'une résultante… La Scandinavie musicale nous est particulièrement inconnue. A part Gade et Grieg qui sont pour nous de vieilles connaissances, Svendsen, Sinding et Sioegren *(sic)* dont le nom nous devient familier, que connaissons-nous des Suédois ?… Du Danemark nous ignorons Hartmann le fondateur de l'école danoise ; seul le nom de Gade s'est imposé à notre attention. L'œuvre de Niels Gade est immense : huit symphonies, cinq

---

[232] Paul Viardot (1857-1941), violoniste, chef d'orchestre, compositeur et musicologue français. Fils de Pauline Viardot.

ouvertures, des cantates, de la musique de chambre. De tout cela quelques fragments seulement nous ont été révélés... » H.J.P.

Bulletin français de la S.I.M. (Société internationale de musique, section de Paris, librairie Ch. Delagrave, Paris, date d'édition : 1904-1914), janvier-juin 1909. p. 196. Concerts Rouge. :

« Les séances intéressantes n'ont pas manqué aux Concerts Rouge, pendant le mois de décembre [1908]... Le 18, grand festival de musique scandinave avec plusieurs premières auditions, dont deux pour Grieg seulement, une marche nuptiale et la très curieuse et charmante Suite à la manière ancienne dite *Holberg-Suite*. Sibelius était représenté par *le Cygne de Tuonela* et une *Valse triste (sic)*, Swendsen par sa délicieuse *Romance pour violon et orchestre* et Niels Gade par sa très intéressante *Symphonie* (op. 10)[233]. »

Le Figaro, dimanche 20 juin 1909. Le Monde et la Ville : « Dans les deux réunions musicales qui ont eu lieu chez M. et Mme Albert de Laboulaye, on a pu applaudir le maître Diémer, le virtuose croate Tkaltchitch... et des choristes amateurs et professionnels qui ont exécuté à ravir une charmante œuvre danoise de Niels Gade : *La Fille du Roi des Aulnes*. »

Congrès de Copenhague, du 21 au 26 juin 1909. 31ᵉ session- *Association littéraire et artistique internationale* (Paris), 1909. Bulletin n° 28, octobre 1909 : « Des œuvres de Niels Gade sont demeurées au répertoire de nos concerts ; des comédiennes, des chanteurs, ont fait admirer une grâce et un art, dont la saveur était particulière. »

Gazette des Beaux-Arts, 51ᵉ année, juillet 1909-décembre 1909. Paris. Correspondance d'Allemagne : « En art, le Danemark restera désormais, pour nous, quelques scènes de *Hamlet*, telle symphonie injustement oubliée de Niels Gade, et un tableau, n'importe lequel de préférence le plus vide de M. Hammershôj *(sic)*[234] (...) » William Ritter[235]

---

[233] *Symphonie n° 2 en* mi *majeur*, 1843.
[234] Vilhelm Hammershøi (1864-1916), peintre danois. Il produit des tableaux souvent intimistes et minimalistes surtout dans ses intérieurs. Il réalise aussi des portraits de dos.
[235] William Ritter (1867-1955), critique, journaliste, peintre et écrivain suisse. Voyage à Bayreuth et à Paris. Défenseur de Gustav Mahler et Smetana.

Le Ménestrel n° 47, samedi 20 novembre 1909 :

« Le pianiste-compositeur Ludwig Schytte [236] vient de mourir à Berlin. Né le 28 avril 1848 à Aarhus, dans le Jutland, il étudia jusqu'à vingt-deux ans la chimie et devint ensuite l'élève de Niels Gade et de quelques autres professeurs qui l'orientèrent définitivement dans la carrière musicale. On a de lui des morceaux de piano, des mélodies vocales, un concerto, une scène dramatique, *Héro*, jouée à Copenhague en 1898, une opérette, le *Mameluk*, donnée à Vienne, en 1903, etc. »

Comœdia, lundi 2 mai 1910. Lille. Salle du Conservatoire :

« Si, pour nos théâtres, sont terminées les hivernales saisons, restent encore les concerts printaniers qui de temps en temps ici continuent à faire appel aux dilettantes. Par ces temps électoraux, et de transitions de température, ils ne viennent guère en nombre. Telle est l'habitude. C'est ce qui est arrivé aux derniers concerts, du Quatuor Lillois et de la Société Eolienne, où le public n'a hélas ! brillé que par son absence. Mais à toutes les déceptions, n'y a-t-il pas des compensations. C'est ce qui s'est produit, jeudi soir, pour la soirée musicale offerte, au Conservatoire, par le violoncelliste Henri Merck, Mme Jeanne Robert-Thieffry, véritable virtuose pianiste et l'excellent violoniste notre concitoyen A. Chabot, qui y a recueilli une ample moisson de bravos ! On a devant une salle bien remplie cette fois, magistralement interprété de l'Haydn, du Schumann, du Franck, etc., etc. M. Merck, a joué une originale composition peu connue, mais superbe, de Niels Gade, intitulée *Noveletten*, qui a enthousiasmé l'auditoire. Mme Robert-Thieffry et M. Adrien Chabot, y ont fait merveille. Interminables furent les bravos. »

Le Figaro, samedi 13 août 1910. Notre page musicale, par René Lara :

« Grieg a été le précurseur et demeurera le génie rayonnant de cette école qui reste fermée, tant elle est pénétrée de l'esprit national, aux musiciens étrangers Mais autour de *Peer Gynt*, une remarquable pléiade de compositeurs norvégiens et suédois s'est formée. A côté de Sinding, de Niels Gade, de Sjögren, que nous connaissons, combien d'autres que nous devrions connaître ! Lange Müller – pour ne citer que celui-là – a écrit des

---

[236] Ludvig Schytte (1848-1909), pianiste et compositeur danois. Pharmacien de formation, il étudie la musique avec Niels Gade et Edmund Neupert. Il étudie avec Franz Liszt à Weimar (1884). Il vit à Vienne de 1886 à 1907 et finit sa vie à Berlin. Son vaste catalogue propose principalement un *Concerto pour piano en do dièse*, op. 28, une *Sonate pour piano en si bémol*, *25 Etudes pour piano*, *Nuits en Espagne* op. 114 pour piano. Egalement 2 opéras : *Hero* (créé à Copenhague en 1898) et *Der Mameluk* (créé à Vienne en 1903).

œuvres remarquables par l'originalité de l'inspiration et par la richesse des harmonies. Dans l'intéressant recueil des *Chants du Nord* que publie Enoch, il est une mélodie de Lange Müller : *la Seule Pensée*, qui, dans sa brièveté, atteint à une rare puissance d'émotion. »

Allemagne du Nord, bains de Bohème. Danemark, Suède, Norvège. Collection des Guides-Joanne. Paris, Librairie Hachette. 1910. A propos de Copenhague, l'auteur signale la présence de la statue de Niels Gade sur la Bredgade (quartiers nord et nord-est), p. 197.

Le XIXe siècle. Samedi 6 mai 1911 :

« Opéra-Comique : L'importance des répétitions du prochain spectacle oblige l'Opéra-Comique à retarder d'une demi-heure le Concert historique de la musique qui aura lieu demain samedi. Ce concert commencera donc exactement à 5 h ½. Il sera consacré aux chants scandinaves et russes, on y entendra des œuvres de Niels Gade, Grieg, Glinka, Dargomijsky, Ant. Rubinstein, Tschaikowsky, Balakiref, Borodine, Moussorgsky, Rimsky-Korsakof, chantées par Mmes Brohly, Nicot-Vauchelet, Nelly Martyl, Heihbronner, Charbonnel, Billa-Azéma, MM. Francell, Henri Albers, Tirmont, Féodorof, Payant et Jean Laure. »

Le Gaulois. Vendredi 5 mai 1911. Même texte que dans *Le XIXe siècle* du samedi 6 mai 1911. *Le Rappel* du 6 mai 1911 : idem.

Le Gil Blas, vendredi 5 mai 1911 :

« L'importance des répétitions du prochain spectacle oblige l'Opéra-Comique à retarder d'une demi-heure le Concert historique de la Musique qui aura lieu samedi. Ce concert commencera donc exactement à cinq heures et demie. Il sera consacré aux chants scandinaves et russes du XIXe siècle. Après la conférence de M. Henry Expert, on y entendra des œuvres de Niels Gade, Grieg, Glinka, Dargomijesky, Ant. Rubinstein, Tschaïkowsky, Balakirev, Borodine, Moussorgsky, Rimsky-Korsakow, qui seront chantées par Mmes Brohly, Nicot-Vauchelet, Nelly Martyl, Heilbronner, Charbonnel, Billa-Azéma et MM. Francell, Henri Albers, Tirmont, Féodoroff, Payan et Jean-Laure. »

Le Figaro, vendredi 5 mai 1911. « Demain, à l'Opéra-Comique, suite des « Concerts historiques de la musique ». La séance sera consacrée aux « Chants scandinaves et russes du dix-neuvième siècle ». Conférence de M. Henry Expert ; auditions de fragments de Niels Gade, Grieg (…) »

Le Matin, samedi 6 mai 1911. « Aujourd'hui. Opéra-Comique. A 5h1/2, concert historique de la musique, consacré aux chants scandinaves et russes du dix-neuvième siècle. Conférence de M. Henri Expert[237]. Œuvres de Niels Gade, Grieg, Glinka, Dargominsky, Antoine Rubinstein, Tschaïkowsky, Balakirew, Borodine, Moussorgsky, Rimsky-Korsakow, chantées par Mmes Brohly, Nicot-Vauchelet, Nelly Martyl, Heilbronner, Charbonnel, Billa-Azéma et MM. Francell, Henri Albers, Tirmont, Féodoroff, Payan et Jean Laure. »

Le Gil Blas du 6 mai 1911, précisait que l'œuvre de Gade était *Dans la forêt*, celles de Grieg : *Chanson de Solvejg, Le Cygne*…

Le XIXe siècle. Dimanche 7 mai 1911. Théâtres et concerts : « Cet après-midi : Opéra-Comique, 5h1/2 » (même concert qu'au 11 mai).

Le XIXe siècle. Dimanche 11 mai 1911. Théâtres et Concerts, p. 4. « Opéra-Comique : 5 heures, Concert historique de la musique : les Chants scandinaves et russes du dix-neuvième siècle. Conférence de M. Henri Expert. Œuvres de Niels Gade, Grieg, Glinka, Dargomijsky, Ant. Rubinstein, Tschaikowsky, Balakiref, Borodine, Moussorgsky, Rimsky-Korsakof, chantées par Mmes Brohly, Nicot-Vauchelet, Nelly Martyl, Heihbronner, Charbonnel, Billa-Azéma, MM. Francell, Henri Albers, Tirmont, Féodorof, Payan et Jean Laure.

Les journaux suivants signalent tous le spectacle de l'Opéra-Comique : *Le Gaulois,* vendredi 12 mai 1911 et Samedi 13 mai 1911 ; *Le Temps,* samedi 13 mai 1911 ; *Le Matin,* samedi 13 mai 1911 ; *Le Rappel,* 14 mai 1911.

Les Annales du Théâtre et de la musique. 1911 (publié en 1912). Les annales du théâtre. Théâtre national de l'opéra-comique. 6 mai : « Concert historique de la musique consacré aux chants scandinaves et russes du dix-neuvième siècle. Après la conférence de M. Henry Expert, des œuvres de Niels Gade, Grieg, Glinka, Dargomijsky, Ant. Rubinstein, Tschaïkowsky, Balakirew, Borodine, Moussorgsky, Rimsky-Korsakow, étaient chantées par Mmes Nicot-Vauchelet, Nelly Martyl, Heilbronner, Billa-Azéma et MM. Francell, Tirmont, Féodoroff, Payan, Gilles, Vaurs et Jean Laure. »

Le Ménestrel n° 11, samedi 16 mars 1912. :

« Il y a trois ans paraissait un recueil fort intéressant de *Lettres choisies* de Robert Schumann, dont la traduction française était due à Mme

---

[237] Roger-Henri Expert (1882-1955), architecte français. Suit des études à l'Ecole municipale des Beaux-Arts de Bordeaux puis de Paris. Second Grand Prix de Rome en 1912, il passe trois ans à la Villa Medicis. Musicologue.

Mathilde P. Crémieux, fille du grand avocat qui fut l'un des membres du gouvernement provisoire de 1848. Il y a quelques mois paraissait un second recueil de lettres du célèbre artiste (Fishbacher, éditeur), dû à la même traductrice [...] On trouve là, parmi les correspondants de Schumann, confidents de ses pensées et de ses opinions musicales, nombre d'artistes célèbres : Mendelssohn, Moschelès, Franz Liszt, Ferdinand Hiller, Niels Gade, Hensell, Louis Spohr, Ferdinand David, Camille Stamaty, Joachim, Verhulst et bien d'autres, des critiques et des écrivains... »

Le Figaro, vendredi 24 mai 1912. Le Monde et la Ville :

« Mercredi matinée restreinte et élégante de musique, chez la comtesse Michel de Pierredon. Un vif succès a été obtenu par Mlle H.-M. Luqueins dans les *Chansons* d'Armande de Polignac, et par Mme Achard Prothin, dans un *Nocturne* pour harpe délicieusement rendu. Le jeune Trio Livon a été très goûté dans le *Concerto* de Rubinstein et le *Novelleten*, de Niels Gade. »

Comœdia, jeudi 13 juin 1912. La semaine musicale. La Musique dans les livres :

« Réunissant en un fort volume un certain nombre de chroniques données de 1902 à 1910 au Mercure de France, M. Jean Marnold nous remémore ainsi ses opinions personnelles en la matière musicale. Elles sont originales, souvent, voire parfois paradoxales. (…) Un second volume est paru au *Monde Musical* de *l'Histoire de la Musique*, de M. Henry Woolett. Je n'eus pas jusqu'ici les loisirs de vous en parler avec l'insistance nécessaire. (…) Il a, entre autres mérites, celui de mettre en valeur, ou tout au moins de ne pas laisser dans l'oubli, certains musiciens, peu favorisés de la gloire et dignes cependant d'être connus. A titre documentaire, leur biographie ne saurait manquer d'être instructive. Par exemple, et au hasard, je vous citerai, compositeurs de musique pure, Van Bree, Verhulst, Gauntlett, Marc Ferren, Briulez-Richards, Niels Gade – plus notoire celui-ci – Mme Farrenc... » Louis Vuillemin[238]

Jules Massenet dans *Mes souvenirs* (1848-1912) publiés chez Pierre Lafitte à Paris en 1912, se souvient (p.26) : « Le numéro de concours était le *concerto en* fa *mineur* de Ferdinand Hiller. On prétendait alors que la musique de Ferdinand Hiller se rapprochait tant de celle de Niels Gade, qu'on l'aurait prise pour du Mendelssohn... »

---

[238] Louis Vuillemin (1879-1929). Compositeur, musicologue et chef d'orchestre français. S'intéresse particulièrement à la musique française du début du XXe siècle.

Le Ménestrel n° 15, samedi 12 avril 1913. Nécrologie :

« A Copenhague vient de mourir Christian Barnekow[239], le doyen des compositeurs danois. Il était âgé de 76 ans. Son style mélodique et ses tendances le rattachaient à l'école de Niels Gade. Il s'est fait connaître par des lieder dont quelques-uns ont obtenu une grande vogue. »

Le Ménestrel n° 46, samedi 15 novembre 1913 : « Au Théâtre Fémina (…) concerts symphoniques (…) avec des ouvertures de Méhul, Cherubini, Schubert, Niels Gade (…) »

Le Ménestrel n° 49, samedi 6 décembre 1913 signale qu'en Belgique ont été données diverses pièces de Niels Gade…

Le Ménestrel, 31 janvier 1914-26 février 1914. Dans le numéro 5 du samedi 31 janvier 1914 (80ᵉ année, n° 4323) : Nouvelles diverses. Etranger :

« La ville de Copenhague possède une glorieuse Société musicale, Musikforeningen, qui est pour le Danemark ce qu'est pour Paris la Société des concerts du Conservatoire, pour Leipzig celle du Gewandhaus, pour Vienne celle des Amis de la Musique, c'est-à-dire un asile pour l'art vrai, un lieu où les grandes traditions sont en honneur et religieusement conservées. Cette Société, qui vient, par son 650ᵉ concert, de solenniser une sorte de jubilé, fut fondée en 1836 et compte, par conséquent, plus de trois quarts de siècle d'existence. Elle fut dirigée pendant quarante ans, de 1850 à 1890, par le célèbre compositeur Niels Gade, et ce temps fut le plus glorieux de cette déjà longue existence. C'est, en effet, Niels Gade qui la conduisit à l'état de perfection où elle est parvenue. A la mort de celui-ci elle passa sous la direction d'un autre compositeur remarquable, Emile Hartmann, et enfin elle a aujourd'hui M. Franz Neruda, violoncelliste renommé, frère de la célèbre violoniste Mme Neruda-Hallée *(sic)*, qui est à sa tête depuis près de vingt ans tout en conservant avec talent les meilleures traditions classiques, M. Franz Neruda ne néglige pas les œuvres modernes, dont il sait faire un excellent choix pour la variété et l'éclectisme de ses programmes. Il n'est pas sans intérêt de remarquer que M. Neruda, tout en dirigeant la Musikforening de Copenhague, remplit les mêmes fonctions à la Musikforeningen de Stockholm. »

Le Supplément, jeudi 23 avril 1914. Grand journal littéraire illustré. : « C'était à Sestri-Levantë, sur la côte de Ligurie, dans la maison des Aleghany (…) Et Sibyl Rosebud dansa. Elle dansa, comme dansent, sous la

---

[239] Le Danois Christian Barrnekow (1837-1913) compose de nombreuses œuvres chorales et des lieder.

lune d'argent, dans les fjords de Norvège, les pâles hyperboréennes aux cheveux de miel. Elle dansa les plus beaux songes de Niels Gade et de Swendsen. » Article de H.-Robert Duval.

Le Temps. Lundi 28 décembre 191 : « De Monte-Carlo : le 4e concert classique donné au profit des œuvres de la Croix-Rouge, sous la direction de M. Léon Jéhin, comportait, à côté de pages du compositeur danois Niels Gade, des Russes Borodine et Glazounov, du Français Henri Busser et des Belges Clément Jannequin et Grétry, une fort belle légende patriotique de M. Léon Jehin, *Le Retour du prisonnier*, composée sur un excellent poème de M. Georges Boyer… » Nicolet

Même contenu dans : *Le Journal,* mardi 29 décembre 1914 ; *La Lanterne,* jeudi 28 décembre 1914 ; *Le Figaro,* lundi 28 décembre 1914.

Le Temps. Samedi 24 février 1917. Nouvelles de l'étranger. Danemark : « La mémoire du grand compositeur danois Niels W. Gade a été célébrée le 22 février dans tout le Danemark, à l'occasion du centième anniversaire de sa naissance. »

Le Ménestrel, n° 28, vendredi 14 juillet 1922, dans sa rubrique Le Mouvement musical à l'étranger, Hollande, indique : « Sur le quatrième programme du Cycle romantique – qui se déroule en ce moment au Concertgebouw d'Amsterdam – on a vu figurer, avec des œuvres de Niels Gade et de Schubert, plusieurs pages de M. Richard Strauss. »

La Chronique des Arts et de la Curiosité, n°17, 31 octobre 1922, p. 136. Chronique musicale. Réouverture des concerts dominicaux. René Brancour écrit : « Quant aux noms de Spohr, de Niels Gade, de Marschner, de Cherubini, de Méhul, de Spontini, de Meyerbeer, de Gounod, - j'en passe et des meilleurs, cherchez-les dans les dictionnaires et lisez leurs ouvrages à la bibliothèque du Conservatoire. Inutile d'ajouter que l'école belge, l'école anglaise, l'école scandinave sont profondément ignorées de nos chefs d'orchestres. *(sic)* »

Encyclopédie de la musique et dictionnaire du conservatoire, par Albert Lavignac. Paris. Librairie Delagrave, 1922. Notes sur la musique scandinave, par I. Philippe, p. 2586 :

« Niels W. Gade (1817-1890), fils d'un luthier, ami de Mendelssohn, de Schumann et de Liszt, chef d'orchestre des concerts du Gewandhaus après la mort de Mendelssohn, a produit une longue série d'œuvres qui, malgré l'influence évidente de Mendelssohn, ont un caractère spécialement danois. Son orchestre fin, clair, coloré à l'exemple de celui de Hartmann, possède un grand charme. A part l'opéra, Gade s'est distingué dans tous les genres. Ses 8 symphonies (la 4ᵉ très intéressante), une suite pour cordes, la charmante ouverture d'*Ossian*, d'autres ouvertures, *Michel-Ange*, *Hamlet*, la cantate *Comala, les Croisés, Psyché, Zion, la Fantaisie printanière, la Fille du Roi des Aulnes*, ses sonates pour piano et violon, un trio, les novelettes, deux concertos pour violon, un quintette, un octuor pour cordes, une jolie sonate de piano, des aquarelles et des feuilles d'album du plus charmant sentiment, etc., sont là pour démontrer la diversité de ce musicien. Son art est fin, limpide, aimable ; il a plus de force cependant que Hartmann, et peut-être aussi plus de fond. Mais tous deux sont restés les maîtres les plus aimables de l'art musical danois. Leurs successeurs, je le répète, influencés par eux et par les Allemands modernes, sont de bons musiciens, mais aucun n'a produit une œuvre suffisamment intéressante pour faire connaître son auteur hors des limites de son pays. »

Le Ménestrel n° 35, vendredi 31 août 1923. Rubrique intitulée : Le Répertoire des Œuvres pour violon et orchestre dans les grands Concerts : « Quelles sont les œuvres que l'on pourrait inscrire sur les programmes de son grand concert avec quelque chance de succès ? » Paul Toureng en propose une longue liste par ordre alphabétique et n'oublie pas de proposer : Gade (Niels) : *Concerto en* ré *mineur*, op. 56.

Le Ménestrel n° 48, vendredi 30 novembre 1923. Concert de musique danoise (23 novembre), p. 504 :

« Sous le haut patronnage de l'Association Française d'Expansion et d'Echanges artistiques, des musiciens danois sont venus nous présenter quelques-unes des compositions de leurs maîtres récents ou actuels. Tentative intéressante, à coup sûr, car nous ne connaissons guère les musiques étrangères, ce qui ne saurait surprendre personne, puisque déjà nous connaissons si peu les nôtres, à part quelques exceptions qui occupent invariablement l'estrade.

La séance débuta par un *Quatuor* à cordes de M. Carl Nielsen, « chef de l'école néo-classique », ainsi que nous l'apprend une notice rédigée en un français plutôt fantaisiste. « Il suit formellement les traditions classiques, mais son naturel spécial danois ne se cache pas. Il parle une langue tout à fait moderne. » Pas tout à fait heureusement ! Et *l'Allegretto pastoral*, coupé d'un sémillant *presto*, témoigne d'un goût bien classique. Par contre, ce *Quatuor* de M. Knudange *(sic)* Riisager s'en éloigne autant qu'il est possible : c'est une succession d'ondes sonores se dispersant au hasard des vents capricieux, et que je qualifierai, selon une expression de Voltaire, d'« incohérentes hardiesses ». La *Sonate pour violon* de M. Rued Langaard appartient à la même famille ; elle renferme cependant un thème bien venu et heureusement rythmé qui sert de cadre à un tableau passablement flou.

La *Sonate pour violoncelle et piano* de M. Peter Gram, « chef de clan avancé », ne manque pas d'une certaine poésie mystérieuse, dont les accents hésitants pourraient davantage émouvoir s'ils étaient moins amorphes.

Venons maintenant à la musique vocale. Elle se présenta d'abord sous les espèces de deux mélodies écrites par M. Louis Glass, « chef de l'école romantique », sur des poésies de Sophus Michaëlis et d'Olaf Bull, dont le charme transparaît à travers la traduction. Celle-ci (est-elle fidèle ?) nous présente, dans la seconde pièce, des « arbres bleus par le soleil ». C'est bien singulier ! et je comprends plutôt Victor Hugo nous entraînant, en son Evidarnus,

> Sous les arbres bleus par la lune sereine.

M. Poul Schierbeck, aux chansons « purement danoises », souligna gracieusement d'une fine notation *le Tombeau* du poète Hafiz, poème persan traduit en danois par Franck et de là en français par M. Paul Verrier.

Mais deux groupes de mélodies surtout nous frappèrent. Premièrement deux charmantes poésies d'Emile Aarestrup et Holger Drachmann, serties par Peter Heise en une fort délicate musique dont le caractère très schumannien – d'ailleurs sans plagiat d'aucune sorte - est extrêmement impressif. En second lieu *le Chant de Scheitren*, de Holger Drachmann, et *Florence*, d'Einar Christiansen, mélodiquement traités par M. Lange-Müller, « le Nestor de la musique danoise, celui qui a peut-être le plus fidèlement suivi des traditions nationales… et sut montrer jusqu'au point culminant du romantisme ». Qu'il soit « le maître ainsi de tout le peuple », c'est de quoi nous ne saurions être surpris. Ce mélodiste est en même temps un harmoniste raffiné et un digne collaborateur des poètes par lui choisis. Il nous semble se rattacher par son esthétique à l'école d'un Niels Gade, d'un Weyse et d'un Hartmann. A lui se pourraient justement appliquer les vers familièrement adressés « à un vieux livre de chant danois » par le poète américain Longfellow, qui le remercie de lui rappeler :

> Les jours passés, à demi oubliés
> Pendant les voyages de la rêveuse jeunesse
> Au bord de la Baltique…

Ces divers chants furent supérieurement interprétés, les premiers par M. Aaage Thygesen, ténor à la voix chaude, vibrante et savamment nuancée ; les seconds par la très gracieuse Mlle Thyra Larsen, de l'Opéra Royal de Copenhague, soprano au timbre sympathique associé à une intelligente diction.

Le quatuor, composé de Mlle Gunna Breuning, M. Geshard Rafn, Mlle Ella Faber et M. Poulus Bache, se montre à son avantage, sauf en quelques sons aigus du violon qui eussent gagné à s'affirmer moins impérieux. – M. Poulus Bache mérite une mention toute spéciale. Ce violoniste possède une magnifique sonorité, surtout dans les sons graves, et phrase avec une pénétrante simplicité. Enfin MM. Max Ritter et Christian Christiansen tinrent le piano avec une parfaite maîtrise et sans jamais s'écarter de la subordination toujours due, mais trop peu souvent accordée, au soliste. En résumé, intéressante audition qui devrait avoir pour résultat de nous rendre plus attentifs aux échos, souvent harmonieux, venant à nous par delà les frontières. » René Brancour

Revue belge (Bruxelles, 1924-1940, bimensuel), mars-avril 1924, p. 175. Dans un article consacré à l'opéra *Kaddara* du Danois Hakon Børresen[240], Ernest Closson[241] écrit : « (…) les écoles nationales, tout imprégnées de la forte saveur du folklore. Les protagonistes furent surtout les « Cinq » en Russie, et Grieg en Norvège, où la chanson populaire s'apparente davantage du lied allemand, le mouvement n'aboutit guère. Au Danemark, enfin, il fut représenté par Niels Gade (1817-1890). Celui-ci est la figure la plus intéressante et la plus connue de l'art musical danois. On lui doit quelques œuvres de caractère national (Volkstaenze, Nordische Tonbilder, etc.), mais, élève du Conservatoire de Leipzig, il ne se débarrassa jamais de l'influence allemande et il se résigna à demeurer toute sa vie un Mendelssohn scandinave. »

« *Le samedi 17 janvier 1925,* soirée pianistique avec à l'honneur trois nordiques dans le récital de M. Y. Margat donné à l'hôtel Majestic (9h) *: Jour de Noces* de Grieg *; Ronde des jeunes Garçons* de Gade *; Marche Grotesque* de Sinding[242] ».

« Le jeudi 29 mars 1928 au Parthénon (Paris) après-midi de Musique de chambre (3h). On présente le *Trio* op 22 pour piano, violon et violoncelle

---

[240] Hakon Børresen (1876-1954), compositeur danois. Elève du Conservatoire royal du Danemark, il étudie la composition avec Johan Svendsen et acquiert une place importante dans la vie musicale du pays. Il laisse trois belles symphonies, un concerto pour violon, deux opéras, de la musique de chambre. Plus d'informations dans notre *Hakon Børresen, un Danois fidèle à la tradition*, article mis en ligne sur ResMusica.com le 4 octobre 2012.
[241] Ernest Closson (1870-1950) : musicologue et critique musical belge. Chroniqueur à *l'Indépendance belge*. Enseigne au Conservatoire de Bruxelles. A écrit des *Notes sur la chanson populaire en Belgique (1913)*, une *Histoire du piano, des Eléments d'esthétique musicale…*
[242] Voir *Petite histoire de la musique nordique à Paris : 1910-1953*, par Jean-Luc Caron. Bulletin de l'A.F.C.N. n° 13, 1995, p. 61.

du Danois Niels Gade longtemps considéré comme le seul grand musicien de son pays[243] ».

« Programme du concert du 12 février 1931 à Pleyel : *Trio* op. 23 (fragments) de Sinding par Mme Girardin-Marchal et MM. Tracol et Gurt, La *Jeune Princesse* et *Je t'aime* de Grieg (Mme Nobya), *Sonate* op. 21 de Niels Gade, la *Sonate* op. 36 de Grieg par G. Marchal et M. Gurt, *Rafale* et *l'Ile de la mort* de Geisler par Mme Nobya, *Concerto pour piano* de Grieg par Mme Girardin-Marchal, hymne danois par la chorale placée sous la direction de A. Dauvrezis[244]. »

Le Ménestrel n° 3 du vendredi 15 septembre 1933. Robert Schumann et Bonaventure Laurens. D'après une correspondance en partie inédite et inconnue des biographes français de Schumann :

« Robert Schumann venait de publier son *Manfred* quand il entre en correspondance avec une des individualités les plus complètes, les plus dignes, les plus originales de la Provence : Bonaventure Laurens (…) Je vous ai noté, en outre, suivant votre désir, les titres d'autres compositeurs qui passent pour les plus importants qui aient paru dans les derniers temps. Gade est le plus fort parmi les jeunes musiciens, c'est un vrai génie (…) Au moment où Schumann roulait dans sa tête une idée grandiose : s'attaquer au second *Faust*, au moment où il sacrifiait à son art de compositeur ses dernières forces, où les symptômes de surmenage s'aggravent, Niels Gade, un étranger, est préféré à lui pour la succession de Mendelssohn au Gewandhaus de Leipzig. Nous voyons dans sa lettre précédente que Schumann n'avait pas de rancune. Il loue son adversaire. »

L'Echo d'Alger (Journal républicain du matin, Alger, date d'édition : 1912-1961), mercredi 3 avril 1935. La vie musicale. Musique de chambre. La location est ouverte demain aux Beaux-Arts (conciergerie) pour le cinquième concert de l'Association de musique de chambre des professeurs de la société. Le programme comprend : « Sonate pour deux violons et piano », de J.-S. Bach ; « octette »[245], de Niels Gade ; « Poème » ; de Gabriel Dupont, pour quatuor à cordes et piano. Dans un but de propagande, places au prix unique de 6 francs, réduit à 4 francs pour les élèves des Beaux-Arts, du Conservatoire et des écoles d'Alger. Les sociétaires ont droit à deux places gratuites. »

---

[243] Jean-Luc Caron, *Petite histoire de la musique nordique à Paris : 1910-1953*, Bulletin de l'A.F.C.N. n° 13, 1995, p. 80.
[244] Jean-Luc Caron, *Parcours nordiques*, Bulletin de l'A.F.C.N. n° 29-32, 2002, p. 73.
[245] *Octuor à cordes en* la *majeur*, op. 17, 1848.

Le Figaro, 16 juin 1937. Chronique musicale. Opéra. Gala danois. Article de Reynaldo Hahn[246] :

« (…) Car le spectacle comportait encore tout le troisième acte du ballet *Napoli*, dont la musique peu napolitaine est de Niels Gade, de Helsted[247] et de Lumbye. Franchement et sans manquer, j'espère, à la courtoise qui s'impose en cette circonstance, on peut dire, je crois, que le besoin de cette dernière prouesse chorégraphique ne se faisait pas impérieusement sentir et qu'elle n'était pas nécessaire pour nous persuader des mérites supérieurs qui distinguent le remarquable Ballet du théâtre de Copenhague et dont le principal, à mon avis, est la sincérité profonde, la joie, le sérieux, l'ardeur au travail, la ferveur, la conscience dont toute cette jeunesse est visiblement animée. Certes le talent y abonde. Mais le talent n'est pas tout. Chez nous aussi, il y a beaucoup de talent. »

Les débuts de la radio en France (et au Danemark). A partir de 1924 la plupart des journaux proposent à leurs lecteurs des programmes radiophoniques les invitant à écouter, entre autres, la musique classique. Cette nouveauté va gagner rapidement la plupart des média écrits. En parcourant ces concerts ou ces radiodiffusions on retrouve assez fréquememnt le nom de Niels Gade, preuve que son image avait laissé de beaux souvenirs des interprétations passées de sa musique en France. En voici, sans commentaires, reproduits quelques exemples.

La Petit Parisien (journal quotidien du soir, Paris, 1876-1944), 7 septembre 1924. Ecole supérieure des P.T.T. (458 m), 21h, concert avec Mlles Denis, pianiste ; Mercédès Kelsen, violoniste ; Fernande Poullin, cantatrice ; Lecerf, violoncelliste ; Léonie Lecerf, pianiste ; Mme L. Sause de Lorentz, cantatrice : *Le coucou* (Daquin) ; *Au bord du ruisseau* (Thermann) ; *Deuxième Mazurka* (Wieniawski) ; *Aïda* (Verdi) ; *Esclarmonde* (Massenet) ; *Introduction et allegro* (Boehlmann) ; *Les grains de beauté*, fox trot ; *Les vieilles de chez nous* (Levadé) ; *Manon* (Massenet) ; *Allegro du trio* (Niels Gade) ; *Le jardin de mon rêve* (Maurice Pesse) ; *L'écrin* (Chaminade) ; Premier mouvement de la *Sonate pathétique* (Beethoven).

---

[246] Reynaldo Hahn (1874-1947), chef d'orchestre, critique musical et compositeur français d'origine vénézuélienne. Son œuvre connaît, à juste titre, un fort regain d'intérêt ces dernières années. Il donne des articles à *La Presse*, à *La Flèche, Foemina, Excelsior, Figaro*.
[247] Edouard Helsted (1816-1900), compositeur danois. Carl Helsted (1818-1904), compositeur danois, organiste, élève de Gade et co-fondateur en 1901 de la Société danoise des concerts.

L'Homme libre (Paris, 1913-1957, quotidien puis hebdomadaire). Samedi 6 septembre 1924. Les Concerts par TSF. Ecole des PTT. 21h : Allegro du *Trio* (Gade).

Paris-Soir (quotidien, 1931-1944), lundi 8 septembre 1924. Carnet de la TSF. Ecole Supérieure des P.T.T. Allegro du *Trio* de Gade dans le cadre d'une Conférence sur la France, puissance colonisatrice.

La Lanterne, mercredi 3 août 1927. Radio-Bruxelles. A 17 h. Musique de chambre : *Trio* (Haydn) ; *Rondo,* piano (Mozart) ; *Trio* (Niels Gade).

Le Journal, jeudi 27 octobre 1927. TSF Vienne, *Erlkoenigstaecher* (Gade).

Le Journal, mercredi 14 décembre 1927. TSF. Radio-Bruxelles. 17h. Musique de chambre : *Trio* (Mozart) ; *Trio* (Niels Gade).

Le Journal, 7 septembre 1924 : idem.

L'Echo d'Alger. Mercredi 28 mars 1928 : « La musique de chambre était servie par Mlle Y. Raynal, MM. Sammut et Gilly, dans le *Trio* de Niels Gade ; et Mlle L. Cammargre et M. Schickel, dans la *Sonate pour piano et violoncelle* de Saint-Saëns. »

Le Journal, dimanche 9 septembre 1928. TSF. Vienne. Soirée de trios : *Trio pour piano* (Goldmark) ; *Novelettes* (Gade).

Comœdia, vendredi 19 octobre 1928. Concerts par T.S.F. Bruxelles. 21 h. *Dans la grotte bleue* (Niels Gade).

Le Journal, mercredi 7 novembre 1928. Radio. Hilversum : Air d'Armida (Gade)...

Le Journal, mercredi 14 novembre 1928. Gade joué sur des radios étrangères.

Le Petit Parisien. Dimanche 12 mai 1929. Radio L.L. (370 et 60 m) A 21h ; Ouverture de *Fidelio* (Beethoven) ; *Trio* (Niels-Gade)...

Paris-Soir, dimanche 7 avril 1929. Carnet de la T.S.F. Petit Parisien. 21 h. Concert : Ouverture d'*Ossian* (Niels Gade).

Paris-Soir, dimanche 29 décembre 1929. Carnets de la T.S.F. Petit Parisien, 21h : Concert : Ouverture d'*Ossian* (Niels Gade) ; *Prélude et Sérénade* (Korngold) ; Adagio de la *Neuvième Symphonie* (Beethoven) ;

Tarentelle (César Cui) ; *Viviane*, poème symphonique (Chausson) ; *Valse noble et sentimentale n° 7* (Ravel) ; *Ruses d'amour*, ballet (Glazounoff), etc.

Paris-Soir, lundi 30 décembre 1929 : idem *supra*.

Le Temps. Dimanche 29 décembre 1929. TSF. Programmes du dimanche 29 décembre. Poste du « Petit Parisien ». A 20 h 45, Disques, causerie et information ; 21 h, Concert : Ouverture d'*Ossian* (Niels Gade) ; *Prélude et Sérénade* (Korngold) ; Adagio de la *9e Symphonie* (Beethoven) ; *Tarentelle* (César Cui) ; *Viviane*, poème symphonique (Chausson) ; *Valse noble et sentimentale n° 7* (Ravel) ; *Ruses d'amour*, ballet (Glazounov).

Le Matin, dimanche 29 décembre 1929. Poste Parisien, concert : Ouverture d'*Ossian* (Niels Gade)…

L'Echo d'Alger, dimanche 29 décembre 1929 : idem *supra*.

Le Matin, 5 mai 1930. Carnet de la TSF. Œuvres de Gade sur Radio Maroc.

Le Journal, 4 mai 1930 : idem.

Le Matin, vendredi 13 juin 1930. Carnet de la T.S.F. Bruxelles : *Trio* (Gade).

Le Temps. Lundi 1er septembre 1930. TSF. Poste du « Petit Parisien ». *Danses des fées* (Niels Gade).

Comœdia, lundi 1er septembre 1930. Poste parisien. 21h.00. Concerts… *Danse des fées* (Niels Gade)…

Le Matin, 1er septembre 1930. Poste Parisien : Disques… *Danse des fées* (Niels Gade)…

Le Populaire (Paris, parti socialiste, date d'édition : 1916-1970) du 8 septembre 1930 : idem *infra*.

Le Temps. Mardi 9 septembre 1930. TSF. Poste du « Petit Parisien » (32 m) : Ouverture d'*Ossian* (Niels Gade).

Même annonce dans *Comœdia* daté du 9 septembre 1930.

Paris-Soir, mercredi 10 septembre 1930. Carnet de la TSF. Poste Parisien. Concert : *Ossian* (Niels Gade) et œuvres de Piero Coppola, Smetana, Messager, Hartmann, Benjamin Godard.

Le Temps. Lundi 3 novembre 1930. TSF. Poste du « Petit Parisien » (long. d'onde 329 m). A 9 h. Emission de photographies d'actualité ; 20 h, Concert : Ouverture d'opérette (Niels Gade).

Comœdia, 3 novembre 1930. TSF. Au poste Petit-Parisien à 21 h. Idem sous le titre : Ouverture d'opérette (Niels Gade)…

Le Temps. Samedi 21 février 1931. Annonce d'un programme radio : Poste parisien (longueur d'ondes 328 mètres). A 20 h 25, Disques : 21 h, Concert : *Ouverture de la chasse du jeune Henry* (Méhul) ; *Napoli*, extrait de « Dans la grotte bleue » (Niels Gade) ; *Symphonie en si mineur* « Inachevée » (Schubert) ; *Aascanio*, suite d'orchestre (Saint-Saëns) ; Grand pas d'action de *Raymonda* (Glazounov) ; Chœur des filles-fleurs de *Parsifal* (Wagner) ; *Dansa gitana* (Granados).

Le Petit Parisien, dimanche 22 février 1931. Courriers des amateurs de T.S.F… *Napoli*, extraits de « Dans la grotte bleue » (Niels Gade), reste idem *supra*.

Le Matin, dimanche 22 février 1931. Poste Parisien : *Napoli* (Gade).

Paris-Soir, lundi 23 février 1931. Poste parisien. *Napoli* (Niels Gade) et œuvres de Méhul, Schubert (*Symphonie en si mineur* « Inachevée »), Saint-Saëns, Glazounov, Wagner, Granados.

Le Matin. 4 mai 1930. Petit Parisien. 21 heures. Concert avec le concours d'artistes de l'Opéra et de l'Opéra-Comique : *Ouverture académique* (Brahms) ; *Deux Impressions poétiques* (Dvorak) ; *La Jeunesse d'Hercule* (Saint-Saëns) ; *Peer Gynt*, orchestre (Grieg) ; *Berceuse héroïque* (Debussy) ; Dans la grotte bleue de *Napoli* (Niels Gade) ; *Marche slave* (Tchaïkowsky).

Le Matin, 28 août 1930. Radio Bruxelles à 20h15 : *Trio* (Haydn) ; *Trio* (Niels Gade).

Le Matin. 10 mai 1931. Radio-Strasbourg. *Hamlet* (Niels Gade) et œuvres de Saint-Saëns, Boieldieu et Bizet.

Le Temps. Jeudi 25 juin 1931. T.S.F. Programme. Poste parisien (328 m.) à 20 h. 25. Disques et informations ; 20 h 45, Causerie cinématographique ; Concert : Ouverture du *Maître des esprits* (Weber) ; *Pièce héroïque* (César Franck) ; *Huit variations sur un thème de Haydn* (Brahms) ; Entracte de *Joseph* (Méhul) ; *Divertissement* (Lalo) ; *Dans la grotte bleue* (Niels Gade) ; *Danse symphonique n° 2* (Grieg).

Le Petit Parisien. Jeudi 25 juin 1931. TSF Poste parisien : (…) *Dans la grotte bleue* (Niels Gade).

Le Matin, jeudi 25 juin 1931. Poste parisien : *Dans la grotte bleue* (Gade), *Danse symphonique* (Grieg).

Le Matin, mardi 23 août 1931. Poste parisien, Concerts, *Danse des fées* (Gade)…

Le Journal, dimanche 23 aoüt 1931. TSF Poste parisien : idem.

Le Temps. Mardi 22 septembre 1931. TSF. Radio-Strasbourg : *Echos d'Ossian*, ouverture (Niels Gade). Idem dans *Comœdia* du mardi 22 septembre 1931.

Le Matin, mardi 22 septembre 1931. Radio-Strasbourg. Concert B, Beethoven, Chopin, Liszt, Saint-Saëns, Pierné-Mouton, Albeniz et Massenet incluant *Echos d'Ossian* de Gade.

L'Ouest-Eclair (Edition de Nantes), Rennes, quotidien, date d'édition : 1915-1944, dimanche 6 mars 1932. Rubrique TSF. Stuttgart-Muhlacker. 19h. Concert : *Ossian*, ouverture (Gade) et pièces de Thomas, Massenet, Svendsen (*Rhapsodie norvégienne*), Borodine, Dvorak.

Le Temps. Mardi 23 août 1932. Poste parisien (627 m)… *Danse des fées* (Niels Gade), *Danse norvégienne n° 1* (Grieg).

Le Matin, mardi 23 août 1932. Poste Parisien : idem *Le Journal,* mardi 23 août 1932 : idem *L'Ouest-Eclair,* mardi 23 août 1932. Poste Parisien, 20 h 45 : *Danse des fées* (Gade), etc.

Le Matin, 20 septembre 1932. Radio-Strasbourg. Musique scandinave : *Trois danses norvégiennes* (Grieg) ; *Nocturne ; Marche des nains* (Grieg) ; *Gazouillement du printemps* (Sinding) ; *Zorahayda* (Svendsen) ; *Romance pour violon solo et orchestre* (Svendsen) ; *Rapsodie en la* (Svendsen) ; *Hamlet* (Niels Gade).

Journal des Débats du mardi 19 décembre 1933. « Radio demain mardi. 21 heures (Bruxelles) : Direction Jean Kumps, avec le concours de M. Joseph Voordecker, violoncelliste : Ouverture d'*Hamlet* (Niels Gade) ; *Poème* (F. Schmitt) ; *Deux arabesques* (Debussy) ; *Caprice espagnol* (Granados) ; *Valse* (J. Jongen) ; *La Mouche* (Nastrucci), *Rhapsodie languedocienne* (Léon Delcrox). »

Le Matin, mardi 6 février 1934. Carnet de la TSF, 10h30. Paris-P.T.T. Concert : *Souvenir d'Ossian* (Gade) ; *Hérodiade* (Massenet), *Valse triste* (Sibelius) ; *Chanson d'amour* (Schubert) ; *Suite de danses* (Gabriel Pierné) ; *Résurrection* (Alfano) ; *La Korrigane* (Ch. Widor) ; *Children's Corner* (Debussy).

Le Matin, mardi 20 mars 1934. TSF. Concerts divers. Lyon-La Doua, 16 h 30, musique de chambre (...) *Novelettes* (Niels Gade).

Le Journal, lundi 26 mars 1934. TSF. Lyon, 20h30, concert : *Novelettes pour cordes* (Gade).

L'Ouest-Eclair, jeudi 18 avril 1935. TSF. Rennes-Bretagne. 12 h 15. Relais de Toulouse, Concert symphonique. Orchestre direction Henry Combaux, professeur au Conservatoire : *Souvenir d'Ossian*, ouverture (Gade).

Paris-Soir, mercredi 18 mars 1936. Radio. Bruxelles Français, 20 h, Orchestre symphonique (Niels Gade, de Greef, Svendsen, Grieg).

L'Ouest-Eclair, vendredi 27 août 1937. National (Droitwich) : *sextette en* mi *bémol* de Gade[248].

L'Humanité, mercredi 6 octobre 1937. La Radio. Lille-PTT, 18 h 30 : Concert (dir. Capoulade) : Œuvres de Strauss, Gade, Tosti.

Le Matin, jeudi 11 novembre 1937. Radio-Programme. Tour Eiffel. A 12h15. Relais de Toulouse : *Souvenir d'Ossian* (Niels Gade) ; *Coup de roulis* (Messager) ; *Czardas*, violon et orchestre (Caluci) ; *Petite suite scandinave* (Olsen).

---

[248] *Sextuor à cordes*, op. 44, composé en 1848.

Chapitre IV

Liste des œuvres de Gade

[Catalogue]

Œuvres avec un numéro d'opus.

Il s'agit du catalogue des œuvres par ordre chronologique publiées du vivant de Gade.

▪ Op. 1. *Efterklange af Ossian* (Souvenirs d'Ossian), ouverture pour orchestre en *la* mineur (1840).

▪ Op. 2a. *Rebus*, 3 pièces pour piano (1875).

▪ Op. 2b. *Foraarstoner /Frühlingsblumen* (Fleurs printanières), 3 pièces pour piano (1840-41, révision 1873).

▪ Op. 3. *Agnete og Havfruerne* (Agnete et le Triton), poème romantique pour voix soliste, chœur de femmes et orchestre (H.-C. Andersen) (1842).

▪ Op. 4. *Nordiske Tonebilleder* (Images nordiques), 3 fantaisies pour piano à 4 mains (1842).

▪ Op. 5. *Symphonie n° 1 en do mineur* (1841-42).

▪ Op. 6. *Sonate n° 1 pour violon en la majeur (*1842).

▪ Op. 7. *I Høchladene* (Dans les hautes terres/In the Highlands), ouverture pour orchestre en *ré* majeur (1844).

▪ Op. 8. *Quintette à cordes en* mi *mineur* (1845).

▪ Op. 9. *9 Lieder im Volkston* (9 Chants populaires), chansons, pour 2 sopranos et piano (1845).

▪ Op. 10. *Symphonie n° 2 en* mi *majeur* (1843).

▪ Op. 11. *6 Chants pour chœur d'hommes* (TTBB) (1845). Créé à Leizig en 1845.

• Op. 12. *Comala*, poème dramatique pour solistes, chœur et orchestre, d'après Ossian (1846).

• Op. 13. *5 Chants* (1846), pour voix d'hommes a capella, textes de Emanuel Geibel, créés à Leipzig l'année de la composition.

• Op. 14. *Ouverture n° 3 en do majeur* (1846).

• Op. 15. *Symphonie n° 3 en la majeur* (1847).

• Op. 16. *6 Chants pour chœur* d'hommes (TTBB) *Reiter-Leben* (La Vie du cavalier), texte de C. Schultes, création à Leipzig en 1848.

• Op. 17. *Octuor à cordes en fa majeur* (1848-49).

• Op. 18. *3 Charakteerstykker pour piano à 4 mains* (Trois Pièces de caractère) (1848).

• Op. 19. *15 Akvareller* (15 Aquarelles), 15 poèmes pour piano (1849-50).

• Op. 20. *Symphonie n° 4 en si bémol majeur* (1849-50).

• Op. 21a. *Sonate pour violon n° 2 en ré mineur* (1849).

• Op. 21b. *3 Digte* (Trois poèmes), chants, texte de Carsten Hauch (1849).

• Op. 22. *3 Tanzstücke* (Trois Danses : en *fa* majeur, *ut* majeur, *la* mineur) pour orgue (1851).

• Op. 23. *Frühlings-Fantasie* (Fantaisie du printemps), cantate pour solistes et orchestre/piano, texte : Edmund Lobedanz (1852).

• Op. 24. 5 Chants d'après *Bilder des Orients* (Heinrich Stieglitz) (1852).

• Op. 25. *Symphonie n° 5 en ré mineur* (avec piano) (1852).

• Op. 26. *5 Chants pour chœur d'hommes* (1853), créés à Leipzig en 1848.

• Op. 27. *Arabeske* pour piano (1854).

• Op. 28. *Sonate pour piano en mi mineur* (1840, révision 1854).

• Op. 29. *Novelletter* (Novelettes), trio avec piano (1853).

• Op. 30. *Elverskud* (La Fille du roi des elfes), ballade pour solistes, chœur mixte (SATB) et orchestre, texte : Christian Molbech (1851-54).

• Op. 31. *4 Folkedanz* (4 Danses populaires) pour piano (1855).

- Op. 32. *Symphonie n° 6 en* sol *mineur* (1856-57).

- Op. 33. *5 Chants pour chœur d'hommes* (1858), Leipzig, 1862.

- Op. 34. *4 Idyls* (Idylles) pour piano (1857).

- Op. 35. *Frühlings-Botschaft* (Message du printemps) pour chœur et orchestre, texte : Emanuel Geibel (1858).

- Op. 36. *Børnenes Juul (*Noël des enfants*)*, 5 Pièces pour piano (1859).

- Op. 37. *Hamlet*, ouverture de concert pour orchestre en *ut* mineur (1861).

- Op. 38. *5 Chants pour chœur d'hommes* (1862), Leipzig, 1867.

- Op. 39. *Michel Angelo*, ouverture de concert pour orchestre en *fa* majeur (1861).

- Op. 40. *Die Heilige Nacht* (La Nuit sainte), cantate pour alto, chœur et orchestre, texte d'après August von Platen-Hallermünde (1861).

- Op. 41. *4 Fantasiestykker* (4 Pièces fantaisies) pour piano (1861).

- Op. 42. *Trio avec piano en* fa *majeur* (1862-63).

- Op. 43. *3 Fantasistykker* pour clarinette (ou violon) et piano (1864).

- Op. 44. *Sextuor à cordes en* mi *bémol majeur* (1863-64).

- Op. 45. *Symphonie n° 7 en* fa *majeur* (1864).

- Op. 46. *Ved Solnedgang* (Au coucher du soleil), cantate pour solistes et orchestre, texte de Andreas Munch (1863).

- Op. 47. *Symphonie n° 8 en* si *mineur* (1869-71).

- Op. 48. *Kalanus* pour solistes, chœur et orchestre (1869).

- Op. 49. *Zion*, pièce de concert pour baryton, chœur mixte (SATB) et orchestre, texte : Carl Andersen (1874).

- Op. 50. *Korsfarerne* (Les Croisés), pièce pour solistes, chœur mixte (SATB) et orchestre (1865-66).

- Op. 51. *Aatidsbilleder* (Images des saisons) pour solistes, chœur de femmes et piano à 4 mains/orchestre (1871), Leipzig, 1871.

- Op. 52. *Den Bjergtagne* (L'Esclavage en montagne), cantate pour mezzo-soprano, chœur de femmes et orchestre (Carsten Hauch) (1872-73).

- Op. 53. *Novelletter* (Novelettes), 4 pièces pour orchestre (1874).

- Op. 54. *Gefion*, pièce pour baryton, chœur et orchestre (1869).

- Op. 55. *En Sommerdag paa Landet* (Un Jour d'été à la campagne), 5 pièces pour orchestre (1879).

- Op. 56. *Concerto pour violon en* ré *mineur* (1880).

- Op. 57. *Nye Akvareller* (Nouvelles Aquarelles), 5 pièces pour piano (1881).

- Op. 58. *Novelletter* (Novelettes) pour orchestre à cordes (1883, révision 1886).

- Op. 59. *Sonate pour violon n° 3 en* si *bémol majeur* (1885).

- Op. 60. *Psyché*, pièce de concert pour solistes, chœur et orchestre, texte : Carl Andersen (1881-82).

- Op. 61. *Holbergiana* (A la manière de Holberg), suite pour orchestre (1884).

- Op. 62. *Volkstänze* (Danse populaire) pour violon et piano (1886).

- Op. 63. *Quatuor à cordes en* ré *majeur* (1887-89).

- Op. 64. *Der Strom* (La Rivière), pièce de concert/cantate pour solistes, chœur mixte (SATB) et piano (ou orchestre) (1889).

Œuvres sans numéro d'opus (par ordre alphabétique)

De nombreuses œuvres de Gade ne furent pas publiées, beaucoup ne sont pas datées avec précision, voire pas du tout, d'où cette présentation par ordre alphabétique des titres.

▪ ▪ ▪ Musique pour chœur

- *Aftenbon, Morgenbon* (1841).

- *Aftensang* (ca. 1839).

- *Amen raabe hver en Tunge* (1863).

- *Baldurs Drøm* (Le Rêve de Baldur), cantate pour solistes, chœur et orchestre, texte de Adolph Hertz (1856-57), Copenhague, 1897.

- *Barn Jesu i en Krybbe laa* (L'Enfant Jésus était couché dans une crèche), pour chœur, texte de H.C. Andersen (1859), d'après l'opus 36.

- *Benedictus et Amen,* pour chœur et orgue (1885).

- *Bornesalme* (ca. 1839).

- *Borns Tak for gode Foraeldre* (1836).

- *Bryllupssang* (ca. 1885).

- *Bundeslied* (1889).

- *3 Chorales* (1852-53).

- *3 Chorales* (1856).

- *Confirmations-Sange* (1856).

- *De vilde Jaegere* (1845).

- *Farvel ved Carl Andersens Baare* (1883).

- *Fastelavnsvise* (1880).

- *Festmusik ved Den Nordiske Industriudstillings Aabningsfest* (Festival de musique pour l'exposition industrielle nordique) (Carl Ploug), Copenhague, 1872.

- *Festmusik ved det Nordiske Kunstnermode* (Festival de musique pour le congrès des artistes du Nord) (1883).

- *Festmusik til Kong Chritian's Jubilaeumfest* (Musique de fête pour le jubilé du roi Christian) (1888).

- *Festmusik i antedning af Universitetes 400 aars jubelfest juni 1879* (Festival de musique pour le 400e anniversaire de l'Université de Copenhague) (c.1880).

- *Festsang i Rosenborg Have* (Fête dans les jardins de Rosenborg), pour le mariage du roi Frederik VIII de Danemark, pour chœur et piano, texte : Frederik Paludan-Müller (1869).

- *Gebeth* (Prière/Hilf uns, Gott, in unserm Streit), pour chœur a capella (1839-1840).

- *Gravsang* (1842).

- *Herre ! Israel raaber til dig* (1869).

- *Hymnus à 8 Voci* (Seht', welch ein Mensch !), pour chœur a capella (1840).

- *I Gud vi fodes og i ham vi blive.*

- *I Skoven* (1873).

- *Jesu sagde med kjærligt Smil* Supplement n° 7.

- *Kjobenhavns Universitets Jubelfest Juni 1879*, Festmusik (1879).

- *Kjöge* (1843).

- *Lied im Freien* (1844).

- *Litani* (ca. 1850-60).

- *Lyksalige vi, som endnu staa,* sd.

- *Michael Rosing Wiehe 7. Novbr. 1864* (1864).

- *Mindefest for Anna Nielsen* (Cantate à la mémoire de Madame Anna Nielsen) (1856).

- *Mindefest for N.P. Nielsen* (Cantate à la mémoire de l'acteur Nielsen) (1860).

- *Nähe des Geliebten* (1840).

- *Nattergalen* (1840).

- *Nordens Folkeaand* (1890).

- *Nu staar Claveret lukt* (1842).

- *O du, der du die Liebe bist* (Ô Toi, qui est l'amour même), pour chœur et cordes (1846) ou Chœur a capella (1856).

- *Så Sløunds fagre sletter* (Dans les belles plaines de Sjølunds), durée : 2 minutes environ. Musique de Gade, poème d'Ingemann. Thème utilisé dans le premier mouvement de la *Symphonie n° 1*.

- *Paaske vi holde* (1861).

- *Reiter-Leben* (1848).

- *Sangertog gjennem Sundet* (1882).

- *Skovsang* (1841).

- *Sorgekantate over Overhofmarschal Levetzau* (Cantate à la mémoire du conte Chamberlain Levetzau) (1859).

- *Strandvejen* (1844).

- *Til Weyse i Anledning af hans 50 aarige Jubilaeum som Organist ved Vor Fruekirke* (1842).

- *Treue Liebe* (ca. 1847).

- *Udrust dig Helt fra Golgota*, texte de Johannes Ewald, (1856).

- *Ved Danmarksstotten* (Au monument danois), texte de F. Paludan-Müller, pour chœur et piano (1869), Copenhague, 1869.

- *Vexelsang* (1850).

- *Viborg Domkirke* (1874).

- *Vor Barneverden er ssa skon*, sd.

■ ■ ■ **Chansons**

→ Poètes et poèmes mis en musique par Gade (sélection)

- Carl Andersen (1828-1883): *Fjeldbroen* (Hvor Elven kækt gennem Kløften sprang).

- Hans Christian Andersen (1805-1875) : *Vise om Agnete og havmanden* (Agnete var elsket, uskyldig and god), op. 3, 1842 (Chanson d'Agnete et du Triton) : *Agnete vuggevise* (Berceuse d'Agnete) (Sol deroppe ganger under Lide et *Havfruesang* (Jeg ved et Slot, dets Væg og Tag) ; *Martsvioler* (Violettes de mars/Sig Himlen hvælver saa ren and klar) ; *Romance* (Min lille Fugl, hvor flyver du) ; *Snee-Dronningen* (La Reine des neiges/Højt ligger paa Marken den hvide Sne) ; *Hemming spillemands sang* (La chanson de Hemming le ménétrier/Der voksed et Træ i min Moders Gaard) ; *Fiskerdrengens vise* (La chanson du garçon pêcheur/Lærken synger sin

Morgensang) ; *Barner : Når solen skinner* (Lorsque le soleil luit) ; *Fjældbroen* (Le pont de montagne/(Hvor Elven kækt Skoven sprang), 1880 ; *Barn Jesus i en Krybbe laa*, 1859.

▪ John Barner (pseudonyme : Peter Ulrich Overby) : *Når solen skinner* (Quand le soleil brille/Sræren sad paa Kviste), 1850.

▪ Ludvig Bødtcher (1793-1874) : *Til min egen dreng* (Pour le garçon qui est mien/I din Haand, du lille blinker), 1875.

▪ Carl Borgaard (1801-1868) : *Mariotta*, 1849 (d'après Scribe).

▪ Adoph Brorson (1694-1764) : *Op thi Dagen nu frembryder*, 1852.

▪ Johannes Ewald (1743-1781) : *Udrust dig Helt fra Golgata* (1856).

▪ Niels Gade : *Vuggesang for Niels Rudolf Gade* (Berceuse/Sov sødt i din Vugge), 1884, pour la naissance de son petit-fils (1884-1937), fils de Felix Gade.

▪ Emanuel Geibel (1815-1884) : *Ritter Frühling* (Der Frühling ist ein starker) ; *Die Wasserrose* (Die stille Wasserrose steigt) ; *Morgenwanderung* (Wer recht in Freuden wandern will) ; *Herbstlied* (Feldeinwärts fland ein) ; *Im Wald* (Im Wald im hellen Sonnenschein) : toutes appartenant à l'opus 13 de 1846.

▪ Julius Christian Gerson (1811-1894) : *Fluen* (La mouche/Fluen flyver om Lysets Skin) ; *Den lille frugtsælgerske* (Le petit marchand de fruits/Køb Herre, Frugter, liflig i Smag and Skær), 1852.

▪ Johann Wolfgang von Goethe (1749-1832) : *Schäfers Klagelied* (Complainte du berger/Da broden auf jenem Berge) ; *Lebet wohl, geliebte Bäume* ; *Lebewohl* (Adieu), 1836 ; *Heidenröslein* (Petite rose des bruyères), op. 9 n° 6, 1845.

▪ N.F.S. Grundtvig (1783-1872) : *Går det, Herre, som jeg vil*. Salme; *Paaske vi holde*; *Som markens blomst henvisner fage*. Salme.

▪ Carsten Hauch (1790-1872): *Den Elskede* (La Bien-aimée/De hvideste Perler i Havet er spredt); *Flygtningen* (Le Fugitif/Farvel mit elske Moderhjem !). L'opus 21b, de 1849, comprend: *Knud Lavard* (Herr Magnus han stirrer i Vinternatten ud) ; *Polsk Fædrelandssang* (Chanson patriotique polonaise /Hvorfor svulmer Weichselfloden); *Birken* (Le Bouleau /Hvi staar du saa ensom o Birketræ).

- Johan Ludvig Heiberg (1791-1860) : *Barcarole (Lette bølge ! Når du blåner* /Barcarole : les vagues) ; *Liden Kirsten* (Petite Christine/De Bølger rulle så tungt bysted) ; *Barcarole* (Natten er så stille/La nuit est si calme) ; *Hvad toner gennem Skoven*.

- Heinrich Heine (1797-1856) : *la Loreley* (Ich weiss nicht, was soll es bedeuten/ Je ne sais pas ce que cela veut dire).

- Henrik Hertz (1797-1870) : *Jægerens Sommerliv* (La vie estivale du chasseur/Jeg gik, mig i den dunkle Skov), 1846 ; *Jeg gik mig i den dunkle skov* (Je suis allé dans la sombre forêt) ; *Der var så favrt under lindens løv* (C'était si beau sous la feuillée du tilleul).

- Frederik Ludvig Høedt (1820-1885) : *Farvel lille Grethe* (Adieu petite Grethe/Ak kæreste Hr. Gulds), 1842.

- Hans Peter Holst (1811-1893) : *Der risler en Kilde i Haraldsted Skov* (in Fem Fædrelandshistiske sang, 1840) /*Knud Lavard*.

- Inconnu : *Sommeren begynder* (L'été commence).

- Bernhard Severin Ingemann (1789-1862) : *Mermaid* (La sirène) ; *Pigens sang ved Bækken* (Chanson de la fille sur la colline/Ver Bækken jeg sidder) ; *Paa Sjølunds fagre Sletter* (in Fem Fædrelandshistoriske sang, 1840) ; *Spillemanden* (Le Ménétrier/Spillemand spiller paa Strenge) ; *Havfruen* (Rød Maanen skinner blandt Stjerner smaa) ; *Den Eenlige* (Tre Rejsende drand fra Herberget ud) ; *Pigens Sang ved Bækken* (Ved Bækken jeg sidder). *Holger Danske Sange* (Les chansons d'Ogier le Danois), 1863, comprenant : *Hilsen til frænderne* (Salut aux parents) ; *Holgers barndom* (L'enfance d'Ogier) ; *Holgers bortsendelse* (Le départ d'Ogier) ; *Holger Danskes vej* (La voie d'Olger le Danois) ; *Holgers kamp med burmand* (Le combat d'Ogier) ; *Prinsesse Gloriant* (La princesse Gloriant) ; *Ved Kejserens Hof* (A la cour de l'empereur) ; *De 11 jævninges jordefærd* (Les funérailles des 11 pairs) ; *Holgers orlov og hjemfart* (Le congé et le retour d'Ogier) ; *Holger Danske mærke* (La signe d'Ogier le Danois) ; *Hos feen Morgana* (Chez la fée Morgane) ; *Holger Danskes tilbagekomst til Danmark* (Le retour au Danemark d'Ogier le Danois).

- Poul Martin Møller (1794-1838) : *Aprilvise* (Chanson d'avril/Grøn er Vaarens Hæk), 1852.

- Andreas Munch (1811-1884) : *Ved solnedgang*, cantate pour chœur et orchestre, op. 46 (1865).

- Adam Oehlenschläger (1779-1850) : *The lonely one* (L'unique) ; *Violerne* (Violettes/Smaa Violer ! O hvor sødt) ; *Fatimes aftersang* (la chanson du soir de Fatima/Alt oprejst Maanen staar) ; *Skalks sang* (Chant de la crapule/Rinda min Brud !) ; *Daniel Rantzau* (Hvi synges evigt om Spartaner, 1840) et *Den sælsome Jordefærd* (Ein Schweitzerbonde staar aarle ved Stran in Fem Fædrelandshistoriske sang (1840) ; *Fra kvalmfulde Mure.*

- Emil d'Origny (Carl Emil Nørager d'Origny, 1818-1861) : *Skovsang* (Chanson sylvestre/Vi vandre sammen Arm i Arm).

- Johs. Petersen : *Bryllupssang* (La chanson nuptiale/I Jesu Navn er Løftets Ord udsagt).

- Gustav Pfizer (1807-1890) : *Der Junggesell* (Le jeune homme/Ich bin ein leicher Junggesell).

- Carl Ploug (1813-1894): *Festmusik til den nordiske Industriudstillings Aabningsfest* (1872).

- Wincenty Pol (1807-1872): *Von dem Felsen stürzt' ein Stein* (Von dem Felsen stüzt' ein Stein).

- Christian Richardt (1831-1892) : *Den 19. December 1863* (Le 19 décembre 1863/Der var så sort i Kirken) ; *Der er så travlt i Skoven* (La forêt est si pleine d'activité) ; *Fiskerdrengen* (Fiskerdrengen leger ved salten Vesterhav), pour deux chanteurs et piano (Le garçon pêcheur), 1879.

- Carl Schultes (1822-1904) : *Ridderliv* (Vie du cavalier), op. 16.

- Eugène Scribe (1791-1861) : *Recitatif et Romance* (duo) de *Mariotta*, 1849.

- Heinrich Wilhelm Stieglitz (1801-1849) : *Bilder des Orient* (Images d'Orient), op. 24, 1850, comprenant : *Meine Kranz* (Ma guirlande) ; *Am Brümen* (A la fontaine/Ihr habt genung getrunken) ; *Wenn der letzte Saum des Tages* (Quand le dernier jour poind) ; *Deine Stimme lass ertönen* (Fais entendre ta voix) ; *Ständchen* (Sérénade/Milde Abendlüfte wehen) ; *Meinen Kranz hab' ich gesendet.* Les quatre derniers titres appartiennent à l'opus 24, 1852.

- Carl Christian Tenner (1791-1866) : *WorldLied.*

- Traditionnel : *Des Liebes Denkmal* (Le mémorial de l'amour) ; *Volkslied* (chanson populaire/Meinn Schatz ist auf die Wanderschbyt) ; *Kirkearie* (aria d'église), pour soprano et orgue (ou piano), 1855, pour la mort de sa femme.

• Ludwig Uhland (1787-1862) : *Von treuen Walter* (Le fidèle Walter/Der treue Walther ritt vorbei).

• Christian Vilster (1797-1840) : *Ludvig Holberg* (Før var der knap skrevet paa dansk en Band (in *Fem Fædrelandshistories sang*, 1840).

• Wilhelm Wagner (période de succès : 1835-1843) : *Der Gondolier* (Le gondolier/Fahr' mich hinüber junger Schiffer), pour duo vocal et piano (1842).

• Christian Winther (1796-1876) : *Rosen* (La Rose/Rosen sidder på tronen); *En situation* (En Situation/Jeg lader Baaden glide frem) ; *Bjergmandssang* (Chanson du montagnard/Vi grave dybt i sorten Muld) *; Serenade ved Stranbredden* pour 2 voix (Sérénade sur la plage/Hytten er lukket, Natten er stille) ; *Hvad toner gennem skoven* (Que donc résonne dans la forêt).

→ Plusieurs cycles ont été publiés (sélection)

• *9 Lieder im Volkstrom* (9 Chants populaires), pour soli et piano (2 sopranos et piano), op. 9, 1845.

• *6 Danske Sange* (6 Chants danois), 1841, Copenhague, 1841.

• *6 Lieder*. Poèmes de Christoph Ernst Friedrich Weyse, 1841.

• *3 Dansk Sange* (3 Chants danois), 1852.

• *3 Digte* (3 Poèmes de Christian Winther) (1842).

• *3 Digte (3 Poèmes)* (1850), op. 21b (Carsten Hauch) : *Knud Lavard* (Herr Magnus han stirrer i Vinternatten ud) ; *Polsk Fædrelandssang* (Hvorfor svulmer Weichselfloden); *Birken* (Hvi staar du saa ensom o Birketræ).

• *3 Digte* (C. Hauch), op. 21, 1849.

• *4 Gesänge* (4 Chants), 1832-39.

• *5 Poèmes* (d'après Stieglitz : *Bilder des Orient*), op. 24, 1850.

• *3 Lieder* (1866).

• *2 Lieder* (1866).

• *5 Melodier til faedrelandshistoriske Digte* (5 chansons de l'histoire de la patrie : *Der risler en kilde*/ Kund Lavard (Une fontaine ruisselle) (H.P. Holst) ; *På sjølunds fagre sletter* (Sur les belles plaines de Seeland) (B.S. Ingemann) ; *Daniel Rantzau* (A. Oehlenschläger) ; *Den sælsomme jordefærd*

(Les étranges funérailles) (Oehlenschläger) ; *Ludvig Holberg* (C. Vilster), 1840.

- *Morgenandacht* (Geistliches Lied) (1844).

- *3 Songs* (H.-C. Andersen) (1850).

Les *Chants et Danses de la Mort*, mélodies de Moussorgsky datent de 1875-1877.

▪ ▪ ▪ Musique pour la scène

- *Aladdin*, mélodrame, d'après Oehlenschläger (1839).

- *Et Folkesagn* (Un conte populaire), ballet en 3 actes (1853-54).

- *Fædrelandets Muser* (Les Muses de notre patrie), ballet (1840). Et J.F. Frølich.

- *Judith*, fragments d'opéra (1859-60).

- *Kong Lear*, musique de scène (1858).

- *Mariotta*, opéra (en fait un singspiel) en 3 actes (1848-49).

- *Napoli*, ballet, acte II seulement (1841-42). Les actes I et III sont respectivement de H.S. Paulli et Edvard Helsted.

- *Siegfried og Brünhilde*, fragments d'opéra (1847).

- Esquisses de la scène finale de *St. Hansaftenspiel* (1886).

- 2 Chants pour Sganarel *Rejse til det filofiske Land* (1846).

▪ ▪ ▪ Musique orchestrale

- *Bertan de Born* (1876).

- *Echo de Fredensbord* pour orchestre militaire (1890).

- *Lustspiel-Overtür Mariotta* (1848-49).

- *Lystspiel-Overtür, Nordische Seefahrt* (Sæterrejse), en fa majeur (1850).

- *Ouverture en mi* (1836).

- *Pastorale* (1887).

- *Sorgemarsch ved Kong Frederik d. 7.s Dod*, en *ré* mineur (1863).

- *Sanct Hansaften-Spil* (Le Jeu de la Saint-Jean), Ouverture (1841).

- *Ulysses-Marsch. Forspil til Ulysses von Ithacia* (Marche d'Ulysse, Prélude à Ulysse d'Ithaque) (1884).

▪ ▪ ▪ Musique de chambre

- *Allegro en* la *mineur* pour quatuor à cordes (1836).

- *Andante et Allegro molto en* fa *mineur* pour 2 violons, alto et 2 violoncelles (1837).

- *Capriccio en* la *mineur pour violon et piano* (1878).

- *Trio avec piano en* si *bémol majeur* (1839), seul le premier mouvement est complet.

- *Scherzo en* do *mineur* pour alto, violon, violoncelle et piano (1836).

- *Quatuor à cordes en* fa *majeur* (1839-40), seul le premier mouvement est complet.

- *Quatuor à cordes en* fa *mineur* (1851).

- *Quatuor à cordes en* mi *mineur* (1877, rév. 1889).

- *Quatuor à cordes en* fa *mineur* (1837).

▪ ▪ ▪ Musique pour piano

- *Akvarel en* la *majeur* (1876).

- *Albumblad en* do *majeur* (1882).

- *3 Albumsblade* (1850).

- *Albumblad en ut majeur*, 1860.

- *Allegretto cantabile en* ut *majeur* (1841).

- *Allegretto quasi Andantino en* fa *majeur* (1842).

- *Allegro commodo en* fa *majeur* (1842).

- *Allegro grazioso en* fa *majeur* (1841).

- *Allegro grazioso en* la *majeur* (1842).

- *Allegro risoluto en* fa *majeur* (1841).

- *Andantino con moto en* si *bémol majeur* (1841).

- *Andantino,* do *dièse mineur* (1860).

- *Barcarole en* fa *majeur* (1852).

- *Calender eller* : Maerke og Mindedage for Sophie, 3 pièces pour piano (1851).

- *Dandserinden en* fa *majeur* (1860).

- *Der Singvogel* (Oiseau chanteur)

- *Dithyrambe für das Pianoforte* (1840).

- *Folkedans en* ré *bémol majeur* (ca. 1865).

- *Fra Skizzebogen*, 8 klaverstykker (1857).

- *I en Stambog*, Impromptu en *fa* dièse mineur (1841).

- *Kleine Claviergeschichte*, en *fa* mineur (1839).

- *3 Pièces pour piano*/Tre klaverstykker : Prestissimo (*sol* mineur), Idylle (*fa* majeur), Presto (*do* dièse mineur) (1837).

- *Romanze en* la *bémol majeur* (ca. 1865).

- *Saltarella*, allegro en *ré* majeur, 0'30.

- *Scherzino en* mi *bémol majeur* (1852).

- Scherzino-Akvarel (1861).

- *Scherzo en* fa *dièse mineur* (1838).

- *Tre Albumblate : Canzonetta en* si *bémol majeur* ; *Capricio* (Sylphiden) *en* mi *majeur* ; *Scherzo en* si *bémol majeur*.

• • • Musique pour orgue

- *Andante con moto en* ré *mineur* (1874).

- *Andante en* ut *majeur*.

- *Andante en* sol *majeur*.

- *Choral Ein' feste Burg* (ca. 1837).

- *3 Choralforspiel* (1852).

- *Fantasie, Festliches, Präludium über den Choral Lobet den Herren* (1873).

- *Sørgemarch*.

- *Tonestykke en* ré *mineur* (1851).

- *2 Trios et Andante*, en *ut* majeuur et *fa* majeur (1837).

- *Festligt præludium over salmen « Lover den Herre »*, (1873).

- *Ved en Soofficers Sorgehojtid* (1887).

• • • Arrangements

- *Agnete og Havmnanden* pour chœur d'hommes (ca. 1846).

- *Cadenza* pour le *Troisème Concerto de piano* de Beethoven.

- Candenza pour la *Sinfonia concertante* KV 364 de Mozart.

- J.S. Bach Partita sur *Sei gegrüßt, Jesu gütig* BWV 768 pour orgue à 4 mains.

- *Saltarella* en *ré* majeur (1844).

- *30 Skandinaviske Folkesange* (1842).

- *Sommerlied* (Folklore suisse) pour voix et piano.

- *Wingakersflickan* pour chœur d'hommes (1847).

Chapitre V

Contemporains de Gade

[Personnalités]

Carl Andersen (1828-1883). Danois. Administrateur de musées. Employé à la Collection royale au château de Rosenborg. Ce parent éloigné de Gade a écrit plusieurs textes dont celui des *Croisés*.

Hans Christian Andersen (1805-1875)**.** Faut-il rappeler cette grande figure de la littérature danoise puis mondiale (avec ses *Contes populaires*) et en même temps sa passion authentique pour les arts, en particulier la vie musicale de son temps dont il témoigna dans bon nombre d'écrits. Il contacta son ami Gade afin de lui proposer de collaborer à une version révisée d'*Agnete et le triton* qu'il préparait pour la scène. On note des influences du *Freischütz* de Weber dans la musique que composa Niels Gade[249].

Joachim Andersen (1847-1909). Flutiste danois de grande renommée, chef d'orchestre, il est un des co-fondateurs de l'Orchestre philharmonique de Berlin. Il dirige régulièrement à Copenhague.

A son retour de Leipzig, Gade organise un orchestre permanent pour la Société de musique. Andersen en devient flûte principale et chef d'orchestre. Cette phalange servira d'entraînement orchestral au jeune Andersen.

En 1885 il est nommé chef assistant de la Philharmonie de Berlin. Il dirige des concerts à 15h00 chaque jour avec des programmes de musique classique légère. Son répertoire comprend des ouvertures de Rossini, Mozart, Mendelssohn, des valses de Strauss mais aussi des œuvres de Haydn, Gade, Reinecke, Schumann, Bizet, Delibes et Saint-Saëns.

Pour le concert philharmonique de Berlin du vendredi 19 septembre 1890 il conduit le concert de 15h avec des œuvres de Mendelssohn (*Marche de Athalia*), de Cherubini (l'ouverture des « Deux Journées »), Johan Strauss

---

[249] Cf. Jean-Luc Caron, *Hans Christian Andersen mis en musique par des Danois*, article mis en ligne sur ResMusica.com le 26 avril 2012.

(*Du und Du*, walzer), Auber (ouverture de *La Muerte de Portici*), Schumann (*Abendlied*), E. Gillet (*Loin du bal*) et Beethoven (Marche turque des *Ruines d'Athènes*). Le même jour, mais à 19h30 le chef Gustav Kogel inclura à son programme l'ouverture du drame de Shakespeare « Hamlet » de Niels Gade, première musique suivie de pièces de Haendel (*Largo arioso*), Beethoven (*Symphonie n° 5*), Tchaïkovski (*Ouverture solennelle*), Joachim Andersen (*Pirun polska* pour flûte et orchestre), Saint-Saëns (*Danse macabre*) et Lalo (*Deux Rhapsodies scandinaves*).

Andreas Per Berggreen (1801-1880), folkloriste, organiste, maître de chant, compositeur et pédagogue danois. Il s'affaire à l'édition ambitieuse de chansons populaires danoises en onze volumes. Il aime et connaît la musique de Joseph Haydn et de Ludwig van Beethoven. Il est de ceux, non majoritaires alors, qui pensent que le chant populaire est susceptible d'inspirer la musique dite sérieuse. Il noua une profonde relation avec son élève Gade, et ce, au point de l'appeler « mon fils musical ».

Hector Berlioz (1803-1869). Compositeur français majeur de son temps. Nous nous contenterons de quelques dates.

1831 : Berlioz rencontre Mendelssohn à Rome.

1841 : concert Liszt et Berlioz pour le monument Beethoven.

1842/1845/1847/1853 (d'août à septembre) : nombreux concerts en Allemagne, Russie et Belgique)/1854/1855/1856/ 1862 /1863/1867 : concerts en Allemagne. Un projet à Copenhague ne se réalisa jamais.

1843 (30 janvier) : première rencontre entre Berlioz et Schumann. Il rencontre le succès grâce à l'aide de Schumann, Mendelssohn et Wagner.

1843 : concerts en Allemagne à Weimar et Leipzig. 1844 : Voyage musical en Allemagne et en Italie. 1846 : en mars-avril, voyage en Allemagne.

En 1852 Liszt dirige à Weimar sa nouvelle version de *Benvenuto Cellini*.

1866 : Succès de *La damnation de Faust* à Vienne sous sa direction.

Max Bruch (1838-1920), compositeur allemand, pédagogue. Grâce à une bourse de la Fondation Mozart de Francfort il travaille avec des professeurs de renom comme Ferdinand Hiller, Carl Reinecke et Moritz von Breuning. Egalement ami de Clara Schumann, entre autres.

Lors de sa première saison de concerts à Coblence (où 10 concerts devaient avoir lieu entre octobre et mars chaque année), nous sommes en 1856, l'orchestre pour sa première saison proposa des œuvres de Beethoven,

Mozart, Mendelssohn, Gade, Schumann et Schubert. Avec le chœur on entendit des musiques de Haendel, Mendelssohn, Schumann, Hiller, Cherubini, Mozart, Brahms et Bruch. Sa musique est pleine de charme et de qualités mélodiques.

Ferdinand David (1810-1873), violoniste, compositeur et pédagogue allemand. Elève de Spohr et Hauptmann à Kassel (1823-1824). Il devient violoniste de l'Orchestre du Gewandhaus de Leipzig en 1825. En 1836, il est engagé par Mendelssohn comme premier violon du même orchestre. Les deux artistes tissent des liens d'amitié. Mendelssohn lui demande de nombreux conseils lors du travail d'élaboration de son *Concerto pour violon en* mi *mineur* que d'ailleurs il créera à Leipzig le 13 mars 1845. Lors de la création du Conservatoire de Leipzig en 1843 David en devient l'un des piliers avec une classe de violon qui attire les meilleures potentialités de toute l'Europe. Joachim deviendra l'un de ses élèves. On lui doit 5 concertos pour violon, des pièces pour violon…

Gade le fréquenta du temps de son séjour à Leipzig. Avec lui et Joseph Joachim il joua de la musique de chambre. Peu à peu Gade délaissa le violon au profit de l'alto et se produisit au sein d'un quintette à cordes dirigé par Ferdinand David alors violon principal de l'Orchestre du Gewandhaus. Ils interprètent entre autres les quintettes de Mozart, de Mendelssohn et celui en *mi* mineur de Gade lui-même.

Lucien Durosoir (1878-1955). Violoniste et compositeur français. Soliste international, il est d'abord premier violon chez Colonne en 1898 mais pour un an seulement. Il gagne ensuite l'Allemagne et prend les conseils de Joseph Joachim. Pour son premier concert à la salle Pleyel de Paris il joue en première audition française le *Concerto pour violon* de Niels Gade le 7 juillet 1899 (dans un arrangement pour violon et piano semble-t-il). Il joue la première audition parisienne du *Concerto de Brahms* salle des agriculteurs en 1903 ainsi que le *Concerto pour violon* de Richard Strauss en cette même année. Ces exécutions lui valent de bonnes critiques.

Johannes Frederik Fröhlich (1806-1860). D'origine allemande comme nombre de musiciens danois (Kuhlau, Weyse, Hartmann…). Au cours d'un voyage d'études en 1829 il rencontre Spohr et Cherubini.

Grand violoniste apprécié et maître de concert au Théâtre royal de Copenhague où il tient le poste de premier violon. Réputé comme chambriste ; il est nommé premier président de la Société de Musique. Sa musique de ballet s'adressa au célèbre chorégraphe Bournonville... Il laisse aussi de la musique de chambre. Son unique *Symphonie en* mi *bémol majeur* op. 33 fut jouée au Théâtre royal de Copenhague en 1833. Fröhlich est l'un des représentants majeurs de l' « Age d'or de la musique danoise ». On le considère comme un précurseur de Hartmann et Gade. Il se retire du Théâtre dès 1844 pour raison de santé.

Axel Gade (1860 - 1921). Fils de Niels Gade issu de son second mariage. Violoniste, chef d'orchestre et compositeur. Il se marie avec Anna Langgaard, devenant ainsi l'oncle du compositeur Rued Langgaard. Elève de l'Académie royale de musique du Danemark (il a pour professeur Valdemar Tofte), puis poursuit ses études auprès du célèbre Joseph Joachim à Berlin. A partir de 1884, il devient violoniste à la chapelle royale puis maître de concert en 1910. Chevalier de l'Ordre du Dannebrog en 1918. Professeur de violon au Conservatoire de Copenhague à partir de 1885, nommé au conseil d'administration de cet établissement en 1918. Violoniste très réputé comme soliste et chambriste, chef d'orchestre occasionnellement. Comme compositeur son esthétique ne s'éloigne guère de celle de son père. Il a fréquenté Carl Nielsen. Son catalogue propose deux concertos pour violon et orchestre [*n° 1, en* ré *majeur*, 1889 ; *n° 2, en* fa *majeur*, 1899], deux opéras [*Venise la nuit*, 1919, sur un livret de Holger Drachmann ; *Lisette*, 1921], un *Trio en* ut *mineur* pour piano, violon et violoncelle, une *Sonate en sol majeur* pour piano et violon, de la musique pour hautbois, des chansons.

Dagmar Gade (1863-1952). Unique fille de Niels Gade, elle publia une biographie sur son père en 1892 où elle utilise la correspondance de ce dernier avec sa famille.

Felix Gade (1855-1928), fils aîné du compositeur qui lui aussi écrivit un texte sur son père. Mais il ne fut jamais publié.

Edvard Grieg (1843-1907). En avril 1863, jeune norvégien âgé de 20 ans, Edvard Grieg, se rend à Copenhague et s'y installe pour quelques mois. La ville était alors considérée comme la première capitale nordique. Grieg se sent attiré par les compositions de ses deux aînés, Hartmann et Gade, mais aussi, de quelques autres créateurs nordiques. Il leur voue un véritable enthousiasme tout en connaissant bien des œuvres venues d'autres horizons. Ainsi est-il informé des productions de Chopin, Schumann, Mendelssohn et Wagner. Presque par pure coïncidence il fait connaissance de Gade, dont il aime le premier style, au cours d'une promenade en compagnie de son ami le musicien Gottfried Matthison-Hansen[250] qui les présenta l'un à l'autre. Cette rencontre inaugure de plus intimes relations peu

---

[250] Gottfried Matthison-Hansen (1832-1909), organiste (à l'église allemande de Copenhague) et compositeur danois. Etudie à Leipzig puis enseigne l'orgue, plus tard il devient professeur de piano (1884) et membre du bureau directeur du Conservatoire de Copenhague. Son catalogue renferme une pièce de concert pour orgue, une fantaisie pour orgue, une sonate pour violon et violoncelle, une ballade pour piano, etc.

après et pour de longues années. Grieg relata cette rencontre bien plus tard dans une interview donnée au journal *Dannebrog* du 26 décembre 1893 à Copenhague[251].

C'est à cette époque que Gade invite le jeune norvégien à écrire une symphonie. Sans tarder, ce dernier s'exécute et lui montre son travail qui provoque la satisfaction du maître. On connaît ensuite l'histoire de l'œuvre elle-même[252]. Grieg allait suivre d'autres voies, s'appuyant sur la musique populaire de son pays, genre dont Gade s'était éloigné depuis fort longtemps. Edvard Grieg s'installe à Copenhague et avec plusieurs amis, dont C.F.E. Hornemann, il crée une nouvelle société musicale, « la Société Euterpe », destinée à servir la musique moderne. Mais, on s'en doute, sur ce terrain particulier, concurrencer Gade et la Société de Musique n'est pas chose aisée. L'entreprise Euterpe ne dure que deux années avant de disparaître définitivement. Grieg part et Horneman ne rencontre guère d'autres occasions viables de manifester son art et sa mesure véritable.

Dans une lettre écrite depuis Copenhague (Hôtel König) au compositeur britannique Fritz Delius, Grieg confie le 22 décembre 1890 :

« Cher Delius, Je suis très remué – il y a à peine quelques heures alors que j'étais dans la rue, on m'a dit que Gade était mort, (il était venu me voir la veille) je me suis précipité chez lui – et là reposait le beau vieil homme, rigide et froid, il semblait doux et heureux. Emporté subitement par une thrombose… »

Célébré pour ses concerts à Paris et en partie à cause de cela, l'Académie des Beaux-Arts dans sa lettre du 20 juin 1891 révéla au père de la musique de *Peer Gynt* : « J'ai l'honneur de vous informer que dans la Séance de ce jour, l'Académie des Beaux-Arts vous a nommé à la place de Correspondant vacante dans la Section de Composition musicale par suite du décès de M. Gade à Copenhague. »

Dans le *Figaro* du 4 octobre 1900, à propos de Gade, il évoque « son maître aimé » qu'il qualifie dans le même texte de « Frédéric Chopin de Norvège ».

Lorsque peu de temps avant Gade avait recommandé à Grieg, à propos de sa prochaine sonate pour violon et piano, la troisième en *ut* mineur op. 45, 1886-1887, d'être moins « norvégienne », ce dernier piqué au vif

---

[251] *Grieg,* F. Benestad et D. Schjelderup-Ebbe, University of Nebraska Press, 1988, p. 45 note 2.
[252] J.-L. Caron, *Edvard Grieg*, L'Age d'Homme, 2003 et *Grieg et Paris*, Bulletin de l'A.F.C.N. n°11, 1994.

répliqua qu'elle le serait davantage encore ! Il lui dédia sa partition qui d'ailleurs présente certaines affinités avec sa musique.

En hommage à Gade, Grieg compose en 1891 une courte pièce lyrique (reposant sur une belle mélodie) pour piano titrée « Gade », op. 57 n°2.

Quand Hartmann mourut dix ans après son ex-gendre, Grieg avancera : « Maintenant Gade-Hartmann sont devenus une légende ! Une belle légende. »

Lors d'une interview de Grieg (par A. Abell), ce dernier dit durement : «… Gade imitait servilement Mendelssohn dont il n'était qu'un écho. »

A propos de Rickard Nordraak, musicien très prometteur mais disparu prématurément, Grieg se souvint, nostalgique :

« Nous conspirions contre le scandinavisme efféminé de Gade inspiré de Mendelssohn et nous dirigions notre enthousiasme sur une nouvelle route sur laquelle l'école scandinave pourrait se trouver elle-même. »

Franz Joseph Glæzer (1798-1861), compositeur et chef d'orchestre d'origine bohémienne installé à Copenhague depuis 1842 où il prend la charge de chef de la cour pour une durée de trois ans. Il est remplacé dans ces fonctions en 1845 par Niels Gade. Glæzer restera au Danemark jusqu'à la fin de sa vie.

Théodore Gouvy (1819-1898). Compositeur français. Elève du Conservatoire de Paris, il part se perfectionner à Berlin, voyage en Italie et retourne à Paris où il organise un concert de ses œuvres en 1847. Sa musique connait le succès en Allemagne où il se rend fréquemmment.

Il séjourne en Allemagne en 1842, à Mayence et à Leipzig, où il écoute Felix Mendelssohn et Clara Schumann puis il se rend à Berlin l'année suivante.

Theodore Gouvy s'installe à Rome en 1844, il est membre du même cercle artistique que César Franck et Niels Gade. Il rencontre aussi Liszt et Meyerbeer.

Alexandre Dratwicki pour la présentation discographique de « Gouvy, cantate, œuvres symphoniques et musique de chambre » (Palazzetto Bru Zane, Portraits, 2013) titre son article : « Le Mendelssohn français ».

L'auteur précise page 15 : « M. Gouvy semble viser à la musique romantique (*Revue et Gazette musicale de Paris*, 26 décembre 1847). Le style musical de Gouvy peut être rapproché de ceux des compositeurs allemands contemporains autant que de ceux des artistes français en vue vers 1860. De Mendelssohn, il retient les coloris des textures orchestrales, de Schubert la fascination pour le « temps suspendu », de Schumann une véhémence passionnée du discours. »

Il commence à composer après son retour à Paris en 1845 produisant entre autres, 7 symphonies, 5 quatuors à cordes, un opéra, 5 trios avec piano…

Cornelius Gurlitt (1820-1901). Compositeur allemand originaire du Schleswig-Holstein, camarade de classe de Carl Reinecke (futur directeur du Conservatoire de Leipzig), fils de Johann Peter R. Reinecke, son professeur à Altona. Il poursuit ses études à Copenhague avec J.P.E. Hartmann et C.E.F. Weyse en 1840, où il fait connaissance de Gade ; ils restent amis jusqu'à la mort de ce dernier. Il se rend à Leipzig à l'époque où Gade dirigeait le Gewandhaus. Fait la connaissance de Schumann, Lortzing… Organiste de la cathédrale d'Altona (1864-1898), enseigne au Conservatoire de Hambourg. Il laisse un catalogue très abondant.

Asger Hamerik (1843-1923). Compositeur, organiste et enseignant danois. A Copenhague il eut Gade et Hartmann comme professeurs et Hans von Bülow à Berlin. Il quitta l'Allemagne lors de la déclaration de guerre et se rendit à Paris (avril 1864) où il se rapprocha d'Hector Berlioz qu'il vénérait et que Gade lui avait fait découvrir. En poche il avait des lettres de recommandations de Hans von Bülow et Niels Gade.

Dans une lettre adressée à ses parents depuis Paris (6 juillet 1864) il fait passer à Gade ses salutations et ses vifs remerciements pour sa lettre de chauds soutiens. Dans son courrier du 5 octobre de la même année il rapporte avoir passé du temps avec Franz Liszt. Ce dernier lui demande de transmettre aussi son meilleur souvenir à Gade.

Hamerik reçoit une médaille d'or pour son *Hymne de la paix* au Concours de l'Exposition universelle à Paris. La plus grande partie de sa carrière (pendant 28 ans) se déroulera à Baltimore où il prendra la direction du Peabody Conservatory[253].

Emil Hartmann (1836-1898). A la mort de Gade, son beau-frère, la saison 1890-91 n'était pas encore achevée à la Musikforeningen. On

---

[253] Cf. J.-L. Caron, *Asger Hamerik. Danois, cosmopolite et ami de Berlioz*. Etude mise en ligne sur ResMusica.com le 12 février 2010.

demanda à Emil Hartmann, le fils de Johan Peter Emilius, de bien vouloir la prendre en charge. Ainsi assura-t-il les concerts commémoratifs pour la disparition de Gade, les 5 et 7 février 1891.

« Les chœurs d'hommes et l'orchestre sont habillés de noir, le chœur de dames en blanc. Le podium du chef est laissé vide et est recouvert de couronnes. Le concert commence par une introduction orchestrale de J.P.E. Hartmann, citant l'ouverture d'*Ossian* et la *Symphonie en* do *mineur* de Gade. Ensuite une poésie de Chr. Richardt sur le défunt est récitée avec un léger accompagnement des cordes. Dans la salle, le public – debout – est visiblement ému. Ensuite, Emil Hartmann dirige la pièce « Ved Solnedgang » (« Au coucher du soleil ») de Gade et la *Sixième Symphonie en* sol *mineur*, la plus tragique des symphonies de Gade, que celui-ci avait composé à la mort de sa femme Sophie. Le concert se clôture avec la célèbre cantate *Elverskud* du défunt[254]. »

A sa mort, Emil Hartmann s'est fait un nom (relatif) avec sa musique instrumentale (7 symphonies, des concertos pour violon, violoncelle, piano, de la musique de ballet…) et 5 opéras. Il fréquenta Carl Nielsen.

Johan Peter Emilius Hartmann (1805-1900). Nettement attiré par la sphère germanique de sa famille très musicienne, Hartmann rencontra et noua des relations avec de nombreux grands maîtres en Allemagne. Proche ami du littérateur Hans Christian Andersen avec lequel il travailla sur plusieurs collaborations fructueuses (*Kirsten, Foraarssang*…). Lors de ses voyages en Europe Andersen assura toujours la promotion de l'œuvre de son ami musicien. En 1836 il se rendit à Paris.

Hartmann est considéré, à juste titre, comme le compositeur danois le plus considérable de son époque (avec son gendre Niels Gade). Nommé organiste à l'Eglise de la Garnison dès 1824 et professeur à la nouvelle Académie de Musique en 1827, il est secrétaire dans une administration civile de l'industrie. Il conserve son poste d'organiste presque jusqu'à la fin de sa vie. Ces activités ne l'empêchent pas d'écrire beaucoup de musique. Nommé professeur à l'Université de Copenhague en 1849, directeur du Conservatoire de Musique en 1890 (succédant ainsi à Niels Gade), Conservatoire dont il a été le fondateur en 1867. Co-fondateur de la Société de Musique de Copenhague en 1836. Hartmann voyagea souvent en Europe, en Allemagne, en Suisse, et plus particulièrement à Prague, Vienne, Salzbourg et Paris. Puis en Norvège, en Suède et en Italie.

---

[254] D.W., *op. cit.*, p. 123.

Il se rend pour son dernier voyage à Hambourg en 1878. Sur le plan esthétique, sa création démarre du style classique viennois pour avancer vers le style romantique tardif. Nombre de ses compositions recèlent une tonalité nordique. Son catalogue est riche de trois opéras (*Ravnen*, 1832 ; *Les Corsaires,* 1835 ; *Kirsten*, 1846), deux symphonies (*n°1 en* sol *mineur*, créée en 1836, version révisée créée en 1851 ; *n° 2 en* mi *majeur*, donnée à Copenhague en 1849), des pièces pour orchestre, de la musique de chambre, des chansons… Sa musique de scène s'appuie sur des poètes de l'envergure d'Adam Oehlenschläger, Johan Ludvig Heiberg, Hans Christian Andersen[255].

Dans une certaine mesure il annonce ou influence Lange-Müller, Edvard Grieg et Carl Nielsen.

A l'époque où Gade et Hartmann se recontrent, ce dernier est déjà un juriste et un compositeur reconnu. Personnage modeste et introverti, il n'affiche que peu de goût pour la direction d'orchestre mais son importance culturelle est telle alors que le mariage de Gade avec sa fille constitue à n'en pas douter une belle ascension sociale pour ce dernier.

« Pendant ces premières années on voit que Hartmann était en bonne voie pour se faire un nom en Allemagne. Et c'est vers l'Allemagne que ses ambitions sont tournées. Il dédie ses œuvres à Mendelssohn, Marschner, Spohr, Clara Schumann ; il écrit des lieder en allemand, un mélodrame sur la ballade « Der Taucher » [Le Plongeur] de Schiller, il fait des voyages en Allemagne. Il se lie aussi avec Franz Liszt, qu'il rencontre à Hambourg en 1841 et qu'il ramène avec lui à Copenhague[256]. »

Sophie Hartmann-Gade (1831- 1855). Au moment de son mariage avec Niels Gade (1852), la fille de Johann Peter Emilius Hartmann, prénommée Sophie, avait 21 ans et venait de vivre successivement en quelques mois plusieurs épisodes douloureux, à savoir la perte de ses grands-parents, de sa mère et de sa sœur. Elle avait comblé au mieux le vide et le désespoir de son père qui pendant plusieurs années s'était arrêté de composer. « Déjà comme musicien d'orchestre, Gade participait fréquemment aux dimanches matins de musique de chambre des Hartmann comme altiste. Mais Sophie était alors une petite fille[257]. »

La même source complète : « Pendant son voyage de noces à Leipzig elle vécut une période étourdissante et passionnante. Cette jeune

---

[255] Pour compléter : J.-L. Caron, *La Petite Christine, opéra romantique danois*, étude mise en ligne sur ResMusica.com le 29 août 2011.
[256] D.W., *op. cit.*, p 41.
[257] D.W., *op. cit.*, p. 63.

femme cultivée ne cache pas son bonheur et écrit : « Leipzig, le 21 février [1853]. Nous avons déjeuné chez Moscheles, des « Knödel », le repas préféré de Gade... » Et, dans ses différents courriers Sophie Gade rend compte de ses sorties dans la société allemande et décrit les réactions de Gade ainsi que l'effet de sa musique sur le public. »

Ferdinand von Hiller (1811-1885). Chef d'orchestre, musicographe et compositeur allemand (1811-1885). Pianiste précoce, il va étudier en 1825 à Weimar avec Hummel. Il rend visite à Beethoven en 1827 (en compagnie de ce dernier). Il réside à Paris entre 1828 et 1835 et se lie d'amitié avec Chopin, Liszt et Berlioz. Son oratorio *Die Zerstörung Jerusalems* (1840) éveille l'attention de Mendelssohn qui l'invite à Leipzig. Il y fait exécuter l'oratorio par l'orchestre du Gewandhaus le 2 avril 1840. Après un séjour en Italie, il dirige les concerts du Gewandhaus de Leipzig durant la saison 1843-44. Il travaille comme chef d'orchestre ensuite à Dresde, Düsseldorf, Cologne où il fonde le Conservatoire dont il assure la marche jusqu'à son décès. Il apparaît encore au Festival du Bas-Rhin, dirige à Paris (Théâtre-Italien), Saint-Pétersbourg, Londres. Sa fréquentation et son amitié avec Spohr et Mendelssohn ont marqué son style plutôt conservateur ; il s'opposa violemment à Wagner. Gade lui dédie son Trio avec piano *Novelletter* de 1853.

C.F.E. Horneman (1840-1906). Ce Danois étudie au Conservatoire de Leipzig et fréquente intimement Edvard Grieg. En lui Gade rencontre un opposant résolu. Pourquoi ? Incompatibilité d'humeur sans doute ! Toujours est-il que cette situation a probablement nuit au bon déroulement de la carrière de Horneman. On dit souvent, par ailleurs, que la musique orchestrale de son opéra *Aladdin* mène plus ou moins à l'art de Carl Nielsen. Il fonde une maison d'édition (avec Emil Erslev) en 1844[258].

Joseph Joachim (1831-1907). Célèbre violoniste, chef d'orchestre, professeur et compositeur hongrois que Gade fréquenta autour de 1844 en Allemagne. Il se rend à Leipzig à l'âge de douze ans et devient ami avec Felix Mendelssohn. Au Conservatoire de cette ville, il travaille la composition avec Hauptmann et David. Il se produit en soliste pour la première fois à Leipzig en août 1843 lors d'un concert réunissant Pauline Viardot, Clara Schumann et Mendelssohn. Il joue en soliste avec l'Orchestre du Gewandhaus dirigé par Mendelssohn en novembre de la même année puis se rend à Londres. Sa réputation bénéficia énormément de son interprétation du *Concerto pour violon en ré majeur* de Beethoven (il l'interprète notamment à Londres sous la baguette de Mendelssohn en mai 1844).

---

[258] Cf. *C.F.E. Horneman. Le chef de l'anti-Gade*, étude mise en ligne sur ResMusica.com le 22 septembre 2010.

Premier violon au Gewandhaus de Leipzig sous la direction de Ferdinand David.

Herman Severin Løvenskjold (1815-1870). Remarqué par Weyse et Kuhlau, il connut un durable succès grâce à sa musique de ballet *Les Sylphides*, destinée à Bournonville. Il fut aussi organiste de la cour[259].

Hans Christian Lumbye (1810-1874). Il fut le premier directeur musical des fameux Jardins de Tivoli à Copenhague et offrit à ce titre (mais aussi en tant que compositeur) beaucoup de joie à plusieurs générations d'auditeurs contribuant à une certaine éducation musicale dans tout le pays.

Né à Copenhague, il vécut son enfance en province et devint trompettiste à l'âge de quatorze ans dans l'orchestre militaire d'Odense. De retour à Copenhague en 1829. Après avoir entendu en 1839 des musiques de Strauss, il les joua, organisa des concerts et se mit à composer sous cette influence straussienne. Les concerts Lumbye connurent un vif succès. Lorsque Tivoli ouvrit en 1843 il en prit la tête avec la réussite que l'on sait. En 1844 il voyagea à l'étranger et rencontra Berlioz à Paris, Johann Strauss à Vienne et Meyerbeer à Berlin. Ses propres partitions (danses, marches, polkas…) diffusèrent largement au Danemark mais également à l'étranger[260].

Felix Mendelssohn (1809-1847). Pianiste, compositeur et chef d'orchestre allemand, fameux représentant du romantisme germanique. Lorsque Mendelssohn arrive au Gewandhaus on y joue principalement Beethoven et Mozart puis s'invitent encore Haydn et Weber, Bach, Haendel et Gluck, notamment lors des « concerts historiques » (1838, 1841, 1847). Ensuite Mendelssohn programme ses propres œuvres, Schubert (*Symphonie en ut*), Schumann (deux symphonies), Spohr, Moscheles, Cherubini, Kalliwoda (1801-1866), Hiller, David, Onslow, Gade, Rietz, Reinecke sans oublier Wagner (Ouverture de *Tannhäuser* en 1846). Il favorisa également les participations de Clara Schumann.

Il se fait aider par Ferdinand Rietz, puis par Gade, lorsqu'il doit se partager entre Leipzig et Berlin.

« Au Gewandhaus de Leipzig, Mendelssohn couplera son *Octuor* avec un double quatuor de Spohr qu'il dirige du premier alto, avec Gade ou Kalliwoda au deuxième alto et David au premier violon. Gade, Raff et

---

[259] Cf. Etude par Jean-Luc Caron : *La Sylphide, musique de ballet du Danois H.S. Lovenskjold*, mise en ligne sur ResMusica.com le 2 avril 2012.
[260] Pour davantage d'informations : Jean-Luc Caron, *Hans Christian Lumbye. Un roi du divertissement au Danemark* et *Comment définir le style de la musique de Lumbye*; études mises en ligne sur Resmusica.com le 23 juin 2008.

Bargiel (le demi-frère de Clara Schumann) écriront à leur tour un Octuor à cordes[261]. »

Exemple d'un concert dirigé par Mendelssohn le 5 décembre 1845 dans la salle du Gewandhaus avec la participation de la fameuse soprano suédoise Jenny Lind. On entendit en première partie : 1. Ouverture d'*Euryanthe* de Carl Maria von Weber, 2. Scène et Aria du *Freischütz* de Weber (avec Jenny Lind), 3. *Concerto pour piano et orchestre en* sol *mineur* de Mendelssohn, 4. Finale d'*Euryanthe* de Weber. En seconde partie : 5. *Im Hochlande*, ouverture de concert pour orchestre, de Niels W. Gade, 6. Scène et Aria du *Figaro* de Mozart, 7. Solo pour pianoforte, 8. Lieder avec piano.

Au décès de Mendelssohn la cérémonie à l'église Saint-Paul de l'Université de Leipzig rassembla Robert Schumann, Gade, Moscheles, Hauptmann, David, Rietz, Joachim. Une formation de vents joua la *Marche funéraire* de Beethoven. Quatre chevaux revêtus de noir transportèrent la dépouille mortelle à la Paulinerkirche parmi les élèves du Conservatoire, les officiels et le public. La fanfare joua une transcription de Moscheles de la *Romance sans paroles* op. 62 n° 3 du défunt (écrite peu après le décès de sa mère). A l'entrée du cercueil, on entendit résonner un extrait de l'*Antigone*. La cérémonie se termina par l'exécution du chœur final de la *Passion selon Saint-Matthieu* de Bach.

Carl Nielsen (1865-1931). Lorsqu'il apprend la mort de Gade, le jeune Carl Nielsen âgé de 25 ans se trouve encore à Berlin. Il confie à son journal :

« Je ne peux vraiment pas penser qu'il est mort, lui l'homme sain de corps et d'esprit, le grand artiste, notre fierté ! Notre Gade ! Gade est mort ! Et je ne reverrai plus jamais sa belle tête, jamais plus son sourire après avoir été spirituel ou amusant, jamais plus sa silhouette sur le podium de chef d'orchestre à la Société de Musique. Vide et ténèbres ! C'est épouvantable. »

La première rencontre de Nielsen avec Gade remontait à l'année 1883 lorsque le jeune musicien, quittant Odense pour Copenhague, demandait à être admis au sein du Conservatoire de la capitale. Le grand maître danois jouissait d'une immense réputation et assurément aucun compositeur danois n'avait jusqu'alors bénéficié d'une aussi puissante popularité au Danemark et en Europe. Klaus Berntsen[262] l'appuie efficacement en prenant directement contact avec Niels Gade à Copenhague en insistant sur les énormes potentialités du jeune musicien. La rencontre

---

[261] B. François-Sappey, *La musique…*, p. 375.
[262] Klaus Berntsen (1844-1927), alors enseignant à l'école publique locale qui deviendra membre du parlement puis ministre et enfin chef du gouvernement

s'avère positive (Nielsen lui a soumis un quatuor à cordes, le maître souligna son « sens de la forme ») et Gade l'admet au sein de son conservatoire où il étudiera de 1884 à 1887.

Durant son voyage d'études, une lettre de recommandations de Gade pour Joachim fut des plus utiles comme Nielsen l'indique à son maître Orla Rosenhoff dans une lettre écrite à Berlin le 24 novembre 1890. Quelques semaines plus tard, dans un courrier écrit depuis Leipzig et daté du 15 janvier 1891, le jeune danois rapporte :

« Le 1er janvier, Joachim a joué son second concerto pour violon au Gewandhaus de Leipzig (…) Mais à Berlin je l'ai entendu jouer les quatuors de Beethoven et de Brahms (…) Joachim m'a invité à venir à Berlin le samedi pour assister à un festival Gade à la Hochschule. Ils ont exécuté *Ossian*, la *Symphonie n° 4* et quelques chansons. La mort de Gade (21 décembre 1890) a fait une profonde impression sur Joachim, il était proche des larmes comme j'en parlais avec lui. Je ne peux nier que j'étais très triste lorsque j'en eus connaissance. »

L'admiration sincère que Carl Nielsen portait à Niels Gade ne le dissipa pas de son intention de bousculer le conservatisme marqué de ce maître, par ailleurs apprécié et respecté. Cette distinction se manifesta dès la composition de la *Suite pour cordes* (1888).

A la Société de Musique, le 1er février 1916 (dans la salle du Odd Fellow Palæ), on créa la *Symphonie n° 4 Inextinguible* en seconde partie de concert tandis qu'avant l'entracte on joua des œuvres de Kunzen (ouverture de l'opéra *Erik Ejegod*), J.P.E. Hartmann (*La Prophétie de la Sybille*) et Niels Gade (la cantate pour chœur et orchestre *Die Heilige Nacht*/La Nuit sainte). Depuis longtemps Nielsen s'était affranchi de l'influence de Gade et de son univers sonore.

Rikard Nordraak (1842-1866). Compositeur norvégien manifestant une forte tendance nationaliste. Ami intime de Grieg qu'il influence sensiblement. Il compose l'hymne national norvégien. La tuberculose l'emporte trop tôt.

« Edvard, jette cette influence de Gade par-dessus bord. Crée ta propre expression. Elle est en toi. Ecris de la musique qui honorera ta patrie ; crée une véritable ambiance norvégienne. » (Eté 1864) Grieg suivit heureusement ces conseils pressants.

En février 1865, Nordraak et son groupe de fidèles fondent la Société Euterpe, dont le but, malgré son nom grec, est de promouvoir la musique contemporaine la plus scandinave possible. Ces jeunes

« conspirent » contre l'esprit mendelssohnien de Gade et la Société Musicale de Copenhague[263]. »

Holger Simon Paulli (1810-1891), chef d'orchestre, compositeur et violoniste (altiste) danois. Il collabore étroitement avec le chorégraphe Auguste Bournonville en composant plusieurs musiques de ballet à son intention. Il dirige l'Orchestre du Théâtre royal de 1863 à 1883. En 1866 il devient co-directeur du nouveau Conservatoire de musique de Copenhague aux côtés de J.P.E. Hartmann et Niels Gade. Il admire Wagner et crée en première danoise à Copenhague *Lohengrin, les Maîtres chanteurs* et *Tannhäuser*.

Carl Reinecke (1824-1910). Pianiste, compositeur et chef d'orchestre allemand. Après une première tournée de concerts au Danemark et en Suède en 1843, il se rend à Leipzig et parfait sa formation auprès de Mendelssohn et Schumann. Engagé comme pianiste à la cour de Christian VIII à Copenhague (1846-1848). Après un long séjour parisien, il enseigne au Conservatoire de Cologne (1851). Il est chef d'orchestre aux Concerts du Gewandhaus de Leipzig (1860-1895) tout en professant le piano et la composition au Conservatoire de cette ville à partir de 1860. Il en devient le directeur de 1897 à 1902. Parmi ses élèves on peut citer Grieg, Sinding, Cosima Wagner, etc.

Julius Rietz (1812-1877). Violoncelliste, chef d'orchestre, musicologue et compositeur allemand. Après plusieurs postes, il est nommé chef d'orchestre à l'Opéra de Leipzig (1847-1854) et dirige les Concerts du Gewandhaus de Leipzig (1848-1860)… Gade lui dédie sa *Symphonie n° 5.*

Cornelius Rübner (1853-1929), pianiste danois, également compositeur et pédagogue. Elève de Niels Gade, Neupert et Gebauer au Conservatoire de Copenhague (1869-1871). Complète sa formation à Leipzig sous l'autorité de Reinecke et David. Assistant de Felix Mottl en 1880 et carrière en Allemagne (pianiste et enseignement).

Camille Saint-Saëns (1835-1921), l'un des plus notables compositeurs français, dit :

« Combien d'œuvres inconnues du public parisien furent entendues dans ces concerts, et que l'on entend plus nulle part ! La *Symphonie en ut* de Schubert, les fragments de l'opéra *Préciosa* de Weber, sa *Jubel Ouverture*, les symphonies de Gade, de Gouvy, de Gounod, de Reber ! » Il ajoute :

---

[263] Wieck, op. cit., p. 34.

« Ces symphonies ne sont pas éblouissantes, mais elles sont charmantes ; elles forment un anneau intéressant de la chaine d'or que le public a le droit, et même en quelque sorte le devoir de connaître en entier…[264]. »

«… Ce que l'on peut, ce que l'on doit faire, c'est de ne pas écarter, comme on le fait dans le monde musical, tout ce qui n'appartient pas à l'Ecole allemande, ou qui n'est pas protégé par l'Allemagne, comme la musique de Grieg, qui a bénéficié chez nous d'une faveur inouïe et injustifiée, alors que son compatriote Svendsen, plus intéressant à mon avis, alors que le Danois Gade, qui ne jouissait pas de la même protection, ont été dédaignés… Enfin, Gade, le Danois déjà cité, dont le Danemark se fait gloire à juste titre, a laissé, entre autres, de charmantes *Aquarelles* pour le piano[265].»

Pour une synthèse sur les relations de Saint-Saëns avec l'Allemagne et le Nord de l'Europe se référer à J-.L. Caron et G. Denizeau, *Camille Saint-Saëns*, bleu nuit éditeur, 2014.

Friedrich Schneider (1776-1853). Professeur, chef d'orchestre et compositeur allemand,. Il vient d'une famille de musiciens, étudie à Leipzig, devient organiste à l'église de l'Université en 1807, puis à l'église Thomaskirke en 1812 et enfin directeur du théâtre de la ville en 1817. Son interprétation du *Concerto pour piano n° 5* de Beethoven fit une forte impression. Il poursuit sa carrière à Anhalt-Dessau. Son riche catalogue comprend des oratorios, des opéras (7), des cantates (25), des symphonies (23), des ouvertures (20), des chansons (200), des concertos pour piano (7), des quatuors à cordes (10), etc.

Clara Schumann, née Wieck (1819-1896). Pianiste virtuose, pédagogue et compositeur allemand. Clara rencontre Gade à Copenhague en mars 1842.

Les succès de Clara Schumann pianiste ne se sont jamais démentis. Au début du mois de janvier 1842 elle se produit au Gewandhaus lors de deux concerts, projetant de poursuivre vers le Nord en février. Robert Schumann ne souhaite pas demeurer plus longtemps avec elle et l'abandonne. A Copenhague, elle admire les réalisations du sculpteur Thorvaldsen ; elle rencontre de hautes personnalités danoises comme l'écrivain Hans Christian Andersen et le musicien Niels Gade, elle se produit devant la reine Caroline Amalie. Elle nouera des liens d'amitiés durables

---

[264] Texte publié dans *L'Echo de Paris*, n° 9794, 28 mai 1911, cité dans *Ecrits sur la musique et les musiciens,* présentés et annotés par Marie-Gabrielle Soret, Vrin, 2012, p. 715.
[265] Texte publié dans *L'Echo de Paris*, n° 11020, 23 octobre 1914, id, p. 904.

avec Gade qui l'invitera à jouer à Copenhague à l'automne 1856. Lors d'un concert très réussi à Hambourg en septembre 1878 elle revoit Gade, Joachim et Brahms.

Clara, décembre 1843 (Journal) :

« Le 15, nous avons offert chez nous une réunion très gaie, et nous avons dansé dans notre petit salon ; cela s'est prolongé fort avant dans la nuit. Nous nous sommes beaucoup mieux amusés que dans un grand bal. Les Frege, les Seeburg, les Preuses, Gade et David faisaient, entre autres, partie de nos invités. » Gade participa encore à plusieurs soirées chez les Schumann.

Robert Schumann (1810-1856). Lorsqu'il quitte Leipzig pour Dresde le 5 octobre 1843, sur un coup de tête, Robert Schumann ne sait pas encore qu'il n'y reviendra jamais. Lui et sa femme « tournent le dos à Leipzig, à tous leurs souvenirs, pour la santé de Schumann sans doute, mais aussi, semble-t-il, parce que Mendelssohn a quitté le Gewandhaus sans y faire nommer Schumann à sa place. Il sait son ami chef d'orchestre trop distrait, peu professeur et peu organisateur », ainsi que le résume très bien Robert Pitrou[266].

« Le choix des administrateurs du Gewandhaus était donc justifié, puisqu'ils donnaient pour successeur à Mendelssohn un musicien que luimême avait découvert et distingué. Peut-être aussi, élisant un étranger, évitaient-ils de mettre en concurrence les Allemands[267]. »

« Et Niels Gade (sol, la, ré, mi), ce compositeur danois que Schumann appréciait assez pour lui dédier le Chant du Nord de *l'Album pour la jeunesse*, sur les quatre lettres de son nom que par chance, s'émerveille-t-il, donnent les cordes à vide du violon[268]. »

Schumann n'en voulut pas à son ami Gade de sa nomination au Gewandhaus assuré, semble-t-il, qu'il n'avait pas intrigué contre lui. Et pourtant François-Sappey note : « (…) Il est offensé de se voir préférer Ferdinand Hiller puis le jeune Gade pour assurer au Gewandhaus les intérims de Mendelssohn, souvent retenu à Berlin, quand il n'est pas en Angleterre[269]. »

---

[266] R. Pitrou, *Clara Schumann*, Ed. Albin Michel, 1961, p. 50.
[267] Marcel Brion, *Schumann et l'âme romantique*, Ed. Albin Michel, 1954, p. 282.
[268] R. Stricker, *Robert Schumann. Le Musicien et la folie*, NRF, Gallimard, 1984, p. 40.
[269] Brigite François –Sappey, *Schumann, op. cit.,* p. 108.

« Les Schumann reçoivent leurs amis à Dresde comme Spohr, Marschner, Robert Franz, Pauline Garcia-Viardot, Hesse, Nottelbohm, Bülow, Rubinstein ou Hanslick. Leurs anciens amis de Leipzig viennent aussi les visiter, que ce soit Gade, R. Härtel, les Frege, David, Hauptmann, Dorn, Böttger, Mendelssohn…[270] ».

« Le directeur de la musique dirige le concert du 30 décembre 1852 : au programme la *Septième Symphonie* de Beethoven et la *Fantaisie printanière* de Niels Gade, avec Clara en soliste…[271] ».

Gade est influencé par Schumann dans le choix de ses pièces pour piano intitulées *Novelettes*.

Robert prit sous sa protection *Comala* de Gade en le dirigeant à plusieurs reprises. Dès qu'il prend ses fonctions de directeur de la société chorale masculine de Dresde après le départ de son ami Hiller, Schumann fait étudier *Comala*, la grande cantate de Gade d'après Ossian qui devient pour lui une œuvre fétiche. D'ailleurs *Comala* est programmé lors du concert inaugural du 26 mars 1848. Succès.

Schumann aura été écarté de la direction du Gewandhaus de Leipzig à trois reprises. La première en 1843 lors de l'intérim de Hiller et Gade ; la deuxième fin 1847 après le décès de Mendelssohn où on lui préfère Gade, et une dernière fois en 1848 au profit de Julius Rietz.

Lors de l'installation des Schumann dans la ville de Düsseldorf, Robert travaille avec le chœur (il entre en fonction le 24 octobre 1850) *Comala* de Gade et *Josué* de Haendel. Le premier concert enregistre un vrai succès : on a joué *La Consécration de la maison* de Beethoven, le *Concerto en sol mineur* de Mendelssohn avec Clara en soliste, *Prélude et Fugue* de Bach, *Adventlied* pour solo, chœur et orchestre de Schumann et pour finir *Comala*.

Il écrit un *Gruss an G.*, *Nordisches Lied* (Salut à Gade, chant nordique) de *l'Album pour la jeunesse*. Egalement un court lied d'adieu (dans *l'Albumblatt für Niels W. Gade*… sur le nom de Gade).

Robert Schumann écrit à Brendel, directeur de la *Zeitschrift*, le 5 juillet 1848 : « Comment marche le journal ? Je suis heureux de penser qu'il se maintient au premier rang (…) Je n'ai de réserve à faire qu'au sujet de

---

[270] Id., p.114-115.
[271] Alain Duault, *Robert Schumann*, Actes Sud – Classica, 2010, p. 118.

Meyerbeer et de Gade : le premier reçoit de trop grands éloges, trop parcimonieusement distribués au second (…) »

En plusieurs occasions Schumann manifesta son estime au jeune danois. Il lui demanda même s'il accepterait de programmer et diriger des extraits de son propre oratorio « le Paradis et la Péri ».

De Gade, il dit dans une lettre adressée à Laurens le 3 novembre 1848 : « Vous jugerez autrement de Gade, c'est-à-dire plus avantageusement, quand vous aurez entendu ses symphonies à l'orchestre : c'est un maître complet et un homme excellent. » Preuve qu'il ne lui en voulut jamais de l'avoir supplanté au Gewandhaus.

Le *Quatuor pour piano et cordes en* mi *bémol majeur* op. 47 de Schumann fut joué dans l'intimité chez les Voigt le 6 décembre 1842 puis en création publique à Leipzig le 8 décembre : Clara au piano, David au violon, Wittmann au violoncelle, Gade à l'alto.

Le *Trio en* sol *mineur* op. 110 de 1851 est dédié à Niels Gade.

Lors de la création de *Genoveva* de Robert Schumann à l'Opéra de Leipzig le 25 juin 1850 sont présents les amis Spohr, Hiller, Moscheles, Gade, Hartmann, Reinecke, Jahn, Liszt, Joachim, etc.

Bedrich Smetana (1824-1884). **Compositeur tchèque.** Lors de ses séjours en Suède entre 1856 et 1861, il fit travailler l'orchestre de Göteborg sur des œuvres nouvelles comme *Elie* de Mendelssohn qui reçut un très bon accueil. Ce succès le conduisit à défendre sans tarder *Le Paradis et la Péri* de Robert Schumann et la *Fille du roi des Aulnes* de Niels Gade, « une œuvre d'accès relativement facile, écrit-il, et intelligible, destinée à frayer la voie aux maîtres contemporains encore inconnus », avance justement tour à tour William Ritter et Guy Erismann[272]. C'est effectivement lors d'un concert de Smetana le 18 avril 1857 qu'il joua le *Concerto pour piano en do mineur* de Beethoven et dirigea la Société chorale dans la *Fille du roi des Aulnes*.

De retour vers le Nord en mai 1859, il s'arrêta à Copenhague pour rencontrer Niels Gade comme il l'avait fait sur le chemin de la Tchécoslovaquie en mai 1857.

---

[272] William Ritter (1867-1955) critique, journaliste et écrivain suisse. Voyage à Bayreuth et Paris et se rend souvent en Europe centrale. Défenseur de Gustav Mahler et Bedrich Smetana. Ritter, 1907, p. 59 et Erismann, 1993, p. 161.

Notons que Smetana dirigea avec succès sa propre *Symphonie* à Göteborg en 1860, succès qui ne suffit pas à son ami Gade qui refusa de la diriger au Danemark.

Louis Spohr (1784-1859). Violoniste, chef d'orchestre et compositeur allemand. On l'a excessivement oublié mais Louis Spohr de son vivant jouissait d'une réputation de tout premier plan dans l'ensemble de l'Europe.

En 1804, il se produit en concerts à Berlin, Leipzig et Dresde. Il est régulièrement acclamé en Europe lors de ses prestations de solistes et de chef d'orchestre. Sa musique enregistre de grands succès.

A Kassel il organise des concerts de sa propre musique mais aussi des œuvres de Beethoven, Mendelssohn et Niels Gade. En 1847, année de la mort de Mendelssohn, il y avait déjà passé un quart de siècle.

Son esthétique assure brillamment la transition entre le classicisme et le romantisme mais demeure globalement conservatrice. Parmi ses principaux élèves on compte Ferdinand David et Moritz Hauptmann.

Son vaste catalogue compte 9 opéras, 4 oratorios, de nombreuses œuvres vocales, 10 symphonies (la première de 1811 et la dernière de 1850), 6 ouvertures, 18 concertos pour violon, 4 concertos pour clarinette, 34 quatuors à cordes, 5 trios avec piano, 14 duos pour 2 violons, etc.

Johan Svendsen (1840-1911). Violoniste, chef d'orchestre et compositeur norvégien, son amitié avec Edvard Grieg dura jusqu'à la mort de ce dernier en 1907.

En dehors de tout enseigement de pointe, le jeune Johan devient rapidement très expérimenté. Il joue dans l'armée (il y devient clarinette solo), apprend plusieurs instruments, participe à plusieurs orchestres locaux de danses, joue dans l'orchestre du Théâtre norvégien de Christiania. Il est l'élève de Carl Arnold (1794-1873, d'origine germanique) alors musicien très bien considéré. Une bourse royale lui permet de parfaire sa formation au Conservatoire de Leipzig (1863-1867) sous l'autorité des meilleurs pédagogues que furent Ferdinand David, Moritz Hauptmann, E.F. Richter et Carl Reinecke.

A Paris où il réside longuement il se mêle à la riche vie artistique de la ville à partir de 1868, et fraye avec ceux que l'on considérait alors comme les musiciens progressistes. Il retourne à Leipzig, se rapproche intimement de Wagner à Bayreuth (1872) et participe à l'exécution de la *Symphonie n° 9* de Beethoven sous la direction de Richard Wagner pour le lancement de la construction du Festspielhaus de Bayreuth.

De retour à Christiania (1872) il assure, avec Grieg, la direction des concerts de la société de musique.

Après avoir beaucoup voyagé, il s'installe à Copenhague où il est nommé chef principal de l'orchestre du Théâtre royal (1883-1908) élevant cette phalange à un niveau artistique exceptionnel. Il mène parallèlement une belle carrière de chef invité en Europe.

Brillant compositeur romantique, national par bien des aspects, il donne le meilleur de lui-même avec l'orchestre.

Son catalogue relativement modeste propose deux splendides symphonies, des concertos pour violon et pour violoncelle, des pièces orchestrales et une musique de chambre de haute qualité[273].

Johan Svendsen passa donc, lui aussi, par Leipzig où il vécut entre 1863 et 1867 et dont la création du Conservatoire par Mendelssohn remontait à 1843.

Son propre *Octuor pour cordes* op. 3 de 1866 fut plus ou moins influencé par ceux antérieurs de Mendelssohn (*Octuor en mi bémol majeur* composé à l'âge de 16 ans) et de Gade, lui-même marqué nettement par Mendelssohn, dans son *Octuor en fa majeur*, écrit à 31 ans.

Gade invita Svendsen dans sa maison d'été de Klampenborg en 1867.

A Copenhague, le 4 décembre 1867 Svendsen montre la partition de sa *Symphonie n° 1 en ré majeur* à Gade qui apprécie son travail.

La Société de Musique de Kristiania décida en octobre 1872, dans le cadre de sa réorganisation, de projeter la programmation des œuvres majeures de Beethoven, Mendelssohn, Gade et Liszt.

Pendant la saison 1872-73 la Société de Musique présente des programmes orchestraux dirigés par Grieg. Le concert par souscription du 21 décembre incluait la *Symphonie n° 4* de Gade et *l'Ouverture nordique* d'August Winding.

---

[273] Cf. Jean-Luc Caron, *Johan Svendsen*, Bulletin de l'A.F.C.N. n°15, 1996 et *Les deux admirables symphonies de Johan Svendsen*, étude mise en ligne sur ResMusica.com le 14 septembre 2012.

On y entendit encore des pièces de Gade et Hartmann lors de la saison 1873-74.

Gade, à Copenhague, présente *Sigurd Slembe* de Svendsen le 4 avril 1881.

Svendsen dirige à Oslo (11 novembre et 2 décembre 1882) la *Symphonie n° 5* de Gade et *Aquarelles* de Fini Henriques.

Svendsen n'avait pas beaucoup d'opportunité de se rendre au concert, mais ce fut le cas en 1883 lorsqu'il écouta deux fois la *Symphonie n° 9* de Beethoven sous la direction de Niels Gade.

A Copenhague, le premier concert philharmonique du 17 janvier 1885 comprenait la *Symphonie n° 4* de Gade, le *Rouet d'Omphale* de Saint-Saëns et trois *Danses slaves* de Dvořák.

En janvier 1887, pour le 70e anniversaire de Gade, un festival en son honneur fut organisé au Théâtre royal. Svendsen dirigea encore la célèbre *Symphonie n° 4*. Gade, présent, était assis à côté de Hartmann. A la fin, il se précipita sur la scène pour embrasser Svendsen. En avril ce fut au tour de Gade de diriger la *Symphonie n° 1* de Svendsen.

A l'occasion du Festival de musique nordique, le premier du genre, tenu à Copenhague du 4 au 9 juin 1888 on donna des œuvres de Hartmann, Gade, Grieg et Svendsen.

Après la mort de Gade en décembre 1890, un concert à sa mémoire fut tenu au Théâtre royal de Copenhague le 7 janvier 1891, sous la baguette du chef norvégien qui dirigea plusieurs œuvres de compositeurs danois. Le 10 janvier pour le premier concert philharmonique on interpréta des musiques de Gade dont *Souvenirs d'Ossian*.

En 1893, le 27 juillet, à Oslo, Svendsen proposa un programme comprenant la *Symphonie n° 6* de Beethoven, des ouvertures de Weber et Gade, les *Mélodies élégiaques* de Grieg et pour finir sa propre musique intitulée *Polonaise de fête*.

Le 7 novembre 1900 au Théâtre royal de Copenhague on donna la *Symphonie n° 5* de Tchaïkovsky. Egalement l'ouverture *Michel Angelo* de Gade, une pièce du mélodrame *Snefrid* de Carl Nielsen, et la création du Prélude de l'acte II de l'opéra *Saul et David* de ce dernier.

D'autres programmes dirigés en 1901 par Johan Svendsen proposaient des œuvres de Gade, Hartmann, Heise, Kjerulf, Nordraaak et Reissiger.

On relèvera encore sa direction de *Frühlings-Phantasie* le 13 février 1902.

Richard Wagner (1813-1883. Niels Gade évoluait dans un monde esthétique bien éloigné de celui de Richard Wagner envers lequel il ne manifestait pas foncièrement une adhésion massive. Néanmoins, il ne put l'ignorer totalement et certaines de ses œuvres (en particulier des musiques chorales) acceptent des traits redevables de son célèbre collègue allemand. Il nous paraît impossible qu'il ne perçut pas son importance créatrice unique dans l'histoire de la musique.

Gade, venu de Leipzig, assista à la générale (ainsi que Hans von Bülow et Julius Schnorr von Carolsfeld) de l'exécution de la *Symphonie n° 9* de Beethoven sous la direction de Richard Wagner, à Dresde, le 5 avril 1846. Il confia au maître qu'il aurait volontiers payé deux fois le prix du billet, ne serait-ce que pour entendre une fois de plus le récitatif des contrebasses au début du dernier mouvement de la *Symphonie avec chœur*. Dans son autobiographie *Ma Vie* Wagner, pas toujours charitable, en profite pour critiquer « le rythme complétement erroné que Mendelssohn imprimait au premier mouvement. » (p. 213)

Lorsque Hans Christian Andersen rencontra Wagner le 24 août 1855, ce dernier le reçut agréablement. Il lui dit qu'en matière de compositeurs danois il ne connaissait que Niels Gade.

Gade le premier introduisit la musique de Wagner au Danemark en 1857 en présence, d'ailleurs, de Hans Christian Andersen. Celui-ci confia dans son journal à la date du 30 octobre 1857 :

« Il y a tout juste quelques jours, à un concert, le public entendit l'ouverture de *Tannhäuser* pour la première fois. Elle fut bien reçue comme le furent les *Préludes* de Liszt. A terme *Tannhäuser* sera sûrement exécuté ici dans son intégralité. Pour moi cet opéra est toujours la plus intéressante des compositions de Wagner[274]. »

Frederik Wexschall (1798-1845). Violoniste, membre de la chapelle royale de Copenhague, un des meilleurs pédagogues de son temps.
Plusieurs de ses concerts ont rencontré le succès au Danemark et à l'étranger mais son avancement social et musical resta très modeste.

Il fut l'élève entre autres de Louis Spohr à Kassel et eut pour élèves à son tour Ole Bull, Niels Gade et H.S. Paulli.

---

[274] In A.H. Celenza, *op. cit.*, p. 245.

En 1823 il épousa l'actrice Anna Nielsen (1803-1856) dont il divorça ensuite.

Christoph Ernst Friedrich Weyse (1774-1842). Pianiste, organiste, pédagogue et compositeur danois d'origine allemande. Il se rend à Copenhague en 1789 et travaille avec le fameux J.P.A. Schultz. Il y restera le reste de son existence. Nommé compositeur de la Cour en 1819. Il participe à la création d'une école nationale d'opéra danois. Ses 7 opéras et musiques de scènes furent créés à Copenhague. Signalons encore 7 symphonies, des œuvres chorales…

Cette grande figure de la musique danoise aurait donné quelques leçons au jeune Niels Gade.

Chapitre VI

Pour mettre des notes sur les mots

[Discographie choisie]

SYMPHONIES ET AUTRES ŒUVRES POUR ORCHESTRE

►*Symphonies n° 1 et 8*. The Stockholm Sinfonietta, dir. Neeme Järvi. Enregistrement réalisé à la salle de concerts de Stockholm, Suède, en juin 1986. The Complete Symphonies, vol. 2. BIS-CD-339.

►*Symphonies n° 2 et 7*. The Stockholm Sinfonietta, dir. Neeme Järvi. Enregistrement réalisé à la salle de concerts de Stockholm, Suède, les 21 et 22 décembre 1986. The Complete Symphonies, vol. 3. BIS-CD-355.

►*Symphonies n° 5 et 6*. The Stockholm Sinfonietta, dir. Neeme Järvi. Enregistrement réalisé à la salle de concerts de Stockholm, Suède, les 20 et 21 décembre 1986. The Complete Symphonies, vol. 4. BIS-CD-356.

►*Symphonies n° 3 et 4*. The Stockholm Sinfonietta, dir. Neeme Järvi. Enregistrement réalisé à la salle de concerts de Stockholm, Suède, le 8 juin 1986. The Complete Symphonies, vol. 1. BIS-CD-338.

►Intégrales des symphonies. Stockholm Sinfonietta, dir Neeme Järvi. BIS coffret 5 CD (cf. supra)

►*Symphonies n° 1 et 2*. The Danish National Radio Symphony Orchestra, dir. Christopher Hogwood. Enregistrement réalisé à la salle de concerts de la Radio danoise à Copenhague en novembre 2001. Symphonies vol. 4. Chandos CHAN 10026.

►*Symphonies n° 2 et 8. Allegretto, un poco lento. In the Highlands*. The Danish National Radio Symphony Orchestra, dir. Christopher Hogwood. Enregistrement réalisé à la salle de concerts de la Radio danoise à Copenhague en décembre 1999. Symphonies vol. 1. Chandos CHAN 9862.

► *Symphonies n° 4 et 7. Concert Overture n° 3*. The Danish National Radio Symphony Orchestra, dir. Christopher Hogwood. Enregistrement réalisé à la salle de concerts de la Radio danoise à Copenhague en 1997 et 2001. Symphonies vol. 2. Chandos CHAN 9957.

▶ *Symphonies n° 3 et 6. Echoes of Ossian. Andante-Allegro energico-Andante-Tempo I.* The Danish National Radio Symphony Orchestra, dir. Christopher Hogwood. Enregistrement réalisé à la salle de concerts de la Radio danoise à Copenhague en 2001. Symphonies vol. 3. Chandos CHAN 9795.

▶ *Symphonies n° 1 et 2.* Collegium Musicum, Copenhagen, dir. Michael Schönwandt. Enregistrement réalisé à l'Odd Fellow Palæet, Copenhagen, en 1985/1986. Dansk Musik Antologi. DMA-CD-086.

▶ *Symphonies n° 4 et 6.* Collegium Musicum, Copenhagen, dir. Michael Schönwandt. Enregistrement réalisé à l'Odd Fellow Palæet, Copenhagen, en 1985/1986. Dansk Musik Antologi. DMA-CD-085.

▶ *Symphonies n° 3 et 5.* Amalie Malling (piano). Collegium Musicum, Copenhagen, dir. Michael Schönwandt. Enregistrement réalisé à l'Odd Fellow Palæet, Copenhagen en mars 1988. Marco Polo Dacapo 9004.

▶ *Symphonies n° 7 et 8.* Collegium Musicum, Copenhagen, dir. Michael Schönwandt. Enregistrement réalisé à l'Odd Fellow Palæet, Copenhagen, en 1988. Dansk Musik Antologi (DMA) Dacapo DCCD 9301.

▶ *Symphonie n° 1. Hamlet ouverture. Echoes of Ossian.* The Danish National Radio Symphony Orchestra, dir. Dmitri Kitajenko. Enregistrement réalisé en 1992 et 1993. Chandos CHAN 9422.

▶ *Symphonie n° 1. Souvenirs d'Ossian.* Det Kongelige Kapel, dir. Johan Hye-Knudsen. 1960-1968. Dansk Music, EMI 2903111 (LP).

▶ *Symphonie n° 8. Frühlings-Phantasie.* Danmarks Radio Symfoniorkester, dir. John Frandsen. Bodil Gøbel (soprano), Minna Nyhus (alto), Ole Jensen (ténor), Mogens Schmidt Johansen (basse), Eyvind Møller (piano). 1980. EMI DMA 046. (LP).

▶ *Symphonie n° 4.* Malmö KFUM Symfoniorkester, dir. Bengt Nilsson. Öresound, 1981. MKS-LP-821 (+ *Concerto pour orchestre* de Söderberg).

▶ *Echoes from Ossian. Hamlet, ouverture. A Summer's Day in the Country. Holbergiana.* Staatsphilharmonie Rheinland-Pfalz, dir. Ole Schmidt. Enregistrement d'octobre 1995. CPO 999 362-2.

▶ *Mariotta, ouverture. Hamlet. Capriccio pour violon et orchestre. Souvenirs d'Ossian.* Christina Åstrand (violon), The Danish Philharmonic Orchestra, South Jutland, dir. Iona Brown. Enregistrement : Sønderberg, février 1999 (+ Axel Gade, *Concerto pour violon n° 2*). Danacord DACOCD 508.

►*A Summer's Day in the Country. Michel Angelo. Mariotta.* Lyngby-Taarbæk Symphony Orchestra, dir. Claes Eriksson. 1989. Point PCD 5093 (+ *Gurre Suite* de Horneman).

►*Novelletter n° 1* (op. 53) *et 2* (op. 58), *pour cordes.* Århus Kammerorkester, dir. Ove Vedsten Larsen. Enregistrement réalisé à l'église Ellevang, Aarhus, en 1981. PAULA PACD 12. Egalement Brillant Classics.

► *Novelettes n° 1* (op. 53) *et 2* (op. 58). Chamber Orchestra Kremlin, dir. Misha Rachlevsky. Enregistrement: Chamber Hall of the Moscow Conservatory, juin 1994 et janvier 1996. Claves CD 50-9607.

►*Novelleter n° 1 et 2. Aquarelles* (arrangement pour cordes de Richard Hofmann). Sinfonietta Köln, dir. Cornelius Frowein. Enregistrement de 1996. Antes Edition BM-CD 31.9088.

►*Novelletter 1 et 2.* Deutsche Kammerakademie Neuss, dir. Johannes Goritzki. 1997. CPO 999516-2 (+ Asger Hamerik).

► *Capriccio pour violon et orchestre.* Kai Laursen (violon). Orchestre symphonique du Sud-Jutland, dir. Carl von Garaguly. E : 1976. Coffret 10 CD. Danacord DACOCD 461-470. In 26 Danish Violin Concertos.

►*Concerto pour violon et orchestre.* Kai Laursen (violon). Orchestre symphonique du Sud-Jutland, dir. Ole Schmidt. Enregistrement réalisé en 1966. Coffret 10 CD. Danacord DACOCD 461-470. In 26 Danish Violin Concertos.

►*Concerto pour violon.* Anton Kontra (violon), Orchestre symphonique de Malmö, dir. Paavo Järvi. 1994. BIS-CD-672 (+ œuvres de Schmidt et Jansson).

MUSIQUE DE BALLET

►*Napoli.* Ballet en trois actes d'Auguste Bournonville. Musique de E. Helsted, G. Rossini, Niels Gade, H.S. Paulli et H.C. Lumbye. Kirsten Ralov (mise en scène), Ove Chr. Pedersen (décors), Søren Frandsen (costumes), The Royal Danish Orchestra, dir. Peter Ernst Lassen, The Royal Danish Ballet. Théâtre royal, Copenhague. Filmé en 1986, durée : 97 minutes. DVD Warner Music Division 2564-63477-2.

►*Napoli* (acte II). *Et Folksangn* (avec J.P.E. Hartmann). In Music to the Bournonville Ballets. Aalborg Symphony Orchestra, dir. Peter Ernst Lasse.

9 CD. Enregistrements réalisés entre 2002 et 2004. Danacord DACOCD 631-639.

▶*Et Folkesagn* (Un conte populaire), avec J.P.E. Hartmann. Musique de ballet pour Bournonville. The Danish Radio Sinfonietta, dir. Harry Damgaard. Août 1995. CPO 999 426-2.

MUSIQUE DE CHAMBRE

▶*Novelletter* op. 29. *Trio pour pianoforte en fa majeur*. Brenno Ambrosini (pianoforte), Luigi Manggiocavallo (violon), Claudio Ronco (violoncelle). Enregistrement réalisé en mai 1992. Symphonia SY 95137 (+ *Trio en mi bémol majeur* de Peter Heise).

▶ *Octuor pour cordes*. L'Archibudelli & Smithsonian Chamber Players. Enregistrement réalisé à l'Académie des Arts et des Lettres, New York, janvier 1992. Sony Classical SK 48 307 (+ *Octuor pour cordes* de Felix Mendelssohn).

▶*Quintette en mi mineur. Sextuor en mi bémol majeur*. The Johannes Ensemble. Enregistrement d'avril 1992 à Little Easton Church, Essex, GB. Kontrapunkt 32121.

▶*Quatuor à cordes en fa majeur. Allegro en la mineur pour quatuor à cordes. Andante et Allegro molto en fa mineur. Octuor en fa majeur*. The Kontra Quartet, Anne Egendal (violon III), Per Lund Madsen (violon IV), Sunne Rammo (alto II), Hans Nygaard (violoncelle II). Programme enregistré à Humlebæk (Danemark) du 5 au 8 mai 1992. BIS-CD-545.

▶*Sextuor. Octuor*. Philharmonic String Octet Berlin. Enregistrement effectué à l'église Jesus-Christus de Berlin-Dahlem, du 23 au 25 juin 2001. MG Gold MDG 300 1102-2.

▶*Octuor. Allegro vivace en mi bémol majeur. Quintette*. The Johannes Ensemble. Enregistrement de mai 1992 en Grande-Bretagne. Kontrapunkt 32127.

▶*Octuor à cordes*. Süddeutsche Streichoktett. CD gravé en 1994. L.C. 7118 (LP) (+ œuvres de Svendsen et Chostakovitch).

▶*Octuor à cordes*. Ensemble Tiramisu. Divox 4 CDS-25238-2 (+ *Octuor* de Mendelssohn).

▶*Quatuor à cordes en ré majeur. Quatuor à cordes en mi mineur. Quatuor à cordes en fa mineur.* The Copenhagen String Quartet. Enregistrement réalisé à Copenhague en 1963 et 1968. Dansk Musik Antologi DMA CD 089.

▶*Quatuor à cordes en ré majeur. Quatuor à cordes en mi mineur. Quatuor à cordes en fa mineur* « Willkommen und Abschied ». The Kontra Quartet. Enregistrement daté des 22-24 avril 1991 et réalisé à la salle de concerts de Malmö. BIS-516.

▶*Quatuor à cordes en fa majeur* « Wilkommen und Abschied ». Leipziger Streichquartett. Enregistrement d'octobre 2013. MDG 307 1870-2 (+ *Quatuor à cordes en sol mineur* de Grieg).

▶*Quatuor à cordes en mi bémol*. Cailin Quartet. Enregistrement réalisé en 1994. ClassicO CLASSCD 337 (+ œuvres de J.P.E. Hartmann).

▶*Sonates pour violon n° 1, 2 et 3*. Dora Bratchkova (violon), Andreas Meyer-Hermann (piano). Gravure de décembre 1999. CPO 999 644-2.

▶ *Sonates pour violon n° 1, 2 et 3*. Søren Elbæk (violon), Elisabeth Westenholz (piano). Enregistrement de 1991. Kontrapunkt 32098.

▶*Sonates pour violon n° 1 et 3*. Anton Kontra (violon), Bohumila Jedlickova (piano). Enregistrement de 1977. Dansk Musik Antologi DMA 035 (LP).

▶*Sonates pour violon n° 1, 2 et 3*. Thomas Albertus Imberger (violon), Edoardo Torbianelle (piano). Enregistrement de 2009. Gramola 98867.

▶ *Sonates pour violon n° 1, 2 et 3*. Christina Åstrand (violon), Per Salo (piano). Enregistrement de 2009. Dacapo 8.226066.

▶ *Sonates pour violon n° 1, 2 et 3*. Hasse Borup (violon) et Heather Conner (piano). Enregistrement réalisé à Libby Gardner Concert Hall, Salt Lake City, Utah, USA, 19-21 février 2008. Naxos 8.570524.

▶Œuvres pour violon et piano : *Volkstänze im nordischen charakter. Elegie. Scherzo. Canzonette. Abenddämmerung. Allegro vivace. Fantasiestücke, op. 43. Capriccio*. Søren Elbæk (violon), Elisabeth Westenholz (piano). E : 1993 Kontrapunkt 32164.

▶*Fantasiestücke,* op. 43. Niels Thomsen (clarinette), Elisabeth Westenholz (piano). Enregistremetn de mars 1991. Kontrapunkt 32078 (+ *Sonates pour violon n° 1 et 2* de Johannes Brahms).

▶ *Trios avec piano* op. 42. Premier mouvement d'un Trio avec piano. *Novelettes*, op. 29. Discarted Finale to the Novelettes. *Scherzo for Piano Quartet*. Trio Parnassus. CD enregistré en novembre 2009 et septembre 2010. MDG 303 1665-2.

▶ *Trio en fa majeur*. Novelletten, op. 29. Trio en si bémol majeur. The Copenhagen Trio. Gravure de 1991. Kontrapunkt 32077.

▶ Chamber Woks vol. 1. *String Sextet*. Early version of 1er movement of op. 44. *Trio avec piano en fa majeur*, op. 42. Enregistrement réalisé à Holstebro en janvier 2013. Ensemble MidVest. CPO 777 164-2.

ŒUVRES POUR ORGUE

▶ The Complete Solo Organ Works. Ralph Gustafsson. Enregistrement : Säbrå Church, avril 1990. BIS-496.

▶ L'œuvre pour orgue. Olivier Vernet. Enregistrement : église Saint-Charles, Monte-Carlo, 2009. Ligia Digital 0104200-09.

▶ *Three Pieces for organ*, op. 22. *Three Chorale Preludes. Ceremonial Prelude over the Chorale* « Lover den Heere ». Hans Fagius (orgue). E = Haga Church, Göteborg, mars 2005. Dacapo 8.226026 (+ œuvres de J.P.E. Hartmann).

▶ *Tre Tonestykker*. Kevin Bowyer (orgue). 1996. Nimbus Records NI 5468.

ŒUVRES POUR PIANO

▶ Intégrale des œuvres pour piano Vol. 1. Elisabeth Westenholz (piano). 1991. Kontrapunkt 32097.

▶ Intégrale des œuvres pour piano Vol. 2. Elisabeth Westenholz (piano). 1992. Kontrapunkt 32124.

▶ Piano Music. Complete edition, vol. I. Anker Blyme (piano). Enregistrement de novembre 1990. Marco Polo Dacapo 9115.

▶ Piano Music. Complete edition, vol. II. Anker Blyme (piano). Enregistrement de novembre 1990. Marco Polo Dacapo 9116.

▶ Piano Music. Complete edition, vol. III. Anker Blyme (piano). Enrgistrement de mai-novembre 1990. Marco Polo Dacapo 9117.

► Klavierwerke (op. 28, 19, 2, 27). Bengt Johnsson (piano). 1970. Da Camera Magna SM 93121 (LP).

►*Fra Skizzebogen* (From the Sketch-Book). Erik Fessel (piano). Enregistrement de 1994. 2 CD Danacord DACOCD 434-435. In Danish Piano Miniatures (+ autres compositeurs).

► *Sonate* op. 28. A. Skjold Rasmussen (piano). 1975. DMA 013 (+ Hartmann).

►Œuvres pour piano. Christina Bjørkøe (piano). Enregistrement réalisé à Copenhague en juin 2010. CPO 777 628-2.

►Œuvres pour piano. Edoardo Torbianelle (piano). 2006. Pan Classics PC 10191.

CANTATES ET AUTRES ŒUVRES CHORALES

►*Elverskud. Souvenirs d'Ossian. Fünf Gesänge*, op. 13. Eva Johansson (soprano), Anne Gjevang (contralto), Poul Elming (ténor), The Danish National Radio Choir (dir. Stefan Parkman), The Danish National Radio Symphony Orchestra, dir. Dmitri Kitajenko. Enregistrement : salle de concerts de la Radio, Copenhague, 16 décembre 1991 et 14-16 janvier 1992. Chandos CHAN 9075.

►*Elverskud. Frühlings-Phantasie**. Susanne Elmark (soprano), Kirsten Dolberg (contralto), Guido Paëvatalu (baryton), Tivoli Concert Choir.*Anne Margrethe Dahl (soprano), Kirsten Dolberg (contralto), Gert Henning-Jensen (ténor), Sten Byriel (basse), Elisabeth Westenholz (piano). Tivoli Symphony Orchestra, dir. Michael Schønwandt. Enregistrement : Tivoli Concert Hall, avril-mai 1996. Dacapo 8.224051.

►*Elverskud*. L. Baslev, E. Guillaume, M. Daelbye, Canzone-koret, Collegium Musicum, dir. Frans Rasmussen. 1985. EMI DMA 083.

►*Comala*. The Canzone Choir, Sønderjylland's Symphony Orchestra, Anne Margrethe Dahl (soprano), Elisabeth Halling (mezzo-soprano), Hitomi Katagiri (alto), Johannes Mannov (baryton), dir. Frans Rasmussen. Enregistrement de septembre 1993. Kontrapunkt 32180.

►*Kalanus*. Marianne Rørholm, Nicolaï Gedda, Leonard Mróz. The Canzone Choir, Collegium Musicum, dir. Frans Rasmussen. Enregistrement réalisé au Odd Fellow Palæet, Copenhague, 24-25 mai 1986. Danacord DACOCD 310.

▶*Zion. Die Heilige Nacht. Gefion*. Aalborg Symphony Orchestra, The Canzone Choir. Kirsten Dolberg (contralto), Per Høyer (baryton), dir. Frans Rasmussen. Enregistrement de décembre 1992. Kontrapunkt 32149.

▶*Psyche*. The Canzone Choir, Collegium Musicum. Anne Margrethe Dahl (soprano), Kari Hamnøy (mezzo-soprano), Helle C. Pedersen (soprano), Stig F. Andersen (ténor), Michael Kristensen (ténor), dir. Frans Rasmussen. Enregistrement fait à Lyngby, avril 1996. Kontrapunkt 32244/45.

▶*Korsfarerne* (Les Croisés). Marianne Rørholm (mezzo-soprano), Kurt Westi (ténor), Ulrik Cold (basse), Canzone-koreet, Da Camera, Kor, Musikstuderenses Kammerkor. Aarhus Symphony Orchestra, dir. Frans Rasmussen. Enregistrement effectué à Aarhus en janvier 1989. BIS-CD-465.

▶*Morgensang. Påske. Three sacred choruses. Four Hymns. Benedictus and Amen*. Per Høyer (baryton-basse), Bine Karine Bryndorf (orgue), Danish National Radio Choir, dir. Jesper Grove Jørgensen. Enregistrement fait à Copenhague en 1988 et 1999. Chandos CHAN 9767. In Sacred Choral Works (+ œuvres de Grieg).

▶*På Slølunds fagre sletter*. Danish National Radio Choir, dir. Stefan Parkman. Enregistrement d'août 1995. Chandos CHAN 9464. In Nordic Light (+ autres compositeurs).

▶*Aarstidbilleter*, op. 51. Radiokammerkoret, dir. Per Enevold. Gravure de 1987. Danacord DACOCD 308.

LIEDER

▶Complete Songs, vol. 1. Lars Thodberg Bertelsen (baryton), Majken Bjerno (soprano), Tove Lønskov (piano). 1998. Kontrapunkt 32269.

▶Complete Songs, vol. 2. Majken Bjerno (soprano), Tove Lønskov (piano). 1998. Kontrapunkt 32279.

▶Complete Songs, vol. 3. Lars Thodberg Bertelsen (baryton), Tove Lønskov (piano). 1998. Kontrapunkt 32289.

▶*Barn Jesus i en krybbe lå* (salme). Anne Birgit Garde (soprano), Hennig Wellejus (piano). E : mai 1996. Danacord DACOCD 448. In « Et saligt Digterhjerte » (+ autres compositeurs).

▶*Barn Jesus i en krybbe lå* (salme). Musica Ficta, dir. Bo Holten. 1996-1997. Naxos 8554627. In A Danish Christmas (+ autres compositeurs).

Chapitre VII

Pour diversifier les points de vue

[Bibliographie succincte]

Bibliothèque Nationale de France (BnF). Bibliothèque numérisée Gallica.

AMANN, Jean-Pierre, *Leipzig en polyphonie*, 7ᵉ Note, Editions Papillon, 2006.

BARRAUD, Henry, *Hector Berlioz*, Fayard, 1979.

BASTIANELLI, Jérôme, *Félix Mendelssohn*, Actes Sud/Classica, 2008.

BENESTAD, Finn & SCHJELDERUP-EBBE, Dag, *Edvard Grieg. The Man and the Artist*, University of Nebraska Press, 1988.

BENESTAD, Finn & SCHJELDERUP-EBBE, Dag, *Johan Svendsen. The Man, the Maestro, the Music*, Peer Gynt Press, 1995.

BERGSAGEL, John D., *Grieg and Denmark*, in *Studia musicologica norvegica*, *Edvard Grieg*, Scandinavian University Press, 1993.

BJØRN, Claus, *A Poor Little Land? Historical Survey* in *The Golden Age in Denmark Art and Culture 1800-1850*, Gyldendal, 1994.

BLAZE DE BURY, Henri, *Mendelssohn-Niels Gade-Jenny Lind-Chopin*, in *Musiciens contemporains*, 1856, Editions d'Aujourd'hui.

BOUCOURECHLIEV, André, *Schumann*, collection Solfèges, Seuil, 1956.

BRION, Marcel, *Schumann et l'âme romantique*, Albin Michel, 1954.

BROWN, Peter, *The Symphonic Repertoire. The European Symphony from ca. 1800 to ca. 1930: Germany and the Nordic Countries*, Vol. III, Indiana University Press, 2007.

BRULEY, Yves, *Charles Gounod*, bleu nuit éditeur, 2015.

CAO, Hélène, *Louis Spohr*, Mélophiles n° 20, Editions Papillon, 2006.

CARLEY, Lionel, *Grieg and Delius. A Chronicle of their Friendship in Letters*, Marion Boyars, 1993.

CARON, Jean-Luc, *Portrait : Ole Bull*, Bulletin de l'Association Française Carl Nielsen (A.F.C.N.) n° 4, 1988, pages 62-80.

→ *Carl Nielsen. La vie et l'œuvre*, Editions L'Age d'Homme, Lausanne, 1990.

→ *Niels Gade* in *Grands symphonistes nordiques méconnus*, Bulletin de l'Association Française Carl Nielsen (A.F.C.N.) n° 8, 1991.

→ *Friedrich Kuhlau. Le Beethoven de la flûte*, Bulletin de l'Association Française Carl Nielsen (A.F.C.N.) n° 9, 1992, p. 40-49.

→ *Les éditions Wilhelm Hansen*, Bulletin de l'Association Française Carl Nielsen (A.F.C.N.) n° 10, 1993, p. 204-206.

→ *Edvard Grieg et Paris*, Bulletin de l'Association Française Carl Nielsen (A.F.C.N.) n° 11. 1994.

→ *Johan Svendsen*, Bulletin de l'Association Française Carl Nielsen (A.F.C.N.) n° 15, 1996.

→ *Franz Berwald*, Bulletin de l'Association Française Carl Nielsen (A.F.C.N.) n° 16, 1997.

→ *Niels Gade*, Bulletin de l'Association Française Carl Nielsen (A.F.C.N.) n° 17, 1997.

→ *Edvard Grieg. Le Chopin du Nord*, Editions L'Age d'Homme, Lausanne, 2003.

→ *Petite histoire de la musique nordique à Paris : 1910-1953*, Bulletin de l'Association Française Carl Nielsen (A.F.C.N.) n° 13, 1995.

→ Citations du *Courrier Musical* et du *Guide de la musique, in Petite histoire de la musique nordique* à Paris : 1910-1953, Bulletin de l'A.F.C.N. n° 13, 1995.

→ *Petite histoire de la musique nordique*, texte de présentation d'un concert en l'Eglise danoise de Paris, le 20 mars 1997 [Conférence Association France-Danemark].

→ *Niels Gade*, texte (avec exemples musicaux) de la conférence donnée au Conservatoire municipal d'Evry, 1996.

→ *Grieg et la France*, texte (avec exemples musicaux) de la conférence donnée au Conservatoire municipal d'Evry le 7 mai 1999.

→ *Peer Gynt* [d'Edvard Grieg] au *Théâtre Mogador (1922)*. Texte de la conférence du 6 mai 1999. Colloque : La France dans la musique nordique, Paris, Institut finlandais.

→ *Grieg et les interprètes français* in *Grieg et Paris. Romantisme, symbolisme et modernisme franco-norvégiens*. Textes réunis et présentés par Harald Herresthal et Danièle Pistone. Office franco-norvégien, Université de Caen, Presse Universitaire de Caen, 1996, pages 151-160. Textes du colloque international en Sorbonne.

→ *Hans Christian Lumbye (1801-1874) : le Johan Strauss du Nord*, in *Parcours nordiques*, Bulletin de l'Association Française Carl Nielsen (A.F.C.N.) n° 29-32, 2002, p.180-197.

→ *Privés de destin : Rikard Nordraak et Ernst Mielck*, in *Parcours nordiques*, Bulletin de l'Association Française Carl Nielsen (A.F.C.N.) n° 29-32, 2002, p. 149-167.

→ *Victor Bendix. Le Danois injustement oublié*, Etude mise en ligne sur Resmusica.com 16 avril 2008.

→ *Victor Bendix. Catalogue, discographie, bibliographie*, Etude mise en ligne sur Resmusica.com le 17 avril 2008.

→ *Hans Christian Lumbye. Un roi du divertissement au Danemark*, Etude mise en ligne sur Resmusica.com le 23 juin 2008.

→ *Hans Christian Lumbye. Comment définir le style de la musique de Lumbye*, Etude mise en ligne sur Resmusica.com le 23 juin 2008.

→ *Louis Glass. « Le » post-romantique danois par excellence*, Etude mise en ligne sur Resmusica.com le 22 septembre 2008.

→ *Louis Glass. Catalogue commenté, discographie sélective, bibliographie succincte*, Etude mise en ligne sur Resmusica.com le 20 octobre 2008.

→ *Peter Erasmus Lange-Müller. Le Danois migraineux.* 1ère partie : *Une vie de souffrance et de lutte*, Etude mise en ligne sur Resmusica.com le 20 décembre 2008.

→ *Peter Erasmus Lange-Müller. Le Danois migraineux.* 2e partie : *De quelques œuvres saillantes de P.E. Lange-Müller. Survol du reste du catalogue. Conseils discographiques*, Etude mise en ligne sur Resmusica.com le 20 décembre 2008.

→ *Les Musiciens danois de l'Age d'Or. Un survol*, Etude mise en ligne sur Resmusica.com le 30 avril 2009.

→ *Fini Henriques. Le sourire du Danemark*, Etude mise en ligne sur Resmusica.com le 3 juillet 2009.

→ *Launy Grøndahl. Un grand de la baguette danoise*, Etude mise en ligne sur Resmusica.com le 30 juillet 2009.

→ *Ludolf Nielsen. Le dernier des romantiques danois*, Etude mise en ligne sur Resmusica.com le 14 septembre 2009.

→ *Sur les traces de Carl Nielsen,. Chronologie succincte de la vie de Carl Nielsen*, Article mis en ligne sur Resmusica.com le 29 octobre 2009.

→ *Positionnement esthétique général de Carl Nielsen*, Article mis en ligne sur Resmusica.com le 10 janvier 2010.

→ *Asger Hamerik. Danois, cosmopolite et ami de Berlioz*, Etude mise en ligne sur Resmusica.com 12 février 2010.

→ *C.F.E. Horneman. Le chef danois de l'anti-Gade*, Etude mise en ligne sur Resmusica.com le 22 septembre 2010.

→ *Le passé et l'académisme scandinave du temps de Carl Nielsen à travers quelques exemples choisis*, Article mis en ligne sur Resmusica.com le 31 mai 2010.

→ *Quand Svendsen défendait Nielsen (1883-1908)*, Article mis en ligne sur Resmusica.com le 20 octobre 2010.

→ *Frederik Schnedler-Petersen. Chef danois talentueux, nielsénien dévoué, oublié*, Etude mise en ligne sur Resmusica.com le 22 mars 2011.

→ *Carl Nielsen et la loi de Jante,* Article mis en ligne sur ResMusica.com le 19 juin 2011.

→ *J.P.E. Hartmann : La Petite Christine, opéra romantique danois,* Article mis en ligne sur ResMusica.com le 29 août 2011.

→ *Hans Christian Andersen mis en musique par des Danois,* Article mis en ligne sur ResMusica.com le 26 janvier 2012.

→ *La Sylphide, musique de ballet du Danois H.S. Løvenskiold,* Article mis en ligne sur ResMusica.com le 2 avril 2012.

→ *Influence de Debussy sur les compositeurs nordiques.* Etude initiale complète, janvier 2012, 55p. *Debussy et les Nordiques. I : La Norvège,* mise en ligne sur ResMusica.com le 19 février 2012 et *Debussy et les Nordiques. II : Le Danemark,* mise en ligne sur ResMusica.com le 25 février 2012.

→ *Frederick Delius et la Scandinavie,* Etude mise en ligne sur Resmusica.com le 9 avril 2012.

→ *Balduin Dahl. L'homme qui donna sa chance à Carl Nielsen,* Article mis en ligne sur ResMusica.com le 9 juillet 2012 (titre initial : Balduin Dahl, le découvreur de Nielsen).

→ *Les deux admirables symphonies de Johan Svendsen,* Etude mise en ligne sur ResMusica.com le 14 septembre 2012.

→ *Carl Nielsen… « Devant la tombe d'un jeune artiste »* [*Andante lamentoso*], Mis en ligne sur ResMusica.com le 23 septembre 2012.

→ *Hakon Borresen. Un Danois fidèle à la tradition,* Article mis en ligne sur ResMusica.com 4 octobre 2012.

→ *Elfrida Andrée. Une suédoise en quête de reconnaissance,* Article mis en ligne sur ResMusica.com le 24 février 2013.

→ *Musiques danoises pour des ballets de Bournonville,* Etude mise en ligne sur ResMusica. com le 14 avril 2013.

→ *Fonder l'orchestre philharmonique de Berlin… et tomber dans l'oubli.* [Joachim Andersen], *Brève scandinave n° 4,* Mise en ligne sur ResMusica.com le 5 mai 2013.

→ *Une rencontre pétillante avec Beethoven* [Kuhlau], Brève scandinave mise en ligne sur ResMusica.com le 22 septembre 2013.

→ *Wagner et Liszt réconciliés par le Norvégien Johan Svendsen,* Brève scandinave, Mis en ligne sur ResMusica.com le 25 mai 2014.

→ *Rued Langgaard. Un Danois surdoué…blessé en plein envol !* Etude mise en ligne sur ResMusica dans *La Série des Danois.*

1. *Un parcours biographique très contrasté, prometteur puis quelconque*, Etude mise en ligne sur *ResMusica.com* le 7 octobre 2013.
2. *Quelle(s) esthétique(s) chez Langgaard*, Etude mise en ligne sur *ResMusica.com* le 29 octobre 2013.
3. Catalogue commenté des œuvres principales, Etude mise en ligne sur *ResMusica.com* le 3 novembre 2013.

→ *Les miniatures pour piano de Carl Nielsen,* Sur les traces de Carl Nielsen n°28, Article mis en ligne sur ResMusica.com. le 10 juin 2013.

→ *La musique de l'Europe du Nord et l'influence germanique. Soumission ou affranchissement ?* Texte de présentation pour l'Opéra de Dijon, Décembre 2013.

→ *La musique de scène de Peer Gynt de Grieg,* Texte de présentation pour l'Opéra de Dijon, Février 2014.

→ *Camille Saint-Saëns* (avec Gérard Denizeau), Bleu nuit éditeur, 2014.

→ *Les Hymnes nationaux nordiques,* article mis en ligne sur ResMusica.com le 21 décembre 2014.

→ *Carl Nielsen,* Bleu nuit éditeur, 2015.

→ *Carl Nielsen et le concept de danité,* Sur les traces de Carl Nielsen n° 35, Etude mise en ligne sur ResMusica.com le 17 février 2015.

→ *Comment Carl Nielsen tenta de se dé-germaniser,* Dossier mis en ligne sur ResMusica.com le 15 février 2015.

→ *Les Festivals de musique nordique : 1888-1938, I. Copenhague, 1888,* Resmusica.com (à paraître).

→ *Festival de Copenhague 1888 : 1ère édition*. Article mis en migne sur ResMusica.com le 24 mars 2016.

CELENZA, Anna Harwell, *The Early Works of Niels W. Gade. In Search of the Poetic*, Ashgate, 2001.

CELENZA, Anna Harwell, *Hans Christian Andersen and Music. The Nightingale Revealed*, Ashgate, 2005.

CHESSIN, Serge de, *Les sourires du Danemark*, Librairie Hachette, 1936.

CITRON, Pierre et REYNAUD, Cécile (sous la direction de), *Dictionnaire Berlioz*, Fayard, 2003.

CLAPHAM, John, *Smetana*, The Master Musicians, Dent and sons, 1972.

CONDÉ, Gérard, *Charles Gounod*, Fayard, 2009.

CRISTAL, Maurice, *L'Art scandinave dans le Danemark, en Islande, en Norvège et en Suède*. Paris, Librairie académique Didier et Cie, 1874.

DUAULT, Alain, *Robert Schumann*, Actes Sud/Classica, 2010.

DUNSMURE, Sarah Jenny, *Jenny Lind. The Story of The Swedish Nightingale*, RedDoor, 2015.

D.W., *Portrait: la famille de compositeurs Hartmann au Danemark*, ouvrage écrit par un descendant de la famille Hartmann et confié à l'auteur de cette étude.

DZAPO, Kyle J., *Joachim Andersen. A bio-bibliography*, Greenwood Press, 1999.

ERISMANN, Guy, *Smetana, l'éveilleur*, Actes Sud, 1993.

EYDOUX, Eric, *Les Grandes Heures du Danemark*, Librairie Académique Perrin, 1975.

FAUQUET, Joël-Marie (sous la direction de), *Dictionnaire de la musique en France au XIXe siècle*, Fayard, 2003.

FOURNIER, Bernard, *Histoire du Quatuor à cordes. De 1870 à l'entre-deux-guerres*, Fayard, 2004.

FIFIELD, Christopher, *Max Bruch. His Life and Works*, Victor Gollanz Ltd, 1988.

FOG, Dan (edit. by), *Catalogue. The Society for publishing Danish Music, 1871-1971*, Dan Fog Musikforlag, 1971.

FOG, Dan, *Lumbye-Katalog*, Det Kongelige Bibliotek/Museum Tusculanums Forlag, 1995.

FRANÇOIS-SAPPEY, Brigitte, *Clara Schumann*, collection Mélophiles n° 8, Editions Papillon, 2001-2004.

FRANÇOIS-SAPPEY, Brigitte, *La musique dans l'Allemagne romantique*, Fayard, 2009.

FRANÇOIS-SAPPEY, Brigitte, *Robert Schumann*, Fayard, 2000.

FRANÇOIS-SAPPEY, Brigitte, *Felix Mendelssohn. La lumière de son temps*, Fayard, 2008.

GOUBAULT, Christian, *La critique musicale dans la presse française de 1870 à 1914*, Editions Slatkine, 1984.

GREGOR-DELLIN, Martin, *Richard Wagner*, Fayard, 1981.

GRINDE, Nils, *A History of Norwegian Music*, University of Nebraska Press, 1981.

HELLE, Astrid E., *Histoire du Danemark*, Hatier, 1992.

HERRESTHAL, Harald & REZNICEK, Ladislav, *Rhapsodie norvégienne. Les musiciens norvégiens en France au temps de Grieg*, Presses Universitaires de Caen, 1994.

HERRESTHAL, Harald et PISTONE, Danièle (Textes réunis et présentés par), *Grieg et Paris. Romantisme, symbolisme et modernisme franco-norvégien*, Université de Caen, 1996.

HERTEL, Hans et SCAVENIUS, Bente, Home *and Abroad, High and Low. Contrasts of the Golden Age*, in T*he Golden Age Revisited, Art and Culture in Denmark 1800-1850*, Gyldendal, 1996.

HORTON, John, *Scandinavian Music: A Short History*, Faber and Faber, 1963.

HORTON, John, *Edvard Grieg*, Fayard, 1989.

FOL, Jean-Jacques, *Les Pays Nordiques aux XIXe et XXe siècles*, PUF, Clio, 1978.

FOLLETT, Christopher, *The Danish Composer Asger Hamerik and Berlioz*, The Hector Berlioz Website, 2005.

FULLER MAILLARD, John Alexander, *Joseph Joachim*, bibliobazar, 2010. Reproduction de John Lane: The Bookley Head, London & New York, 1905.

GRIEG, Edvard, *Letters to Colleagues and Friends*, Edited by Finn Benestad, translated by William H. Halverson, Peer Gynt Press, 2000.

JACOBS, Rémi, *Mendelssohn*, Solfèges n° 36, Seuil, 1977.

JEANNIN, Pierre, *Histoire des pays scandinaves*, PUF, 1965.

JEANNIN, Pierre, *L'Europe du Nord-Ouest et du Nord aux XVIIe et XVIIIe siècles*, PUF, Clio, 1969.

JESPERSEN, Knud J.V., *A History of Denmark*, 2e édition, Palgravre MacMillan, 2011.

JOHANSSON, Ejner, *Battle Painters. From the wars against England to the Schleswig-Holstein revolt*, in T*he Golden Age Revisited, Art and Culture in Denmark 1800-1850*, Gyldendal, 1996.

KAPPEL, Vagn, *Danish Composers*, Det Danske Selskab, 1957.

KETTING, Knud, *Music in Denmark*, Det Danske Selskab, 1987.

LEMAIRE, Frans C., *La passion dans l'histoire et la musique. Du drame chrétien au drame juif*, Fayard, 2011.

LÉPRONT, Catherine, *Clara Schumann. La vie à quatre mains*, Robert Laffont, 1988.

LETERRIER, Sophie, *Ossian et Walter Scott: sources littéraires d'un romantisme musical européen*, Vrin, 2012, p. 179 et s.

LUNN, Sven (sous la direction de), *La vie musicale au Danemark*, Copenhague, 1962: *La musique danoise jusqu'à nos jours*.

MARSCHNER, Bo, *Gade, Niels*, The New Grove Dictionary of Music and Musicians, Ed. By Stanley Sadie, T. 7, 1980, p. 73-75.

MILLER, Mina (Edited by), *The Nielsen Companion*, Faber & Faber, 1994.

MOSHANSKY, Mozelle, *Mendelssohn*, Omnibus Press, 1982.

NIELSEN, Tage, *La musique danoise après Carl Nielsen* in *La vie musicale au Danemark*, sous la direction de Sven Lunn, Copenhague/Maison du Danemark à Paris, 1962.

ØSTERGAARD, Jens, *From Ossian to Zealand's Pleasant Pastures. Niels Gade's Marvellous Breakthrough in Danish and European Music*, in *The Golden Age Revisited, Art and Culture in Denmark 1800-1850*, Gyldendal, 1996.

PAINE, J.K., *Niels Wilhelm Gade*, in *Famous Composers and their Works*, Boston, 1891.

PISTONE, Danièle, *La Symphonie dans l'Europe du XIXe siècle,* Honoré Champion, Paris, 1977.

PITROU, Robert, *Clara Schumann*, Editions Albin Michel, 1961.

POULSEN, Vagn, *Peinture et sculpture au Danemark*, Det Danske Selskab, Institut danois des relations culturelles, 1955.

PROD'HOMME, J.-G., *Hector Berlioz*, Librairie Delagrave, 1927.

RITTER, William, *Smetana*, Editions d'Aujourd'Hui. Les Introuvables, PUF 1978 (édition originale : Edition Felix Alcan, 1907).

RØLLUM-LARSEN, Claus, *Dinner with Weyse*, in *The Golden Age in Denmark, Art and Culture 1800-1850*, Gyldendal, 1994.

SACRE, Guy, *Niels Gade* in *La musique pour piano*, Robert Laffont, Bouquins T. 1, 1998.

SAINT-SAËNS, Camille*, Ecrits sur la musique et les musiciens*. Présentés et annotés par Marie-Gabrielle Soret, Vrin, 2012.

SCHUMANN, Robert et Clara, *Journal intime*, Buchet/Chastel, 1976.

SMIDT, Claus M et WINGE, Mette, *Strolls in the Golden Age of Copenhagen*, Gyldendal, 1996.

SMITH, Frederick Key, *Nordic Art Music. From de Middle Ages to the Third Millenium*, Praeger, 2002.

SOUBIES, Albert, *Histoire de la musique: Etats Scandinaves, des origines au XIXe siècle*, Librairie des bibliophiles, Paris, 1901.

STRICKER, Rémy, *Robert Schumann. Le musicien et la folie*, NRF, Gallimard, 1984.

VIARDOT, Paul, *La Musique en Scandinavie*, Librairie Fischbacher, 1908.

VINCENT, Michel, *Gade Niels*, Dictionnaire des Musiciens, Encyclopædia Universalis, Paris, 2009, p. 715-716.

WAGNER, Richard, *Ma vie*, Buchet/Chastel, 1978.

WALKER, Alan, *Franz Liszt*, Fayard, 1998.

WERK, Isabelle, *Edvard Grieg*, bleu nuit éditeur, 2014.

YOELL, John H., *The Nordic Sound*, Crescendo Publishing Co, 1974.

Les Sociétés scandinaves de la Réforme à nos jours (textes de Jean-François Battail, Régis Boyer, Vincent Fournier), PUF, 1992.

Le Danemark, Ministère Royal des Affaires Etrangères du Danemark, 1999.

(Ed. by Bente Scavenius), *The Golden Age in Denmark. Art and Culture 1800-1850*, Gyldendal, 1994.

(Ed. by Bente Scavenius), *The Golden Age Revisited. Art and Culture in Denmark 1800-1850,* Gyldendal, 1996.

Danish Painting of the Golden Age, Ny Carlsberg Glyptotek, 1995.

Le siècle d'or de la peinture danoise, Une collection française, Gallimard, 2013.

Conclusion. Les Printemps de Gade

Niels Gade reste l'une des personnalités les plus intéressantes et les plus marquantes du XXe siècle danois.

Sa musique, comme l'homme sans doute, affiche une harmonie constante, délivrée avec un souci du respect d'un équilibre en permanence maîtrisé.

Sa vie durant il reçut de multiples et régulières marques et témoignages positifs et enthousiastes de diverses personnalités majeures dont Hugo Riemann (musicologue et théoricien allemand) et Edouard Hanslick (critique allemand influent).

Un grand nombre de ses titres évoquent le printemps, saison du renouveau après les rigueurs hivernales, qu'il sait chanter avec un romantisme délicat si propre aux scandinaves.

Depuis ses premières réalisations jusqu'au soir de sa vie Niels Gade composa avec fidélité une musique délicate, légère et douce.

Son catalogue se trouve ainsi parsemé d'allusions ciblées sur la fête de la vie, la régénération (le bios des grecs), le printemps immuable. Témoignent de cette disposition optimiste et d'une écoute si plaisante et apaisante des partitions dénuées de conflits violents, d'affrontements inutiles, de discordes peu compatibles avec un état d'esprit résolument tourné vers la quiétude et l'affabilité.

Plusieurs partitions chantent la fascination du retour du printemps. Qu'il s'agisse de *Un Jour d'été à la campagne* pour orchestre (1879), de *Fleurs de printemps* pour piano (1841 et 1873), de la *Fantaisie du printemps* pour voix, piano et orchestre (1852), de la cantata *Message du printemps* (1858) ou encore des *Images des saisons* (pour voix solistes, chœur et orchestra, 1871) et du chœur *Le Printemps est un cavalier*, extrait des *Fünf Gesange* de 1846, sans oublier *Frühlingsgruss*, premier des *Neuf Chants populaires* op. 9 (1845), Niels Gade bâtit ses musiques dans un authentique esprit ductile et conciliant. Il se délecte sans épuisement au sein de sonorités ravissantes et suaves, de lignes mélodiques gracieuses, d'harmonies pacifiques.

Une marque de fabrique? Probablement! Et d'ailleurs plusieurs de ses autres créations (pas toutes cependant) véhiculent et dessinent un climat très approchant même quand le printemps n'y est pas nommément spécifié.

Cette passion printanière, quasiment panthéiste, faite de respect et de fascination mêlés, n'avait nullement échappé au voyageur et écrivain français Xavier Marmier[275] qui au milieu du XIXe siècle notait :

« Le printemps vient tard à Copenhague, et quand il daigne montrer le bout de son aile, Dieu sait que ce n'est pas sans s'être fait longtemps prier[276].»

Et d'ajouter presque immédiatement :

« En France, nous sommes ingrats, nous accueillons le printemps comme s'il ne faisait que son devoir en venant à nous ; mais dans le Nord on le divinise et on l'encense (…) En Danemark, il n'est question, pendant un grand mois, que de l'appartition du printemps[277]. »

Gade adhéra et participa pleinement au principe de continuité et de renouvellement, à ce rythme des saisons qui inspira également le poète E. Geibel qu'il mit en musique [278]:

« *Le printemps est un cavalier* (…) Il brandit une épée de soleil ardent/Avec témérité et sans fatigue/Jusqu'à ce qu'il brise l'armure d'argent/Que l'hiver s'était forgée. »

Dans ce même recueil il pose ses notes sur le poème de L. Tieck[279] : *Chanson d'automne* : « … l'hiver ne vient jamais quand on aime, /non, non, non/Car l'amour, c'est le printemps éternel. »

A un autre écrivain allemand, Edmund Lobedanz[280], auteur du texte de la *Fantaisie du printemps,* il emprunte les vers suivants :

---

[275] Xavier Marmier (1808-1892), homme de lettres français, grand voyageur et traducteur de textes nord-européens. Participe à diverses revues dont *la Revue germanique*. Effectue plusieurs expéditions (Islande, Scandinavie, Pôle Nord). Professeur de littératures étrangères à Rennes (1839). Membre de l'Académie française en 1870.

[276] Xavier Marmier, *Lettres sur le Nord : Danemark, Suède, Norvège, Laponie et Spitzberg*, H.L. Delloyer, éditeur, Paris, 1840, p. 139.

[277] *Ibid.*, p. 139-140.

[278] Emanuel Geibel (1815-1884), poète allemand du romantisme et du classicisme.

[279] Ludwig Tieck (1773-1853), homme de lettres allemand : poète, traducteur, éditeur, romancier et critique à l'époque du premier romantisme.

[280] Edmund Lobedanz (1820-1882), pharmacien mais aussi écrivain, poète et traducteur allemand, originaire du Schlesvig.

« Une intense envie emplit ma poitrine/Pour toi, printemps bien aimé. (…) Aussi écoute mes prières et donne moi de la joie/Car je t'aime, toi, la plus belle des saisons. (…) Car l'amour, O l'amour est là/ Il vint avec le printemps et m'offrit tant de joie. »

« Printemps » du Norvégien A.O. Vinje[281] mit en musique Edvard Grieg lui convient très bien également :

« Une fois encore j'ai vu l'hiver céder sa place/Au printemps (…) Une fois encore j'ai vu la glace/Flotter sur le pays/La neige fondre et les rivières/ Ecumer et se briser / L'herbe pousse plus verte et de nouveau/A des bourgeons avec des fleurs/De nouveau j'ai entendu le chant printanier de l'oiseau/Vers le soleil de l'été. »

Il existe également dans le catalogue de Gade des musiques plus robustes, plus compactes, plus conformes à un certain état d'esprit conflictuel, proches des œuvres de grands maîtres romantiques germaniques.

La beauté intrinsèque de l'œuvre de Niels Gade, sa richesse mélodique inépuisable, ses coloris chatoyants et ses tableaux délicieux rendent naturellement compte de la qualité de sa musique épanouie, et justifient la survivance de ses partitions au sein desquelles la consonance, l'harmonie et l'écoulement placide du temps ne peuvent que flatter les oreilles des auditeurs de notre époque.

On ne peut s'interdire en pensant au vieux maître couvert de gloire à ces mots, adaptés, du compositeur suédois Erik-Axel Karlfeldt[282] :   « Il mourut en silence, rassasié d'années. »

Jean-Luc CARON

---

[281] Aasmund Olavsson Vinje (1818-1870), écrivain et poète norvégien. Défenseur du néo-norvégien (landsmâl).
[282] Erik-Axel Karlfeldt (1864-1931). Poète suédois, bibliothécaire, secrétaire de l'Académie de Suède, Prix Nobel à titre posthume (1931). Inspiré par sa province natale, la Dalécarlie, il se range parmi les poètes lyriques.

INDEX DES NOMS

Aarestrup, Emile : 226
Abert, Johann Joseph : 113,198
Achard Prothin : 225
Achille : 57
Ader, Clément : 178
Albeniz, Isaac : 236
Albers, Henri : 223, 224
Alexandre le Grand : 98, 101
Alexandre, André : 176
Alfvén, Hugo : 55,
Alkan, Charles-Valentin : 860
Andersen, Carl : 96, 98, 99, 100, 101, 241
Andersen, Hans Christian : 65,72, 94, 96, , 101, 103, 239, 243, 245, 250, 255, 262, 263, 269, 271, 276, 293
Andersen, Joachim : 115, 118, 251, 255, 256, 285, 287, 291, 293
Andersen, Stig, F. : 286
Anna de Hesse : 89
Arcadet : 108
Astorga : 108
Auguez : 154

Bach, Carl Philipp Emanuel : 69
Bach, Jean Sébastien : 24, 25, 32, 35, 36, 48, 49, 81, 83, 108, 119, 130, 149, 150, 176, 181, 194, 231, 253, 265, 266, 271
Bache, Poulus : 230
Backer-Grøndahl, Agathe : 199, 200
Bagès, Maurice : 173, 174
Baillot : 106
Balakireff, Mily : 170, 223, 224
Banyer : 192
Barbedette, Hippolyte : 117, 136, 171, 188
Bargiel, Woldemar : 113, 115, 266
Barnekow, Christian : 226
Bartók, Béla : 1, 54
Beechgaard, Julius : 200
Beethoven, Ludvig van : 9, 24, 27, 29, 32, 33, 35, 36, 43, 44, 55, 61, 63, 68, 69, 70, 71, 78, 81, 82, 110, 111, 112, 113, 114, 115, 116, 119, 120, 121, 122, 123, 124, 125, 133, 134, 141, 142, 143, 147, 149, 150, 154, 155, 156, 157, 158, 167, 168, 173, 174, 175, 176, 177, 188, 192, 194, 197, 207, 209, 232, 233, 234, 236, 253, 256, 264, 265, 266, 267, 269, 271, 272, 273, 274, 275, 276, 288, 292

Behrend, William : 53, 206, 209
Bellmann, Carl Michael : 206
Bendix, Victor : 241, 289
Bengtsson, I. : 47, 49, 51
Bennett, W. S. : 48, 129
Benoit, Pierre : 119, 156, 157, 158, 158, 159, 166
Berggreen, Andreas Per : 24, 69, 84, 146, 199, 210, 211, 256,
Berliner : 169
Berlioz, Hector : 9, 28, 44, 45, 46, 49, 50, 52, 53, 57, 97, 98, 105, 106, 108, 110, 112, 114, 115, 124, 132, 136, 141, 142, 143, 150, 151, 156, 188, 198, 202, 209, 215, 256, 261, 264, 265, 287, 290, 293, 295, 296, 303
Bernard, Paul : 122
Berr, Emil : 208
Bertrand, Gustave : 122
Berwald (cousin) : 31
Berwald, Franz : 43, 55, 63, 205, 210, 211, 212, 288
Bettelheim, Caroline : 116
Biguet, A. : 198
Billa-Azéma : 223, 224
Bilse, Benjamin : 118
Bismark, Otto von : 122
Bissen, Vilhelm : 146
Bitard, Adolphe : 147, 171
Bizet, Georges : 60, 124, 125, 157, 168, 175, 212, 235, 255,
Bjornsson, Bjornstierne : 206
Blauwart : 120
Blaze de Bury, Henri : 18, 19, 42, 91, 108, 117, 122, 125, 126, 133, 137, 287
Blech, Léo : 199
Blicher, St : 56
Boccherini, Luigi : 71, 133
Boehe, Ernst : 215
Boehlmann, Léon : 232
Bordes, Charles : 172, 173
Borgaard, Carl : 58, 65, 246
Borodine, Alexandre : 43, 52, 61, 79, 178, 215, 223, 224, 227, 236
Børresen, Hakon : 230, 291
Bosquin : 154, 155
Bossi, E : 215
Boudesen : 214
Bournonville, Antoine : 64
Bournonville, Auguste : 65, 66, 126, 257, 265, 268, 281, 282, 291, 303
Boutarel, Amédée : 169, 212
Boutel, Raymond : 215
Boutet de Monvel : 1173, 174

Boyer, Georges : 227
Boyer, Régis : 297
Brancour, René : 227, 230
Brahms, Johannes : 10, 35, 37, 50, 51, 52, 54, 63, 64, 70, 71, 74, 77, 86, 113, 115, 116, 120, 128, 134, 169, 184, 188, 193, 198, 200, 207, 215, 235, 257, 267, 270, 283
Branly, Edouard : 178
Bree, van : 225
Brendel, Franz : 59, 271
Breuning, Gunna : 230, 256
Bricqueville, E. de : 156
Bridge, Franck : 209
Brion, Marcel : 19, 30, 270, 287
Briulez-Richards : 225
Brohly, Mme : 223, 224
Bruch, Max : 35, 95, 156, 157, 159, 160, 163, 165, 166, 256, 257, 293
Bruckner, Anton : 10, 36, 43, 52, 53, 214
Bruneau, Alfred : 156, 163, 165
Brunet-Lafleur ; Marie-Hélène : 139, 140, 141, 142, 143, 154, 155, 167
Brussel, Robert : 218
Bruun, Frederikke : 85
Bülow, Hans von : 50, 174, 261, 276
Burgmüller, Norbert : 113
Bull, Olaf : 229
Bull, Ole : 130, 173, 176, 177, 205, 210, 211, 218, 219, 276, 288
Busser, Henri : 227
Bussine, Romain : 139, 140, 141, 142, 143
Byström, Oskar : 55

Cammargre, L. : 233
Carnioli : 1112
Casella, Alfredo : 170
Catulle Mendès : 201
Chabot, Adrien : 222
Chabrier, Emmanuel : 54
Chaminade, Cécile : 232
Champier, Victor : 145, 153
Charbonnel, Mme : 223, 224
Chausson, Ernest : 211, 234
Cherubini, Luigi : 35, 111, 113, 116, 226, 227, 255, 257, 265
Chevillard, Camille : 151
Chopin, Frédéric : 9, 47, 48, 49, 77, 81, 84, 86, 87, 108, 126, 129, 133, 148, 155, 189, 202, 205, 207, 211, 236, 258, 259, 264, 287, 288
Chostakovitch, Dmitri : 36, 282

Chouquet, Gustave : 110, 111
Christian VII : 31, 120
Christian VIII : 27, 29, 31, 268
Christian IX : 34, 58
Christiansen, Asger Lund : 76
Christiansen, Christian : 230
Christiansen, Einar : 229
Clément, Félix : 122, 153
Closson, Ernst : 189, 230
Cochet, Georges : 191
Collet, Henri : 107
Collin : 167
Collin-Maillard : 193
Colonne, Edouard : 54, 112, 138, 140, 141, 142, 143, 144, 148, 151, 161, 176, 188, 202, 207, 212, 257
Commettant, Oscar : 122
Coppola, Piero : 234
Coquard, Arthur : 160, 162, 165
Corsanego : 196
Couppas : 175
Courson, A. de : 114
Cousin, Victor : 108
Cowen, Frederic Hymen : 216
Crémieux, Mathilde P. : 225
Cristal, Maurice (Maurice Germa) : 125, 126, 127, 131, 133, 149, 151, 293
Cui, César : 170, 184, 234
Curie, Pierre et Marie : 201, 212
Curson, Henri de : 202
Czerny, Carl : 107

Danbé, Jules : 160, 162
Dancla, Charles : 151, 152, 153, 155, 157 , 189, 191
Daquin : 232
Darcours, Charles : 185
Dargomyjski , Alexander : 197, 223, 224
Darwin, Charles : 109
Dauvrezis, A. : 231
David, Félicien : 138, 189, 191,
David, Ferdinand : 15, 18, 71, 107, 225, 257, 264, 265, 266, 270, 271, 272, 273
Debussy, Claude : 52, 191, 212, 218, 235, 236, 237, 291
Delahaye : 124
Delbanco : 29, 167
Delibes, Léo : 54, 154, 155, 157, 189, 191, 255

Delius, Frederick : 39, 259, 288, 291
Denis, Mlle : 232
Denizeau, Gérard : 6, 8, 269, 292
Delsart : 173, 174
Dente, Joseph : 55
Depecker, Rose : 200
Dereims : 153
Diémer, Louis : 221
D'Indy, Vincent : 61, 187, 188, 189, 202
Doles, Johann-Friedrich : 195
Dorn, Henri : 197, 271
Drachmann, Holger : 229, 258
Dreyfous, Maurice : 147
Dreyfus, capitaine : 191, 201, 205
Dubois, Théodore : 148, 160, 163, 165
Dukas, Paul : 53, 218
Dupiney de Vorepierre : 135
Dupont : 189, 191, 192
Dupont, Gabriel : 231
Durand (éditeur) : 186
Dürer, Albert : 137
Durosoir, Lucien : 207, 257
Du Saucet : 189, 191
Duval, H.-Robert : 227
Dvořák, Antonin : 52, 71, 75, 79, 190, 191, 195, 196, 198, 207, 235, 236, 275
D.W. : 32, 33, 262, 263, 293

Eckert : 28
Edéma, Amédée : 145
Enna, August : 205
Enoch : 196, 199, 204, 223
Erkel, Ferenc : 138
Ernouf, baron Alfred-Auguste : 114
Erslev, Emil : 93, 264
Escudier, Marie : 110
Essipoff, Mme : 155
Echegary, José : 215
Ewald, Johannes : 103, 245, 246
Expert, Jean : 223, 224

Faber & Faber : 40, 294, 295
Faber, Ella : 230
Farrenc, Louise : 225

Fauré, Gabriel : 46, 76, 78, 153, 168, 218
Féodorof : 223, 224
Ferren, Marc : 225
Ferry, Jules : 148, 150
Ferry, Paul : 111
Fétis, François-Joseph : 107, 119, 117, 126, 132, 133
Field, John : 83, 211, 293
Fischer, M. : 122
Flaxland, Gustav : 112
Flotow, Friedrich von : 107
Follet, Christopher : 115, 295
Fournets : 160, 161, 163
Francell : 223, 224
Franchomme , Auguste : 210
Franck (harpe) : 175
Franck (traducteur) : 229
Franck, César : 43, 51, 53, 54, 76, 78, 90, 156, 163, 166, 173, 185, 214, 222
François-Joseph : 109
Frederik VIII : 243
Frederiksen (Mlle) : 200
Frølich, Johannes Frederik : 25, 65, 250, 257, 307

Gabourd, Amédée : 114
Gade, Dagmar : 193, 258
Gade, Felix : 33, 246, 258
Gade (Staeger), Mathilde : 33, 74, 86, 88, 193
Gade, Emma Sophie (cf. Hartmann, Sophie) : 32, 87, 307, 309
Gallet, Louis : 157, 160, 163, 165
Garcia, Manuel : 120, 161, 205
Garcia-Viardot, Pauline : 271, 264
Gardel, Pierre : 66
Garibaldi, Giuseppe : 109
Garnier, Charles : 110
Gauntlett : 225
Gautier, Eugène : 133
Gébé : 212
Gebel, Franz Xaver : 68
Geibel, Emmanuel : 95, 102, 240, 241, 246, 300
Geisler : 231
George (critique) : 140
Gevaert, F.A. : 133, 208
Gigout, Eugène : 156
Gilly : 233
Girardin-Marchal : 231

Glass, Louis : 214, 229, 289
Gläzer (Glæser), Franz Joseph : 32
Glazounov, Alexander : 227, 234, 235
Glinka, Mikhaïl : 43, 51, 106, 197, 198, 223, 224
Gluck, Christoph Willibald : 108, 115, 154, 265
Godard, Benjamin : 148, 151, 156, 159, 160, 162, 166, 202, 204, 207, 234
Goethe, Johann Wolfgang : 69, 94, 101, 246
Gogh, Vincent van : 172
Goldmark, Karl : 233
Gounod, Charles : 51, 53, 106, 109, 111, 134, 150, 151, 153, 156, 158, 159, 161, 163, 183, 189, 191, 192, 227, 268, 287
Gouvy, Louis Théodore : 28, 106, 124, 125, 148, 260, 261, 268
Gouzien, Armand : 115
Gram, Peder : 229
Granados, Enrique : 235, 236
Grandval, Marie-Félicie-Clémence de Reiseit, Mme de : 107, 308
Greef, Arthur de : 211, 237
Grétry, André : 149, 227
Grieg, Edvard : 6, 9, 10, 14, 15, 16, 17, 28, 33, 34, 35, 36, 39, 55, 60, 61, 62, 70, 77, 78, 81, 83, 86, 87, 101, 134, 136, 147, 148, 159, 164, 170, 173, 174, 176, 177, 178, 184, 185, 189, 191, 193, 195, 196, 197, 198, 199, 200, 201, 202, 205, 206, 207, 208, 209, 210, 211, 212, 213, 215, 217, 218, 219, 220, 221, 222, 223, 224, 230, 231, 235, 236, 237, 258, 259, 260, 263, 301
Grieg, John : 34
Grieg, Nina : 38
Grimard, Ely-Edmond : 168, 206
Grimm, Wilhelm : 94
Grisez, Mr : 125
Grundtvig, N. F. S. : 28, 103, 246
Gucht, van des : 148
Guillaume 1er : 108, 134
Guillot de Sainbris : 127, 144
Guilmant, Felix Alexandre : 155, 160, 174
Guiraud, Ernest : 124, 151, 160, 162, 163, 165
Gurlitt, Cornelius : 29, 261
Gurt : 231
Gustav III : 206
Gustav, Prince : 148
Guyon, Mme : 192

Haberbier, Ernst : 108, 126, 133
Haendel, Georg : 35, 45, 51, 108, 119, 127, 149, 152, 153, 155, 157, 17, 194, 209, 256, 257, 265, 271
Hahn, Reynaldo : 232

Hafiz : 229
Hägg, Jakob Adolf : 55
Halbreich, Harry : 17
Halévy, Fromental : 107
Hallé, Charles : 77, 120, 226
Hallstrœm, Ivar : 147, 159, 210, 211
Halvorsen, Johan : 198
Hamerik, Asger : 35, 112, 114, 115, 147, 148, 212, 261, 281, 290, 295
Hammerich, Angul : 40
Hammershoi, Vilhelm : 221
Hamsun, Knut : 178
Hansen, Finn Egeland : 14
Hansen, Ibanna-Marie : 200, 201
Hansen, Niels : 126
Hansen, Wilhelm : 55, 288
Hanslick, Edouard : 271, 299
Hartmann, Emile : 135, 187, 203, 204, 205, 261, 262, 210, 211, 216, 226, 293
Hartmann, Johann : 162
Hartmann, Johan Peter Emilius : 14, 18, 29, 30, 32, 33, 35, 36, 38, 39, 40, 49, 55, 65, 66, 80, 86, 92, 94, 114, 126, 135, 138, 162, 167, 169, 170, 174, 193, 194, 200, 205, 208, 209, 210, 211, 214, 215, 216, 219, 220, 227, 228, 229, 234, 257, 258, 260, 261, 262, 263, 267, 268, 272, 275, 281, 282, 283, 284, 285, 291, 293
Hartmann, Emma Sophie Amalie (épouse Gade) : 87, 263
Hasselmans ; Louis : 207
Hauch, Carsten : 99, 101, 240, 242, 246, 249, 307
Hauptmann, Moritz : 113, 199, 217, 218, 257, 264, 266, 271, 273
Haussmann, baron Georges-Eugène : 151
Hawick : 193
Haydn, Joseph : 35, 69, 70, 81, 108, 110, 112, 113, 115, 119, 120, 121, 122, 123, 127, 134, 140, 188, 197, 215, 222, 233, 235, 255, 256, 265
Heckmann , Rudolph : 63
Heiberg, Johan Ludvig : 94, 181, 247, 263
Heiberg, Johanne Luise : 181
Heilbronner, Mme : 223, 224
Heinecke : 204, 220
Heise, Peter :101, 199, 201, 213, 229, 275, 282
Heller, Stephen : 211
Helsted Carl : 24, 232
Helsted, Edvard : 24, 65, 82, 182, 232, 250, 281
Hennebains : 175
Henning-Jensen, Gert : 285
Henriques, Fini : 214, 275, 290

Henschel, George : 215
Herder, Johann Gottfried : 94
Hérold, Ferdinand : 151
Hertz, Adolph : 95, 243, 247
Heugel, Jacques Léopold : 106
Høeberg, Georg : 214
Huret, Jules : 198
Ibsen, Henrik : 147, 157, 206, 214, 220
Held, Ferdinand : 191
Hiller, Ferdinand von : 73, 109, 116, 119, 135, 149, 161, 190, 195, 214, 225, 256, 257, 264, 265, 270, 271, 272
Hiller, Jean-Adam : 195
Hittorff, Jacques-Ignace : 119
Höedt, Frederik : 58
Hoffmann, Richard : 85
Holberg, Ludvig : 61, 62, 164, 221, 242, 249, 250, 280
Holm, Christian Fredrik : 75
Hollmann, J. : 208
Holmes, Augusta : 156
Holmstrand, Emma : 200
Holter, Iver : 210, 211
Homère : 62, 133
Honegger, Marc : 17
Hornemann, C. F. E. : 259
Hugo, Victor : 49, 106, 110, 115, 160, 162, 163, 229
Hummel, Johan Nepomuk : 83, 111, 264

Ingemann, Bernhard Severin : 41, 94, 101, 103, 244, 247, 249

Jannequin, Clément : 227
Jaurès, Jean : 215
Jéhin, Léon : 192, 195, 196, 198, 202, 227
Jensen, Adolf : 207, 212
Jensen, Ole : 280
Johnson, T. : 154
Joachim, Joseph : 15, 39, 51, 63, 64, 77, 113, 190, 214, 225, 255, 256, 257, 258, 264, 266, 267, 270, 272
Jober, J. : 69
Joncières, Victorien : 127, 156
Josephson : 29
Jouvin, B. : 122
Jullien, Adolphe : 128, 134, 135, 190, 197, 207, 209

Kajanus, Robert : 55

Kalliwoda, Jan Vaclav : 24, 265
Karlfeldt, Erik-Axel : 301
Kelsen, Mercédès : 232
Kerst, Léon : 145, 148
Kirkegaard, Søren : 105
Kjerulf, Charles : 47
Kjerulf, Halfdan : 81, 173, 174, 189, 193, 205, 275
Klenger, Julius : 91
Koch, Robert : 153
Koechel, Ludwig : 110
Korngold, Erich Wolfgang : 233, 234
Krebs, T. L. : 191, 193
Kruger, Wilhelm : 127
Kuhlau, Frederik : 81, 94, 126, 131, 173, 174, 257, 265, 288, 292
Kumps, Jean : 236

Laboulaye, Albert de : 221
Lachner, Franz : 115, 198
Lacombe, Louis : 107
Lafitte, Pierre : 225
Lalande, Mr : 125
Lalo, Edouard : 148, 159, 163, 172, 235, 256
Lambert, Lucien : 156, 176
Lamoureux, Charles : 54, 112, 138, 139, 151, 152, 153, 154, 155, 157, 167, 168, 169, 171, 172, 175, 183, 187, 188, 190, 203,
Lagenevais, F. de : 108
Lange-Müller, Peter Erasmus : 101, 197, 199, 200, 201, 203, 209, 222, 223, 229, 263, 290
Langgaard, Anna : 258
Langgaard, Rued :59, 258, 292
Lara, René : 204, 222
Larousse, Pierre : 17, 106, 115, 134, 137, 153, 185
Larsen, Ove Vedsten : 281
Larsen, Thyra : 229
Lassalle, Jean-Louis : 139, 140, 141, 142, 143
Laure, Jean : 223, 224
Laurens, Bonaventure : 231, 272
Lavignac, Albert : 15, 18, 207, 227
Layton, Robert : 17
Lebeau : 189, 191
Le Borne, Ferdinand : 156, 157, 159, 166, 173
Lecerf, Léonie : 232
Lecoq, Charles : 60, 124
Ledelier : 119

Le Flem, Paul : 205
Legrand, Henry : 184
Léhar, Franz : 216
Lemaigre, Ed. : 174
Lemaire, Frans : 36, 295
Lemaître : 155
Lemanissier, Ch. : 134
Lenepveu, Charles : 151
Léonard, Hubert : 161
Lesman : 40
Levadé, Charles : 201, 232
Levetzau : 96, 245
Loiseau, Georges : 193
L'Hôte, Albert : 122
Lichtenberger, F. : 149
Lie, Jonas : 38
Lincoln, Abraham : 112
Lind, Jenny : 108, 120, 126, 131, 133, 205, 210, 211, 266, 287, 293,
Lindblad, Adolf Fredrik : 55, 120, 126, 130, 131, 148, 210, 211,
Lindblad, Otto : 205
Lindeman, Ludvig Mathias : 87, 174, 205
Liszt, Franz : 46, 48, 49, 50, 52, 59, 61, 63, 77, 78, 81, 82, 86, 97, 110, 112, 127, 161, 162, 165, 168, 174, 189, 197, 201, 202, 214, 215, 222, 225, 227, 236, 256, 260, 261, 263, 264, 272, 274, 276, 292, 297
Lobedanz, Edmund : 92, 100, 240, 300
Longfellow, Henry Wadsworth : 229
Lorck, Dr : 167
Lortzing, Albert : 29, 261
Loubet, Emile : 205
Louise (reine) : 36
Louis-Napoléon Bonaparte : 106
Louise de Hesse-Kassel : 62
Loewe, Carl : 94, 101, 127
Loewe, Sophie : 127
Lumbye, Hans Christian : 65, 126, 205, 214, 232, 265, 281, 289, 294
Lumière, frères : 193
Luqueins, H. M. : 225

Maeterlinck, Maurice : 187
Magnien : 200
Mahler, Gustav : 19, 36, 198, 221, 272
Malling, Amalie : 280
Malling, Otto : 35, 214
McPhersen, James : 116

Marnold, Jean : 225
Manet, Edouard : 112
Mangeot, L. : 139, 140, 141, 142, 143
Marchal, G. : 231
Marconi, Guglielmo : 201
Marga, Y. : 230
Marimon, Marie : 151, 152
Marmier, Xavier : 300
Marmontel, Jean-François : 173
Marsy, Emile : 196
Marteau, Henri : 176, 200, 201
Martini, padre Giovanni Battista : 108
Martyl, Nelly : 223, 224
Massenet, Jules : 139, 140, 141, 142, 143, 148, 150, 151, 153, 156, 157, 172, 183, 189, 191, 207, 210, 225, 232, 236
Massé : 153
Masset, Nicolas : 161
Matthison-Hansen, Gottfried : 258
Matthison-Hansen, Waage : 99
Marx, Karl : 115
Mathieu, Emile : 212
Mauguière (ténor) : 200
Maurel, Jules : 110
Maurice : 109
Mazalbert : 160, 161, 163
Méhul, Etienne : 226, 227, 235
Meillet : 107
Mendelssohn, Fanny : 118
Mendelssohn, Felix : 10, 11, 12, 14, 15, 17, 18, 24, 25, 26, 27, 28, 30, 31, 33, 35, 41, 42, 43, 44, 45, 46, 47, 48, 54, 56, 57, 63, 67, 68, 69, 71, 72, 75, 77, 79, 80, 81, 82, 83, 85, 86, 87, 88, 89, 90, 91, 95, 96, 97, 98, 100, 101, 102, 106, 108, 110, 111, 112, 113, 114, 115, 116, 117, 118, 119, 120, 122, 126, 127, 128, 130, 131, 132, 133, 134, 135, 136, 137, 140, 143, 144, 145, 148, 149, 150, 151, 152, 153, 154, 155, 158, 161, 163, 164, 165, 168, 169, 171, 175, 177, 178, 179, 180, 184, 186, 188, 190, 193, 194, 195, 197, 199, 204, 209, 214, 215, 216, 217, 218, 219, 220, 225, 227, 230, 231, 255, 256, 257, 258, 260, 261, 263, 264, 265, 266, 268, 270, 271, 272, 273, 274, 276, 282, 287, 294, 295
Mercier, Olivier (ou Octave) : 124, 136
Merck, Henri : 222
Mercklin, A. : 202
Meritis, Felix : 124
Méry : 107
Messager, André : 234, 237

Meyerbeer, Giacomo : 48, 53, 91, 108, 114, 117, 120, 121, 124, 125, 134, 151, 159, 176, 227, 260, 265, 272,
Michaëlis, Sophus : 229
Mielck, Ernst : 55, 289
Miller, Mina : 40, 295
Millet, Aimé : 185
Mimart : 175
Mirande, Hippolyte : 215
Mistral, Frédéric : 215
Mohr : 125
Molbech, Christian : 94, 240
Monastier, Louis : 199
Monet, Claude : 187, 208
Montigny-Rémaury : 142, 143
Moscheles, Ignaz : 29, 113, 190, 215, 218, 264, 265, 266, 272
Moszkowski, Moritz : 197, 199, 200
Moussorgski, Modeste : 53, 60, 86, 89, 223, 224, 250
Mouzin, Cécile : 148
Mozart, Wolfgang Amadeus : 9, 26, 35, 69, 70, 71, 81, 110, 112, 113, 115, 119, 119, 128, 129, 148, 151, 152, 177, 178, 189, 191, 197, 205, 207, 233, 253, 255, 256, 257, 265, 266
Müller, Carl-Wilhelm : 195
Munch, Andreas : 96, 241, 247
Munch, Edvard : 190
Munck, de : 136
Munktell, Helena : 193, 202
Musset, Alfred de : 110

Naumann, Johann Gottlieb : 113
Neruda, Franz : 75, 76, 187, 226
Neupert, Edmund : 36, 222, 268
Nibelle, Adolphe-André : 107
Nicolas 1er : 32
Nicot-Vauchelet : 223, 224
Nicolet : 169, 227
Nielsen, Anna : 95, 244, 277
Nielsen, Carl : 10, 13, 24, 35, 37, 39, 40, 60, 61, 64, 81, 85, 93, 147, 173, 200, 205, 208, 213, 214, 218, 228, 258, 262, 263, 264, 266, 267, 275, 288, 289, 290, 291, 292, 296
Nielsen, Ludolf : 290
Nielsen, N.P. : 244
Nietzsche, Friedrich : 138
Nikisch, Arthur : 195
Nilsson, Bengt : 280

Nilsson, Christine : 205, 210, 211
Nissen Lie, Erika : 38
Nissen-Saloman, Henriette : 205, 210, 211
Nobel, Alfred : 115, 212, 215, 301
Nobya : 231
Nordblom, Johan Erik : 210
Nordraak, Richard : 173, 174, 178, 193, 217, 219, 260, 267, 289
Normann, Ludvig : 55, 77
Norman-Neruda, Wilma : 76
Noverre, Georges : 66

Oehlenschläger, Adam : 65, 91, 98, 247, 249, 250, 263
Oehstroem-Renard, Augusta : 173
Offenbach, Jacques : 50, 53, 54, 150, 201
Ohm, Georg Simon : 105
Onslow, George : 68, 265
Oscar II : 182
Otterström, Thorvald : 214
Otto, Louise : 191, 194

Paganini, Niccolò : 147, 173
Paladilhe, Emile : 168
Palestrina, Giovanni Pierluigi de : 108
Paludan-Müller, Frederik : 98, 243, 245
Panotka, Henri : 161
Panum, Hortense : 206
Parent : 173
Pasdeloup, Jules : 51, 107, 112, 113, 114, 115, 119, 121, 122, 123, 124, 125, 132, 138, 141, 147, 186, 188, 197, 201
Pasteur, Louis : 108, 166
Paulli, Holger Simon : 35, 36, 65, 182, 250, 268, 276, 281
Payant : 223
Paine, J. K. : 18, 37, 92, 296
Péronnet : 204
Perret : 160, 161, 163
Peschka-Leutner (Mme) : 125
Pesse, Maurice : 231
Pettersson, Allan : 89, 36
Peyre, Roger : 193
Philidor, François-André Danican : 127
Philippe, I. : 227
Picasso, Pablo : 210
Pierné, Gabriel : 237
Pierné-Mouton : 236

Pierredon, comtesse Michel de : 225
Pillaut, Léon : 158
Platen, August von : 96, 241
Ploux, Edith : 160, 161, 163
Pohlenz, Christian-August : 195
Poitevin ; Marie : 159
Polignac, Armande de : 225
Pouchet : 108
Pouchkine, Alexandre : 43
Pougin, Arthur : 122, 127, 145, 147, 202, 211
Poullin, Fernande : 232
Prince de Galles : 100
Puaux : 173
Puccini, Giacomo : 195, 208
Pugno, Raoul : 206

Rabani, G. : 220
Rachlevsky, Misha : 68, 281
Raff, Joachim : 72, 187, 188, 193, 198, 265
Rafn, Gerhard : 230
Rameau, Jean-Philippe : 174
Ravel, Maurice : 60, 234
Raynal, Y. : 233
Rebatet, Lucien : 17
Reber : 106, 268
Reinecke, Carl : 29, 52, 63, 109, 195, 215, 218, 255, 256, 261, 265, 268, 272, 273
Reissiger, Karl Gottlieb : 68, 109, 275
Remy : 173
Reyer, Ernst : 122, 150, 151, 156, 158, 163, 165, 166, 194
Richardt, Ad. : 170
Richardt, Christian : 40, 248, 262
Richter, F. X. : 69, 217, 218, 273
Rieman, Hugo : 299
Ries, Ferdinand : 159
Rietz, Julius : 49, 50, 109, 110, 116, 195, 265, 266, 268, 271
Riisager, Knudåge : 228
Rimbaud, Arthur : 166, 184
Rimski-Korsakov, Nicolaï : 172
Ritter, Max : 221, 230, 272
Ritter, William : 221, 272, 296
Robert-Thieffry, Jeanne : 222
Robertson, Alec : 17
Rocher : 154, 155

Rodin, Auguste : 111, 148
Ropartz, Guy : 182
Rosebud, Sibyl : 226
Rosenberg, Willy (Vilhelm) : 214
Rosenfeld, Leopold : 36
Rosenheim : 134
Rosenhoff, Orla : 39, 267
Rossini, Giacomo : 10, 53, 108, 113, 149, 151, 255, 281
Rostand, Alexis : 176
Rouge, Benjamin : 219, 221
Rousselot : 189, 191, 192
Routier : 151, 152
Roux, Emile : 191
Roze, Marie : 154
Rubinstein, Anton : 36, 52, 138, 149, 150, 151, 165, 170, 184, 187, 188,197, 204, 211, 223, 225, 271
Rubner, Cornelius : 15, 19, 20, 36
Rung, Henrik : 126, 135, 208, 209
Rung, Frederik : 99, 208, 209, 214

Saillard-Dietz : 200
Sainte-Beuve, Charles Augustin : 206
Saint-Saëns, Camille : 6, 43, 54, 63, 81, 106, 107, 112, 141, 142, 143, 149, 151, 153, 156, 157, 160, 161, 162, 163, 165, 183, 189, 191, 209, 211, 215, 233, 235, 236, 255, 256, 268, 269, 275, 296
Saloman, Siegfried : 126, 205, 212
Sammut : 233
Sanny, du : 192
Sauce de Lorentz, L. : 232
Savard : 210
Sax, Adolph : 46
Scavenius, Bente : 294, 297
Scavenius Estrup, Jacob Brønnum : 36
Schicht, Johann-Gottfried : 195
Schierbeck, Poul : 229
Schickel : 233
Schild : 116
Schiøler, Axel Theodor : 213
Schjelderup, Gerhard : 210, 211
Schleinitz, Charlotte : 102
Schneider, Friedrich : 56, 129, 269
Schoenberg, Arnold : 60
Schoenewerk (éditeur) : 186

Schubert, Franz : 29, 35, 36, 43, 48, 63, 68, 69, 71, 81, 83, 94, 101, 106, 112, 120, 122, 127, 130, 134, 136, 141, 142, 144, 145, 148, 171, 177, 188, 193, 202, 212, 215, 226, 227, 235, 237, 257, 261, 265, 268
Schulz, Jean-Abraham-Pierre : 126, 131, 195
Schumann, Clara : 68, 75, 91, 110, 158, 159, 251, 255, 258, 260, 264, 265, 266, 288, 289, 290
Schumann, Robert : 10, 14, 17, 18, 19, 24, 25, 26, 27, 28, 30, 33, 35, 43, 44, 45, 46, 48, 49, 57, 50, 60, 63, 67, 68, 70, 71, 73, 74, 75, 77, 81, 82, 83, 86, 88, 89, 91, 93, 95, 97, 98, 101, 109, 111, 113, 114, 115, 116, 123, 124, 125, 127, 128, 131, 132, 134, 139, 140, 142, 148, 149, 161, 171, 175, 178, 187, 188, 189, 190, 191, 194, 197, 199, 200, 202, 212, 215, 222, 224, 225, 227, 229, 231, 255, 256, 257, 258, 261, 265, 266, 268, 269, 270, 271, 272, 287, 293, 294, 296
Schran, Fritz : 24
Schrœder, Mme : 127
Schwenk : 134
Schytte, Louis : 189, 222
Scott, Walter : 116, 295
Scribe, Eugène : 48, 65, 246, 248
Seghers, François-Baptiste : 106, 106, 108
Servais, F. : 122
Servières, Georges : 197
Sgambatti, Giovanni : 158, 165
Shakespeare, William : 58, 59, 256
Sibelius, Jean : 6, 9, 10, 55, 64, 81, 101, 221, 237
Sinding, Christian : 55, 201, 210, 211, 215, 220, 222, 230, 231, 236, 268
Sivori : 147
Sjœgren (ou Sjögren), Emil : 201, 200, 222
Smetana, Bedrich : 53, 79, 115, 156, 157, 158, 159, 160, 163, 165, 221, 234, 272, 273, 293, 296
Soubies, Albert : 205, 211, 212, 296
Soubre, Anna : 154, 155
Spitta, Philipp : 18, 46, 48
Spohr, Louis : 24, 35, 43, 46, 47, 48, 56, 71, 72, 113, 117, 129, 176, 214, 216, 225, 227, 257, 263, 264, 265, 271, 272, 273, 276, 287
Spontini, Gaspare : 227
Stadtfeld, Alexandre : 107
Staeger, Mathilde (épouse Gade) : cf. Mathilde Gade
Stamaty, Camille : 120, 225
Stanford, Charles : 216
Stieglitz, Heinrich : 73, 240, 248, 249
Stockhausen, Julius : 120
Strauss, Johan père : 208, 255, 265, 289
Strauss, Richard : 53, 62, 118, 183, 207, 208, 215, 216, 227, 237, 257

Stravinsky, Igor : 54
Strindberg, August : 172
Struensee, Johan Friedrich : 120, 121, 124, 125
Sullivan, Arthur : 174
Suppé, Franz von : 208
Svendsen, Anton : 61
Svendsen, Johan : 14, 25, 35, 38, 43, 55, 63, 72, 134, 147, 148, 170, 173, 174, 187, 188, 189, 191, 192, 195, 196, 198, 200, 202, 205, 206, 207, 209, 210, 211, 220, 230, 236, 237, 269, 273, 274, 275, 282, 287, 288, 291, 292
Swanson, Alan : 40

Taeglichsberk : 134
Taffanel, Paul : 173, 174
Tappert : 197
Tasse : 97, 100, 116
Tausch, Julius : 37
Tchaïkovski, Pyotr Illych : 45, 54, 63, 79, 135, 256
Tellefsen, Thomas-Dyke-Acland : 189
Ten-Brink : 198
Thermann : 232
Theveneau, Alice : 192
Thiers, Adolphe : 123, 124
Thomas, Ambroise : 153, 161, 236
Thorvaldsen, Bertel : 18, 185, 269
Thygesen, Aage : 229
Tieck, Ludwig : 102, 300
Tiersot, Julien : 172, 173, 189
Tietz, J. : 113
Tirmont : 223, 224
Tkaltchitch : 221
Toesch, C. G. : 69
Tofft, Vafdemar : 214
Tofte, Valdemar : 75, 214, 213, 258
Toureng, Paul : 228
Tracol : 231
Trombette : 148
Trousset, Jules : 166, 171
Troutbeck, J. : 100
Truffier : 153
Tyck, Albert : 200

Uhland, Ludvig : 56, 101, 249

Valdemar IV Atterdag : 41, 42

Vapereau, Gustave : 108, 113, 150
Verdi, Giuseppe : 49, 51, 53, 54, 60, 110, 115, 138, 149, 150, 190, 232
Verhulst, J. : 129, 225
Verrier, Paul : 229
Vestris, Auguste : 66
Viardot, Paul : 18, 220, 297
Viardot, Pauline : 264, 271
Vidal, Paul : 1 56
Vieuxtemps, Maurice : 113
Vignioboul : 192
Villiers de l'Isle-Adam : 154
Vigny, Alfred de : 106
Vinje, A.O. : 301
Vischer : 197
Voltaire : 101, 228
Voricek, Jan Vaclav : 83
Vuillement, Louis : 225

Waagepetersen, Christian : 68
Waeffelghem, van : 173
Wagner, Cosima : 268
Wagner, Richard : 9, 14, 29, 35, 37, 45, 48, 51, 53, 54, 60, 61, 66, 77, 91, 92, 97, 98, 101, 105, 106, 109, 110, 112, 114, 117, 119, 120, 121, 122, 132, 136, 138, 149, 150, 151, 152, 153, 155, 157, 159, 162, 167, 168, 175, 187, 188, 189, 192, 197, 198, 199, 201, 205, 210, 215, 235, 256, 258, 264, 265, 273, 274, 276, 262, 294, 297
Wagner, Wilhelm : 249
Wallerius : 205
Warnots, Henry : 120, 126, 133
Weber, Carl Maria von : 35, 43, 83, 106, 109, 111, 113, 115, 117, 120, 121, 123, 125, 127, 131, 134, 135, 141, 142, 143, 144, 148, 159, 177, 188, 235, 255, 265, 266, 268, 275,
Weber, Johannes : 159, 163, 176, 186
Wennerberg, Gunnar : 212
Wenzel : 215, 218
Werkelin, Jean-Baptiste : 122
Werner, Hans : 108
Wesendonk, Mathilde : 109
Wexschall, Frederik, T. : 24, 276
Weyse, Christoph-Ernst-Frédéric : 29, 79, 81, 126, 129, 131, 146, 205, 210, 211, 212, 229, 245, 249, 257, 261, 265, 277, 296
Widor, Charles Marie : 53, 148, 189, 191, 237
Wieniawky, Henryk : 170
Wilder, Victor : 155, 162, 176, 177

Winding, August : 35, 274
Winter/Winther, Christian : 101, 174, 249
Winther-Hjelm, Otto : 174
Wollin : 205
Woolett, Henry : 225

Yersin, Alexandre : 191

Zenker, R. : 192
Zinn, Ludvig : 29
Zola, Emile : 135, 166, 201

Table des matières

Préface de Gérard DENIZEAU……………………………………….. 9

Introduction……………………………………………………………… 11

De Copenhague à Leipzig…………………………………………….. 11

La tutelle de Felix Mendelssohn-Bartholdy………………………………. 12

Le compositeur danois le plus célèbre de son temps……………………… 12

L'esthétique de Niels Gade……………………………………………….... 14

Visite(s) à Paris……………………………………………………………. 19

Situation de Niels Gade en France……………………………………….... 20

Chapitre I. Une existence partagée entre Copenhague et Leipzig
[Chronologie de la vie de Gade]……………………………………….... 23

Chapitre II. Catalogue commenté des œuvres de Gade
[Histoire de l'œuvre]…………………………………………………….. 41

     A. Symphonies……………………………………………….... 41
     B. Musique pour orchestre……………………………………. 55
     C. Concerto(s)………………………………………………… 63
     D. Musique de ballet/pour la scène…………………………… 64
     E. Musique de chambre………………………………………. 67
     F. Pièces pour orgue………………………………………….. 79
     G. Musique pour piano……………………………………….. 81
     H. Cantates et autres œuvres chorales avec orchestre…………. 90
     I. Musique vocales/Lieder……………………………………..101
     J. Musique pour chœur……………………………………... 102

Chapitre III. Gade et la presse parisienne…………………................ 105

Chapitre IV. Liste des œuvres de Gade
[Catalogue]…………………………………………………................ 239

Chapitre V. Contemporains de Gade
[Personnalités].. 255

Chapitre VI. Pour mettre des notes sur les mots
[Discographie choisie]... 279

Chapitre VII. Pour diversifier les points de vue
[Bibliographie succincte].. 287

Conclusion. Les printemps de Gade............................... 299

Index des noms... 303

Musique
aux éditions L'Harmattan

Dernières parutions

PRINCIPES DE LA MÉLODIE
Musiques populaires, philosophie et contre-cultures
Lambert Alain
Dans l'*Essai sur l'origine des langues*, d'abord intitulé *Essai sur le principe de la mélodie*, J.-J. Rousseau donne au concept de mélodie une dimension anthropologique qui permet de mieux comprendre l'évolution des musiques populaires, surtout depuis la Révolution française. Et comment les musiques actuelles, autour du blues, du jazz et du rock, ont pu, en retrouvant, grâce aux techniques du disque et de la radio, une certaine tradition orale, favoriser des contre-cultures et participer à nous construire comme nous sommes aujourd'hui.
(Coll. Univers musical, 15.50 euros, 166 p.)
ISBN : 978-2-343-06218-1, ISBN EBOOK : 978-2-336-38131-2

JILL FELDMAN, SOPRANO INCANDESCENTE
Bien au-delà du Baroque
Bosc Michel
La soprano américaine Jill Feldman s'est fait connaître à l'aube des années 80, au sein des Arts Florissants de Paris, ensemble créé par William Christie. Sa carrière, étalée sur plus de trente ans, embrasse tous les répertoires, du Moyen Âge au contemporain, avec de nombreuses incursions dans le Baroque. Elle a notamment travaillé avec Frans Brüggen, René Jacobs, Jordi Savall, Mar Minkowski, Nicholas McGegan, Andrew Parrot... Ce portrait, en évoquant les grands enjeux du chant, évoque aussi le monde musical, ses souffrances et ses joies.
(Coll. Univers musical, 17.50 euros, 180 p.)
ISBN : 978-2-343-06285-3, ISBN EBOOK : 978-2-336-37621-9

LES COMPOSITEURS ET L'ART RADIOPHONIQUE
Cohen Andrea
Tout au long de son histoire, la radio a suscité l'intérêt des compositeurs. Si le medium leur apparaît tout d'abord comme un espace privilégié pour la diffusion de leurs œuvres, il devient également, avec le développement de l'art radiophonique, un lieu de création. Pour traiter de la relation des compositeurs et l'art radiophonique, cet ouvrage propose un parcours historique suivi d'une réflexion esthétique. Les travaux radiophoniques de Pierre Schaeffer, John Cage, Luciano Berio et Mauricio Kagel sont examinés en détails.
(Coll. Mémoires de radio, 24.00 euros, 236 p.)
ISBN : 978-2-343-04708-9, ISBN EBOOK : 978-2-336-37930-2

LA CULTURE POP AU PANTHÉON DES BEAUX-ARTS
Dangerous, de Mark Ryden à Michael Jackson
Petitjean Isabelle
Dangerous... Non, pas seulement un tableau. Un chef d'œuvre de Mark Ryden. Non, pas seulement un album. Un opus de Michael Jackson. Dialogue entre deux artistes, concerto pour peintre et orchestre, pour chanteur et palette, la portée de l'œuvre dépasse ici le support de

distribution massive, n'est pas réservée à l'élite des musées mais part à la rencontre des esprits du monde entier. Fruit de la rencontre de deux esprits artistiques passionnés par l'éclectisme culturel du monde et de ses civilisations, cette œuvre est unique en son genre.
(Coll. Univers musical, 28.50 euros, 288 p.)
ISBN : 978-2-343-06025-5, ISBN EBOOK : 978-2-336-38191-6

FRANÇOIS-JOSEPH GOSSEC (1734-1829)
Un musicien à Paris, de l'Ancien Régime au roi Charles X (Nouvelle édition)
Role Claude
Dès 1756 une brillante carrière de musicien s'offre à F.-J. Gossec, un des pionniers auxquels on doit en France la naissance de l'orchestre symphonique moderne. Directeur de l'Académie royale de musique, il embrasse les idées de la Révolution et durant cinq ans compose des musiques destinées aux célébrations nationales. On lui doit la première orchestration de la *Marseillaise*. En 1795 il est l'un des fondateurs du Conservatoire national supérieur de musique.
(Coll. Univers musical, 35.00 euros, 390 p.)
ISBN : 978-2-343-04010-3, ISBN EBOOK : 978-2-336-38117-6

LA BELLE HISTOIRE DES FANFARES DES BEAUX-ARTS (1948-1968)
Flanet Véronique
La fanfare des Beaux-arts est née après-guerre entre le boulevard Saint-Germain et la Seine, dans les ateliers d'architecture de l'École. Comment ? Pourquoi ? Le fonctionnement des ateliers, cette sorte de «phalanstère» où ordre et liberté se mêlent avec pas mal de bizarreries, a certainement permis l'éclosion de cette musique qui aimait à se moquer de ses sources. Reste que ces architectes, ces artistes ont, sur un mode potache et sans le vouloir, créé un genre musical à part entière, populaire et bien vivant.
(Coll. Musiques et Champ social, 26.00 euros, 255 p.)
ISBN : 978-2-343-06353-9, ISBN EBOOK : 978-2-336-37978-4

LIBERTÉS ET DÉTERMINISMES DE LA GUITARE
Du Baroque aux Avant-Gardes
Andia Rafael
Rafael Andia propose un regard sur les techniques et les écritures qui ont créé la guitare et continuent de déterminer l'histoire particulière de son instrument : la guitare flamenca ou classique, celle du XXème siècle ou la guitare baroque des Habsbourg de 1600. Celle rêvée par les musiciens de l'Impressionnisme ou celle des Gitans de la Manufacture des Tabacs de Séville. Il peut ainsi tisser des liens entre la *chitarra spagnuola* de la Contre-Réforme et la guitare actuelle, qui a inspiré à Tristan Murail une œuvre spectrale, *Tellur*.
(Coll. Univers musical, 12.50 euros, 110 p.)
ISBN : 978-2-343-06245-7, ISBN EBOOK : 978-2-336-37713-1

HISTOIRE UNIVERSELLE DE LA MUSIQUE ET DE LA THÉORIE MUSICALE
Donval Serge
Depuis environ un millénaire, la musique a beaucoup évolué. Et pour mieux comprendre cette évolution, ce livre explore le côté théorique et constate de nombreuses « incohérences ». Celles-ci ont été introduites par des théoriciens qui étaient peu enclins à la pratique musicale et qui étaient, jusqu'à la fin de la Renaissance, sous l'influence de l'Église catholique. Par ailleurs, les musiques des sociétés orientales ont eu des parcours différents, et sont souvent d'un grand raffinement ; la comparaison avec la musique occidentale est très riche d'enseignements.
(25,50 euros, 250 p.,)
ISBN : 978-2-343-05561-9, ISBN EBOOK : 978-2-336-37401-7

GIOVANNI MORELLI, LA MUSICOLOGIE HORS D'ELLE
Sous la direction d'Antony Desvaux et Vinay Gianfranco
Giovanni Morelli (1942-2011), médecin, musicien, artiste, grand pédagogue, est l'auteur d'une œuvre de musicologie originale, qui a jeté ses lumières tout à la fois sur Rameau, Kurtag, Kubrick, Nono, Fellini, Diderot, Cage, etc., œuvre marquée par une érudition brillante, et une grande

attention aux dimensions à la fois historiques, culturelles et sensibles, proposant une musicologie « hors d'elle «. Ce livre, le premier consacrée à Morelli, figure importante de la culture italienne, invite à découvrir son œuvre.
(Coll. Arts 8, 37.00 euros, 370 p.,)
ISBN : 978-2-343-05868-9, ISBN EBOOK : 978-2-336-37398-0

ENGLISH RHYTHM AND BLUES
Les liens étroits entre le blues et l'anglais
Larroque Patrice
L'anglais est une langue accentuée et mesurée, ce qui signifie qu'elle possède un rythme, de la même manière qu'il y a un rythme dans un air de blues. La structure du blues traditionnel reflète la cadence des blues primitifs qui consistaient à répéter plusieurs fois le même vers, comme dans les chants de travail des esclaves noirs qui s'articulaient sur un jeu d'appels et réponses dont les schémas ressemblaient davantage à un discours rythmé qu'à une mélodie.
(27.00 euros, 274 p.,)
ISBN : 978-2-343-05730-9, ISBN EBOOK : 978-2-336-37476-5

MUSICIENS CÉLÈBRES MALADES
Pourrait-on les sauver aujourd'hui ?
Germain Michel - Préface du Professeur Bernard Lechevalier
Nombre de savants et d'artistes auraient pu, s'ils avaient vécu plus longtemps, nous faire bénéficier encore de leurs travaux et de leur talent. Ce sont soixante-sept musiciens célèbres que l'auteur a choisi d'évoquer pour deux raisons : beaucoup sont décédés trop jeunes et la médecine pourrait aujourd'hui très probablement prolonger leur existence. Germain éclaire ces destins célèbres brisés par la maladie, comme celui de Chopin ou encore de Beethoven.
(Coll. Médecine à travers les siècles, 19.00 euros, 196 p.,)
ISBN : 978-2-343-05933-4, ISBN EBOOK : 978-2-336-37560-1

LA CHANSON DE CIRCONSTANCE
Trihoreau Michel - Préface de Serge Llado
Du temps de l'Inquisition à celui de François Hollande, attitudes croustillantes, mesures scandaleuses ou inventions géniales ont donné libre cours à toutes sortes d'illustrations musicales. Voici plus de 300 extraits de chansons furtives entrées par mégarde dans la postérité. Les chansonniers ont utilisé la caricature ou le pamphlet pour brosser un tableau instantané des événements dont ils étaient témoins.
(Coll. Cabaret, 27.00 euros, 260 p.,)
ISBN : 978-2-343-05940-2, ISBN EBOOK : 978-2-336-37404-8

LA CHANSON DES TROIS GARS
Delorme Pierre, Melgar Floréal, Troin René
On dirait une fable, et ça tombe bien, les auteurs de ce livre aiment bien ça, les fables. Comme la chanson, dont ils savent tout, c'est-à-dire à peu près rien. Car la chanson est partout et prend toutes les formes. C'est un art populaire en perpétuel renouvellement, un genre difficile à cerner tant il se confond avec nous. C'est donc pour parler de tout à propos de rien que les trois gars ont lancé « Crapauds et Rossignols «. Ce n'est pas une fable, mais un site Internet dont sont extraites les chroniques réunies dans ces pages.
(Coll. Autres chants, 25.00 euros, 254 p.,)
ISBN : 978-2-343-06111-5, ISBN EBOOK : 978-2-336-37536-6

JAZZ MANOUCHE
La discothèque idéale
De Gouyon Matignon Louis
Spécialiste reconnu de la question tsigane, Louis de Gouyon Matignon retrace ici l'histoire du jazz manouche depuis sa création dans les années 30 jusqu'à ses expressions les plus récentes. Le lecteur y côtoiera, au gré d'une discothèque de 100 albums, une galerie de personnages hauts en couleur dont Django Reinhardt, les frères Ferré, le trio Rosenberg ou encore Biréli Lagrène

et Christian Escoudé, et découvrira des talents méconnus ou aujourd'hui oubliés. Tous, à leur manière, ont contribué à écrire cette histoire.
(17.00 euros, 142 p., Illustré en couleur)
ISBN : 978-2-343-05509-1, ISBN EBOOK : 978-2-336-37008-8

BOOBA
Poésie, musique et philosophie
Chirat Alexandre
«Pourquoi suis-je transpercé par la musique de Booba ?» L'auteur mène ici une investigation sur l'œuvre du rappeur, qu'il érige au rang de grand poète ; digne héritier d'Artaud et de Michaux. De manière plus générique, il s'interroge sur la poésie et la musique afin de comprendre les ressorts affectifs de l'écoute musicale : que génère la musique ? Qu'éveille-t-elle en nous ? Pourquoi ? Et, enfin, qu'est-ce qu'une bonne musique ?
(14.00 euros, 128 p.)
ISBN : 978-2-343-05539-8, ISBN EBOOK : 978-2-336-36949-5

RENCONTRE DES ARTS
Correspondances entre œuvres sonores et visuelles au XXe siècle
Siqueira de Freitas Alexandre
L'auteur propose ici des angles nouveaux pour observer le dialogue entre formes artistiques : musique, peinture, opéra ou film. Cet essai conjure théorie, par les voies de l'esthétique, et expérience, à travers une analyse et une critique fondées sur la perception. Stravinsky, Picasso, Ligeti, Rothko, Klee, Bach, Dutilleux, Van Gogh, Eisenstein et Berg sont parmi les personnages de ce livre. Il s'agit de transformer les regards, de bouleverser les frontières et de susciter ainsi de nouvelles attitudes perceptives.
(Coll. Ouverture Philosophique, 17.00 euros, 178 p.)
ISBN : 978-2-343-03728-8, ISBN EBOOK : 978-2-336-36922-8

POUVOIRS (LES) DE LA MUSIQUE
Du diabolus in musica **au showbiz traditionnel : la Corse, un laboratoire exemplaire**
Salini Dominique
La musique a été le modèle privilégié du philosophique et de l'esthétique. Mais paradoxalement, au nom de sa grande sensualité, elle est sous la surveillance des pouvoirs et livrée à l'interdit. La musique renvoie toujours à la même interrogation : pourquoi le phénomène sonore, *a priori* neutre, est-il à la fois jeu et enjeu des pouvoirs et comment se transforme-t-il la plupart du temps en arme idéologique efficace ? Voici un montage de textes sur l'ambiguïté des rapports qu'entretiennent le musical et le politique en prenant la Corse comme illustration exemplaire.
(Coll. Univers musical, 37.00 euros, 358 p.)
ISBN : 978-2-343-04195-7, ISBN EBOOK : 978-2-336-36085-0

ÉMILE GOUÉ (1904-1946)
Chaînon manquant de la musique française
Sous la direction de Philippe Malhaire
Le compositeur Émile Goué laisse derrière lui une cinquantaine d'œuvres ainsi que plusieurs ouvrages théoriques sur l'écriture musicale. Après avoir reçu les conseils et encouragements d'Albert Roussel dans les années 1930, il devient l'un des élèves particuliers de Charles Koechlin. Mais la deuxième guerre mondiale éclate : mobilisé, le compositeur prometteur est fait prisonnier. *Les Carnets de captivité* (1943-1945) de Goué, inédits dans leur intégralité, ont été rédigés durant l'édification de l'esthétique gouéenne de la maturité et sont donc d'une importance capitale pour saisir la pensée de leur auteur.
(Coll. Univers musical, 28.00 euros, 274 p.)
ISBN : 978-2-343-04552-8, ISBN EBOOK : 978-2-336-36064-5

L'Harmattan Italia
Via Degli Artisti 15; 10124 Torino
harmattan.italia@gmail.com

L'Harmattan Hongrie
Könyvesbolt ; Kossuth L. u. 14-16
1053 Budapest

L'Harmattan Kinshasa
185, avenue Nyangwe
Commune de Lingwala
Kinshasa, R.D. Congo
(00243) 998697603 ou (00243) 999229662

L'Harmattan Congo
67, av. E. P. Lumumba
Bât. – Congo Pharmacie (Bib. Nat.)
BP2874 Brazzaville
harmattan.congo@yahoo.fr

L'Harmattan Guinée
Almamya Rue KA 028, en face
du restaurant Le Cèdre
OKB agency BP 3470 Conakry
(00224) 657 20 85 08 / 664 28 91 96
harmattanguinee@yahoo.fr

L'Harmattan Mali
Rue 73, Porte 536, Niamakoro,
Cité Unicef, Bamako
Tél. 00 (223) 20205724 / +(223) 76378082
poudiougopaul@yahoo.fr
pp.harmattan@gmail.com

L'Harmattan Cameroun
BP 11486
Face à la SNI, immeuble Don Bosco
Yaoundé
(00237) 99 76 61 66
harmattancam@yahoo.fr

L'Harmattan Côte d'Ivoire
Résidence Karl / cité des arts
Abidjan-Cocody 03 BP 1588 Abidjan 03
(00225) 05 77 87 31
etien_nda@yahoo.fr

L'Harmattan Burkina
Penou Achille Some
Ouagadougou
(+226) 70 26 88 27

L'Harmattan Sénégal
10 VDN en face Mermoz, après le pont de Fann
BP 45034 Dakar Fann
33 825 98 58 / 33 860 9858
senharmattan@gmail.com / senlibraire@gmail.com
www.harmattansenegal.com

L'Harmattan Bénin
ISOR-BENIN
01 BP 359 COTONOU-RP
Quartier Gbèdjromèdé,
Rue Agbélenco, Lot 1247 I
Tél : 00 229 21 32 53 79
christian_dablaka123@yahoo.fr

Achevé d'imprimer par Corlet Numérique - 14110 Condé-sur-Noireau
N° d'Imprimeur : 129456 - Dépôt légal : juin 2016 - *Imprimé en France*